中国软科学研究丛书

丛书主编：张来武

“十一五”国家重点图书出版规划项目
国家软科学研究计划资助出版项目

企业社会责任及其立法研究

易 凌 罗俊杰 等 著

科学出版社
北 京

内 容 简 介

本书围绕企业社会责任的理论与实践问题，阐述企业社会责任的基本理论、动力机制、博弈分析、社会契约理论、成本效益分析、法律规制、指标体系（包括创新型企业社会责任评价指标体系），以及企业履行社会责任与提升企业绩效的关联、企业社会责任典型案例分析等内容，研究我国企业社会责任的立法现状及完善对策，设计和起草企业社会责任立法专家建议稿和企业社会责任评价准则，为构建我国企业社会责任法律体系提供决策参考。

本书适合相关领域研究人员借鉴和参考，也可供企业管理人员、政府相关工作人员和其他关注企业社会责任问题的人员阅读。

图书在版编目（CIP）数据

企业社会责任及其立法研究/易凌等著. —北京：科学出版社，2014

（中国软科学研究丛书）

ISBN 978-7-03-042261-3

Ⅰ. ①企… Ⅱ. ①易… Ⅲ. ①企业责任–社会责任–立法–研究–中国 Ⅳ. ①D922.291.914

中国版本图书馆 CIP 数据核字（2014）第 245692 号

丛书策划：林 鹏 胡升华 侯俊琳

责任编辑：石 卉 陈会迎 / 责任校对：桂伟利

责任印制：赵 博 / 封面设计：黄华斌 陈 敬

科学出版社 出版

北京东黄城根北街 16 号

邮政编码：100717

http://www.sciencep.com

固安县铭成印刷有限公司印刷

科学出版社发行 各地新华书店经销

*

2015 年 3 月第 一 版 开本：720 × 1000 1/16

2025 年 7 月第五次印刷 印张：24

字数：483 000

定价：198.00 元

（如有印装质量问题，我社负责调换）

总 序

TOTALORDER

软科学是综合运用现代各学科理论、方法，研究政治、经济、科技及社会发展中的各种复杂问题，为决策科学化、民主化服务的科学。软科学研究是以实现决策科学化和管理现代化为宗旨，以推动经济、科技、社会的持续协调发展为目标，针对决策和管理实践中提出的复杂性、系统性课题，综合运用自然科学、社会科学和工程技术的多门类多学科知识，运用定性和定量相结合的系统分析和论证手段，进行的一种跨学科、多层次的科研活动。

1986 年 7 月，全国软科学研究工作座谈会首次在北京召开，开启了我国软科学勃兴的动力阀门。从此，中国软科学积极参与到改革开放和现代化建设的大潮之中。为加强对软科学研究的指导，国家于 1988 年和 1994 年分别成立国家软科学指导委员会和中国软科学研究会。随后，国家软科学研究计划正式启动，对软科学事业的稳定发展发挥了重要的作用。

20 多年来，我国软科学事业发展紧紧围绕重大决策问题，开展了多学科、多领域、多层次的研究工作，取得了一大批优秀成果。京九铁路、三峡工程、南水北调、青藏铁路乃至国家中长期科学和技术发展规划战略研究，软科学都功不可没。从总体上看，我国软科学研究已经进入各级政府的决策中，成为决策和政策制定的重要依据，发挥了战略性、前瞻性的作用，为解决经济社会发展的重大决策问题作出了重要贡献，为科学把握宏观形势、明确发展战略方向发挥了重要作用。

20多年来，我国软科学事业凝聚优秀人才，形成了一支具有一定实力、知识结构较为合理、学科体系比较完整的优秀研究队伍。据不完全统计，目前我国已有软科学研究机构2000多家，研究人员近4万人，每年开展软科学研究项目1万多项。

为了进一步发挥国家软科学研究计划在我国软科学事业发展中的导向作用，促进软科学研究成果的推广应用，科学技术部决定从2007年起，在国家软科学研究计划框架下启动软科学优秀研究成果出版资助工作，形成“中国软科学研究丛书”。

“中国软科学研究丛书”因其良好的学术价值和社会价值，已被列入国家新闻出版总署“‘十一五’国家重点图书出版规划项目”。我希望并相信，丛书出版对于软科学研究优秀成果的推广应用将起到很大的推动作用，对于提升软科学研究的社会影响力、促进软科学事业的蓬勃发展意义重大。

科技部副部长

2008年12月

石钟慈序*

FOREWORD

企业社会责任是指企业在创造利润、对股东利益负责的同时，还要承担起对员工、消费者、社区和环境等的社会责任。随着经济全球化时代的到来，国际贸易已不只是签署订单和验货的简单过程，跨国公司和消费者普遍关注并要求企业在生产经营中履行其社会责任。目前，国内的环境污染问题日趋严重，假冒伪劣产品充斥市场，劳资冲突、食品安全、农民工问题等，无不与部分企业缺乏社会责任有关。因此，在建设社会主义和谐社会的背景下，加强企业社会责任及其立法研究应引起高度重视。

站在国家利益高度，从国际视野角度来审视，不难发现：一方面，在企业社会责任已成为国际市场交易规则的背景下，通过加强企业社会责任立法，依法激励和促进企业主动承担社会责任，可有效规避国际市场中的非技术壁垒，提升企业形象，拓展企业发展空间，提升我国企业的国际竞争力；另一方面，中国企业在走出去的过程中，尤其是在非洲等发展中国家和地区，经常受到国际社会诟病的破坏生态环境、损害劳工权益等问题，其实质正是针对我国企业社会责任缺失提出的问题。因此，只有通过加强企业社会责任立法，促进我国劳资关系、环境等问题的改善，才可有效应对国际社会对我国人权、劳工、环境等问题的指责，提升国家形象，提高我国企业文化影响力，进而对“和谐世界”的建设做出我们的贡献。

近些年来，我国企业社会责任建设取得了较大进展，现行相关立法对

---

* 石钟慈院士是蜚声中外的计算数学家，中国科学院院士，国家攀登计划项目首席科学家，曾任中国科学院计算数学与科学工程计算所所长和“科学与工程计算”国家重点实验室主任。

部分企业社会责任也做了原则性规定。但是，从构建和谐社会的角度来看，我国企业社会责任建设还存在以下问题亟待解决。

（1）对企业社会责任的认识存在偏差。一方面，部分政府部门和官员对企业社会责任法制建设的重要性认识不足，企业社会责任法制意识有待提高；另一方面，一些企业管理者片面理解企业社会责任，将其等同于社会公益或视为“形象工程”，使企业社会责任工作无法有效推进。

（2）缺乏企业社会责任的有效推进模式。与欧美企业相比，我国企业无论在技术还是法治管理方面均存在一定差距，国内尚缺乏统一权威的国家层面的企业社会责任统一立法及其配套评价准则，其社会责任法制发展难以适应我国企业社会责任发展的现实需要，利益集团、消费者、供应链厂商等利益相关者，甚至连企业自身也不能主动参与到企业社会责任建设中来，使得我国企业社会责任的全面推进难以有效实现。

（3）企业社会责任管理缺乏有效的工具和方法。企业社会责任中的最重要责任之一是法律责任，法律责任是企业不得突破的社会责任底线。但是目前多数企业社会责任工作人员缺乏有效的管理工具和方法，在实际工作中不知从何下手，企业应承担哪些具体的社会责任、在何种程度上承担社会责任，这些往往都缺乏明确的准则和标准依据，导致企业社会责任工作难以取得理想的效果。

总体而言，我国企业社会责任制度建设及评价还处于比较滞后的状态。因此，应制定与推行既适合我国国情，又与国际接轨的企业社会责任法律法规及其评价指标体系，将企业社会责任评价纳入法制轨道，消除企业社会责任方面的随意性，依法促进企业履行社会责任，建立法治规范、市场激励和政府推动相结合的新型企业社会责任评价机制，构建我国企业社会责任的有效模式。

易凌教授等完成的这部《企业社会责任及其立法研究》著作的特色与贡献体现在以下五个方面。

（1）理论与实践相结合，注重研究成果在实践中的转化应用。为此，该书中设计和起草了《中华人民共和国企业履行社会责任促进法》(专家建议稿)和《宁波市企业信用监管和社会责任评价办法》(专家建议稿，包括起草说明)，通过课题研究推动了《宁波市企业社会责任评价准则》的制定与实施。部分建议被采纳吸收，多项相关研究成果获得省市领导肯定性批示，研究成果在实践中得到转化应用。

（2）注重跨学科交叉研究。学科交叉渗透是科学研究在广度、深度上发展的一种必然趋势，事物都在普遍联系之中，各门学科也存在普遍联系，以往人们注意从学科相对独立性上进行研究，现代科学更加注重学科间的相互渗透、交叉研究，人文、社会科学之间可以交叉，自然科学与社会科学也可以渗透。传统法学研究要取得重大突破，学科交叉和研究方法的创新是其必由之路。该成果在跨学科交叉研究方面做了有益的探索，取得了成效，具有一定的示范作用。

（3）拓展了法律研究的新视角。该成果基于经济学中的交易费用理论、博弈论、成本收益分析等理论与方法对企业承担社会责任的行为动机进行经济学分析，运用对比分析法、历史考察法、实证分析法、逻辑分析法及定性与定量分析相结合的研究方法，对该成果进行综合研究。在基于实证研究的基础上，建立企业社会责任测度指标体系；发现存在的问题，找出问题产生的根源，提出解决问题的建议和立法对策，为构建和完善我国企业社会责任法律评价体系提供客观依据，供人大和政府立法决策参考，从而在法律层面上对企业履行社会责任进行引导、激励和规范。这种应用自然科学研究方法解决社会科学中法律难题的研究思路与方法，拓展了法律科学的研究路径，探索了法律研究的新方法。

（4）创立了企业社会责任评价的新模式。该研究探索和推动宁波市开展“企业社会责任评价办法”立法与“企业社会责任评价准则”评价相结合的企业社会责任治理新模式，形成了宁波市企业社会责任的立法规范与社会责任评价相结合的“宁波经验”，经立法后评估显示，此模式成效显著，具有推广和示范价值。

（5）创设了我国创新型企业社会责任评价指标体系。创新型企业是指拥有自主知识产权的核心技术、知名品牌，具有良好的创新管理和文化，整体技术水平在同行业居于先进地位，在市场竞争中具有相对优势和持续发展能力的企业。目前，我国还缺乏对创新型企业的社会责任评价。该成果创设了我国创新型企业社会责任评价指标体系，开辟了通过创新型企业自主创新的社会责任评价来促进我国企业自主创新的新路径。纵向比较，我国科学技术及其发展突飞猛进；但横向比较，我国在科学原始创新能力、关键技术创新能力、关键技术自给率和系统集成能力等方面与世界发达国家相比仍存在较大差距，建设创新型国家还任重道远。创新型企业是我国最具活力的企业，是建设创新型国家的主力军，也是建设创新型国家的决定性力量，应该成为履行企业自主创新责任的领头羊。因此，只有我国千千万万企业的自主创新能力得到提升，才能使国家整体创新能力得到增强，才能改变经济转型的发展方式。我国已提出建设创新型国家和国家技术创新工程，而建设和评价创新型企业就是其中的重要抓手。

易凌教授等长期致力于企业社会责任及其立法研究。在成果转化应用、学科交叉等方面取得了突出的成绩，有较大的社会反响。在此向易教授及其团队表示祝贺！并希望继续努力，深化对该领域的研究。同时，希望其能紧密结合理论研究与立法实践，发挥优势，为解决我国企业社会责任这一难题建言献策，争取做出更大的成绩。

我很高兴为此书作序。

2014 年 8 月 30 日于宁波

孙笑侠序*

FOREWORD

目前，国内的环境污染问题日趋严重，假冒伪劣充斥市场，劳资冲突、食品安全、农民工问题等，无不与企业缺乏社会责任有关。如何在法律制度上重视企业社会责任的分配和落实，这成为一个重要的课题。

近些年来，我国企业社会责任法制建设取得了一定进展，现行相关立法对部分企业社会责任也做了原则性规定。但是，从长远发展来看，我国企业社会责任法制建设还存在一些亟待解决的问题。例如，对企业社会责任法制建设的认识存在偏差，又缺乏企业社会责任的有效推进模式。又如，企业社会责任管理缺乏有效的工具和法律方法，有关企业社会责任的立法过于原则，可操作性差。现行立法对企业社会责任的规定仍存在许多“盲区”。总体而言，我国企业社会责任法制建设及评价还处于比较滞后的状态。因此，应制定与推行既适合我国国情，又与国际接轨的企业社会责任法律法规及其评价指标体系，将企业社会责任评价纳入法制轨道，消除企业社会责任方面的随意性，依法促进企业履行社会责任，建立基于“法治规范型和政府推动型”基础上的“压力激励型”的新型企业社会责任评价机制，建构我国企业社会责任的有效推进模式。

易凌教授等完成的这部《企业社会责任及其立法研究》，有一些鲜明的特色。例如，注重理论研究成果在地方法治实践中的转化应用。书中设计和起草了《中华人民共和国企业履行社会责任促进法》（专家建议稿）和《宁波市企业信用监管和社会责任评价办法》（专家建议稿，包括起草说明），通过课题研究推动了《宁波市企业社会责任评价准则》的制定与实施。部分建议被采纳吸收，多项相关研究成果获得省市领导肯定性批示，

* 孙笑侠教授为复旦大学法学院院长，“长江学者”特聘教授，中国法理学研究会副会长。

研究成果在实践中得到转化应用。再如，应用自然科学研究方法解决社会科学中法律难题的研究思路与方法，拓展了法律科学的研究路径，探索了法律研究的新方法。该成果基于经济学中的交易费用理论、博弈论、成本收益分析等理论与方法对企业承担社会责任的行为动机进行经济分析，运用对比分析法、历史考察法、实证分析法、逻辑分析法及定性与定量分析相结合的研究方法，对该成果进行综合研究。为构建和完善我国企业社会责任法律评价体系提供客观依据，供人大和政府立法决策参考，从而在法律层面上对企业履行社会责任进行引导、激励和规范。

易凌等专注于企业社会责任及其立法研究，在跨学科交叉研究、成果实际转化与地方政府应用等方面取得了较为突出的成绩，产生了较大的社会反响，实属不易，在此向他本人及其研究团队表示衷心的祝贺！希望今后有更多的学者关注企业社会责任立法研究，促进理论深化和应用推广。

2014年9月1日于上海

前言 PREFACE

企业社会责任（corporate social responsibility，CSR）是指企业在创造利润、对股东利益负责的同时，还要承担对员工、消费者、社区和环境等的社会责任。企业社会责任立法是构建和谐社会的法律保障。目前，我国缺乏专门的企业社会责任立法，因此加强企业社会责任立法，完善其法律政策体系，是构建和谐社会的一项具有现实意义的前瞻性课题。

本书围绕企业社会责任的理论与实践问题，系统阐述了企业社会责任的理论渊源、动力机制、社会契约理论、成本效益分析、测度指标及评价方法等内容，深入探讨了企业社会责任对企业竞争力的综合影响、企业社会责任立法与和谐社会构建的内在关系，以及企业社会责任动因与行为的博弈分析，研究了我国企业社会责任的立法现状及其完善对策，设计和起草了《中华人民共和国企业履行社会责任促进法》（专家建议稿）和《宁波市企业信用监管和社会责任评价办法》的发布稿、说明及解读，揭示了加强和完善我国企业社会责任立法的重要性与紧迫性，构建了我国企业（包括创新型企业）社会责任指标体系及法律体系，供人大和政府有关部门决策参考，从法律政策层面引导、激励、推动和规范企业履行社会责任。最后专设了一章典型案例（即第十七章），进行国内外企业社会责任典型案例分析。

本书是 2010 年国家软科学重大招标项目“企业社会责任指标体系研究”（2010GXS1D095）、2011 年国家软科学计划出版项目“企业社会责任及其立法研究”（2011GXS9K009）、2008 年国家软科学研究计划项目“一个社会发展的前瞻性问题：企业社会责任立法与和谐社会的构建研究”（2008GXQ6D177）、2012 年宁波市高校“经济法学”重点学科、2009 年宁波市哲学社会科学学术著作出版基金项目“企业社会责任及其立法研究”（09CB01）、2012年宁波市科技局软科学计划项目（2012A10083）的主要研究成果。

本书各章节撰写分工如下：第一章，易凌；第二章，张倩；第三章，孙祥生；第四章，魏水英；第五章，菊芳辉；第六章，菊芳辉；第七章，罗俊杰；第八章，罗俊杰；第九章，王卫东；第十章，刘霞玲；第十一章，易珊、易凌；第十二章，易凌、罗俊杰、黄锦明、程蕾、李毅飞；第十三章，黄锦明、易凌、林建原；第十四章，张大伟；第十五章，姚菊芬；第十六章，易凌、易楠；第十七章，侯帆；附录一，易珊；附录二，易凌；附录三，毛利奇（执笔）；附录四，劳建兰、杨真照等（执笔）。

本书由易凌总体构思和设计章节体系，撰写者完成初稿后，由易凌统稿定稿。

易 凌

2014年8月10日于宁波

目　录　CONTENTS

第一章 企业社会责任

第一节 企业社会责任概述

一 企业社会责任的含义

（一）企业社会责任概念的提出

企业社会责任的概念，是20世纪20年代由美国学者谢尔顿（Sheldon）率先提出的。当时，鉴于自由资本主义条件下自由放任经济学思潮的影响，企业盲目追逐私利，引发的社会问题日趋严重，一些明智的企业领导人开始对企业的社会责任问题给予关注，并将订单与企业社会责任履行状况相联系。企业社会责任早期侧重于伦理道德层次，后来逐渐进入法律的视野，成为一个涉及法学、经济学、管理学、伦理学等众多学科的重要命题。

随着经济全球化时代的到来，国际市场已不只是签署订单和验货的简单过程，跨国公司和消费者都普遍关注并要求企业在生产经营中履行企业的社会责任。企业社会责任是指企业在创造利润、对股东利益负责的同时，还要承担对员工、对消费者、对社区和环境的社会责任，包括遵守商业道德，保障生产安全，职业健康，保护劳动者的合法权益，保护环境，捐助社会公益，保护弱势群体等。

对我国企业来讲，企业社会责任已不只是迎合跨国公司审核而获取订单的需要，而是企业提升经营理念和提高国际竞争力的必然要求。对于投资者来说，企业是否自觉履行最基本的社会责任，是判断其投资风险的一个重要标准。对于消费者来说，人们更愿意选择道德形象良好，积极履行社会责任的企业和品牌。近年来，我国政府对企业社会责任领域的问题给予了积极的关注，特别是党的十六大提出“以人为本，协调发展”的科学发展观后，各级政府加强了企业社会责任领域的工作，生产安全、职工权益维护、消费者权益保护、环境污染与保护等已经成为社会关注的热点问题，全社会已形成了有利于推进企业社会责任的良好氛围。

随着我国市场化改革的不断深化，特别是加入世界贸易组织（World Trade Organization，WTO）以后，我国经济正式介入经济全球化，企业的社会责任运动也逐步开展起来。由于企业社会责任理论在我国发展较晚，尚未被企业所广泛接受，实践中还存在不少问题，表现为：少数企业能意识到企业承担社会责任的战略意义，以及履行社会责任可以提高产品声誉和改善企业形象，能给企业带来长远利益和回报，但目前大多数企业对企业的社会责任在认识上较为模糊，将企业的社会责任视为企业之外的事情，只看到企业社会责任给企业所增加的社会成本，而没有看到企业社会责任给企业提供的发展机遇，只顾追求眼前利益，把企业的社会责任推向政府和社会。

（二）企业社会责任的演变

1. 20 世纪 70 年代前：狭义的企业社会责任

20 世纪之初，工业化和现代技术的剧变改变了人与人之间的关系，19 世纪盛行的个人主义开始转向 20 世纪的合作意识和社会意识。企业社会责任的思想在各种争论中逐渐清晰起来，霍华德 • R. 鲍恩 1953 年的划时代著作《商人的社会责任》被公认为是企业社会责任早期概念的构建开始。①在这本著作里，鲍恩首先明确了“企业”的概念，特定其指当时的数百家大公司，可以统称为大企业。

狭义的企业社会责任包含三个方面的重要内容：一是强调了承担企业社会责任的主体是现代大企业。鲍恩在书中写到，自由市场思想的消退不仅仅是因为其道德上的失败，也是由于技术环境发生了变化，其中第一个变化就是“大规模企业的发展和经济权力的集中”。二是明确了企业社会责任的实施者是公司管理者，尤其是大企业所有权与经营权的分离为这种思想的发展提供了有利的环境。三是明晰了企业社会责任的原则是自愿，这点将企业社会责任与法律约束和政府监管加以区分。

2. 20 世纪 70 年代：企业社会回应

早期的企业社会责任理论最终于 20 世纪 70 年代催生了“企业社会回应”（corporate social responsiveness，CRS）的概念。用米特尼克的话，就是“重心从企业社会责任的模糊概念上转移到关于（企业社会）回应技术的设计、实施和制度化等具体和可衡量性方面的考虑上”②。为此，学术界开始从企业社

① Carroll A B. 1999. Corporate social responsibility：evolution of a definition construct. Bussiness and Society，38（3）：269.

② Mitnick B M. 1995. Systematics and CSR：the theory and processes of normative referencing. Business and Society，34（1）：6.

会责任概念转向企业如何满足社会需求及其预期、应对社会压力以及进行社会问题管理。

1973 年阿克曼（Ackerman）和鲍尔（Bauer）提供，通常来说，企业对社会需求的回应过程包括三个阶段：第一个阶段为认识阶段，这个阶段企业的主要参与者集中在高层管理人员，企业高层认识到社会需求的重要性，开始讨论、参与和支持相关的活动，最终对公司政策进行新的调整。第二个阶段为专人负责阶段。第三个阶段为组织参与阶段。在这里，阿克曼已经认识到企业社会回应是一个管理过程，通过这个过程可以将企业社会责任的表明语言转化为富有意义的行动。

1975 年普雷斯顿（Preston）和波斯特（Post）指出，关于管理者责任范围或企业的社会作用的探寻连续不断，也相应产生各类回应，而无论是探寻还是回应都反映了过去数十年的一个渐进式的社会化过程。他们同时认为，管理者的社会责任范围并非是无限的，而是明确地按照企业主要参与领域和次要参与领域来界定。

3. 20 世纪 80 年代：企业社会表现

企业社会表现（corporate social performance，CSP）是继狭义的企业社会责任、企业社会回应之后，企业社会责任研究领域出现的另一个概念或主张。尽管部分学者对企业社会表现一词曾产生某种程度的混乱，如它被看成是企业形象、企业政治行为或企业公共事务、企业社会政策及社会危机处理等，但最终在沃蒂克（Voytek）和科克伦（Cochrane）及伍德（Wood）等的文章中得到清晰的界定："企业社会表现一词非常清楚地指出（企业）行为的结果。"①

1985 年沃蒂克和科克伦指出，企业社会表现反映了企业社会责任准则、社会回应过程和用于解决社会问题的政策之间的相互根本作用。它将企业与社会领域的三大主导方向融合在一起，即主要与社会责任准则相关的理念导向、主要与社会回应过程相关的制度导向及主要与社会问题管理政策相关的组织导向。在这个基础上，继承并发展了卡罗尔等的三维理论（第一维度的企业社会责任包括经济责任、法律责任、伦理责任和自愿责任；第二维度为社会问题管理，确定与社会责任相联系的社会问题或主体领域；第三维度即企业社会回应，解答企业管理者在回应企业社会责任和社会问题背后的理念、方法或战略）。

4. 20 世纪 90 年代：与利益相关者理论的结合

利益相关者概念的出现明显晚于企业社会责任，但是在理论发展上，利益相关者理论却比企业社会责任思想迅速得多。利益相关者理论的鼻祖弗里曼（Freeman）给利益相关者下了一个日后成为经典的广义定义："一个组织里的利益相关者是可以影响到组织目标的实现或受其实现影响的群体或个人。"他解释道，利益相关者是指那些在企业中存有利益或具有索取权的群体，更确切地说，是把供应商、客户、

① Wood D J. 1991. Toward improving corporate social performance. Business Horizons，37（8）：67.

雇员、股东、当地的社区及处于代理人角色的管理者包括到这一群体里①。利益相关者理论来源非常复杂，不仅与社会学、经济学、法学及伦理学等理论有关，甚至还与环境保护主义、女权运动和消费者权益保护主义等相关。

应该说，不同时期的学者在讨论企业社会责任的同时，实际上也都注意到了利益相关者的存在。第一个在实证研究上从利益相关者管理角度来衡量企业社会表现的是克拉克森（Clarkson），他在1988年发表的《1976～1986年加拿大公司社会表现》一文中设计关于企业社会表现的评价方法时，还停留在企业社会责任、企业社会回应和社会问题管理的三部曲里，但是在1987～1990年的继续研究中，他发现了沃蒂克和科克伦模型的局限性，在收集和分析企业实际数据时，难以区分企业社会责任、企业社会回应和社会问题管理，而且这三大构成部分的表述后面看不到为何要将它们列入企业任务和目标中的任何逻辑。为此，他转而寻找新的模型，也就是利益相关者管理模型及其方法。

按照伍德和琼斯的看法，利益相关者在企业社会责任中至少发挥如下四个方面的作用：其一，利益相关者是企业社会表现预期的源泉；其二，利益相关者承受企业社会行为的影响，即相关利益者是企业社会行为的接收者；其三，利益相关者评价企业社会行为对利益相关者和公司所处环境的影响，以及企业是否满足利益相关者的预期；其四，利益相关者根据他们的利益、预期、承受程度或评估结果采取行动。概言之，利益相关者定义了企业社会行为的规范②。

5. 21世纪：企业公民的提出

世纪交替之际，广义的企业社会责任概念之下，又诞生出了一个新的概念——企业公民（corporate citizenship，CC）。企业公民概念的核心和本质就是“公民权”。按照马歇尔（Marshall）提出的一种被普遍接受的分类方法，民主社会的公民权由三部分权利构成：社会权、民权和政治权。以下是企业社会责任与企业公民的要点。

企业社会责任的要点：道德内涵较为含糊，尚未很好地构建起规范基础；更多地被很多实务界的人士看成是与社区关系、非歧视性政策及环境表现等有关，主要适用于美国企业的问题；缺乏超越文化差异的普遍性，尤其是在美国之外的环境下，对与权利和公平有关的问题不是很清晰；无法提供基于一般原则并能超越不同文化与宗教的理论和经验基础。

企业公民的要点：理论与实践紧密联系，实践引领理论的发展，而且不再以美国为中心；被企业界人士所采用，能在学术界和实务界之间架起一座桥梁；将自己置于企业社会责任运动的最上端，强调利益相关者关系是所有企业的核心，

① Freeman R E. 1984. Strategic Managment：A Stakeholder Approach. Boston：Pitman Publishing Inc：46.

② 刘章胜，周新芳. 2013. 企业社会责任与绩效评价体系变革——基于利益相关者理论的研究. 湖南科技学院学报，(3)：128-129.

因此也是企业生存的根本；企业承担对全体利益相关者的义务是企业内在的责任；企业的定位是另一个有待探讨的问题，究竟是企业在社会中，还是企业与社会互为依存。

随着利益相关者等理论的迅速发展，企业社会责任的观念得到学术界的广泛支持。企业社会责任观中应该包含着一种更广泛的、超出法律约束的社会契约，这种契约不仅应体现社会对企业固有的期望，而且应反映出社会文化习俗的快速变化。列举和回顾一些不同观点，并非是全无裨益的，在呼吁企业社会责任过热的时候，可以防止我们矫枉过正。结合中国的现状，我们需要注意到以下三点。

（1）企业社会责任在我国不仅是国际贸易的壁垒，更是企业对人类、社会、自然的标准责任。随着经济全球化，全球 500 家大公司已经有 2/3 以上在中国设立了机构。中国正在成为世界工厂，但是同时我们的劳工问题也日益突出，而且已经引起国际社会的关注。我们注意到一些劳工组织和跨国公司，还针对中国的劳工问题制定了专门的生产准则，要求中国的加工企业遵守。跨国公司的市场准则运动已经在中国开始，一些公司还在中国公司内设立了相关的社会责任部门，并委托有关的认证机构对中国的供应商和分包商的企业劳工标准进行监督审核。

从事企业社会责任的认证组织，也相继在中国登陆。在 20 世纪 90 年代中期，中国的沿海地区已经有几千家作为跨国公司供应商的企业接受了跨国公司的社会责任检查。近年来污染、矿难、苏丹红这些事件的频发，也使国人对提高企业社会责任的呼声日益增长。因此，企业社会责任在我国不仅是贸易壁垒，也是企业对自然、对人类、对环境的一个标准和责任。①

（2）企业社会责任不是企业的负担和投资，而是一种企业经营的行为，也可以认为是企业正常的经营行为。从国外企业发展来看，一个企业大概需经历三个阶段：一是纯粹赚钱；二是追求规模；三是企业公民时期。而目前中国的绝大部分企业处于第一阶段，少数企业进入了第二阶段。例如，海正药业，每年拿出利润的 10%进行研发，拿出 3%的利润用于改善环境。但是，还有一些企业，是在出了问题以后才拿一些钱出来回报社会。目前在我国东南沿海地区已经有越来越多的企业介入到企业社会责任中来，从效果来看，只是在一定程度上有了社会认知，这一运动在实践中对于提高劳工标准和保障劳工权益还是有效的。实际上企业社会责任不是企业的负担，而是企业经营的策略准则。举例来说，星巴克咖啡与环保组织合作，高价收购绿色咖啡原料，并将其中的一部分利润用于公益事业。通过这种高明的营销策略，他们履行了自己的社会责任，树立了良好的企业公民形象，消费者增多，利润增加。2005 年宝洁公司向希望工程捐款，并发动企业商业合作伙伴支持该项目，成为其公司的伙伴，最终使赞助变成一种社会受益、企

---

① 陈金荣. 2006. 追本溯源——企业社会责任真相揭密. 华人世界，（1）：29.

业有益的双赢行为。2008 年 5 月 12 日中国汶川地震后，数不胜数的企业进行捐助，提高了企业形象。以王老吉为例，该企业捐助 1 亿元，而它的短期销量排名一下子成为同行饮料中的榜首。

（3）建立企业社会责任标准迫在眉睫。企业和社会的关系应该是共融的。市场经济条件下的企业与社会甚至比过去有着更为紧密的关系。所以企业社会责任也关系到整体社会经营运作成本的高低。如果邮政企业只愿意干最挣钱的城市快递，对那些边远山区的包裹不予理会，这个时候社会会变成什么样子。这样说下去还有很多的如果，因此我们可以看到一些企业履行了必须承担的社会责任（如履行了治污责任），可能会影响到其自身的利益，但是它的服务却降低了整个社会的经济运行成本、服务了人民大众，从这点来说它们的社会利益是巨大的。何况企业承担这些社会责任已经得到了社会的补偿，它们或者获得了行业垄断的利益，或者是占用了属于社会所有的资源。因此，企业社会责任的承担对企业而言并非是无利可图的，而是一本万利的。而且企业主动承担社会责任是展示自身实力、产生广告效应的最佳手段，能够为企业创造良好的外部环境，因此企业不仅要学会怎样赚钱，还要学会怎样花钱。企业积极主动地承担社会责任是文明的标志，借此获得公众的信任，不断做大做强。

（三）企业社会责任的内涵界定

企业社会责任的内涵界定与前述理论发展相对应，不同的理论学派亦有不同的界定，下面笔者选取几个有代表性的定义[①]。

赛希在 1975 年提出，社会责任是企业符合现行社会规范、价值和期望的行为[②]。Davis 和 Blomstorm 于同年提出，社会责任是决策者的义务，决策者在追求自我利益时必须采取行动以保护和增进社会公益[③]。其中，“保护”是指企业应避免对社会造成负面影响，而“增进”则是指企业需创造对社会的正面影响。

卡罗尔于 1979 年提出：企业社会责任是指某一特定时期社会对组织所寄托的经济、法律、伦理和自由决定（慈善）的期望。它包括经济责任、法律责任、伦理责任和慈善责任[④]。

---

① 卡罗尔 A B，巴克霍尔茨 A K. 2004.企业与社会：伦理与利益相关者管理. 5 版. 黄平煜，等译.北京：机械工业出版社.

② Davis K. 1973. The case for and against business assumption of social responsibility. Academy of Management Journal，（16）：312-322.

③ Davis K. 1973. The case for and against business assumption of social responsibility. Academy of Management Journal，（16）：312-322.

④ Carroll A B. 1979. A three-dimensional conceptual model of corporate social performance.Acadey of Management Review，（4）：497-505.

伍德于 1991 年提出：社会是企业和社会互动的基本理念。其三项原则为：制度层次的合法性、组织层次的公共责任与个人层次的管理自主[①]。

2003 年世界经济论坛[②]（World Economic Forum，WEF）提出，企业社会责任包括四个方面：一是好的公司治理和道德标准。主要包括遵守法律、现存规则及国际标准，防范腐败贿赂，包括道德行为准则问题及商业原则问题。二是对人的责任。主要包括员工安全计划、就业机会均等、反对歧视、薪酬公平等。三是对环境的责任。主要包括维护环境质量、使用清洁能源、共同应对气候变化和保护生物多样性等。四是对社会发展的广义贡献。主要指广义的对社会和经济福利的贡献，如传播国际标准、向贫困社区提供要素产品和服务，如水、能源、医药、教育和信息技术等，这些贡献在某些行业可能成为企业的核心战略的一部分，成为企业社会投资、慈善或者社区服务行动的一部分。

刘俊海在《公司的社会责任》[③]一书中认为，所谓公司的社会责任，是指公司不能仅仅以最大限度地为股东们营利或赚钱作为自己的唯一存在目的，而应当最大限度地增进股东利益之外的其他所有社会利益。这种社会利益包括雇员（职工）利益、消费者利益、债权人利益、中小竞争者利益、当地社区利益、环境利益、社会弱者利益及整个社会公共利益等内容，既包括自然人的人权，尤其是《经济、社会和文化权利国际公约》中规定的社会、经济、文化权利（简称社会权），也包括自然人之外的法人和非法人组织的权利与利益。

笔者认为，企业是现代社会的一个有机组成部分，随着企业力量的不断增强，社会要求企业对社会负责。概言之，企业社会责任是为了满足一定的社会利益，企业除了为股东追求利润外，还应该遵守法律及超越法律所要求的承担对其他利益相关者群体的责任。其中，员工是企业社会责任中最主要的利益相关者。此外，消费者利益、债权人利益、中小竞争者利益、当地社区利益、环境利益、社会弱者利益及整个社会公共利益等内容也包含在内。

（四）企业社会责任的层次性

按照利益相关者的不同类型，企业社会责任也有各种类型。例如，利益相关者可以分为对内和对外的，前者包括股东、企业员工、商业伙伴（供应商）等，后者包括竞争对手、当地社区、消费者（顾客）、非政府组织等，那么相应地，

① Wood D J.1991. Toward improving corporate social performance. Business Horizons，16（4）：691-718.

② 世界经济论坛是一个非官方的国际组织，总部设在瑞士日内瓦。其前身是日内瓦商学院教授克劳斯·施瓦布 1971 年创建的欧洲管理论坛，1987 年更名为世界经济论坛。因每年年会都在达沃斯召开，故也被称为“达沃斯论坛”。世界经济论坛一般是在每年的一月下旬召开，会议持续约一周时间，每年年会都要确定一个主题，并在此基础上安排 200 多场分论坛讨论。

③ 刘俊海. 2001. 公司的社会责任. 北京：法律出版社.

企业对内的社会责任就主要体现为员工权益保护、中小股东权益保护、供应链伙伴关系等，企业对外的社会责任主要体现为消费者权益保护、环境保护、社会公益事业、公平竞争等。

从整体上分析，企业履行社会责任具有一定的层次性。第一层次是最低限度的责任需求，如对员工的诚信，保障员工的合法权益，创造良好的工作环境。这些内容应当作为必要的道德底线，在大多数国家和地区以法律责任的形式确定下来，是企业必须遵守的，具有一定的强制性。第二层次的责任是超越最低限度的积极职责，如社会责任认证标准（SA8000）就是介于强制责任和非强制责任之间的责任，其中规定了企业对工作环境、员工健康与安全、员工培训、薪酬、工会权利等一系列问题承担“最低责任”。第三层次责任是对责任的最高目标的追求，即把企业社会责任作为企业自身的追求，如对公共环境的责任，主要包括维护公共环境质量、使用清洁能源、共同应对气候变暖、保护生物多样性等。

二 我国企业社会责任状况

我国在计划经济时代，不存在独立的企业利益，也没有企业社会责任的概念。改革开放后，随着经济体制改革的深化，企业逐渐成为自主经营的经济主体，企业及股东的权益受到充分的尊重。然而，在完成这一转变后，企业究竟还应否承担社会责任？这一问题却一直未引起足够的重视。由于对计划经济时代“企业办社会”的弊端记忆犹新，企业应否承担社会责任这个在成熟市场经济国家早已定论了的问题，却长期令中国的企业家和学者困惑不已。事实上，改革开放三十多年来，我国在经济发展取得巨大成就的同时，也付出了较高的社会成本，企业单纯追求经济效率导致了大量社会问题的产生。例如，为了利润不惜破坏和污染环境，侵犯消费者权益；普遍缺少诚信，恶意违约、破产逃债、虚假信息披露屡见不鲜；社会良知淡漠、对公益事业少有热情等。可以说，有关企业忽视社会责任的报道近年来是频频见诸各种媒体。《工人日报》曾报道①，仅 1998 年在广东某市的外资企业打工的工人，一年里就被机器切断了 10 000 多根手指。在一些企业里，工人每天在粉尘飞扬的车间工作达 16 小时，在闷热如蒸笼的宿舍里睡眠不足 5 小时的情况极为平常。在很多工厂，工作环境危机四伏，毒化学品、火灾隐患、工伤事故频繁出现。此外，产品责任事故频频曝光，环境污染事件也时有发生，煤矿安全事故更是触目惊心。2004 年全国发生死亡 30 人以上的瓦斯事故 7 起，陕西铜川陈家煤矿特大瓦斯爆炸造成 166 人遇难；河南

---

① 转引自：许晓丽. 2009. 中国企业社会责任缺失及其成因探析. 会计之友（中旬刊），（12）：22.

郑煤集团大平煤矿特大瓦斯事故造成 148 名矿工遇难。2005 年仅前三个月就发生一次死亡 10 人以上的重大瓦斯爆炸事故 6 起，数百名矿工的生命被吞噬，人民群众的生命财产遭受重大损失。我们认为，20 世纪 80 年代以来我国的企业改革过分偏重对效率的追求，对企业社会责任没有给予应有的重视，缺乏协调发展意识。经济增长、技术进步固然是人类的追求，但它们只具有工具和手段意义，社会发展的最高价值追求是公平与公正，而不是以牺牲社会和谐为代价所换取的经济效率。鉴于企业忽视社会责任的严重后果已逐渐显现，强化企业社会责任意识，倡导企业社会责任，健全和完善我国企业社会责任法律制度，已显得非常必要和迫切。

三　关于企业社会责任的几种代表观点

基于企业社会责任的正当性（justification or legitimacy）理论，关于企业社会责任，主要形成了以下五种最具代表性的观点。

1. 社会舆论作用说

社会舆论作用说（public opinions）认为，企业社会责任的正当性源自社会舆论的压力。社会舆论为企业社会责任提供了广泛的民众心理认知基础，对于民众的呼声，企业没有理由拒绝；当代法律作为应当充分体现民主精神的制度架构，亦必须做出相应的调适，以满足民众的要求和愿望。此说法立足于“民众的需要乃合理的”这一前提假设之上，透过民意的合理性来说明企业社会责任的正当性。

2. 企业营利说

企业营利说（enlightened self-interest）以为，企业社会责任的正当性得透过其所具有的营利效果及企业的营利动机加以证明。具体言之，社会问题的存在拓展了企业的市场和业务范围，企业主动参与社会问题的解决，可使潜在的客户变成现实的客户，从而对企业的长远发展乃至短期赢利（short-term profit）产生帮助[①]。在上述意义上，企业承担社会责任，实则基于营利动机而进行的长期投资和广告开支，是企业应情势的变化而采取的一种高明的营利策略。

3. 良好公民说

良好公民说（good citizen）是一种主要以政治的视角看待公司的角色并进而解释企业社会责任正当性的观点。在此观点看来，企业与自然人一样，不仅是市民社会中的“市民”，而且是政治国家中的“公民”；政治国家为包括企业在内

① 在这方面，学界经常使用的例证是：环境问题的日趋突出，使环保设备的市场需求量不断扩大；能源危机和其他资源的短缺，使新能源、新材料的开发具有广阔的市场前景。这些都为企业直接获取利润创造了机会。

的“公民”提供了其生存发展的基本条件，企业则负有作为一个“公民”所必须承担的道德、政治和法律义务，这其中最重要的方面就是维护与促进社会公益，保证社会可持续、健康发展的社会责任。因此，企业积极参与社会问题的解决，是“良好公民”的应尽义务和当然要求。

4. 现实需要说

现实需要说认为，让企业承担社会责任是出于一种务实的考虑。也就是说，社会问题的解决是一项须动员社会各方力量才能取得预期效果的庞大系统工程，企业透过国家、社会的支持及自身的积累占有了大量资源，业已成为社会财富的主要拥有者，唯有调动企业及其资源，解决社会问题方可具备雄厚的社会和物质基础。

5. 社会原因决定说

社会原因决定说提出，寻求企业社会责任的正当性须立足于社会问题产生的源头上。现实地看，在当今日益严重的社会问题中，有许多问题是直接或间接地由企业所引起的，对这部分社会问题的解决，企业当责无旁贷。在此意义上可以视为，企业参与社会问题的解决，既是企业应当负担的道义义务，又是企业对其自身引起的危害社会的后果所进行的自我校正行为（self-correction）。

四 企业社会责任立法的意义

在我国，环境污染日趋严重，假冒伪劣产品充斥市场，农民工问题反映强烈，这一现状与部分企业缺乏社会责任感不无关系。我国环境保护法、企业法和产品质量法律法规中虽然有涉及企业社会责任方面的条款，但还没有专门的企业社会责任立法，加强企业社会责任的专门立法，其意义不可低估。

（1）企业社会责任立法及其责任标准的推行，从近期来看，有利于沿海地区外向型企业中农民工待遇的改善，从而起到扩大内需和稳定社会预期的作用；从长远来看，有利于国内产业结构的调整和升级，提高我国出口产品的技术含量和附加值。

（2）从国际背景来看，我国应该以更加主动的姿态，对内加强境内企业社会责任建设，对外积极参与国际交流合作，加快制定一套符合我国和广大发展中国家利益的企业社会责任标准体系，适时推出，力争被其他发展中国家接受、被跨国公司所认同。

（3）从国内发展来看，加强企业社会责任立法是贯彻党的新一届中央领导集体“以人为本、构建和谐社会”执政理念的具体行动。《中共中央关于全面推进依法治国若干重大问题的决定》明确提出：“加强企业社会责任立法。”因此，履行社会责任，这不仅是政府的责任，也是企业的责任。它也是落实宪法、切实保护劳动者合法权益的需要。

（4）从外贸发展来看，促进企业履行社会责任的立法有利于对出口企业形成压力机制，加快外贸增长方式从数量扩张型向质量效益型转变。因此，增强企业社会责任有利于进一步缓解人民币升值压力，对于欧美等发达国家和地区早日承认我国完全市场经济地位也有不可低估的作用。

（5）从构建和谐社会的意义上来说，企业承担社会责任有利于促进我国企业改善职工的基本生产和生活条件、加强安全生产管理、关注社会慈善事业、建立良好商业道德意识、加强环境保护，使企业的生产活动建立在可持续发展基础之上。这些作用不仅与我国的国家政策和长远目标完全一致，而且能更好地促进我国劳动法、安全生产法、职业病防治法、环境保护法等一系列与社会责任有关的法律法规在企业内部得到切实贯彻实施，减少社会失业，提高人民生活水平，促进社会公平、有序、协调地发展。企业主动承担社会责任，有利于解决资本与各利益群体的矛盾问题，使企业树立清晰、正确的商业伦理和经营理念，我国和谐社会显然不仅仅是经济的快速发展，更是全社会各利益群体之间的和谐共处。

因此，企业社会责任法律体系的建立及其实施，从根本上讲，是为了提高企业的赢利能力。它有助于形成企业长期有效的激励机制；帮助企业建立起适应经济全球化的机制，分享世界市场的份额；形成企业文化，树立企业形象；提高企业社会知名度，增加企业的无形资产和社会回报。

五 国外企业社会责任立法的历史

德国是较早在立法中贯彻企业社会责任观念的国家。1919 年《魏玛宪法》第 153 条规定："所有权包含义务，于其行使，应同时顾及公共利益。"《魏玛宪法》的这一规定，无疑为企业社会责任的落实提供了法律上的依据。因为，依此规定，出资者设立企业，于企业资产的所有权，无论由企业享有，抑或由出资者保有，其行使都是受到一定的限制的，亦即必须顾及公共利益，这正好与企业社会责任的本来意义相契合。

公司法中体现企业社会责任的规定，最早可见于 1937 年的德国《股份公司法》。该法强调：公司的董事"必须追求股东的利益、公司雇员的利益和公共利益"。英国也在 1980 年修改公司法时，规定董事必须考虑雇员的利益①；还有英国的《城市法典》（*City Code*）中第 9 条规定，在董事向股东提供建议时，董事应当考虑股东的整体利益和公司雇员及债权人的利益。最为引人注目的是美国

① 1980 年《英国公司法》第 46 条、1985 年《英国公司法》第 309 条。

法律研究院撷取众人的智慧，在1984年4月通过《公司治理原则：分析与建议》（*Principle of Corporate Governance*：*Analysis and Recommendations*），其中第2.01条关于“商业公司的目的与行动”（the objective and conduct of the business corporation），该条乃是有关企业应负社会责任的一般性、宣示性规定。此项研究成果，足以代表美国学界、实务界数十年来对此议题的结论。该条文规定：商业公司从事商业行为，应以提升公司利润与股东利益为目标。只有下述情形之一者，则不问公司利润与股东利益是否因此提升：①应与自然人在同一程度内，受法律之约束而为之行为；②得考虑一般认为系适当之伦理因素，以从事负责任之营业行为；③得为公共福祉、人道主义、教育与慈善之目的，捐献合理数目之公司资源。

那么，依照此条的基本命题，公司既是一种经济组织体，又是一种社会组织。所以，它在追求营利目标的同时，必须受社会责任或社会需要的制约。当然，此条规定还反映了公司的营利目的与社会目的并不矛盾，正如该建议的起草人之一Eisenberg所解释的，制定本原则之目的并非要反对私有制和商事制度，只是强调商事公司对付政府管制的最佳良方就是自律。值得称道的是，美国的宾夕法尼亚州率先在该州1989年《商事公司法》中，将美国法律研究院关于公司社会责任的建议，赋予了法律效力。随后，美国29个州都在公司法中加入公司管理者应当对公司的利害关系人负责的条款。当然，规范公司社会责任的法律绝不仅局限于公司法，其他相应的法律都将考虑企业社会责任的需要而不断进行修改。

20世纪70年代，企业社会责任的观点以体现“社会正义”的章程修改的形式表现出来。20世纪80年代，则集中体现在企业对所谓非股东的其他利害关系人承担责任的问题①。自1983年年底，美国宾夕法尼亚州首创以制定法的方式，特别授权公司董事决策时得考虑股东以外的团体利益，截至1990年，美国总计有25个州（含宾夕法尼亚州）制定有类似的法律②。

六 我国企业社会责任的立法现状

近年来，我国的企业社会责任建设取得了积极进展，也积累了一定经验，但与中央提出的科学发展观、构建和谐社会的要求还有一定差距。我国对企业社会责任立法的研究尚处于起步阶段，在未来企业社会责任的理论探讨和法律法规体系构建中，理论界和立法界将面临一系列问题需要解决。

（1）我国关于企业社会责任的立法过于分散、凌乱。纵观我国现有关于企业社会责任的立法，主要分散在劳动法、企业法、产品质量法、消费者权益保

① 刘连煜. 2001. 公司治理与公司社会责任. 北京：中国政法大学出版社：1-2.

② 刘连煜. 2001. 公司治理与公司社会责任. 北京：中国政法大学出版社：160.

护法、环境保护法及社会保障法等法律法规中，没有形成完整的企业社会责任法律体系。

（2）我国关于企业社会责任的立法过于原则，可操作性差。例如，公司法的“三公”原则旨在保护股东及投资者的利益与安全，由于缺乏可操作性，往往在一些问题面前显得苍白无力，如对于股东权益的保护问题，西方国家目前大多通过立法对“资本多数决定原则”进行限制，以保护小股东的权益，而我国公司法还缺乏旨在保护小股东权益的规范。对此，我们可以借鉴西方发达国家在这方面的先进立法经验。

（3）我国现有立法对企业社会责任的规定仍存在许多“盲区”和空白点。例如，合伙企业、个人独资企业的社会责任问题、道义上的企业社会责任期待法定化问题、企业循环经济立法问题；还有，我国关于企业合理利用资源的立法等存在许多立法空白，需要给予填补和立法完善。

（4）关于企业社会责任法条设计问题。由于企业社会责任是法律义务与道德义务的统一，对于企业社会责任的规定是采取强制性规范还是授权性规范一直存有争议。我们认为，发达市场经济国家在公司法中的做法将会被多数人理解和接受。道德并非不能规定于法律之中，关键是怎样设计其法规形式，笔者认为，法律意义上的企业社会责任宜采取强制性规范的形式予以规定，而道德意义上的企业社会责任则应采取授权性规范的形式予以规定。

第二节　企业承担社会责任的理论依据

一　社会学依据

社会是一个有机整体，企业则是构成这个有机整体的最基本的单元。同时，企业又是一定社会中的企业，不能脱离社会而孤立地存在。[①]

（1）从企业与社会的联系方面看，企业是社会的组成部分，企业活动是社会生产的基础层次和单位形式，社会的发展依赖于企业的发展壮大；同时，企业之所以不能孤立存在于社会，是因为企业还是一定生产关系的产物，企业中的劳动者是以一定的生产关系结合在一起的，这种关系要求企业必须在一定的生产关系的约束下对企业劳动者的利益负责，对企业劳动者的生存和发展承担责任，而这种责任正是企业社会责任的一种体现。

（2）从企业与社会的区别来看，企业毕竟不等于社会，企业只是社会的一个

① 陈留彬. 2006. 中国企业社会责任理论与实证研究. 山东大学博士学位论文：17.

层次，一种组织。企业利益具有独立性和排他性，社会利益具有公众性和共享性。企业发展的目标在于企业自身利益的最大化，如利润、利润率等；社会发展目标则在于社会成员共同利益的提高，如整个社会的生活质量的提高、生活环境及人的发展条件的改善等。然而，企业的活动是以社会为背景，因而，企业的利益就不能不受社会利益的约束，企业的目标也不能不受社会目标的约束，这种约束使得企业利益、企业目标在某种程度上要服从于社会利益和社会目标。此外，企业活动的经济外部性质所导致的负效应，如环境污染、资源损害等公害，其实质是将企业成本的一部分转嫁到社会，并对社会生活的质量和可持续发展产生现实的和未来的负面影响，这种企业利益和社会利益的冲突客观上要求企业以承担在环境、资源方面的责任的形式服从社会目标。

（3）从社会整体运行角度看，社会是按一定的组织形式建立起来的，对社会的组织与管理是社会运行的客观需要。政府是现代社会公共利益的代表和社会的公共管理机构，而政府行使社会职能及社会运行本身都是需要成本付出的，这种付出即为社会成本。然而政府本身却并不具有直接创造价值的功能。从这个意义上讲，企业作为社会生产的基本组织形式和基础层次，也必须在分担社会运行成本方面承担责任。

二 经济学依据

古典经济学和新古典经济学以利润最大化作为出发点分析人类的经济行为，亚当·斯密在《国民财富的性质和原因的研究》（《国富论》）中充分阐述了这种思想。古典经济学派认为，经济人的内涵是从利己出发，运用成本-收益的理性分析法，寻求自身利益最大化的人类行为。因此，关于企业社会责任的早期论争中，曼尼等“自由经济”思想的代表人物否定企业在利润目标之外承担社会责任。

20世纪的企业革命颠覆了自由经济所依赖的完全竞争条件。企业革命创造出了一种前所未有的经济力量。经济力量是一个包含市场力量在内，但比市场力量更大的概念，它会影响到资源使用、产品安全、环境污染、工作条件、工资支付及价格变化等。显然，竞争是无法控制这种经济力量并使得这种力量的结果符合公共利益的。所以社会开始研究单个企业的表现，来观察它们是否服务于公众的利益。

从某种角度分析，企业被定位为人格化的经济人和道德人。经济人在经济学研究中具有普适性，尽管对经济人的批评、争论从未停止，但只是提出一些限制条件，还没有新的假定能够取代它，经济学的发展徘徊在对经济人假设条件的修正和放松上。根据现实人的特点，在斯密和新古典经济学经济人抽象的基础上，使现实经济人的行为和动机得到了更好的理解，现实人的行为的某些方面是难以改变的，在每时每刻在任何地方它们都会反复出现，如表现为利己的占有欲。通常不能指望把社会组织建立在自我牺牲的基础上，因为自利是最持久、最稳定的动机。但现实人具有有限理性，他不可能完全准确地了解到所需要的经济信息，企业社会责任的真正意义在于，如何认识市场经济的道德维度问题。如果缺乏必要的社会规范和道德约束，单纯的经济利益驱动和效益最大化追求，不但难以确保社会经济的均衡发展，更难以确保人类自然资源和生态环境的合理利用与保护。古典经济学产生之初已经涉及企业的社会责任问题，斯密定理明确地展示企业的社会责任是“看不见的手”的结果。在斯密眼里，经济人并不能为所欲为，而要受自身的内在道德约束。道德人与经济人无法分离，经济人是道德人的载体，道德资源可以转化为经济资本。[①]

三 法学依据

企业社会责任在20世纪80年代重提并作为一个全球性的社会运动，其法律背景主要表现为所有权与生存权在全球化过程中的深刻冲突。[②]

企业社会责任运动是随着经济全球化的推进及所造成的以劳工问题为中心的新的社会经济问题而形成的。经济全球化，即资本全球化，在全球化的浪潮中，跨国公司作为全球化最主要的推动者和受益者，已经发展为控制和影响全球经济发展的主要力量。但这种资本的扩张同时在全球范围内形成了对于劳动的压制和剥夺。劳资关系力量对比处于一种极端不平衡的状态中。从理论上讲，“资本的所有权，事实上是对于劳动者的自由权利的剥夺。而资本的权利滥用，便生出了资本的弊害，这一弊害当然同劳动者的权利感情相冲突”。劳动者的权利，就其本质而言，是生存权。这一“随着生命而来的生存权，作为全体人民的权利，比起财产权而言，当然是生存权优位，实现生存权，应该以共同实现公共福利的法律观为前提”。

社会连带主义法学代表人物莱昂·狄骥（Leon Duguit）认为，私有财产也不是权力，而只是客观的法律地位，资本家和工人都按照分工担当不同的社会职能，并共同尽社会连带关系的义务[③]。为此，资本家和工人都应该组成工团来保护自己的利益。从法哲学的意义上看，劳权作为一种社会利益的提出，是因为劳权是社会平衡发展所不能忽视的一种社会权利。现代法制的理念，打破了所有

① 张恒，冯涛. 2005. 现代企业社会责任的理论渊源与动力机制刍议. 科学·经济·社会，(3)：47.

② 王粤，黄浩明. 2005. 跨国公司与公益事业. 北京：社会科学文献出版社：41.

③ 王欣雨. 2010. 莱昂·狄骥的公法理论. 重庆大学硕士学位论文：16-26.

权绝对化的理念，而以现代商法为基础的法律体系，其特点便是国家干预和社会本位。

法学上探讨企业的社会责任不能忽略以下两个问题：社会责任的性质和社会责任的立法化或法制化。这两个方面是紧密联系的。就企业社会责任的属性而言，有几种不同意见值得我们重视：其一，企业的社会责任并非法律上的责任，它与法律责任无关，只是道义上的义务或自律性的责任。其二，企业的社会责任属于法律上的责任，但这种观点在解释“法律上的责任”与“法律责任”有无区别时遇到比较棘手的问题。其三，否认企业社会责任是一个独立的法学概念，它只是一种“手段”或“调节机能”，是市场自由的补充制度。

企业社会责任严格说来虽不是一个法学概念，但其内涵包括法律责任和道义责任的混合因素。例如，企业对劳动者的责任，实际上既有法律责任（基于劳动法），又有道义责任（基于企业守则）。尽管理论上人们对企业社会责任的性质看法不一，但各国加强企业社会责任立法的趋势却非常明显。一些西方发达市场经济国家纷纷出台涉及企业社会责任问题的立法，或者在已有的立法中增加有关企业社会责任的内容，最典型的如公司法，同时，产生了许多关于企业社会责任方面的国际公约。

第二章 企业社会责任的社会契约理论解析

企业作为一定生产方式下产生的社会组织形式，其本质不断地被人们解读、认知和阐释。当我们在讨论企业社会责任的时候，我们也不可避免地要对企业的本质及其所处的社会环境进行分析和解读。只有把企业置于一定的社会环境之中，我们才能清晰地观察到社会的利益相关方是如何影响企业的决策与行动，企业的自益动机是如何驱动企业采取行动，社会环境又是如何制约其行动方式和行动结果。也只有如此，我们才能更好地理解企业社会责任是如何形成、如何运作、如何实现的。对于今天的中国，我们要理解企业社会责任，并对企业社会责任立法的社会基础有所把握，更需要对企业在社会结构中所处的地位及企业组织形式对其社会责任的影响有较为深刻的理解。

第一节 企业所处的社会结构与企业社会契约

企业作为一种专门的商业性组织具有非常悠久的历史，在人类社会组织分化和演进的过程中发挥了越来越重要的作用。按照科斯的观点，“企业的显著特征就是作为价格机制的替代物”，而且企业的一系列生产要素是通过契约组织起来的，“为了获得一定报酬（可以是固定的，也可以是浮动的），生产要素通过合约同意在一定限度内听从企业家的指挥。合约的本质是限定了企业家的权力范围。只有在这种限制下，他才能指挥其他生产要素”[①]。根据这一理论，企业的存在是社会专业化分工基础上的产物，同时也是社会专业分工有机体的一个组织细胞，发挥着企业家配置资源的重要作用。更重要的是，这一理论告诉我们，企业的各种利益相关者之间是以契约组织起来的，而且这些契约的存在取决于社会有机体的整体情况，也取决于企业本身的组织形式。从这个意义上来讲，从企业的社会契约角度来理解企业社会责任更符合客观社会事实。

一 企业时代的社会结构

企业的产生根源于人类共同克服自然和社会障碍的努力，只要这种组织形式

---

① 转引自：威廉姆森 O E，温特 S G. 2007. 企业的性质：起源、演变和发展. 姚海鑫，邢源源译. 北京：商务印书馆：26.

能够继续发挥作用，企业形态就不会消失，企业存在所遵从的社会目标也必然一如既往地发挥其功效。如科斯对企业性质的解释，企业的出现是人们通过契约结合来克服资源配置障碍的产物。也正如卢梭所说："人类便没有别的办法可以自存，除非是集合起来形成一种力量的总和才能够克服这种阻力，由一个唯一的动力把它们发动起来，并使它们共同协作。"①因此，企业的出现与市场经济的社会生产方式具有密切的联系，是市场经济条件下人们的一种生产组合，企业占据社会组织结构主导地位的时代必然是市场经济的时代，企业的本质目标必然遵循市场经济社会的内在逻辑结构，只要市场经济的根本生产方式不变，企业的本质目标也就不变。而事实上，尽管企业经历了手工工场、近代企业和现代企业的不同历史时期，企业面临的社会生产需求不断变革，其所处的社会结构也不断演变，但是企业组织在社会结构中的功能和角色定位事实上并未发生根本改变。企业依然是作为一个专门化的社会生产组织机构存在，企业仍然遵循市场规律的要求在资源配置的效率中不断寻求最有利的实现形式。利润激励始终是，也应当是企业行为的最高行为准则。

虽然企业始终以利润作为其最高行为准则，但是并不代表企业的行为不受社会契约的约束。这种社会契约乃是企业作为社会组成部分所应当遵循的行为规范。因此，企业产生的社会基础决定了企业契约的基本形态和实现形式，也决定了企业必须根据社会结构的变迁调整其与其他社会组织的相互关系，以更好实现其利润目标。那么，我们今天所处的时代，其社会结构具有什么样的特征，这些社会特征又会如何影响企业契约的实现呢？对此，我们需要从三个方面来一一进行分析。

（1）市场经济的社会形态中，政府与公民、企业与消费者之间构成了社会结构的两条主线。企业组织社会的经济系统，政府组织社会的政治系统，两者之间相互影响、相互关联，共同决定了社会生产的效率和社会分配的公平。所以，在分析企业社会责任的过程中，我们必须始终遵循企业在市场经济中的生产效率原则，不能将企业的社会责任凌驾于生产效率之上，更不能将企业的经济目标扩展为企业社会责任。对此，经济学家米尔顿·弗里德曼（Milton Friedman）写道："认为公司和劳工的领导人具有超过自己的股东和会员利益之上的'社会责任'的观点已经得到广泛的接受。这种观点表明了对自由经济的特性和性质的一个基本上的误解。在这种经济中，企业仅具有一种而且只有一种社会责任——在法律和规章制度许可的范围之内，利用它的资源和从事旨在于增加它的利润的活动。这就是说，从事公开的和自由的竞争，而没有欺骗或虚假之处。"②

① 卢梭 J J. 2003. 社会契约论. 何兆武译. 北京：商务印书馆：23.

② 弗里德曼 M. 2004. 资本主义与自由. 张瑞玉译. 北京：商务印书馆：144.

（2）在坚持企业以利润为导向的同时，我们也必须看到企业长期利润的实现必须依赖于与其他社会群体之间的协调和利益互惠，而且企业应当对社会结构的调整做出积极的响应，以合理的方式分配企业的利润，履行其与社会之间的契约关系。从手工工场的初级形态到后工业时代的社会结构发生了很大变化，生产关系的一些表现方式甚至出现了翻天覆地的变革。这些变革必然影响到企业实现其社会目的的具体方式。因此，所谓企业社会责任的观念并非来自学者的凭空想象，而是来自社会现象的真实观察。应该说，企业社会责任是社会组织结构发展过程中，企业根据社会需求不断调整自身策略的结果，也是企业与其他利益组织进行博弈的结果。同时，这还是我们今天看到一些跨国公司在法律没有明确规定的情况下仍然愿意履行社会责任的根本原因。

（3）非政府组织的发达是当今社会结构变迁的一个重要特征，企业的社会契约基础正因此发生着某种程度的变化，需要企业以履行社会责任的形式来达成新的契约平衡。在后工业时代，各种社会力量的觉醒改变了人们表达和争取自身利益的方式。大量非政府组织的出现增加了社会契约所要实现的利益目标，扩张了社会契约所涵盖的利益范围，同时也改变了社会利益分配时各方博弈力量的对比。在现实生活中，我们可以看到环境保护组织对企业生产经营的影响，更看到了工会组织对劳资关系的作用。这些来自社会结构层面的改变虽然不能消除企业以利润为核心的内在经济约束，却能够通过改变企业利润的实现形式和实现程度来影响企业的具体行为。

二　现代企业与现代社会结构的相互影响

在现代社会利益多元化、集团化的趋势中，企业本身也发生了极大变化。这种变化不仅增强了企业适应现代社会的能力，也影响了社会结构的形成与发展。如果说，企业是一个通过契约组合生产要素的组织体，那么现代企业的契约关系可以分为企业外部契约和企业内部契约两个层面来看待。其中，企业家、劳动者、资本投资者之间的契约关系是企业的内部契约关系，企业与其他社会组织及政府之间是外部契约关系。通过这一系列的契约关系，企业与社会结构之间相互影响、相互制约，共同形成了企业社会责任的社会基础。

从内部契约关系上来讲，其突出特点就是契约关系造就了企业权力的产生。而企业权力在一定程度上降低了企业内部交易的成本，提升了资源的使用效率。企业组织的存在使得企业权力的控制者往往能够在利益分配中占据更为有利的地位。尽管现代企业出现了股权控制向职业经理人（企业家）控制转变的趋势，但是企业内部的权力结构依然造就了一个在现代市场经济社会中拥有巨大社会资源的利益群体，当这一利益群体与其他利益相关者（如劳动者、消费者等）的利益冲突无法按照企业与社会之间的隐含契约得到履行时，企业的总体利益就会受到冲击，甚至落空。马克斯·韦伯已经观察到："在以获取资本性利润为宗旨的组织里，比如商业组织、矿产或海运公司，或向国家和殖民企业提供金融资助的公司，对于该组织的整体效益和成员的利益分配来说，资本具有决定性的意义。"①

从企业的外部契约关系来讲，企业是现代社会有机体的重要组成部分，而社会契约的结果也同样形成了社会权力，这一权力所对应的政府成为了社会结构中非常重要的一环。在卢梭的《社会契约论》中，政府或者说主权者也同样需要遵循社会契约所形成的行为规范，当主权者过度地侵蚀本不属于他的社会利益或者无法履行其根据社会契约所承担的义务时，人民就有权采取行动推翻政府，重建社会秩序。企业在现代市场经济的社会中，借助立法游说集团和民主选举的方式来实现其对社会权力的影响，同时抵御其他利益集团利用社会权力对其自身利益的企图。通过社会权力和企业内部权力之间的相互影响，企业的内部契约关系和外部契约关系形成了相互斗争、相互协调的格局。

总体上来说，企业在现代社会生产中所处的核心控制地位随着企业规模的扩张不断加强，使得现代企业能够在社会权力结构中处于更为主动的地位，也进一步加强了企业控制者利用内部权力结构占据社会利益分配优势地位的可能。因此，出于对权力制衡的需要，企业内部契约关系中不拥有权力的一方也加强了其组织力量，促进了其他利益集团的发展和崛起。这些代表企业结构中非控制者利益的社会试图通过对企业外部契约关系中的权力的争夺来限制企业内部权力的扩张，产生了强烈的社会权力和企业权力重新分配的需求。这种需求为企业社会责任理论的产生和传播奠定了社会基础，而一旦这种理论与现实需求相结合，借助社会权力将企业社会责任转化为法律义务的冲动也就随之产生。所以，冈尼斯（Gunness）曾经总结到："对'企业社会责任'这一提法的大部分批评，缘自它隐含着这样一种信念：对于众多困扰社会的问题之解决，企业负有直接的责任，并且它们有能力单方面解决此等问题——这至多不过是一个不切实际的奢望。"②

三 企业在社会契约中的权利和义务

在探讨了企业在现代社会中的契约结构之后，我们就不得不进一步分析企业

① 韦伯 M. 1998. 论经济与社会中的法律. 张乃根译. 北京：中国大百科全书出版社：148.

② Gunness R. 1986. Social pesponsibility：the art of the possible. Business and Society Review，38（4）：25.

在社会契约中的权利和义务。首先需要明确的是，从卢梭到罗尔斯，伦理学家们大致赞同这样一种观点，即每一个社会都隐含地存在着一种社会契约。而所谓企业的社会契约是一种隐含的社会行为规范，其具体内容和规则是借助不同社会利益群体博弈得以实现的，而社会利益的变迁及社会利益群体力量的对比变化就决定了企业在社会契约中的具体权利和义务。最早用社会契约理论解释企业社会责任的唐纳森（Donaldson）和邓菲（Dunfee）则指出，企业与社会之间存在一个社会契约：企业应对为它的存在而提供条件的社会履行社会责任；社会应对企业的发展承担责任[①]。虽然基于商业伦理学的社会契约理论受到许多自由主义经济学家的批判，但是，唐纳森和邓菲的学说从特定角度解释了企业在现代社会中面临的制约条件，并为问题的解决提供了新的解决思路。因此，企业社会责任的观念虽然未能成为一个明确的法律概念，却得到了企业的积极响应，并通过企业和社会组织的自觉行动被付诸实践。

按照唐纳森和邓菲的观点，企业的契约关系被综合契约理论加以解释，其中综合契约的概念又被划分为假设的或宏观的契约、现存的或微观的契约，前者作为一种应然状态的契约，后者则是一种实然状态的契约。从应然状态出发，企业在社会契约中所享有的权利和所承担的义务应当是平衡的，而且企业与社会其他群体之间是以平等的关系来缔结契约的。从实然状态出发，企业在社会契约中的缔约地位和权利义务必然受到人们所认可的观念和道德规范（对此，唐纳森和邓菲将其解释为超规范）约束。而笔者认为，企业在社会契约中的地位和权利义务受到社会结构的制约，其实然状态取决于现实社会结构中，企业和其他群体、组织之间的博弈能力，并通过这种博弈能力反映到社会权力的分配中。

具体来说，企业在社会契约中的权利由两部分构成：一是企业的控制者在企业内部拥有管理的权力，这一点得到了公司法的承认，同时也通过现代公司治理结构的发展受到了约束；二是企业在社会生活中拥有获取利润的权利，这一点实际上是通过产权法律制度得到了维护。与之相对应的是，企业在社会契约中的义务也由两部分构成：一是企业的控制者不得滥用其管理权力任意侵害被管理者的利益。无论是英美法系中所提倡的企业管理者的“信托义务”，还是大陆法系中公司民主管理的理论，都可以理解为对企业控制者权力的约束。二是企业在追逐利润的同时，应当遵循法律和商业伦理的基本要求，满足社会对于公平和秩序的一般诉求。概而言之，企业追求利润的行为同样是社会行为中的一种，其行为一如韦伯所说，是“受群众制约的行为”，并“根据行为的意向

① 唐纳森 T，邓菲 W. 2001. 有约束力的关系：对企业伦理学的一种社会契约论的研究. 赵月瑟译. 上海：上海社会科学院出版社：26.

内容相互调节”。①

第二节 社会组织形式与企业社会责任

结合上文的阐述，相信对于企业的行为是受到社会约束这一点，恐怕最彻底的自由主义者也是承认的。而企业社会责任观念的存在，至少是部分地揭示了企业在社会行动中受到约束的客观现实。但是，我们需要进一步明确企业在社会契约中的权利和义务，或者干脆说企业的社会责任是通过什么机制来实现的。

一 社会组织形式与社会契约的关系

就一般的契约或者说个体订立的契约来说，契约的实现是由双方当事人的利益制衡来实现的，并得到法律的保障。企业的社会契约并不直接得到法律的保障，特别是作为宏观的、隐含的社会契约来说，企业的社会责任是得不到法律直接保障的，企业对社会契约的履行往往是通过社会权力和权利的配置得以实现。而社会权力和权利的结构则与社会组织形式有着密切的关系。这或许是来自对社会博弈关系的阐释，或许是对社会行动逻辑的片面理解。但是，有一点是肯定的，企业和其他社会组织的组织形式，在一定程度上决定了社会利益集团之间的博弈力量对比，而且这种力量对比必然借助法律的权威来加以确认和维系。其中，关于社会组织形式的法律恰恰能够反映出社会利益博弈的机制、规则和成果。

在现代法律体系中，企业和各类非政府组织比较典型的组织形式就是法人，而且都是所谓私法人。法人团体的出现是宪政结构中赋予人们结社权的结果，也是社会契约的一个重要行动基础。可以说，没有结社权利的保障，现代宪政结构所要维护的社会契约是无法实现的。法律在分配权力和权利的过程中，为人们设定行为规则，并以利益的裁判来激励或者约束人们的行动，进而来实现社会整体权利和义务的均衡。在现代法人制度中，这种权力或者权利的配置是通过法律规定的组织形式来加以实现的。例如，公司法人的法律结构实际上是股东（投资人）和董事、经理层（企业家）之间通过一个企业契约分配企业权力和权利的结果，但是由于受到其他利益群体的外部约束与制衡，现代公司在法律结构的设计上也开始逐步体现出其他利益相关者参与公司决策的需求。也正是基于这一逻辑，企

① 韦伯 M. 1997. 经济与社会（上卷）. 林荣远译. 北京：商务印书馆：55-57.

业社会责任的倡导者主张在企业契约条款的预先安排之外，确立一种股东与非股东利益相关者共同分享公司剩余决策权的机制，使不同利益相关者获得保护其权益的充分机会[①]。

进一步观察，我们还可以看到，企业股东与其他利益相关者的关系不仅在企业内部契约结构中得到了体现，在企业的外部契约结构中也得到了反映。发达和成熟的资本市场及普遍存在的各种非政府组织事实上也改变了企业与外部环境之间的契约结构。因此，企业的组织形式在各个方面都需要顺应社会发展，及时调整和完善其契约结构，以增进企业获取社会生存资源的能力。

二 现代企业的组织结构与企业社会责任

在自由资本主义时期，企业的组织结构奉行的是股东大会、董事会、经理层及监事会四位一体的权力结构。这一结构中股东权利的实现是通过对董事、监事人员选任的方式来间接实现对公司的控制。而现代公司制企业中，股东的利益与直接或者间接控制公司的管理权力已经日益分离。尤其是对于规模较大的公众公司而言，这一点尤为明显。波斯纳对此阐述到："企业是一种组织生产的方式，而公司像债券信托契约一样，是将资本引入企业的一种方式。典型的大商业实体具有企业和公司的双重性质。企业的管理权属于向雇员发布制定的经理团体，而实际上为企业购买投入并进行产品制造和销售的是企业的雇员……他（股东）是一个消极投资者，而且由于其利益的流动性，他与企业只具有一种松散和暂时的关系。他的利益像债权人的利益一样，是一种金融利益而不是一种管理利益。"[②]

从契约结构上来讲，现代公司制企业更多地体现了利益相关者理论对公司法律制度的影响。因而，在现代公司的组织结构中，股东对董事和经理人员的任免权不再是一种绝对的权力。独立董事的任命及工会参与公司劳资决策的机制都使得股东与其他利益相关者开始分享对公司的控制权力，同时股东自身结构的改变，使得股权日益分散，股东对公司的控制能力日趋形式主义。这一系列变化的结果，使得现代公司制企业的契约将管理和控制公司的权力更多地赋予了董事和经理。因此，公司内部契约结构的变化也影响了企业对外部契约的履行机制。简言之，现代公司制企业对其社会契约义务的履行取决于实际控制和拥有公司管理权力的董事和经理受到了何种程度的约束与激励。

对此，美国经济学家马里斯（Marris）和法学家曼恩（Manne）的理论是非

---

① 卢代富. 2002. 企业社会责任的经济学与法学分析. 北京：法律出版社：131.

② 波斯纳 R A. 1997. 法律的经济分析. 蒋兆康译. 北京：中国大百科全书出版社：534-535.

常具有代表性的。根据他们的观点，现代公司中所有权与控制权的分离，并不会使公司的行为偏离利润最大化目标太远，因为市场的力量将限制公司资产以非增进股东利益的方式使用。据此假设，曼恩还提出了“公司控制权市场”（the market for corporate control）的概念，并进而认为股票市场的并购和合并风险是公司控制权市场竞争对董事和经理人施加的压力，这种压力客观上赋予了股东最终的控制权。①马里斯和曼恩的理论还被进一步用于解释产品市场和劳动力市场等市场形态对公司的激励和约束。可以说，市场对企业控制者的约束和激励实际上被解释为企业履行社会责任的一种机制，也可以被看成是一种企业利益相关者之间进行博弈的形态。

此外，需要说明的是，不管现代公司的治理结构设计了何种约束和激励机制来防止企业实际控制者对管理权力的滥用，企业组织所承载的众多利益诉求仍然是受到整体社会契约特征约束的。这种社会契约在市场经济的环境下要求专业化的组织从事专业化的活动，从而实现生产效率的提升。对效率的追求不可能让企业的目标体系成为多元分化的平行结构，也不可能产生单方面解决社会问题的企业组织结构。因此，在市场经济条件下，契约-交易的社会组织方式决定了企业利润与服务社会之间的契约关系是企业生态中永恒不变的社会法则，企业社会责任的理念仍然需要服从于这一法则下潜在的市场逻辑。

三 非政府组织与企业社会契约

在全球范围内的企业社会责任运动中，各种非政府组织发挥了十分重要的作用。在以市场和契约为主要组织方式的社会结构中，非政府组织往往代表着特定的公共利益。因此，在企业社会责任的主要领域中，都不难看到非政府组织活跃的身影。从企业社会责任运动起源的西方国家观察，我们不难发现，这些国家的企业社会责任运动与20世纪五六十年代的劳工运动、环境保护运动、消费者权利运动密切相关，而这些社会运动的背后都能够看到劳工组织、环保组织、消费者权益保护组织的强大推动力。20世纪末，非政府组织甚至推动了企业社会责任的标准制定。1997年由非政府组织“社会责任国际组织”和其他组织共同制定了SA8000，该标准目前已经成为了影响最大的非政府组织标准之一。标准的内容主要涉及劳工权益保护领域有关童工、强迫性劳动、健康与安全、结社自由与集体谈判权、歧视、惩罚性措施、工作时间、工作报酬及管理体系等九个方面，是全球第一个可用于第三方认证的社会责任国际标准。SA8000 认证现已覆

① Blair M. 1995. Ownership and Control：Rethinking Corporate Governance for the Twenty-first Century. Washington D C：The Brookings Institution：12.

盖全世界 45 个国家、52 个行业近 437 000 名工人，在企业社会责任运动中发挥了重要的作用。

从社会契约角度来看，非政府组织的发展并没有改变企业的社会契约基础，其改变的是企业与社会其他利益群体之间达成契约的力量对比。它使得企业组织与个体之间通过契约进行的社会交易变成了组织体对组织体的契约谈判。也正是因为非政府组织的发展增强了其他利益相关者的组织力量，提升了其交易地位，20 世纪末以来兴起的企业社会责任运动才得以蓬勃发展，并给企业行为带来了极大的外部约束，迫使企业在追逐利润的过程中能够自觉地遵守社会契约对企业的要求。非政府组织在企业社会责任运动中的另一个重要意义还在于企业社会责任的履行不是通过重新订立社会契约、改变社会基础的方式来进行，更不是如 20 世纪 40 年代以前通过破坏性的革命和社会冲突来纠正企业在履行社会契约义务上的不平衡。非政府组织的崛起在遵守市场规则的前提下实现了对企业行为的约束，这就给企业继续发挥挖掘市场效率的作用提供了必要的基础，同时也削弱了企业社会责任运动影响社会生产效率、阻碍社会发展的可能性。企业、社会其他群体在社会不断发展的基础上，通过改变社会力量结构达成了新的社会契约平衡，而法律确认了这一事实，也顺应了这一变化。因此，从某种意义上讲，企业社会责任运动的兴起是企业社会契约履行方式上的一次伟大革命，也是社会矛盾解决方式上的一次伟大创造。

第三节　企业社会责任立法的社会契约基础

企业社会责任运动的兴起在给人类社会带来巨大影响的同时，也给各国的法律制度带来了新的课题。企业社会契约所确立的新的行为规则、企业社会契约谈判中所获取的新成果都需要得到法律的确认、维护和保障，各种意义上的社会立法兴起向企业社会责任运动做出了有效的回应。这一立法发展的进程、特点趋势对于当前中国的社会发展和法律发展提供了非常宝贵的经验，也为中国的企业社会责任立法提供了可供借鉴的理论基石。

一　社会契约变迁与企业社会责任的立法历程

市场经济在人类社会生产方式中的地位得以确立解决了人类在生产资源配置领域的重大问题，尽管市场有非常多的缺陷，尽管存在着计划经济的实验，但是市场经济是目前为止人类所能找到的最恰当的生产组织方法。企业的出现、存在和发展是市场经济的产物，也是市场不可或缺的组成部分。市场经济社会的出现使得社会契约的观念得以不断深入，人类的行为方式和法律思想也因此而发生了巨大的变化。市场经济从自由放任的初期阶段不断演进，社会契约的实现方式和相应的法律制度也不断深化、变革。自由资本主义、垄断资本主义、国家资本主义、社会主义和福利资本主义的社会理论实际上也可以说是对不同历史时期社会契约状况的思考和理论回应。从国家立法上来说，法律服务于不同国家形态下的社会组织秩序，因而也无法超越其所处的时代，企业社会契约的不同实现方式给相应的法律制度打下了深刻的烙印。在本书中，我们重点讨论三个不同的历史时期企业社会责任的实现方式及其立法。

（一）企业社会契约的最初形态

在市场经济的初期，甚至在垄断资本主义的时期，市场和国家之间有着天然的鸿沟，法律小心翼翼地保护着企业与市场之间的契约自由。亚当·斯密在《国民财富的性质和原因的研究》中从劳动分工出发分析了市场这只“看不见的手”所发挥的资源配置作用，并且写道：“为了国内的工业而对贸易加以限制是傻子干的事；不论哪个国家、哪个个人，应当到最便宜的地方采购物品；要使国家达到最高度发展，我们只须守着这样一句老话办事：一切不管，听任自由。”同时，斯密还对自由市场经济中资本利润和劳动工资的关系进行了论述，他认为：“资本利润的增减，与劳动工资的增减，同样取决于社会财富的增减。但财富状态对两者的影响却不大相同。资本的增加，提高了工资，因而倾向于减低利润。”[①]总之，亚当·斯密及信奉自由市场经济的学者都认为，企业和其他市场主体都有按照自身利益判断采取行动的自由，而政府和法律的作用在于保护这种自由。可以说，在企业与市场之间形成社会契约的初期阶段，企业所处的竞争环境决定了企业社会契约的实现形式是自由竞争，而公司法、合同法甚至行政法所奉行的行为自由、权利保护原则得到了极大的体现。这一时期企业社会契约的特点是：企业规模相对较小，企业家和资本是紧密结合的，资本对企业内部的控制十分明显，但是由于企业外部竞争环境的相对自由，企业之间的竞争较为频繁，因此企业的行为一方面受到了资本竞争的约束，另一方面劳动者、消费者及其他利益相关方的利益诉求被淹没在高速扩张的社会经济进程中，未能引起整个社会的关注。

（二）国家干预下的企业社会契约

随着企业垄断的形成，企业在市场经济社会中的力量不断壮大，资本对企业

---

① 斯密 A. 2005. 国民财富的性质和原因的研究. 郭大力，王亚南译. 北京：商务印书馆：80.

的控制日益膨胀，社会其他利益群体的自我保护意识也得到了加强，社会矛盾和社会冲突不断升级。破坏性的革命、战争及经济危机以极端的方式校正企业逃避社会契约义务造成的社会失衡。社会财富不仅在总体上受到了损失，企业生产效率的扩张也被垄断、倾销等不当竞争行为所侵害。对两次世界大战的反思使得人类对市场经济中自由调解的企业社会契约状态产生了深深的疑虑。理论上要求国家和法律干预经济运行的学说受到了广泛认同，甚至试图取消市场的共产主义主张也被付诸实践。市场自由被国家干预所取代，企业的自由被限制，劳工法律和其他管制经济的法令被纷纷制定，国家在经济生活中部分地取代了企业的作用。尽管国家干预在一定程度上减少了社会冲突的危险，但是由于这一时期的企业社会契约结构被打破，政府跨越了市场经济所允许的界限，国家干预给社会生产效率造成了极大的冲击。社会实践的结果表明，无论是主张国家干预经济的凯恩斯主义还是实行计划经济的社会主义都遭受了重大失败。企业自由的限制使得社会效率的损失以各种方式体现，社会财富在绝对数量上的增加无法挽救企业和其他社会群体在契约关系中的双重损害，取消市场的国家更是经历了严重的经济和社会危机。因此，企业和社会之间需要达成新的平衡，效率和社会公平的平衡也需要新的实现方式。

（三）市场经济社会中企业社会契约新的平衡

对国家干预理论和社会主义、共产主义实践的反思，再次引发了对企业社会契约的调整。西方资本主义国家在重新考察了契约自由和国家干预理论的基础上提出了福利国家理论、制度经济学理论、公共选择理论等富有创见的思想，这些理论尽管差异较大，却共同体现了尊重企业自由权利和重视法律调节作用的双重特点。应该说现代经济学理论从市场失灵和政府失灵的实践中获得了升华，在限制企业行为的同时找到了防范效率下滑的思路。马克斯·韦伯对自由市场的论述颇能反映这一思想的起源："自由市场，即不受伦理规范制约的市场，是各种利益碰撞、各种垄断地位的表现以及讨价还价的场所，因而与各种家庭伦理格格不入。与所有根源于某种兄弟般或者血缘关系的尺度为前提的共同体截然相反，市场本质上与任何兄弟关系无关。"[①]而在社会主义国家，市场和法律的作用则被重新认识，市场对资源配置的高效率及法律对经济秩序的重要意义被放到了非常重要的位置。可以说，尽管所阐述的侧重点不同，所吸取的教训不尽相同，甚至截然相反，大家却共同认识到了在企业自由和社会契约义务之间我们需要一个新的平衡点，而且这个平衡点不是通过政府对市场的替代得以实现。这个新的平衡点我们从新的公司治理理论、新的社会结构、新的

---

① 韦伯 M. 1998. 论经济与社会中的法律. 张乃根译. 北京：中国大百科全书出版社：161.

法律理念中看到了希望，企业社会责任则是这一背景下社会契约安排的一个新的视角。

二 中国企业社会责任立法的社会契约基础

从现代国家的发展历程中，我们看到了法律在契约自由和社会责任中的作用，也看到了法律所必须遵循的内在社会规律，这些来自客观世界的信条或许还不能完美清晰地加以解读，但是却制约着我们在新的社会实践和法律实践中所能够取得的成就。中国在经历了三十多年的改革开放之后，物质财富和经济规模方面已经实现了巨大的跨越，社会整体福利也得到了极大的提升。但是在发展的过程中，分配不公、环境资源矛盾突出、社会不满情绪蔓延等有害因素也在逐步呈现，企业社会责任运动也正是在这种背景下得到了社会各个阶层的关注，在法学领域也出现了呼吁对企业社会责任进行立法以约束企业不良行为的声音。但是，如果我们了解企业社会责任的起源和发展，并理解中国改革开放三十多年的主要经验，那么我们在鼓起企业社会责任立法热情的同时，还应当冷静地把握如下社会契约基础。

（1）中国的企业社会责任立法不是通过限制契约自由，而是通过赋予社会群体更多自由权利来实现。在中国最新的立法行动中，《劳动合同法》的实施引起了极大的争议，其中一个重要的原因是人们在是否应当以法律限制企业用工自由来提升劳动者待遇的问题上产生了针锋相对的观点。尽管这种争论被一些学者和媒体解释为各种利益群体在立法上进行的博弈。但是，我们发现，《劳动合同法》所体现出来的法律精神并不符合长期以来市场经济所遵循的契约自由精神。虽然，从罗马法到西方现代法律体系中，从来都认为契约自由是应当受到法律限制的，绝对意义的契约自由从来就没有在社会实践中存在过。但是，法律从来都认为强制性的规范只是特殊情况下的选择，当事人的自由约定在通常情况下是成立的，而且法律对特殊领域的规范并不意味着法律能够替代市场交易的双方做出利益判断。因此，立法可以配置双方当事人的权利和义务，也可以为当事人的自由约定设定限制范围，却不应该将可以通过市场交易实现的利益纳入强制性的、僵化的法律分配之中，更不可将法律对政府和市场边界划分修订为法律对政府的无限授权。因此，中国的企业社会责任立法虽然有着强烈的社会基础，也同样需要坚持契约自由的法律立场，唯其如此，保护弱者的冲动才不至于落入强化权力的窠臼。

（2）中国的企业社会责任立法应当着眼于对非政府组织的强化，而不是对政府监督的期待。如前文所述，企业社会责任的社会契约基础在于企业及企业的控制者受到了足够的社会力量制约。而这种制约的主要市场表达就是竞争，约翰·穆勒所说“在私有制的支配下，产品的分配是两个决定性力量——竞争和习惯所造成的结果”①正是这个意思。要维护市场竞争的均衡与有效，就需要法律在确保契约自由的同时，对假借自由之名侵害他人的自由加以限制，而且限制的方式是多种多样的，每种方法又各有其利弊。现代公共选择理论告诉我们，通过政府权力维护市场秩序是有成本的，而且当这种权力缺乏限制的时候成本就更高。因此，在我国缺乏足够的权力约束机制的情况下，如果能以社会力量自身来维护市场竞争，法律就不应当创设权力来限制市场自由。具体到企业社会责任的立法中，中国的工会、消费者权益保护组织、环境保护组织甚至公民个人的权利保护上都还存在着许多值得完善和改进之处，法律应当首先为这些社会力量的发展提供空间，以增强企业遵守和履行其社会契约义务的动力。

（3）中国的企业社会责任立法需要重视契约机制的供给，而不是空喊权利宣示的口号。由于中国的社会权力结构相对集中，许多社会利益的诉求还无法通过政治的民主竞争来实现，因此在某种意义上，法律起到的政治宣示的作用往往要大于其作为实际行为准则的作用。在企业社会责任的相关立法中，我们所需要的是切实提供促进社会竞争、满足社会自治需求的法律机制，让社会不同利益群体在法律框架之内能找到实现其自身利益的途径，并且尽可能降低实现这种权利的成本，这比空喊企业社会责任口号更具实际意义，也更符合社会契约的精神。

① 穆勒 J. 1991. 政治经济学原理（上卷）. 赵荣潜，等译. 北京：商务印书馆：270.

第三章 企业社会责任与和谐企业的构建

第一节 构建和谐企业的基本内涵

构建社会主义和谐企业是社会主义和谐社会的内在要求，也是企业自身发展的需要。要构建和谐企业，实现企业的和谐发展，就必须正确理解和谐企业的基本内涵。当前，我国理论界与实务界对和谐企业的内涵进行了深入、系统的研究，揭示了和谐企业的基本属性，对于我们认识和谐企业具有重要的参考价值。不过，需要指出的是，不少学者对于和谐企业基本内涵的探讨大多数是从静态的视角来研究的，从而认为和谐企业的内涵是固定不变的。笔者认为，要完整、全面理解和谐企业的内涵，需要从动态的角度来考察和谐企业在不同历史时期的主要内容与内在要求。

一 传统意义上的和谐企业的基本内涵

企业的稳定是企业发展的基础与前提。从这一意义上讲，构建和谐企业的要求不是随着社会主义和谐社会理论的提出而产生的，而是基于企业生存与发展需要产生的。所以，我们可以说，构建和谐企业的历史与企业产生与发展的历史一样久远。众所周知，企业作为现代市场经济的微观基础，它的产生至今已经有几百年的历史。这一过程中，人类对和谐企业的追求一直没有停止。但是，在不同的历史阶段，由于社会背景方面的差异，和谐企业的内涵有着不同的内容与侧重点。

（一）资本主义社会和谐企业的内涵

在西方近代资本主义社会，和谐企业的内涵主要是和谐劳资关系的构建。随着工业化的发展，劳资关系冲突成为资本主义社会与企业的突出矛盾。特别是在19世纪后半期，产业工人和资本家（企业主）之间的矛盾日益加深，劳资双方就生产控制权和收入分配权展开的斗争及这种斗争所引起的冲突越来越严重，引起了整个社会的关注。所以这一时期，和谐企业的基本内涵就是和谐的劳资关系。

如马克思认为，劳资关系是一种建立在生产资料私有制基础上的具有阶级斗争性质的关系，劳资双方主体之间存在着不可调和的阶级矛盾[①]。在马克思看来，资本主义社会的政治制度和经济制度是代表“资产阶级的政治和经济统治”，为了与此抗衡，马克思提出了“工人阶级的政治经济学”。马克思认为，工人只有通过工会组织起来，运用集体谈判和罢工等手段，才能减轻雇主对自己的剥削程度。因此，和谐企业的构建不仅仅是一个社会问题，更是一个重大的政治问题。[②]

当前，由于时代条件的变化、各种新现象的出现，劳资双方剑拔弩张的情形已基本消失，这说明劳资矛盾已不再是资本主义的主要矛盾，劳资极端对立最终会成为过去，而代之以劳资合作，成为当代资本主义稳定发展的基础[③]。在西方现代资本主义社会，和谐企业的内涵开始扩大，由早期的关注和谐劳资关系扩展到企业与社会的和谐，甚至明确提出了企业社会责任的要求。在社会经济相对发达以后，伴随着劳资矛盾的不断激化，企业对待内部职工的认知由“机械人”向“经济人”再到“社会人”转变，企业对待外部环境的态度开始由“零和”转向“共赢”。特别是第二次世界大战之后，许多欧美国家和地区在各自的立法中针对就业、工资、工作条件、环境保障等明确了企业的责任，瑞典政府制定了企业社会责任战略和协调机制，美国建立了企业社会责任审计机制，英国政府建立了公司责任指数。与此同时，耐克、迪斯尼、沃尔玛等一大批知名企业纷纷制定了自己的生产守则，加上大量国际组织的积极参与，使国际社会企业社会责任运动风起云涌，SA8000、ISO9000、ISO14000 等大量指导性标准得以建立，涵盖了产品责任、劳工、资源环境等各个领域，成为社会文明进步的重要标志。

（二）社会主义社会和谐企业的基本内涵

社会主义制度的建立，为和谐企业的构建确立了新的制度基础。基于传统的马克思主义理论，在社会主义社会剥削阶级已不复存在，所以不存在工人阶级与资产阶级的对立，公有制经济内部基于利益的一致性不存在对立的冲突关系，只存在合作关系。所以，在我国社会主义制度确立后很长一段时间，企业与工人的关系是一种管理与被管理的行政关系，而不是平等主体之间的劳动关系。正因如此，在解决企业与工人矛盾问题上采用行政管理与思想教育相结合的方式。所以，在我国社会发展的一个很长历史时期，人们对于和谐企业的认识是国有企业与企

---

① 马克思，恩格斯. 1972. 马克思恩格斯全集. 第 19 卷. 中共中央马克思恩格斯列宁斯大林著作编译局译. 北京：人民出版社；马克思，恩格斯. 1972. 马克思恩格斯全集. 第 25 卷. 中共中央马克思恩格斯列宁斯大林著作编译局译. 北京：人民出版社.

② 转引自：陈恕祥，杨培雷. 1998. 西方发达国家劳资关系研究. 武汉：武汉大学出版社：24-50.

③ 张秀霞. 2005. 论西方劳资关系的发展趋势. 和田师范专科学校学报，(3)：44.

业员工的和谐“行政”关系的构建，亦即和谐的“行政管理关系”的建立。[①]

20 世纪 80 年代以来，特别是我国社会主义市场经济体制确立后，和谐劳动关系成为我国和谐企业建设的基本任务。一方面，国有企业的改革确立了企业的独立法人地位，改变了传统的企业与工人之间的“行政管理关系”属性，企业与员工之间的劳动合同关系开始形成。另一方面，我国改革开放以来私营经济的快速发展确立了我国劳动关系主体的多元化格局。在这个背景下，基于劳动关系产生的矛盾成为我国和谐企业建设所要解决的核心问题。所以，和谐劳动关系特别是企业与员工之间的和谐关系成为我国早期构建和谐企业的主要内容。

二 社会主义和谐社会背景下的和谐企业的基本内涵

（一）社会主义和谐社会的基本要求

社会主义和谐社会理论的提出为构建和谐企业奠定了理论基础。因此，要把握和谐企业的基本内涵，必须与社会主义和谐社会的基本要求结合起来。党的十六届六中全会做出的《中共中央关于构建社会主义和谐社会若干重大问题的决定》，是党顺应历史发展变化，推进中国特色社会主义伟大事业所做出的重大战略举措。之后，胡锦涛同志在省部级主要领导干部提高构建社会主义和谐社会能力专题研讨班开班仪式上，对社会主义和谐社会的基本特征做了进一步阐述:“我们所要建设的社会主义和谐社会，应该是民主法治、公平正义、诚信友爱、充满活力、安定有序、人与自然和谐相处的社会。”这是我们党领导集体对社会主义和谐社会理论思考的新突破。所谓民主法治，就是社会主义民主得到充分发扬，依法治国基本方略得到切实落实，各方面积极因素得到广泛调动。所谓公平正义，就是社会各方面的利益关系得到妥善协调，人民内部矛盾和其他社会矛盾得到正确处理，社会公平和正义得到切实维护与实现。所谓诚信友爱，就是全社会互帮互助、诚实守信，全体人民平等友爱、融洽相处，诚信友爱是和谐社会的道德基础。所谓充满活力，就是能够使一切有利于社会进步的创造愿望得到尊重，创造活动得到支持，创造才能得到发挥，创造成果得到肯定。所谓安定有序，就是社会组织机制健全，社会管理完善，社会秩序良好，人民群众安居乐业，社会保持安定团结。所谓人与自然和谐相处，就是生产发展，生活富裕，生态良好。

（二）社会主义和谐企业的内涵

社会主义和谐社会理论的提出为构建和谐企业注入了新的内涵，赋予了企

① 周新军. 1994. 社会主义的劳资关系初探. 理论与现代化，（11）：23-25.

业和谐新的内容，扩展了企业和谐的内涵与外延，为构建和谐企业奠定了理论基础。笔者认为，从社会主义和谐社会的基本要求来看，作为社会主义和谐社会的重要组成部分，社会主义和谐企业是一个历史的、综合的、动态的概念，是指企业内部系统之间、企业与外部系统之间良性的协调状态。它包括以下三个层面的内涵[①]。

第一个层面，企业内部的和谐。这是企业和谐的基础部分，它强调在组织结构、生产实施过程、利益分配、人力资源配置、人际关系、精神状态等各个方面，企业管理者和其他成员具有全局观念和协调理念，其行为既符合企业目标，又兼顾个人目标，在这两方面达到均衡发展。企业内部和谐的核心是企业与员工的和谐。企业与员工之间不限于单纯的雇佣关系，在生产经营和民主管理上应当互相合作，企业与职工共同享受发展成果，共同享有发展潜力，这是企业和谐的核心内容。

第二个层面，企业与自然、社会的和谐。企业与自然的和谐，即企业在维护人类利益的同时，还要维护好企业与自然界的平衡，提高资源利用效率，改善生态环境，确保社会系统和自然生态系统的协调发展。[②]企业与社会的和谐是指企业不仅要为社会创造物质利益，还要处理好与社会相关各方的利益关系，协助维护社会秩序，增进社会福利。这是企业与自然、社会和谐的基本要求。

第三个层面，企业人自身的和谐。人自身的身心和谐，也就是所谓的“和谐人”。人是社会的最基本的构成元素，人与自身的和谐是实现和谐社会、和谐企业的基础和前提。因为人与自然的和谐主动性在人，同样，人与人的和谐也需要人与自身的和谐作为基础，所以人自身的和谐，是构建和谐企业的重要内容。

总之，社会主义和谐社会背景下的和谐企业要求企业不仅关注企业内部的和谐，还要关注企业与环境、社会的和谐；不仅关注员工与企业的和谐，还要关注人自身的和谐；不仅关注企业的经济效益，还要关注企业的社会效益、环境效益，最终实现企业的可持续协调发展。

第二节 构建和谐企业的重要意义与主要任务

一 构建和谐企业的重要意义

对于构建和谐企业的重要意义，理论界与实践部门都有阐述，形成了较为一致的观点。下面笔者从社会、企业、个体的视角简要论述其重要意义。

---

① 陆永明，周洁. 2007. 试论社会主义和谐企业的构建. 经济论坛，(8)：80-81.

② 王光明. 2007. 构建社会主义和谐企业探析. 战略管理，(4)：43-45.

首先，构建和谐企业对于社会和谐发展具有重要的意义。我国目前正处于社会转型和经济体制转型的关键时期。当一个国家处于传统社会向现代社会转型期间时，社会矛盾最为剧烈，最容易发生动荡，如果认识和处理不当，就会造成经济和社会的停滞，拉丁美洲一些国家 20 世纪的经验教训就是如此，我国改革开放以来的实践也反映了社会转型期的这个特征。和谐社会是由和谐家庭、和谐学校、和谐社区及和谐企业等众多“和谐细胞”组成的。特别是企业作为中国改革的重要载体，也承载了大量的社会矛盾。要构建社会主义和谐社会，必须从构建这些“和谐细胞”入手。因此，构建和谐企业不仅是构建社会主义和谐社会的重要内容，更是构建社会主义和谐社会的有力保障。没有企业内部和谐、企业与外部各方关系的和谐，社会的整体和谐就难以实现。①

其次，构建和谐企业对于企业持续发展具有重要意义。改革开放以来，随着改革的深化，新旧体制的摩擦、由改革引致的利益格局发生了很大的变化，企业发展的内外部环境也积聚了许多不和谐因素。根据现代管理学组织理论，只有组织内各个系统和谐、协调，组织内外方方面面的关系处理得当，才能够发挥组织的最大效能，从而实现组织的目标。企业发展的经验也表明，和谐与稳定对企业至关重要。一个企业，只有建立和形成团结友爱、和谐融洽、安定有序的内部良好关系，才能有强大的凝聚力和向心力，才能保证生产经营和改革发展的顺利进行，才能有强大的市场竞争力和开拓力。反之，如果一个企业内部不团结，关系不和谐、不协调，必然会人心涣散，离心离德，企业生产经营和改革发展要受到损害。因此，通过解决企业发展中的不和谐因素，通过相关制度的完善使企业获得良性发展。从这个意义上讲，构建和谐企业是企业可持续发展的重要保障与必然要求。

最后，构建和谐企业对于劳动者个体也有重要的意义。构建和谐企业符合企业和广大职工群众的根本利益。企业是广大职工生活、学习和工作的地方，是实现就业、生存和全面发展的经济实体，同职工有着休戚与共、荣辱相连的关系。从构建和谐企业的要求与基本内容上看，构建和谐企业的核心是保障劳动者个体的合法权益，既包括经济利益方面的权利，也包括民主管理的权利。因此，构建和谐企业对于劳动者个体具有积极的意义。

二 构建和谐企业的主要任务

如上所言，企业和谐就是保持其内部各部门之间，以及企业与外部相关主体之间的平衡发展，它可以分为企业的内部和谐、企业的外部和谐两大部分。因此，

① 吕建民. 2006. 构建和谐企业是和谐社会的必然要求. 供电企业管理，(1)：24-25.

构建和谐企业的主要任务是实现企业的内部和谐与外部和谐。[①]

（一）实现企业的内部和谐

企业的内部和谐是企业和谐的基础部分，它强调在组织结构、生产实施过程、利益分配、人力资源配置、人际关系、精神状态等各个方面，企业管理者和其他成员具有全局观念和协调理念，其行为既符合企业目标，又兼顾个人目标，在这两方面达到均衡发展。

其一，企业与职工的和谐。即企业与职工之间不限于单纯的雇佣关系，而且在生产经营和民主管理上互相合作，企业与职工共同享受发展成果，共同享有发展潜力，这是企业和谐的核心内容。主要包括：第一，在劳动就业方面，企业创造就业机会，为职工提供更多的工作岗位；保障并改善职工的劳动条件，保护职工的生产安全；不从事非法雇工行为、雇佣童工、强迫劳动；尊重职工的工资报酬权益，按时足额支付工资，职工工资增长与企业经济绩效挂钩。第二，在职工福利方面，职工社会保障应保尽保，提高保障水平；改善职工食宿生活条件，帮助提高职工生活水平；开展职工困难帮扶，使员工感受到团队的关怀与温暖。第三，在职工民主权利与发展权益方面，推动职工参与企业民主管理、改善企业治理结构，尊重职工的工会权利；丰富文化娱乐活动，改善职工的文化精神生活；加强职工培训教育，提升员工素质，促进员工发展。

其二，企业与文化的和谐。即企业在实现营利目的的同时，通过制度与精神层面的努力，塑造企业文化，促使管理层和员工形成共同的基本信念、价值标准，养成良好的职业道德及精神风貌。主要包括：第一，塑造创业意识，勇于领先、争创一流，敢于直面困难、迎难而上，努力扩大规模、增强实力、提高效益、拓宽领域，不断把企业做大做强。第二，塑造诚信品格，抵制住眼前的诱惑，立足长远，坚持公平竞争，反对假冒伪劣产品，诚信立业。第三，塑造创新精神，坚持走内涵式发展道路，加快研发机构建设，加大人才引进培育力度，加强科技创新、管理创新和品牌创新，取得更多的核心技术和自主知识产权。第四，塑造开放观念，积极开展对外合作和参与招商引资，大力引进先进技术、现代管理经验，加快转换企业经营机制，有条件的企业积极推进上市。第五，塑造和谐理念，在全企业形成关爱职工、环境友好、热心公益、修身立德的良好环境，使履行社会责任、创建和谐企业的意识渗透到企业的核心价值体系中去，成为企业的灵魂。

总之，企业内部和谐的核心是和谐的劳动关系的建立。因此，在构建和谐企业的过程中，要注重改善职工劳动生产条件，加强安全生产、劳动防护；健全和完善职工劳动保障；及时足额发放工资，结合企业经营业绩逐步提高职工工资水

① 王光明. 2007. 构建社会主义和谐企业探析. 战略管理，（4）：43-45.

平和改善职工福利待遇；加强职工培训，促进职工发展；组织文化娱乐活动，改善职工精神文化生活。[①]

（二）实现企业的外部和谐

企业的外部和谐是指企业与外部的自然和人文社会环境共谋共生，企业根据环境变化及时调整自身的行为，更好地适应环境的影响。

其一，企业与社会的和谐。是指企业不仅为社会创造物质利益，而且协助维护社会秩序，增进社会福利。主要包括：第一，通过生产经营、创造产值、加强技术创新、打造品牌，为社会创造经济价值。这是企业与社会和谐的立身之本。第二，企业在存续过程中尊重社会基本秩序，遵守法律法规和道德要求，维护安全生产，保证产品质量，照章纳税，忠实履行合同，处理好与社会相关各方的利益关系。这是企业与社会和谐的基本内容。第三，企业在法律和道德要求之外，积极参与慈善事业，参加社会活动，改善社会福利。这是企业与社会和谐的高级形态。

其二，企业与自然的和谐。是指企业尊重自然规律，提高能源资源利用效率，减少污染物排放，保护资源和生态环境。主要包括：第一，遵守法律法规关于资源生态环境的基本规定，节能减排等达到国家规定的最低标准。第二，推行先进环保标准，发展循环经济，节约资源、节能降耗，提高土地集约利用率。第三，以参与社会公益活动的形式，从事维护资源环境生态的事业，如野生生物资源保护、水土保持、水体清洁等。[②]

第三节　履行企业社会责任与构建和谐企业的关系

一　企业社会责任的基本内涵及其发展历程

企业社会责任是指企业作为法人应该和自然人一样对社会负有一定的责任和义务。企业的社会责任是指企业除了创造利润、对股东利益负责外，还应该承担对员工、消费者、客户、社会、政府等利益相关者的社会责任，包括提供高质量的商品和劳务、遵守商业道德、维护劳动者合法权益、保护环境、节约资源、支持慈善和公益事业等。联合国于 1999 年制定了企业《全球契约》，推动《企业生产守则》运动。要求加入的企业自觉遵守人权、劳工、环保和反腐败等原则。在此基础上，继 ISO14000 环境管理体系标准之后又出现了 SA8000

① 张雪琴. 2007. 略论构建和谐企业. 企业研究，（6）：31-33.

② 王光明. 2007. 构建社会主义和谐企业探析. 战略管理，（4）：43-45.

企业社会责任管理体系，2010 年国际标准化组织（International Organization for Standardization，ISO）还发布了 ISO 26000《社会责任指南》。这些都是指导和督促企业承担社会责任的守则。

从国内先发地区发展轨迹看，在市场经济体制逐步完善和全球化背景下，珠江三角洲、长江三角洲等先发地区较早碰到了国外非技术壁垒准入限制和国内“用工荒、用电荒、用地荒”、环境质量制约等一系列“成长中的烦恼”，那种依靠廉价劳动力投入、消耗资源、牺牲环境的粗放型增长方式已难以为继。在这种形势的倒逼下，这些地区率先一步开始强化企业社会责任、创建和谐企业。例如，广州开发区以创建和谐企业为重点，开展创建全国和谐示范园区活动，深圳出台了《中共深圳市委深圳市人民政府关于进一步推进企业履行社会责任的意见》（2007 年），佛山南海区以强化基层工会等组织建设为抓手推进企业履行社会责任。发达区域通过这些举措，不但促进了企业个体的发展，还推进了社会和谐与全区域的可持续发展。

二　企业社会责任的主要内容

从企业社会责任的主体关系来看，作为企业应当承担的社会责任，概括起来有四种：一是承担对投资者的责任；二是承担扩大就业的责任；三是承担节约环保的责任；四是承担扶贫济困的责任。就企业社会责任的具体内容来看，企业的社会责任主要包括发展责任、法律责任、道德责任和慈善责任四个方面。[①]

（一）发展责任

发展责任是指企业应当尽可能地创造更多的财富，在主观上为股东获得利润的同时，客观上为社会带来经济利益。它是企业的第一责任。主要包括：第一，生产各种产品，增加社会财富总量，带动上下游相关产业和社会领域的生活、消费。第二，吸纳劳动就业人员，提高职工的待遇，通过产业链带动其他社会主体提供劳动就业岗位和工资福利。第三，贡献税收，增强政府财力，为二次分配提供基础。第四，改善企业自身机制体制，提升企业的可持续赢利能力，如改进企业股权和治理结构，提高企业家和员工素质，形成企业文化与核心价值观，增强创新能力和应对外界风险的能力等。

（二）法律责任

法律责任就是企业应当遵守国家的法律法规，履行法律法规的强制性规定。

---

① 韩蕴. 2005. 企业的社会责任与社会和谐. 江苏经贸职业技术学院学报，（1）：50-51.

它是企业的最基本责任。主要包括：第一，照章纳税，保证足额、及时缴纳税款，这是直接向政府履行的责任。第二，贯彻劳动、安全生产、工会等法律法规，规范劳动合同，执行工时与工资标准制度；改善工作环境，保证职工安全和健康，确保安全生产。这是向职工履行的责任。第三，按照法律法规的规定，减少污染排放，降低能源原材料消耗。这是在资源环境保护方面的责任。第四，诚信经营，公平交易，向社会提供合格的产品，不生产销售假冒伪劣及有毒有害的产品，不欺诈、不强迫买卖。这是向消费者履行的责任。第五，不从事垄断、不正当竞争、恶意隐瞒信息、商业贿赂、虚假广告等行为。这是向商业伙伴和竞争对手履行的责任。

（三）道德责任

道德责任是指其履行难度高于法律责任或超越法律规定之外，受社会舆论所规范的责任。企业的道德责任与其法律责任在内容上有所重合，但是道德责任的要求较高。主要包括：第一，在符合法律基本规定和要求的基础上，进一步改善生产条件，尽可能减少职业危害和风险；改善职工福利和食宿生活条件，帮助职工享有基本的生活水平，如提供集体宿舍和水、电等日常生活服务。第二，开展职工困难帮扶，帮助职工解决单靠自身难以解决的困难；加强职工教育培训，提高员工素质，丰富员工业余生活，培养高尚情趣，促进员工自身发展等。第三，在达到法律要求的基础上，提升资源利用标准和环境保护水准，减少能源、资源消耗及污染物排放，保护生态环境。第四，支持社会公益事业，企业及其职工积极参与社会活动，改善基础设施，向社会其他成员提供帮助，促进社会其他成员发展等。同时，企业还应当对合作伙伴，特别是供应商提出相应的道德要求。

（四）慈善责任

慈善责任是指企业通过扶助弱者的方式回报社会的责任，这种活动以企业资金、物资、人力等资源的单向付出为主要特征，与企业的生产经营没有直接关系。慈善责任是一种高级形态的社会责任，主要是指积极参加慈善活动和社会福利事业，与贫困地区、贫困群体或贫困人员结对帮扶，捐助慈善基金等，间接或者直接向困难人群提供物质、精神、行动上的帮助。

三 落实企业社会责任与构建和谐企业的内在统一性

基于构建和谐企业与企业社会责任的基本内容，笔者认为，履行企业社会责任与创建和谐企业并非互不统属、相互割裂，而是互相关联、互相促进的关系。落实企业社会责任与构建和谐企业具有内在统一性，落实企业社会责任是构建和谐企业的基本内容，也是构建和谐企业的重要载体。①

一方面，履行企业社会责任是创建和谐企业的载体和内容。履行社会责任是企业达到和谐的桥梁。和谐的企业必定是社会责任履行到位的企业，没有社会责任就没有和谐企业，只有履行相应的社会责任，企业才能通过利益的合理分配、文化融合和心理沟通，处理好与员工、与社会、与自然的关系，达到和谐的状态。不履行必要的社会责任，企业就不可能与各利益相关者和谐相处。在建设社会主义和谐社会的历史进程中，企业，特别是国有特大型骨干企业，不仅应当承担和履行经济责任与政治责任，还应当承担和履行社会责任。这既是构建和谐企业的必然要求，也是企业应尽的义务。企业应当以积极的态度承担社会责任，关注社会的进步和发展，为社会服务和公益事业作贡献。企业经营必须赢利，但如果忽视了社会责任就不算成功的企业。只有给予社会优质的产品和服务的同时，并主动自觉地承担社会责任的企业，才能在长远的发展中树立起自身的品牌，才会得到社会的回报及认同。也只有在这样的良性循环下，企业自身才是最终的受益者。因此，一个有远见的企业不仅应追求企业的短期利润，更应关注企业长期获取利润的能力，而这种能力在很大程度上来自企业的社会责任感。越来越多的企业实践和众多的研究成果充分说明，企业绩效和社会责任之间存在着正向关联度，企业完全可以将社会责任转化为实实在在的竞争力。企业的社会责任，最基本的是要遵守法律、依法纳税、保障员工的合法权益等。在较高的层次上，企业还要在社区建设、环境保护、支持慈善事业、捐助社会公益、保护弱势群体等方面做出贡献。近年来，各种由企业和企业家参与的公益活动与日俱增，越来越多的企业正在踊跃承担起社会责任。这从一个侧面反映出我国企业公民的社会责任感正在攀升，值得在全社会大力倡导。

另一方面，创建和谐企业是履行社会责任的目的和归宿。和谐企业是企业的至高境界。和谐意味着共识，意味着利益的合理配置，企业必须以和谐理念为指引，根据自身实际情况，合理确定社会责任所针对的对象、范围、具体内容及履行程度，并付诸实践，才能实现企业和谐的目的。因此，强化社会责任，以股东责任、环境责任和社会责任构成的公司责任是现代企业必须坚定地承担并需要认真履行的职责，要以经济不断增长、搞好环境保护、勇为社会无私奉献的良好表现，赢得客户满意、股东满意、社会声誉，争做社会合格的企业公民。以SA8000为主要内容的社会责任体系，是企业走向世界的通行证与桥梁，应该逐步引进、消化、落实，使企业真正承担起对员工负责、对产品负责、对消费者负责、对自

① 张富生. 2007. 承担社会责任，构建和谐企业. 企业领导论坛，(1)：48-49.

然生态负责、对社会负责的神圣社会责任。

四 当前我国推进企业社会责任的基本做法

近年来，我国一些中央企业在履行社会责任方面，进行了积极的实践和有益的探索，逐步积累了一些好的经验和做法，对于推进企业社会责任具有积极的借鉴意义。如国务院国有资产监督管理委员会于 2008 年 1 月 4 日发布了《关于中央企业履行社会责任的指导意见》，明确了中央企业履行社会责任的指导思想、总体要求、基本原则和主要内容，要求中央企业必须成为依法经营、诚实守信的表率，节约资源、保护环境的表率，以人为本创建和谐社会的表率，努力成为国家经济的栋梁和全社会企业的榜样。具体措施包括以下五点。

其一，树立和深化企业的社会责任意识，广泛宣传社会责任理念，加强社会责任的普及教育，督促企业把履行社会责任摆上更加重要的议事日程，经常研究和部署社会责任工作，不断地创新管理的理念和工作方式，努力形成履行社会责任的企业价值观和企业文化。

其二，把履行社会责任融入到企业运营的全过程，推动企业把履行社会责任纳入公司治理范围，融入到企业的发展战略，落实到生产经营的各个环节，建立健全工作体系，对企业生产经营的全过程进行社会责任的管理。

其三，把履行社会责任的重要内容纳入企业考核，要逐步建立和完善企业社会责任的指标、统计和考核体系，把节能减排、技术创新、安全生产等纳入企业的经营业绩考核，建立和完善激励约束机制，切实提高企业可持续发展能力。

其四，建立企业社会责任报告制度，探索编制中央企业社会责任报告指南，鼓励有条件的企业定期公布社会责任报告，或者发布可持续发展报告，公布企业履行社会责任的现状、规划、措施等，主动地接受政府的指导，主动地接受利益相关者和社会的监督。

其五，加强国际交流与合作，研究学习国内外企业履行社会责任的先进理念和成功经验，开展与国际先进企业的对比，总结经验，找出差距，改进工作，加强与有关国际组织的对话和交流，积极地参与社会责任国际标准的制定。

第四节 构建企业社会责任工作机制，推进和谐企业建设

如上所言，在社会主义市场经济条件下，企业不仅应承担创造财富的经济责任，还必须承担相应的社会责任，落实企业社会责任与构建和谐企业具有内

在的统一性。但是，从当前一些企业的实际情况来看，企业履行社会责任不到位现象还很严重。企业社会责任意识并没有在企业深入人心、形成习惯与自觉。有的企业“老板”并没有真正认清员工的作用与地位，认为“三只脚的动物难找，两只脚的人遍地都是”，因此，对员工的苛刻要求令人发指，对员工的人权践踏肆无忌惮，对员工的生命保障视同儿戏。[①]有的企业对国家与社会、对大自然的生存不闻不问，“各人自扫门前雪，休管他人瓦上霜”，有的甚至连自己的“门前雪”也懒得打扫，其行为既失信于他人，也失信于企业，更失信于社会。

由于缺乏有效的道德、舆论、法律和制度监控，缺乏有效的激励与平衡机制，一些企业对社会责任没有引起足够重视。在责任理念方面，认识不够全面和到位，没有明确的责任理念，没有上升到战略决策高度；在责任管理方面，缺乏整体谋划和统一管理，没有形成责任体系；在责任行动方面，组织和工作力度不够，缺乏总结评价和持续改进的措施。很多企业还面临着生存和发展的巨大压力，对于承担较多的社会责任还有相当大的难度。不少企业存在着认识上的误区，将承担社会责任等同于慈善捐赠或公益事业，或者等同于“企业办社会”，承担和履行社会责任的积极性不高。[②]

因此，从当前促进企业履行社会责任的主体与动力来看，仅仅依靠企业自身的努力还远远不够，还必然建立与完善履行企业社会责任的齐抓共管的工作机制，充分发挥党委、政府、企业、工会、社会、员工等多个主体的作用。[③]

一　强化政府的引导推动作用

企业履行社会责任需要一定的社会环境酝酿和推动。从西方发达国家企业社会责任发展历程来看，企业社会责任不可能完全依靠企业家自身的觉悟，而主要依靠法律规范引导、各种社会运动和政府的推动。我国还处于市场经济的初级阶段，政府在引导市场经济发展方面仍然发挥着主导作用。在中国目前缺乏推进企业社会责任的社会基础和各种社会力量的情况下，政府的引导和推进作用显得更加重要。因此，在推动企业履行社会责任的过程中，政府要充分发挥其引导、支持、监督、鼓励等作用，一方面，切实履行自身的职责，引导与监督企业经营管理活动，促进企业依法管理；另一方面，制定与实施促进企业履行社会责任的政策措施，鼓励与支持企业履行社会责任。

---

① 朱芝洲. 2007. 失衡的天平：直面企业劳资矛盾. 特区经济，(1)：153-154.

② 韩蕴. 2005. 企业的社会责任与社会和谐. 江苏经贸职业技术学院学报，(1)：49-50.

③ 孙祥生. 2008. 论企业社会责任工作机制的构建与完善. 三江论坛，(8)：23-25.

（一）切实履行自身的职责，引导与监督企业经营管理活动，促进企业履行社会责任

要充分发挥政府在市场经济中的主导作用，促进企业履行社会责任。首先，政府自身要转变观念，改变传统的国内生产总值（gross domestic product，GDP）一元的社会发展评价标准与政绩观，树立以人为本的和谐发展观。长期以来，在企业发展与环境保护方面，部分地方政府及政府官员为了追求单一的地方GDP增长，对一些企业破坏环境的行为听之任之，疏于管理，从而加大了企业与环境的对立和矛盾，极大地影响了企业正确履行社会责任的观念。因此，必须转变地方官员严格执法会损害投资环境的错误观点，树立严格执法有利于净化投资环境、有利于提升地区和企业竞争力的观念，把推进企业履行社会责任列为政府部门工作考核内容，对推进企业履行社会责任做出成绩的地方领导和部门给予大力表彰。

其次，政府要加大对严重违反《劳动法》《生产安全法》和《环境保护法》的企业的惩罚力度，引导企业转变经营理念，促进企业依法管理，推进企业履行社会责任。以宁波市为例，在环保方面，在积极鼓励企业创建环境友好型企业的同时，开展“五水共治”（治污水、防洪水、排涝水、保供水、抓节水）行动，各级环保部门围绕环境污染整治目标，依法加强企业排污的监管工作，将污染减排任务纳入宁波市经济社会发展综合评价和年度目标责任考核体系，纳入政绩考核范围。具体做法包括：加大重点监管区整治力度，抓好重点流域、重点区域、重点行业和重点企业的污染整治；加大环境违法行为查处力度，继续开展“绿剑行动”等专项执法活动，采取“飞行监测”“错时监测”等手段，继续保持高压态势，坚决遏止环境违法现象；加大解难创优工作力度，维护人民群众的环境权益，依法惩处环境违法行为，切实解决影响人民群众健康的突出环境问题。

在劳动监察方面，通过加强劳动监察执法，促进企业履行社会责任。宁波市劳动保障局大力创新工作思路，从源头防治上实现劳动监察“五个结合”。一是劳动监察与宣传教育相结合。以提高用人单位的守法意识为抓手，通过谈心式、介绍式、讨论式等互动交流方式，与经营管理者面对面，运用典型案例宣传介绍劳动管理经验教训，共同研究探讨劳动法规执行中和劳动管理中遇到的具体问题。二是劳动监察与帮助整改相结合。对检查中发现的问题，在发《限期改正指令书》后，着力帮助用人单位整改和提高，与用人单位一起，分析问题存在的原因，研究解决的办法，从保护劳动者权益和有利于企业发展的角度提出改进劳动管理的意见建议，帮助指导制订具体的整改方案。三是劳动监察与倾听意见相结合。劳动保障部门既是劳动者维权的卫士，又是用人单位依法管理的谋士。在监察执法过程中，检查用人单位遵守劳动法律法规的情况，依法处理违法行为的同

时，了解企业需求，倾听企业呼声，主动为企业出谋划策。四是劳动监察与行政处罚相结合。加大劳动监察的处罚力度，充分发挥行政处罚的威慑和警示作用，起到处罚一案、教育一片、震慑一方的影响效果，努力改变过去违法成本过低或者为零的现象。五是劳动监察与推广先进相结合。在劳动监察中不仅检查用人单位存在的问题，同时也注重挖掘用人单位自觉守法的亮点，总结推广他们的经验，在全市范围内积极营造自觉学法、守法、懂法的良好氛围。①

最后，政府要不断制定和完善有关强化企业和谐的法规，使企业履行社会责任逐步法制化。完善企业社会责任方面的法规，把企业必须承担的社会责任写入《公司法》。对不符合国际惯例、规定不明确的现行劳动法等法规，可通过人民代表大会立法或地方立法等予以完善与修改。同时，加快研究与制定促进企业履行社会责任的地方法规，以员工待遇、安全卫生、环境保护、劳动保障等为主要内容，强化企业履行社会责任的法制意识。与此同时，人民代表大会、政府应当进一步加大劳动法律法规的执法力度，各级政府要切实履行劳动关系“裁判员”的职责，依法积极介入劳动争议案件的调处过程，将劳动关系中发生的矛盾纳入法治轨道去解决。

（二）制定与实施促进企业履行社会责任的政策措施，鼓励与支持企业履行社会责任

首先，在切实强化监督的同时，政府要加快制定与实施促进企业履行社会责任的政策措施，鼓励与支持企业履行社会责任，在政策机制上对企业形成激励和约束。从各地企业履行社会责任的实践来看，如设立政府“和谐企业奖”，开展“和谐企业”评选、“优秀企业公民”评选活动，表彰先进的和谐企业，激励和引导企业履行社会责任。对改善员工工作和生活条件、加强环境保护、捐助公益和慈善事业的企业予以政策优惠，逐步形成和谐企业的激励和保障制度。政府在采购、投资、科技项目立项、对企业的资助等方面实行企业和谐标准认证制度，未通过认证的企业不得参与政府采购和投资项目的投标、不得申请政府科技项目立项等资助，逐步把企业履行社会责任作为企业进入市场的准入条件之一，严重不和谐的企业，限制进入市场。

其次，建立企业履行社会责任评价标准，开展企业履行社会责任状况评价工作。在这个方面，可以借鉴国外企业社会责任方面的评价体系，吸收 SA8000 等国外社会责任标准合理的条款，根据各地区、各行业的具体情况组织有关部门制定“企业履行社会责任地方（行业）标准”。政府组织有关部门对企业履行社会责任工作定期评估，使企业履行社会责任和谐工作从自律开始逐步过渡到第三方

---

① 孙祥生. 2008. 论企业社会责任工作机制的构建与完善. 三江论坛，（8）：23-25.

认证，形成制度化、规范化的管理体系，使我国的企业履行社会责任工作走向制度化轨道。

最后，大力支持与保障工会工作的开展，充分发挥工会的作用。工会是广大劳动者自己的组织，在当前的形势下更应该发挥出应有的作用，为维护员工权益积极与企业进行集体协商和集体谈判。地方政府要加快推动基层工会的组织建设，为工会维权保驾护航，促使企业劳资双方平等协商，促使企业履行自觉履行社会责任。

二 突出企业的创建主体地位

需要强调说明的是，强化政府的引导推动作用，并不是取消企业自身在履行社会责任中的主体地位，而是通过政府的引导与推动，调动企业自身履行社会责任的积极性。在推动企业履行社会责任的过程中，要重视企业自身的主体地位，防止出现政府“越位”与“代位”。要突出企业的创建主体地位，笔者认为，除了完善企业管理制度，提高企业管理水平之外，还要从以下三个方面着手。

（一）提高企业家与企业管理团队的社会责任意识，树立和谐的企业发展观

企业家是企业的领军人物，对企业的经营理念和经营模式有决定性影响，企业管理团队是企业经营管理的具体执行人员，对于企业履行社会责任具有重要的作用。要履行社会责任，突出企业的建设主体作用，必须提高企业家与企业管理团队的企业和谐意识，树立和谐的企业发展观。以前，我们往往只强调企业家与企业管理团队的经营能力和市场竞争能力，如今必须要求企业家与企业管理团队同时具有和谐的企业发展意识。只有企业家与企业管理团队充分认识企业履行社会责任的重要意义，理解企业社会责任与构建和谐社会的关系，才能树立正确的企业发展观，增强建设和谐企业的使命感。为此，要加大对企业家与企业管理团队企业和谐意识的培训，帮助他们树立和谐的企业发展观。

（二）强化企业员工履行社会责任的意识

员工作为企业生产要素中最活跃的因素，在企业履行社会责任的过程中具有至关重要的作用。如何充分发挥员工在企业履行社会责任中的重要作用，笔者认为，首要的前提是必须大力强化员工履行社会责任的意识。只有每一位员工都具备了强烈的责任意识，真正履行了自身的职责，才能共同承载起企业履行社会责任的历史重任。目前，许多企业在发展的过程中自觉承担相应的社会责任，树立

了良好的公众形象，但少数企业和员工社会责任意识淡薄甚至缺失的现象也不容忽视。例如，有的唯利是图欺骗顾客；有的偷税漏税危害国家；有的缺乏环保意识，将利润建立在破坏和污染环境之上；有的安全管理薄弱，导致事故频发；等等。员工社会责任意识的缺失，将会导致员工团队意识淡薄、缺乏敬业精神、对企业忠诚度的下降，衍生出许多不和谐因素，从而直接威胁到企业社会责任的落实。①

（三）完善企业工会的工作机制，充分发挥工会在企业履行社会责任中的作用

当前我国企业工会制度还存在着诸多不足与缺陷，影响了工会作用的发挥。通过完善企业工会的工作机制，将工会在企业履行社会责任中的作用尽量发挥出来。工会作为工人阶级的群众组织，有着得天独厚的群众基础，在企业履行社会责任过程中具有不可替代的作用。工会通过开展形式多样、丰富多彩的文化体育活动，使广大职工在参与活动的同时受到耳濡目染、潜移默化的教育。工会担负着企业民主管理、民主监督的重要职责，通过实施民主管理、民主监督，提高职工的参政议政意识，增强主人翁责任感。②

三　发挥企业党组织的模范作用

推进企业履行社会责任，要充分发挥党组织的政治核心作用。企业党委的主要任务是立足于企业的工作大局，从政治上、思想上、组织上加强领导，集中精力把好方向、抓好大事、出好思路、管好队伍。

企业党委要以科学的发展观统揽全局，保证决策的科学性，推动企业履行社会责任，就是把握了企业的最大政治。企业党委在科学决策中发挥党组织的核心作用。党委要不断提高自身的建设能力，把党建工作和经济工作有机统一起来，发挥决策过程中的保证和先导作用。企业党委要充分发挥党群组织优势，构筑党委、工会、共青团工作平台，把建设社会主义企业物质文明、政治文明、精神文明有机统一起来，努力把党组织的先进性化为企业的先进生产力。紧扣经济建设目标，确立工作重点和中心创新工作。为保证最大限度地调动广大职工积极性，在建立科学的机制和体制上积极作为，通过为企业效益的不断增长提供必要的保证条件，建设和谐企业的物质基础；通过营造积极向上的民主管理氛围，建设和谐企业的政治保障；通过职工队伍建设优秀的企业文化，建设和谐企业的精神支柱。

---

① 郭小林. 2007. 构建和谐企业与强化员工的责任意识. 中山大学学报论丛，（4）：43-45.

② 程辉. 2007. 创新工会工作机制，推进和谐企业建设. 工会论坛，（1）：14-15.

企业党委要注重建立发挥党组织先进性的长效机制，以组织促企业履行社会责任。企业党组织的先进性决定其严肃性、权威性，党委要建立发挥其先进性的长效机制。充分发挥党委的核心作用、党支部的堡垒作用、党员的先锋模范作用，使之成为企业最先进的生产力。企业党组织必须把落实科学发展观作为企业履行社会责任的根本，正确处理激发全体员工的积极性和创造力与维护社会稳定的关系，把建设企业物质文明、政治文明、精神文明与企业履行社会责任同步推进，把推进改革与职工承受能力及企业的稳定统一起来。①

四 发挥社会的参与监督作用

充分发挥社会各界对企业履行社会责任的监督作用，新闻媒体应加大对违反《劳动法》《劳动合同法》《安全生产法》《环境保护法》等违法行为，以及虐待员工、非法生产经营、制售假冒伪劣产品、坑害消费者利益、拒不承担社会责任的企业的曝光力度。消费者协会要鼓励和倡导消费者使用和谐企业产品，抵制不履行社会责任的企业的产品。加强社会各界对企业履行社会责任的约束和监督，形成与法律监督相对应的社会公众监督体系。通过法律监督、舆论监督和公众监督，形成全社会的监督氛围，促使企业成为模范履行社会责任的社会组织。

总之，通过建立与完善履行企业社会责任齐抓共管的工作机制，充分发挥党委、政府、企业、工会、社会、员工等多个主体的作用，形成合力，才能推进企业社会责任的不断发展，这既是对以往经验的总结，也是进一步推进企业社会责任发展的重要举措。

① 马钢党校课题组. 2007. 以和谐的理念推进企业发展——马钢构建和谐企业的实践与思考.安徽冶金科技职业学院学报，（3）：81.

第四章 企业社会责任与企业竞争力

近年来，关于企业社会责任的研究已经成为国内学者研究的热点之一。尽管不同的学者对企业社会责任的含义的理解不同，但综观国内外学者对企业社会责任的理解，有一点基本上是达成共识的，那就是，企业作为一个社会公民（法人），它占有和处置了社会上大部分的资源，在它实现利润最大化的同时，也应该承担与环境保护、社会福利、社会经济稳定等有关的相应责任。如果企业一味追求经济效益，视本企业的经济利益高于一切，不顾对环境的破坏、对自然资源的掠取、对和谐关系的损害，不惜一切手段损害他人和社会的利益，甚至生产、销售假冒伪劣产品，置人的生命于不顾，这样的企业可能在短时间内能增加收益，但这显然是以牺牲社会和他人的利益为代价的，势必会使企业的社会公众形象和消费者认可度大打折扣，其竞争力也必将下降。企业能否成功实施社会责任战略，将是中国企业是否具有可持续发展能力的关键，也是中国入世后中国企业能否成功应对国际竞争的一项新挑战。

第一节　企业社会责任与企业竞争力的理性思考

我们认为，是否具有社会责任感是决定企业能否在全球化运作中取得成功的关键因素之一。越来越多的企业实践与研究成果也都充分表明，在社会责任投资与企业绩效之间存在正相关关系，企业完全可以将社会责任投资转化为实实在在的企业竞争力。事实上，企业社会责任与企业竞争力的关系，一直是 20 世纪 50 年代中期以来西方经济学界和管理学界讨论的热点问题之一。本节将在对企业社会责任及企业竞争力的内涵进行探讨的基础上，阐述国内外学者关于企业社会责任与企业竞争力的关系的研究和思考。

一　企业社会责任与企业竞争力的内涵

（一）企业社会责任的内涵

企业社会责任概念最早由西方发达国家提出，近年来广为流行。《财富》和

《福布斯》等商业杂志在企业排名评比时都加上了“社会责任”标准，可见西方国家对企业社会责任的重视。联合国也是推动企业承担社会责任的重要机构。1999 年 1 月，在达沃斯世界经济论坛上，安南提出了“全球协议”，并于 2000 年 7 月在联合国总部正式启动，该协议号召公司遵守在人权、劳工标准和环境方面的九项基本原则，要求企业承担更多的社会责任。此观点一经提出就有颇多争议，但企业社会责任最终还是在西方国家的立法与司法实践中不同程度地确立起来。近些年来，这一思想更是被广泛地认同和接受。

对于企业社会责任的含义，在不同国家、不同历史时期有着不同的理解。卡罗尔作为企业社会责任领域最享有声望的学者之一，对企业社会责任进行了长达二十多年的研究。他在 1979 年首先对企业社会责任进行了概括，形成了社会责任的四个类别：经济责任、法律责任、伦理责任和自觉责任，并形成从底部到顶部的“金字塔”排列。处在金字塔底部的是经济责任；第二层是法律责任；第三层是伦理责任；处在金字塔顶端的是自由决定的或慈善的责任。[①]世界银行将其定义为：企业与关键利益相关者的关系、价值观、遵纪守法及尊重人、社区、环境有关的政策和实践的集合。它是企业为改善利益相关者的生活质量而致力于可持续发展的一种承诺。

在我国，关于企业社会责任的研究起步较晚，但学者们纷纷将西方的社会责任理论与中国实践相结合，形成了一些有代表性的观点。李贤沛认为，企业是一种社会存在：它是存在于社会之中，它是依赖于社会才得以存在。企业必须维护社会的存在，才能保障自己的存在。社会不会因个别企业的兴亡而兴亡，但任何企业危害社会公益都是社会所不允许的。企业既然是一种社会存在，它就必须自觉使自己的存在方式与社会相适应，使企业的利益与社会的利益统一起来，在维护社会利益的前提下去追求实现企业利益，同时它还必须履行自己对社会的责任和义务。[②]高尚全认为，企业对于社会的责任有两类：第一类是基础责任，即为社会创造更多财富和就业机会的责任；第二类是在第一类基础上所连带产生的其他责任。[③]陈清泰把企业社会责任上升到构建和谐社会的高度，认为企业是一个“多面体”。作为经济范畴的企业，它追求最大利润；作为法律范畴的企业，它要承担社会责任。企业的社会责任包括两个方面：一是在企业内，要构建各个利益主体之间的和谐氛围；二是在企业外，要主动承担对自然环境、对社会各利益相关者的义务。[④]

综合各家学说，比较一致的观点是，企业在赚取利润的同时，应主动承担对

---

① Carroll A B，Buchholtz A. 2003. Business and Society，Ethics and Stakeholder Management. Ohio：South Western：35-42.

② 李贤沛. 2004. 李贤沛文选. 北京：经济科学出版社.

③ 高尚全. 2004-10-25. 企业社会责任和法人治理结构. 学习时报，4.

④ 陈清泰. 2007. 构建和谐社会中的企业社会责任.http：//it.sohu.com/20070105/n247437672.shtml[2014-7-21].

环境、社会和利益相关者的责任。简单地说，企业社会责任就是企业在创造利润、对股东利益负责的同时，还要承担对员工、对消费者、对社区和环境的社会责任，包括遵守商业道德、生产安全、职业健康、保护劳动者的合法权益、保护环境、支持慈善事业、捐助社会公益、保护弱势群体等。企业社会责任，从企业内部看，就是要保障员工的尊严和福利待遇；从外部看，就是要发挥企业在社会环境中的良好作用。企业社会责任的本质是在经济全球化背景下企业对其自身经济行为的道德约束，它既是企业的宗旨和经营理念，又是企业用来约束企业内部包括供应商生产经营行为的一套管理和评估体系。企业社会责任注重企业对社会的贡献。

（二）企业竞争力的内涵

企业竞争力是竞争力的形态之一，迄今为止，在企业竞争力的定义上仍未达成一致。薄湘平和易银飞从三个角度（与竞争对手相比较的角度、从企业自身资源和能力的角度、从综合概括分析的角度）对国内外关于企业竞争力的定义进行归纳，以期更好理解企业竞争力的内涵[①]。

从与竞争对手相比较的角度定义企业竞争力反映了当代市场经济的本质，即企业竞争力只有通过其在市场上的表现，通过与其他企业的比较衡量才能体现出来。世界经济论坛将企业竞争力定义为“一个公司在世界市场上均衡地生产出比其他竞争对手更多的财富”[②]。

从企业内部资源和能力的角度对企业竞争力进行定义，则突出了企业内部自身能力在竞争中的重要作用。Prahalad 和 Hamel 将企业竞争力界定为“组织中的积累性学识，特别是关于如何协调不同的生产技能和有机结合多种技术流派的学识”[③]。韩中和认为，企业竞争力是由企业一系列特殊资源组合而形成的占领市场，获得长期利润的能力[④]。

从综合概括分析的角度看，资源是企业竞争力形成的基础条件，能力是企业竞争力形成的必要条件，而企业的外部竞争环境影响着企业资源、能力的发挥。因此，界定企业竞争力要综合考虑资源、能力及外部竞争环境这三个方面的因素。韩中和认为，企业竞争力是面向市场和顾客，合理地运用企业内部的经营资源，提供市场和顾客所需要的产品和服务，在与竞争对手的角逐中建立竞争优势的能力。胡大立将企业竞争力界定为，企业通过自身要素的优化及与外部环境的交互

① 薄湘平，易银飞. 2007. 国内外企业竞争力研究综述.商业研究，（12）：11-16.

② World Economic Forum. 1997. The World Competitiveness Report. Working Paper.

③ Prahalad C K，Hamel G. 1990. The Core Competence of the Corporation. Harvard Business Review，78（6）：75-87.

④ 韩中和. 2000. 企业竞争力：理论与案例分析. 上海：复旦大学出版社.

作用，在有限的市场资源配置中占有相对优势，进而处于良性循环的可持续发展状态的能力。[①]也有学者对一些具有代表性的观点进行融合，试图为企业竞争力这一概念找到一个可接受的代表性观点，如金碚将企业竞争力归纳为，在竞争形式中，一个企业所具有的能够持续性地比其他企业更有效地向市场提供产品或服务，并获得赢利和自身发展的综合素质[②]。

综上所述，企业竞争力是一个复杂的概念，企业内部自身资源和能力及企业外部竞争环境都在一定程度上影响着企业竞争力的形成及其强弱，因此要对其进行综合考虑，不能忽视任一方面。此外，企业竞争力最终要在市场竞争中形成，能否具备满足消费者（包括生产性消费者）需求的能力对企业竞争力也有很大的影响。因此，企业竞争力是企业通过整合自身资源和内在能力及与外部竞争环境的交互作用，比竞争对手更能满足消费者需求的能力。

二 企业社会责任与企业竞争力之争

企业社会责任与企业竞争力的关系一直是20世纪50年代中期以来西方经济学界和管理学界讨论的热点问题之一，对此问题，各主要流派的观点意见分歧较大，例如，主流的企业理论和利益相关者理论、资源基础理论就有着不同的观点[③]。利益相关者理论（以弗里曼、布莱尔、多纳德逊、米切尔等为代表）认为，企业是一个由利益相关者构成的契约共同体，利益相关者包括企业的股东、债权人、雇员、消费者、供应商等交易伙伴，也包括政府部门、本地居民、当地社区、媒体、环境保护主义者等压力集团，甚至还包括自然环境、人类后代、非人物种等受到企业经营活动直接或间接影响的客体。这些利益相关者作为受企业决策和行为的影响，同时影响企业决策和行为的个人或团体，构成了企业环境的基本方面，其利益愿望和权利从根本上决定了企业的生存与发展。企业的经营决策必须要考虑他们的利益，并给予相应的报酬和补偿，因此，企业对利益相关者必须承担包括经济责任、法律责任、道德责任、慈善责任在内的多项社会责任。

资源基础理论认为，资源的占有和获取能力是企业竞争优势的重要来源，增强企业的资源获取能力将有利于提高企业的竞争能力。当企业认真履行社会责任，将可以提高获取经营资源和社会认可度的能力，因此，社会责任将成为新的条件下企业竞争力的源泉。例如，1996 年利茨（Litz）从基于资源基础论的战略管理理论出发，认为企业社会责任反应或企业社会责任绩效应该作为战

---

① 胡大立. 2001. 企业竞争力论. 北京：经济管理出版社.

② 金碚. 2003. 竞争力经济学. 广州：广东经济出版社.

③ 楚金桥. 2006. 承担社会责任提升企业竞争力的机理与对策. 经济理论研究，(2)：61-63.

略性资产，企业不应该把承担社会责任作为一项令人讨厌的负担，而应该作为能够支持企业建立战略竞争优势的必需的和持久的源泉。可以看出，企业和社会责任之间不可能是简单的高成本和低利润的关系，它们的关系比较复杂，承担社会责任，虽然使得企业的投入成本增加了，却使企业获得了竞争优势，从而赚取额外的利润。

以上观点受到了主流企业理论的猛烈抨击，其中最著名的代表人物是诺贝尔经济学奖得主美国经济学家弗里德曼。他遵循芝加哥学派传统，在他的著作《资本主义与自由》中，坚决反对“企业在利润最大化之外还负有其他社会责任”的思想。[①]弗里德曼认为企业所承担的社会责任，即在市场产品之外提供“社会产品”，是在削弱市场机制的基础[②]。他还认为，企业承担这种超过股东利润之外的社会责任，有人就必须为这种资产的再分配付出代价：如果社会责任行为降低了利润和股息，那么股东受损失；如果必须降低工资和福利来支付社会行为，那么雇员受损失；如果用提价来补偿社会行为，那么消费者受损失；如果市场不接受更高的价格，销售额下降，那么企业也许就不能生存。另一位英国的诺贝尔经济学奖得主哈耶克（Hayek）在他的著作《致命的自负》中，更是把企业的“社会责任”和“社会义务”之类的用语归入“被毒化的语言”之类而大加批驳，他认为对利润最大化目标的任何偏离都将危及企业的生存[③]。除弗里德曼、哈耶克外，另一位持这一观点的代表人物是当代最负盛名的法经济学家波斯纳，他认为，作为一种权利配置结构结果的企业社会责任是无效率的，因为它会引起高昂的成本（即波斯纳所谓的“社会责任成本”）。他还指出，长期为了利润之外的任何其他目标而经营将导致企业萎缩，企业承担社会责任将增加消费者的成本，并最终有可能被逐出市场。[④]归纳起来，弗里德曼、哈耶克、波斯纳都认为企业承担社会责任会使其成本增加，从而会在严酷的市场中失去其竞争地位。

目前国内企业界和理论界对企业承担社会责任也存在两种针锋相对的看法：一种观点认为追求利润最大化，确保在竞争中立于不败之地，乃至垄断地位是企业天经地义的首要职责，推行企业社会责任就是要回到“企业办社会”的模式上去，会增加企业成本，削弱企业竞争力。另一种观点认为，在市场经济条件下，企业有目的、有计划地主动承担对员工、对消费者和对社区的社会责任，其结果是企业在创造利润的同时，获得了良好的品牌形象和社会赞誉，实现了企业与社会的共同可持续发展，实现企业发展与社会利益的双赢。

---

① 转引自：王振中，李仁贵. 2002. 诺贝尔经济学家学术传略. 广州：广东经济出版社：146.

② 转引自：宋亚非. 2009-06-18 .强化企业社会责任及其监管体系. 光明日报，4.

③ 哈耶克 F A. 2000. 致命的自负. 冯克利，等译. 北京：中国社会科学出版社：132-133.

④ 波斯纳 R A. 1997. 法律的经济分析. 蒋兆康译. 北京：中国大百科全书出版社：544-547.

在实践中，一些企业也意识到了企业社会责任与企业竞争力之间的关系。跨国公司诺维信通过承担社会责任在 2002 年获得了道琼斯可持续发展指数全球生物医药类第一名。2002 年时任诺维信公司中国区总裁的蒋惟明说“这说明我们在社会责任上的投入是值得的，已经得到了所有利益相关者的认可[①]。道琼斯可持续发展指数是从财务、环境社会责任全面综合考察，三项承诺都做得好的公司自然能得到更高的认可，为公司带来了整体竞争力”。2006 年时任如新（中国）日用保健品有限公司中国区总裁的邱锦云认为，每家企业都应该根据自己的可能和条件，对社会公益多一些爱心，多作一份贡献[②]。企业社会责任已经融入如新公司业务开展的每一个过程，它意味着如新与社会的双赢，也使得如新的综合竞争力得到了加强。

在目前所看到的有关企业社会责任与竞争力的文献中，虽然有些研究者认为企业社会责任会对企业竞争力造成负面影响，但是大多数研究者认为企业社会责任会提升企业竞争力。一项对中国企业家关于企业社会责任与竞争力之间关系的看法的调查结果显示，大部分企业家认为有社会责任才会有企业竞争力，只有 1/4 的企业家认为企业社会责任与企业竞争力之间毫无关系。[③]

第二节　企业社会责任对企业竞争力的综合影响

企业是社会的成员之一，伴随着社会发展而发展。企业能否在激烈的经济实力竞争和社会形象竞争中不断提升竞争力，是能否加快健康发展的关键所在。企业竞争力既来自产品竞争力，同时也来自社会影响力。产品竞争力提升依赖的是企业生产力，社会影响力的提升，更主要是通过履行社会责任获得。尽管履行社会责任会付出一定的成本，但同时可以向社会证明企业能够在经营活动中把公共利益和社会整体利益放在重要的位置上，塑造和展现企业有益于社会发展、有益于环境的正面形象，赢得声誉和社会认可，传播企业的知名度和美誉度，更好体现企业的经济实力和价值观念，为企业发展营造更好的社会环境。可以说，企业的社会责任已经成为价格、质量之后参与新一轮国际竞争的另一重要竞争力。国外一项调查表明，消费者更愿意购买绿色产品和有社会责任感的企业的产品。很多著名的跨国公司也有专门分管企业社会责任的部门。越来越多的国内企业也已经认识到，企业的社会责任问题、企业的道德价值与企业的竞争力是共同提升的。

---

① 李旻怡. 2008. 企业如何把社会责任投入转为市场竞争力. http://www.zhlzw.com/cy/jy/72357.html[2015-1-6].

② 傅光云. 2006-8-29. 如新中国总裁邱锦云：走健康直销之路. 国际金融报，3.

③ 田虹. 2006. 企业社会责任及其推进机制. 北京：经济管理出版社：138.

一 企业竞争力的衡量指标

关于企业竞争力的衡量指标，可谓仁者见仁，智者见智。有的从企业的能力层面构建，有的从企业的资源方面构建。1986 年，世界经济论坛与瑞士洛桑国际管理开发学院（International Institute for Management Development，IMD）将国际竞争力主要划分为生产效率、劳动成本、公司绩效、管理绩效、公司的战略和文化五方面[①]。《财富》杂志 2003 年全球 500 强的竞争力衡量指标为营业收入、利润、资产、股东权益、营业收入/雇员人数。该评价体系主要评价公司过去的竞争能力，对潜在的竞争能力却难以评估。因此，《财富》杂志又进行了最受赞赏公司评价，其评价指标为创新能力、服务质量、管理质量、长远投资评估、社区与环境的责任感、吸引并留住人才的能力、资产应用整合能力和国际经营运作能力。此外，《商业周刊》以最后一次交易日的全球各大股市股票收市价为标准，来衡量企业竞争力。《福布斯》杂志对以上研究进行了整合，以营业额、利润、资产额和股票市值作为衡量指标。

国际著名的兰德公司把企业竞争力分为三个层面，即产品层、制度层和核心层（图 4-1）。产品层的竞争力包括企业产品生产及质量控制能力、企业的服务、成本控制、营销和研发能力；制度层的竞争力包括各经营管理要素组成的结构平台、企业内外环境、资源关系、企业运行机制、企业规模、品牌、企业产权制度；企业核心层的竞争力包括以企业理念、企业价值观为核心的企业文化，内外一致的企业形象，企业创新能力，稳健的财务，拥有卓越的远见和长远的全球化发展目标。企业社会责任体现在企业竞争力的各个层面，企业要拥有持续竞争力，必须在这三个层面履行合理的社会责任。

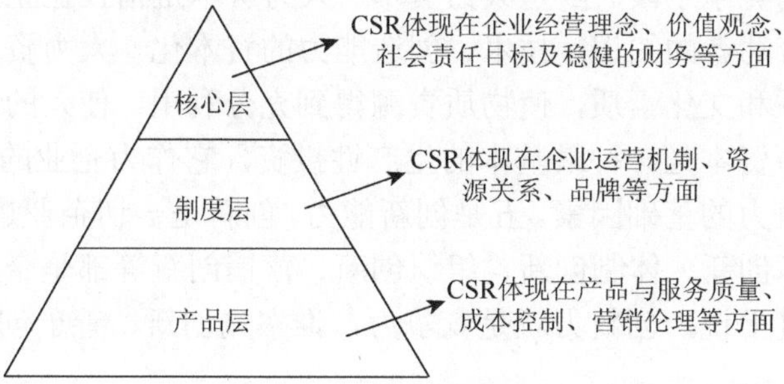

图 4-1 企业社会责任在企业竞争力层面上的体现

资料来源：田虹. 2006. 企业社会责任及其推进机制. 北京：经济管理出版社：146

① 谷尚勇. 2009. 浙江农产品国际竞争力评价. 国际经贸，（5）：36.

国内也有很多组织和专家从评价的角度，根据企业竞争力的构成，从不同的侧面，用一定的指标体系来衡量企业竞争力，国家经济贸易委员会认为，企业竞争力的衡量指标有规模竞争力、市场开拓竞争力、管理竞争力、学习与创新竞争力、政策与环境竞争力①。中国社会科学院“中国产业和企业国际竞争力研究”课题组认为，企业竞争力的衡量指标分为现实性指标和分析性指标②。现实性指标有企业规模、业务增长、赢利水平、出口竞争力、市场份额、成长性、融资能力、负债；分析性指标有潜在的技术竞争力和技术密集程度、自主知识产权等。中国企业联合会认为，企业竞争力的衡量指标有经济效益、财务状况、管理水平、科技水平、人力资源、国际化经营、社会责任与贡献③。张颖和曹志荣认为，企业竞争力的衡量指标分为显性指标和潜力指标。显性指标有规模、赢利能力、市场控制力、经营及经营安全能力、服务能力、社会贡献；潜力指标有人力资源、组织管理能力、企业文化、创新能力、信息技术能力和环境协调能力④。

综合各家学说，一般认为，企业竞争力主要体现在以下五个方面。一是产品质量。质量是保证产品发挥其功能的能力，包括产品的吸引力、没有缺陷、可靠性和长期可靠性等。“人有我优”，质量高于他人，便是提升企业竞争力的根本之道。二是获利能力。经济效益是企业所追求的第一目标，经济效益的高低取决于价格和成本之间的差额。然而，在价格战狂轰滥炸的今天，众多企业所面临的尴尬是：高零售额与高利润是两码事，规模经济与规模效益是两码事。因此，在激烈的市场竞争中能降低成本，保证较高的获利能力，是企业竞争力强的直接表现。三是企业形象和品牌形象。良好的企业形象和品牌形象能够给人以信赖感并带来大量的忠诚型顾客，它是企业的无形财产。企业竞争不仅是有形产品的竞争，更是企业形象和品牌形象的竞争，依靠良好形象抢占市场，制胜对手，获取效益，是企业最有效的竞争手段。四是人力资本。人力资本是指投在企业劳动者身上的资本，表现为劳动者的知识、技术、创造能力的资本化。人力资本投资能显著改善人的技术素质和文化素质，使物质资源得到充分利用，使人的创新能力有效提高。因此，人力资本是一种最基本的生产性投资，它作为企业的第一资源要素，是影响企业竞争力的基础因素。五是创新能力。创新是一切企业进步的根本动力。理念创新、技术创新、体制创新、组织创新、营销创新等都是企业创新的重要内容。从某种程度上说，创新力就是竞争力，谁率先创新、善于创新和推进创新，

---

① 中国人民大学竞争力与评价研究中心研究组. 2001. 中国国际竞争力发展报告（2001）. 北京：中国人民大学出版社.

② 卓丽洪. 2003-6-24.“中国产业与企业国际竞争力研究”课题取得丰硕成果. 中国社会科学院院报，1.

③ 中国企业联合会课题组. 1999. 企业竞争力指标体系的开发与应用. 经济与管理研究，（6）：7-8.

④ 转引自：张颖，曹志荣. 2004. 企业竞争的评价指标体系设计和方法研究. 工业经济，（4）：80-81.

谁就能在激烈的竞争中获得更强的竞争力[①]。

二 企业社会责任对企业竞争力的影响

企业承担一定的社会责任，从短期看，虽然会让企业增加一定的成本，但是从长期看，社会参与能为企业带来巨大的长远利益。这些长远利益包括为企业赢得债权人的信任、稳定与供应商的关系、获得更多顾客的认同、换来更少的政府干预等，进而树立良好的企业形象，这样会给企业带来潜在的利益，足以支付承担社会责任的成本。具体而言，企业社会责任对企业竞争力的影响表现如下。

（一）履行社会责任有利于提升企业社会形象和品牌形象

企业形象是企业内部特征的外部表现，即企业通过特定的行为和手段在顾客、消费者及社会公众心目中建立起的一整套关于企业各方面特质要素的主观评价。品牌形象是企业形象的重要组成部分，也是企业形象的基本载体。[②]良好的企业形象和品牌形象是现代企业重要的无形财富，它们不仅能为企业的日常运营带来稳定和忠诚的市场空间，在企业遭遇危机时更能帮助企业顺利渡过难关。

企业的产品要在激烈的市场竞争中赢得消费者的青睐，就必须提高企业的社会形象和品牌的美誉度。企业除了为社会提供优质的产品和服务外，也可以通过企业承担社会责任来获取。积极履行社会责任有利于提升企业形象和品牌形象，因为这些企业通过对关乎社会利益的活动的关注，向公众传达了一种值得对其长期信赖的讯息，这种信赖促使人们对企业的价值观和发展前景抱有积极的认同和期待。

虽然企业经营的最终目的是赢利，但如果忽视了社会责任就不算成功的企业。只有注重社会责任的企业，才能在长远的发展中树立起自身的品牌，只有给予社会最优质的产品，社会才会回报及认同企业，在这样的良性循环下，企业自身才是最终的受益者。企业越是注重社会责任，其产品和服务就越有可能获得更大的市场份额。现在的顾客，特别是欧美顾客，社会意识逐步加强，不单单注重产品是否能满足自己的关键购买因素，如价格、质量、安全、便利等，更关心产品是如何生产出来的。对于消费者来说，接受一件由剥削童工、妇女或囚犯所制造出来的商品已变得不可思议。2003 年，Hill & Knowlton/Harris 互动式问卷调查的结果显示，当美国人了解到一个企业在社会责任方面有消极举动时，高达 91%

---

① 易开刚. 2006. 民营企业社会责任：内涵、机制与对策——基于竞争力的视角. 经济理论与经济管理，(11)：65-69.

② 张松山. 2007. 基于社会责任的企业竞争力研究. 中国青年科技，（10）：4-8.

的人会考虑购买另一家公司的产品或服务，85%的人会把这方面的信息告诉他的家人、朋友；83%的人会拒绝投资该企业；80%的人会拒绝在该公司工作。[①]可见在注重企业与社会协调发展的今天，只有当企业遵守了基于道义的社会责任，它才可能赢得社会的认同，提高品牌声誉，并赢得众多的顾客，企业才有可能进一步发展、壮大。

另外，履行企业社会责任还可以提升企业的信誉度，从而提升企业的社会形象和品牌形象。人无信不立，企业无信不长，诚信是企业解决问题、承担责任、获得发展机遇的基础和保证。市场经济是信用经济，企业之间的竞争不仅是产品、人才、客户的竞争，更是企业信誉的竞争。企业的社会道德责任是企业的财富，是企业的无形资产，更是企业价值的有效提升。现代社会信息传播的速度极快，社会舆论的监督力度在加强，企业一旦做出违背诚信原则的行为，几乎立刻会曝光，其经营成本会大大增加，企业的无形资产——商业信誉受到重创，市场会萎缩。可见，企业认真履行社会责任，有助于企业拥有良好的社会形象，提高企业声誉，进而增强企业竞争力。

（二）履行社会责任有利于和谐劳动关系，吸引和留住优秀人才

在知识经济时代，人才成为企业最重要的资源之一。能够吸引并留住优秀的人才是企业保持竞争优势、得到长远发展的关键因素。换句话说，企业在成长过程中，人力资本是基础性资源，是企业竞争力的来源。因为企业的生存和发展已经越来越依赖于员工的个人主动性与创造性，依赖于员工潜力的发挥。企业资源理论强调竞争优势取决于人力资源、组织资源和物资资源独特的相互作用，要综合与有效地把资源变成竞争优势，还需要高质量的合格人才，以此建立竞争优势。Greening 和 Turban 认为，有效的人力资源管理能够为企业提供竞争优势，而有效管理的一个方面就是吸引与留住高质量的人才。吸引与留住高质量的员工对于组织的成功非常重要，并作为持续竞争优势的一个必需的部分[②]。对工作申请者有吸引力的公司形象中，公司社会责任质量是一个重要方面。Dechant 和 Altman 研究发现，企业的环境业绩是否符合员工的价值理念影响了员工进入公司工作的意愿。例如，IBM、GM、Microsoft 就在招聘宣传手册中介绍它们对社区、自然环境和工作环境、员工多样化、产品与服务质量方面的反应来吸引高质量的员工。[③]

一个竞争力强的企业，一定是在劳动关系和人力资源管理方面做得比较好的

① 奥伯汀 P. 2005. 2010 大趋势——自觉资本主义的兴起. 徐爱婷译. 台北：智库文化股份有限公司.

② Greening D W，Turban D B. 2000. Corporate social performance as a competitive advantage in attracting a quality workforce. Business and Society，39（3）：254-280.

③ 转引自：夏健明，杨德锋. 2007. 企业社会责任与企业竞争力. 郑州航空工业管理学院学报，（3）：71-73.

企业。它能够为企业的员工提供良好的工作环境，良好的工作环境不仅仅是高昂的薪酬和福利，更重要的是它包含了平等、无歧视、安全卫生、通过对话解决冲突等要素。在市场经济条件下，如果一个企业得不到员工的认同，优秀的专业人才将流失，生产效率将降低。无数的例子告诉人们，员工是否对一个企业认同，不完全取决于在经济上的回报到底有多少。良好的员工关系，会使工作变成一种乐趣，成为员工追求自身发展的兴致所在。经常参与到社会责任事业中的企业，相比而言更具知名度，更易获得人们的好感，当然也更易招聘到并留住优秀人才。由此带来的好处是可以节省管理费用和相关的招聘、培训费用。常言道，良臣择主而侍，良禽择木而栖，能力突出的人往往在工作去向上选择慎重。即使在人才相对过剩，好工作不是轻而易举就能找到的今天，也有相当一部分高技术人才仍会把企业的社会责任作为自己选择工作的一项标准。今天，超过3/4的美国人在找工作时会考虑未来雇主的社会形象。例如，1999～2001年Aspen学院开展的一项社会创新研究表明，超过一半的工商管理硕士（master of business administration，MBA）学生在发现自己的价值观与所供职的公司发生冲突时，他们会选择另谋高就。

（三）履行社会责任有利于降低企业成本，提高效率

履行社会责任绝非如企业社会责任问题产生之初那样，被一些企业误认为是增加企业运营成本的负担。虽然在短期之内，履行社会责任确实可能会在企业原来的经营成本之上增加一部分额外支出。例如，提高产品质量需要引进新设备、新技术方面的花费；改善职工工作环境，提高劳动报酬，取得SA8000认证的费用；治理污染，开展社区活动、社会公益活动以及捐赠活动的开支等方方面面的额外支出。但是，从长远来看，这些投入可以为企业带来十分丰厚的回报。首先，可以在公众中树立起良好的企业形象，博得广大消费者的好感和偏好，从长远看可以节省营销成本；在组织参与慈善活动和公益活动的同时，企业也能收到宣传自身的效果，相当于另一种形式的广告。其次，企业的良好形象可以吸引更多优秀人才，节省管理费用和培训费用。最后，重视环境保护的企业会注重废料减量和资源的再生利用，这也能在一定程度上节约生产成本。

当众多企业整天绞尽脑汁，苦苦思索如何开源节流时，以杜邦为代表的企业公民从防患于未然入手，把预防污染放在第一位，有效解决这一难题。杜邦的员工都铭记这句名言，“尽量不要在地球上留下脚印”。它表明：①尽量少用不可再生的资源；②所有排放物尽量减少到最低限度，不对环境造成伤害。因此，废料减量和资源再生利用成为杜邦环境管理的重点，所以环境保护不再是消极的增加

企业运营成本，而是被视为能够产生效益的行业。

美国《财富》杂志公布了“2007 年企业社会责任评估”排名，其中前 20 家企业中有 18 家是欧洲企业。而中国只有 3 家入围企业——中国石油化工集团公司（简称中石化）、中国石油天然气股份有限公司（简称中石油）、国家电网公司（简称国家电网）。企业往往把社会责任投入与股东利润回报视为矛盾，而大量生动的实例却向我们证明，许多企业社会责任的投入只是增加了眼前的费用，在长远看来能够降低企业的运营成本，提高运营效率。跨国公司诺维信在 2002 年获得了道琼斯可持续发展指数全球生物医药类第一名。诺维信公司在建设其在中国总部的办公大楼时，积极响应国家关于建筑节能环保的要求，不惜提高工程造价，增设厚厚的墙体保温层，采用了先进的蒸汽式空调系统，完全按照节能式建筑进行设计。在存在许多反对意见的情况下，建成了这座环保节能大厦。而事实证明，仅大楼运营使用的前三年所节约的能源就等于多增加的投资，而三年后每年公司都会因当初的节能设计而得到可观的收益，不仅保护了环境、节约了能源，也为企业降低了成本。

（四）履行社会责任有利于赢得客户信赖，建立良好的客户关系

随着市场经济的发展，企业竞争优势的核心逐步从产品转向客户或消费者，从卖方市场转向买方市场，从数量取胜、质量取胜、品牌取胜发展到了客户满意取胜。同时，随着社会意识逐步增强，顾客不单单注重产品是否能满足自己的关键购买因素，如价格、质量、安全、便利等，更关心产品是如何生产出来的，以及企业自身的形象。

众多的研究成果显示，在其他条件相同的情况下，企业的社会责任绩效能够影响企业的市场份额，消费者会因为企业的慈善捐赠而转换品牌。如 Russo 和 Fouts 发现，企业在环境业绩方面的声誉将导致对环境事务关心的消费者购买其产品。因此，企业通过善因营销（cause-related marketing），把支持与投资社会事务作为赚取更多利润和获得竞争优势的一种手段[①]。Brown 和 Bacin 发现，企业社会责任联想可以通过影响公司评价间接地影响消费者对产品的评价。企业社会责任联想对新产品也有重要的影响，负面的企业社会责任联想对所有的产品评价都是有害的；正面的企业社会责任联想对所有的产品评价都是正面的，因此管理消费者对企业社会责任联想是一项战略性工作[②]。现在的顾客，特别是

---

① Russo M V，Fouts P A. 1997. A resource-based perspective on corporate environmental performance and profit ability. Academy of Management Journal，40（3）：534-559.

② Brown T J，Bacin P A. 1997. The company and product：corporate associations and consumer product responses. Journal of Marketing，40（3）：568-569.

欧美国家和地区的顾客社会意识逐步加强，他们不单注重手头是否有一件合意的商品，更关心产品是如何生产出来的，接受一件由剥削童工、囚犯所制造出来的商品已变得不可思议。获得 SA8000 认证的企业，可让消费者知道企业的运作是道德的，而顾客也将会更愿意考虑购买该企业的产品和服务。美国一家公司的调查结果显示，当顾客了解到一个企业破坏公众利益，不承担社会责任时，会有 91%的人考虑购买另一家公司的产品，而 80%的人会拒绝在该公司工作。在物质文明与精神文明逐步发达的今天，公众的社会意识逐步加强，对产品的选择除了注重产品是否能满足自己的需求之外，还有着微妙而复杂的情感因素。企业只有赢得客户的信赖，才可能拥有他们对产品的喜爱。企业越是注重社会责任，其产品和服务就越有可能获得更大的市场份额，为企业带来整体的竞争力。

（五）履行社会责任有利于增强企业的国际竞争力

企业社会责任的概念从 20 世纪 20 年代在西方发达国家提出到现在，在欧美国家和地区取得很大的发展，已从当初以处理劳工冲突和环保问题为主要功能的阶段提升到实施企业社会责任战略提升企业国际竞争力的阶段。在欧洲，经欧盟委员会的倡议，已将企业社会责任融入到企业经营主流中。SA8000 认证和欧洲国家提出的“温州毒鞋事件”等，都表明中国企业，特别是致力于提升国际竞争力的出口的企业，如何承担社会责任是其一项重要的现实课题。在全球化的背景下，国际上关于企业社会责任的标准也越来越多。社会责任已成为对一流企业高标准、严要求的公认指标。从 1997 年美国推出 SA8000，1999 年推出道琼斯可持续发展指数，到 2001 年英国的 Footsie for Good，国际社会越来越看重社会责任，并加以量化。

提倡社会责任不仅仅是为了被社会认可，社会责任实践能提高企业在跨国经营中的长期赢利能力。企业如果不关注国际上这些变化的趋势及这些重要标准和规范的内容，必将增加企业社会运营成本，甚至招致毁灭性打击。对国内很多企业而言，是否通过了 SA8000 企业社会责任体系认证，将是决定能否与国外企业进行合作的前提条件。传统上，中国企业一直习惯于追求短期经济效益的快速增长，忽视企业伦理道德的长期建设，忽视了社会责任标准认证。随着中国逐步介入全球化，全球 500 家大公司已有 2/3 以上在中国设立了企业或机构，中国正在成为“世界工厂”。与此同时，中国的劳工问题也日益突出，并被国际社会所关注。海外的劳工组织和非政府组织对于外资企业在中国违反劳工标准的行为进行了强烈的批评，一些劳工组织和跨国公司还针对中国的劳工问题，制定了专门的“工厂守则”，要求中国的出口加工企业遵守。

可见，我国企业承担社会责任通过国际认证，可以让我国企业巧妙突破种种贸易壁垒和市场壁垒，对企业长期的发展是有益的，特别有利于打开通往国际市场的“绿色通道”，更多地参与国际竞争，并取得有利的竞争地位。

三 企业社会责任对企业经济利润的影响

如果把企业竞争力分为产品层、制度层和核心层三个层面，就会发现，企业竞争力三个层次中共同的内容就是企业经济利益的实现，具体体现在产品层的成本控制、制度层的资源（经济）关系、核心层稳健的财务等。换句话说，企业竞争力各层面的行为活动都是围绕企业经济利润的实现展开的，而企业社会责任行为的体现同样需要并完全可以贯穿于企业竞争力的三个层次。如果企业社会责任投资带来的结果可以使得企业经济利润顺利实现，那么企业社会责任就可以认为是企业竞争力的因素之一。[①]因此，本小节重点探索企业社会责任与经济利润的关系，解决两者在理念上的矛盾。

从表面上看，企业承担社会责任、遵守伦理规范可能带来成本，有悖于企业追求经济利润最大化的基本目标。那么从长期看、从现实中企业的实践来看，企业社会责任与经济利润的关系到底是怎样的呢？一些学者对此进行了研究与思考，有学者试图从博弈论角度给予阐释，有学者从利益相关者视角找答案，还有学者从经济学的均衡理论进行探讨。

（一）博弈论视角下的企业社会责任与经济利润的关系

田虹认为，企业社会责任的承担依赖于不断追求赢利的行为，企业在一定的社会责任基础上追求利润最大化是合理的。同时，企业社会责任对企业最大利润的实现有很大的促进作用。虽然企业承担社会责任需要付出一定的成本，但是，从长远发展来看，这有利于企业实现利润最大化。对此，她通过博弈理论进行了解释[②]。

田虹应用由图克（Tucker）于 1950 年提出的囚徒困境[③]对企业社会责任与经济利润的关系进行分析。分析假设是：在某一行业中有两个规模相同的企业 1 和企业 2，在竞争过程中，如果两个企业都合法经营，严格遵守行业道德，承担相应的社会责任，那么它们的生产经营成本就是一样的，两个企业的获利情况也将是一样的。但如果其中一个企业为了获得更大利润，采取逃避社会责任的方式以降低生产成本，以获得更多市场份额来增加利润，那么从短期来看，另一个企业的利润就会随着市场份额的减少而降低，具体分析见模型 I （图 4-2）。

① 田虹. 2006. 企业社会责任及其推进机制. 北京：经济管理出版社：156.

② 田虹. 2006. 企业社会责任及其推进机制. 北京：经济管理出版社：66.

③ 囚徒困境是博弈论的非零和博弈中最具代表性的例子，反映的是个人最佳选择并非团体最佳选择的情况。

		企业2 承担	企业2 不承担
企业1	承担	10，10	5，15
	不承担	15，5	20，20

图 4-2　两个竞争企业的博弈模型 I

图中 5、10、15、20 这些数字是用来表示企业 1 与企业 2 都承担社会责任、一方承担企业社会责任和都不承担社会责任的得益情况

从长期来看，如果行业中的各个企业都努力承担社会责任，积极寻求长期可持续发展，行业就会健康发展，社会大环境也会得到改善，反过来会为企业提供更大的发展空间，更加有利于企业扩大规模发展，企业利润自然会增加。但是，如果行业中的企业都只顾自己短期利润的增长，不承担社会责任或少承担社会责任，其结果必然是行业和社会的发展环境越来越差，到后期，企业要为其早期的破坏行为做出补偿，这样的补偿要比早期支付高得多，具体分析见模型 II（图 4-3）。

		企业2 承担	企业2 不承担
企业1	承担	30，30	15，0
	不承担	0，15	0，0

图 4-3　两个竞争企业的博弈模型 II

图中用 15 和 30 来表示企业 1 与企业 2 承担社会责任和不承担社会责任的得益情况

总之，从博弈论的角度看，短期来说，企业不履行社会责任或少履行社会责任的确可以减少成本，增加利润；但是从长期来看，不承担社会责任的企业有可能会因此倒闭退出市场。如果企业都不承担社会责任，那么都不可能达到长期持续发展，行业发展也会因此受到影响。

（二）利益相关者视角下的企业社会责任与经济利润的关系

企业社会责任对企业绩效的影响是近半个世纪以来的经典问题，文献中通常称为“企业社会绩效-企业财务绩效”问题。该问题至今仍然具有重要的理论价值和实践意义。近几十年来，作为对动态环境下企业管理实践的回应，利益相关者

管理与企业绩效的关系问题成为利益相关者理论研究的一个重要领域，下面就利益相关者理论中关于企业社会责任与经济利润的关系的比较典型的两种观点（规范性观点与工具性观点）进行阐述。

根据利益相关者的规范性观点，企业承担社会责任是建立在伦理承诺基础上的，企业的社会责任行为标准是一套共同规范和伦理标准。也就是说，企业承担社会责任是因为企业认为这样做是正确的，而不是由于受到了激励才这样做，利益相关者对企业具有内在价值，在考虑收入、利润及股东回报之前就已经进入企业的决策过程。[①]这一套伦理规范，尽管没有功利主义动机，但客观上可以为解决企业中广泛存在的机会主义提供伦理学解决方案。基于伦理规范满足利益相关者的利益要求，能够与利益相关者建立深度信任，这种信任关系会大大降低合作方的搜寻成本和合作风险。因此，人们寻找合作伙伴时自然而然会把合作机会给予那些把承担社会责任视为自己本分的企业，而不具备这种属性的企业一般不会获得这种机会。[②]这样，在其他条件相同的情况下，基于伦理规范承担社会责任的企业会得到更多的信任与合作机会，建立更强的竞争优势，实现更好的绩效。

根据利益相关者的工具性观点，企业之所以要承担社会责任、关注利益相关者的利益要求，是因为这样做将使企业变得更有利可图。[③]反过来说，忽视社会责任、忽视利益相关者利益要求的企业实际上是在冒风险，而与重要的利益相关者对立则可能危及企业自身的生存。就是说，高质量的利益相关者关系对企业获取竞争优势具有举足轻重的影响。要建立高质量的利益相关者关系，最根本的途径是尽可能满足它们的利益要求，即承担社会责任。由于企业的利益相关者众多且不断变化，利益要求各异，要满足它们的利益要求，企业必须付出大量资源。此外，只与少部分利益相关者建立良好关系是不够的，因为它们为企业带来的正面效应可能会被低质量的利益相关者关系抵消。只有当企业与大部分利益相关者的关系都达到较高的水平时，才能充分显现出企业的竞争优势。要与大部分利益相关者建立良好的关系，必然需要较长的时间。换句话说，企业建立全面的高质量的利益相关者关系，需要较长时间才能得到回报。在短期内，承担社会责任对企业绩效的影响是负面的。正因为如此，有人把承担社会责任当作企业的一种长期投资。

关于企业社会责任与经济利润的关系，利益相关者理论给出的回答主要还是

---

① Berman S L，Wicks A C. 1999. Does stakeholder orientation matter? The relationship between stakeholder management models and firm financial performance. Academy of Management Journal，42（5）：488-508.

② Barney J B，Hansen M H. 1994. Trustworthiness as a source of competitive advantage. Strategic Management Journal，15（8）：175-190.

③ Jones T M. 1995. Instrumental stakeholder theory：a synthesis of ethics and economics. Academy of Management Review，20（2）：404-437.

依赖实证研究。实证研究沿着两种思路展开：一种思路是运用案例研究方法考察企业利益相关者管理政策对企业绩效的影响；另一种思路是将利益相关者管理等同于企业履行社会责任，通过研究企业社会绩效（企业履行社会责任的状况）对经济绩效的影响揭示利益相关者管理与企业绩效的内在联系。

1990 年，Preston 和 Sapienza 将《财富》杂志公司目录中 108 家企业作为样本，利用《财富》1984～1989 年的调查结果和数据库，研究了利益相关者管理与企业绩效之间的关系，结果表明，利益相关者管理与企业绩效显著正相关[①]。Berman 和 Wicks 也研究了利益相关者管理与企业绩效之间的关系，构建了体现两者之间不同关系的两个竞争性模型。这两个模型代表了利益相关者理论中比较典型的两种观点，即手段论和目的论[②]。第一个模型体现的是手段论的观点，称为策略性利益相关者管理模型（strategic stakeholder management model）。其核心思想是企业决策的最终目的是市场上的成功。利益相关者是企业环境的一部分，为了确保企业的收入、利润及股东的回报，必须对利益相关者进行管理。第二个模型体现的是目的论，称为利益相关者内在承诺模型（intrinsic stakeholder commitment model）。其核心思想是企业与利益相关者之间的关系是建立在规范性的道德承诺基础上的，不能把利益相关者当作实现企业利润最大化的工具。企业建立了一些基本的道德原则，尤其是如何对待利益相关者的原则，企业就是利用这些原则来指导自己的决策和运行。Greenley 和 Foxall 利用问卷调查的数据检验了利益相关者导向（stakeholder orientation）与公司绩效的关系。研究结果表明，在控制市场增长的情况下，利益相关者导向与企业绩效正相关。但这种相关关系依赖于外部环境，并受到恶意竞争的调节[③]。Waddock 和 Graves 通过大样本的回归分析对企业社会绩效与财务绩效的关系进行了分析，结果表明，两者正相关且因果关系是双向的，即企业财务绩效的提高导致企业社会绩效改善，同时，企业社会绩效的改善也导致企业财务绩效的提高[④]。他们在同期进行的另外一项研究中，还考察了企业社会绩效与企业总体绩效之间的关系。他们用利益相关者关系代表企业社会绩效，用感知到的企业管理水平代表企业总体绩效。研究的结果是企业社会绩效与企业总体绩效具有极为显著的正相关关系。[⑤]

---

① 转引自：郑海东. 2007.企业社会责任行为表现测量维度、影响因素及对企业绩效的影响.浙江大学博士学位论文：178-179.

② 王启亮，傅鸿震. 2010. 利益相关者导向对企业绩效影响机制的实证研究. 经济经纬，（6）：61.

③ Greenly G E，Foxall G R. 1997. Multiple stakeholder orientation in UK companies and the implications for company performance. Journal of Management Studies，34（2）：259-284.

④ Waddock S A，Graves S B. 1997a. The corporate social performance-financial performance link. Strategic Management Journal，18（4）：303-319.

⑤ Waddock S A，Graves S B. 1997b. Quality of management and quality of stakeholder relations：are they synonymous？Business & Society，36（3）：250-279.

我国学者李正以上海证券交易所上市公司为样本，研究了企业社会责任活动与企业价值的相关性问题。其基本结论是，从当期来看，承担社会责任越多的企业，企业价值越低，但从长期看，承担社会责任并不会降低企业价值。[①]该研究不仅结论具有一定的代表性，在研究方法上也与国际接轨，对我国企业社会责任的后续研究具有示范作用。

（三）均衡论视角下的企业社会责任与经济利润的关系

如前所述，企业承担社会责任与股东和企业追求利润最大化有统一的一面，如企业积极、主动承担社会责任，有助于企业拥有良好的社会形象，提高企业声誉，这将成为企业的一笔珍贵的无形资产，对于企业和股东的长远利益是大有裨益的。但是，企业承担社会责任与企业和股东追求利润最大化也有冲突的一面，因为企业承担社会责任，必然会导致企业成本的增加或者利润的付出，对于企业或股东的利益，尤其是眼前利益而言是一种损失。因此，如何平衡企业社会责任与经济利润这两者之间的冲突，成为了一个无法避免的问题。对此，学者们试图从经济学的均衡论上找答案。

卢代富认为，经济学上的均衡理论为利润最大化与企业社会责任的相容性提供了证明，也为两者之间的衡平可能性提供了一个认识论基础[②]。均衡本是物理学术语，意指客观事物系统本身由于诸因素相互作用结果等于零从而使系统本身处于稳定状态。这一概念被引入经济学领域后，瓦尔拉斯首创了一般均衡论。但是由于一般均衡论的假设和抽象远离现实，遭到了众多学者的反驳。但是也有为数不少的学者认为不管一般均衡论由于假设和抽象使其多么地远离现实，其追求经济协调发展的核心思想仍然具有重要的价值意义，甚至应当说，这种思想是经济发展应当永远遵循的一个规则。还有学者对经济学的均衡论做了解读，认为经济学不同于物理学，因而在经济学中不能机械地套用物理学均衡的含义，即不能只把均衡理解为供求相等状态。经济学均衡更应理解为和谐、有序、持续、稳定、协调发展。[③]总之，均衡是可以存在的。

运用均衡论分析企业社会责任和经济利润，可以认为，以最大化企业及其股东的经济利益为目标的利润最大化，与以最大化非股东利益相关者之利益为关注点的企业社会责任，是完全可以共存于同一经济和政治体制之中的。但是，企业社会责任与利润最大化衡平状态的实现，要取决于相应的制度安排，尤其是作为正式制度的法律制度的安排。法律的基本任务，一方面在于确立企业社会责任及

---

① 李正. 2006. 企业社会责任信息披露影响因素实证研究. 特区经济，（8）：324-325.

② 卢代富. 2002. 企业社会责任的经济学与法学分析.北京：法律出版社：264-266.

③ 高有才. 1995. 均衡的客观性及均衡观重塑.郑州大学学报（哲学社会科学版），（4）：86-90.

其制度体系，创设利润最大化的约束条件，保证企业社会责任的实现；另一方面，要提供确保企业追求自身利益的适当氛围，在企业社会责任的制度设计上，充分尊重企业的自主性，不可把企业管死从而使企业的活力窒息。因此，对于国家而言，在平衡企业的利润目标和社会责任目标上，必须做好两个方面的工作：一方面，倡导企业社会责任，使企业切实树立社会责任感，并在法律中体现和贯彻将利润与社会公益作为企业不可偏废的两项目标的政策取向；另一方面，充分发挥市场和法律对企业参与社会活动的制约与规范作用。

第三节　我国企业社会责任与企业竞争力的实证分析

正如上文所论述的那样，理论研究和实践都证明了履行社会责任对企业绩效和竞争力的正向影响，尤其是实证方面，几乎没有任何证据表明，履行企业社会责任会损害企业竞争力。1998 年，Stanwich 和 Stanwick 通过对企业连续 6 年（1987～1992 年）的分析，论证了企业社会绩效和经济绩效之间的正相关关系。1998 年，Verschoor 通过统计发现，与不履行社会责任的企业相比，履行社会责任的企业对企业经济绩效具有十分重要的意义。[①]对我国企业而言，企业社会责任与企业竞争力的关系到底是怎样的呢？诸多研究者对此进行了实证分析。

根据我国一些研究者的实证调查发现，中国企业在履行社会责任方面，情况堪忧。关于企业社会责任与竞争力的关系上，有调查结果显示，中国企业社会责任行为表现对企业绩效没有显著影响；另一些研究结果显示，中国企业社会责任与竞争力之间仅存在弱相关性。

2008 年，龙晓枫对武汉市 92 家涵盖餐饮、建材、食品生产、商贸（纺织、服装、鞋类等）、零售五个行业的中小企业中的负责人、管理人员和基层员工共 368 人进行调查，结果发现，在社会责任的认知方面，中小企业普遍对什么是社会责任、企业应承担什么社会责任缺乏全面的认识。在履行社会责任方面，情况不尽如人意。虽然企业在产品和服务质量、童工雇佣、强迫劳动、工作歧视、骚扰虐待等方面表现普遍较好，但是在劳动合同、工作时间、薪酬与福利、职业健康与安全、工会组织、管理体系、环境污染、慈善捐赠等方面表现差强人意，甚至严重违反法规或标准的要求。其中最严重的问题是工作时间和薪酬福利的问题。对此，龙晓枫的解释是对于中小企业而言，履行社会责任更多地意味着成本投入，而这种投入往往在短期内是看不到收益的。承担社会责任所需的成本给企业带来了压力和负担，尤其是那些劳动密集型的制造企业，要达到像 SA8000 这

---

① 转引自：姜启军. 2008. 企业长期利益最大化和履行社会责任最优水平分析. 软科学，(1)：47-49.

样的标准需要较大的投入，势必会增加产品的成本。对于以价格为竞争优势的企业而言，这将会削弱产品的竞争力。①

2004 年由复旦大学管理学院组织的对我国企业公民行为的调查表明，我国企业在企业公民行为的各个方面有以下特点：第一，在遵守法律上做得不错，但缺少防范腐败贿赂的机制；第二，大部分企业都致力于提高自身产品和服务，但积极参加行业内活动的不多；第三，员工虽然被列为较为重要的方面，但是在设立员工安全计划、保障薪酬和就业公平等具体行为方面却不尽如人意；第四，在承担环境和社会广义责任方面普遍缺少投入。总之，我国企业在履行企业公民职责上仍然较为落后。②

郑海东在 2006 年通过对浙江、山东、广东等 13 个省份的 347 家企业（有效样本）的调查分析表明，企业社会责任行为表现对企业绩效没有显著影响。他认为可能的原因有三个：第一，企业社会责任理念还没有被我国的企业家和企业真正接受，不会完全出于道德承诺、伦理规范或利他主义而承担社会责任。如果企业社会责任的规范性观点——主观上自觉承担社会责任能够在客观上得到“意外”回报的观点是正确的，那么我国企业家目前还无法得到这种回报。第二，企业家和企业并不相信承担社会责任会促进企业绩效，从而不会考虑通过承担社会责任来建立竞争优势，即便相信承担社会责任可以建立竞争优势，目前也还没有找到具体路径，如通过承担社会责任来减少风险、促进创新、提高声誉、扩大市场、增加机遇等。由此进一步认为，要提升企业的社会责任行为表现，寄希望于企业的自觉规范性观点行为不现实；寄希望于企业的自利工具性观点行为则可能需要政府的引导性措施；寄希望于外部力量，把社会责任作为企业不能摆脱的一种约束条件，或许是目前比较有效的办法，但该办法的应用范围有限。③

2006 年刘玉艳以在上海证券交易所公开上市的 A 股公司的 2005 年年度报表作为分析的数据来源。剔除 ST 数据不全及 2005 年利润总额为负的公司，经整理并利用统计抽样方法，共抽取了 30 家符合条件的公司作为样本，对企业社会责任成本与企业竞争力关系进行分析，结果显示，企业社会责任成本与评价企业竞争力的六个指标（总资产报酬、资产负债率、总资产周转率、净资产收益率、主营业务利润占利润总额的比重及销售利润率）之间存在弱相关关系（相关系数的绝对值小于 0.3）。只有企业社会责任成本与权益报酬率存在低度相关关系

① 龙晓枫. 2008. 中小企业的社会责任及其与企业竞争力的关系——对武汉市中小企业的调查.中国集体经济，(4)：16-18.

② 罗殿军. 2004. 从企业社会责任到企业公民.上海管理科学，(6)：60-61.

③ 郑海东. 2007. 企业社会责任行为表现测量维度、影响因素及对企业绩效的影响. 浙江大学博士学位论文：214.

（相关系数为 0.325）。刘玉艳认为可能的原因是：其一，我国市场经济的法律法规体系不完善，企业违法违规成本过低，降低了企业履行社会责任的约束力。违法成本过低导致企业甘冒风险来实现自身利益最大化，而把成本转嫁给利益相关者。其二，企业存在认识上的误区。企业管理者把企业的利益与其相关群体的利益放在完全对立的角度，而看不到两者相互依存的关系，从而在一定程度上滋长了企业的短期行为和投机行为，更为关键的是企业还没能将社会责任列入企业的经营目标，将其作为评价企业竞争力的指标。当前我国社会责任意识在社会中还没有得到广泛重视，所以企业即使履行了社会责任，社会对企业的反作用也是微乎其微的。消费者对企业是否履行社会责任也并没有给予充分的关注。大多数的消费者在选择商品时还没能把企业是否履行社会责任作为一个考虑的标准，这样即使企业履行了社会责任，也不会明显增加企业的市场占有率、提高企业的竞争力。①

从以上实证分析来看，目前中国企业自觉履行社会责任还不常见，中国众多的企业还没有完全意识到企业社会责任与企业竞争力之间的关系，同时企业社会责任对企业竞争力的正面影响还未凸显。造成这种结果的原因除了以上作者所论述的外，笔者认为，最主要的原因是在短期内，企业履行社会责任会使企业成本增加，履行社会责任对企业利润的作用可能要到多年后才能见效，这样就影响了企业的短期经济绩效，从而使企业没有足够动力履行社会责任。尽管如此，笔者认为，企业社会责任与竞争力间的良性互动是可以实现的。因为从长期看，企业履行社会责任可作为战略投资，可为企业创造一个更为广阔的生存空间。企业社会责任不能仅仅看成“做好事”的态度，而应把它作为企业绩效的一种关键的驱动因素。企业履行社会责任虽然不能给企业带来直接和快速的经济回报，但企业社会责任能给企业带来战略收益，有利于企业的长期收益，能为对社会负责任的企业带来更广泛的回报。

从国内的先锋企业——海尔的发展历程，可以看到履行企业社会责任对提升企业竞争力的正面影响。海尔在创业之初，对环保认识不足，在能耗、禁用物质等方面达不到发达国家的要求，出口产品多次受阻，企业蒙受了较大的经济损失。20 世纪 90 年代后期，海尔将环保理念融入其发展战略，致力于研发领先的环保、节能、安全、智能化的高技术附加值产品，同时积极参与社会公益事业。海尔打出的口号是“海尔真诚到永远”，有效地提升了海尔的形象，提高了顾客对其产品的忠信度，同时海尔凭借其产品优势，在海外建立了 13 家工厂，产品销往 160 多个国家和地区。在 1984～2002 年，共实现利税 172 亿元人民币。海尔取得的成就就是在博弈中，履行了社会责任，提升了企业竞争力。

① 刘玉艳. 2006. 企业竞争力与社会责任成本相关性探讨.财会月刊（理论），（10）：9-11.

第四节 承担社会责任提升企业竞争力的对策

表面看来，获取利润与承担社会责任是存在矛盾的，但内在看来却是相辅相成的，不履行社会责任就失去了创造利润的源泉和活力。尽管企业承担社会责任的能力与自身的发展水平和实力相关，但是正如前文所述，企业是可以将承担社会责任转化为企业竞争力的。换句话说，承担社会责任最终能提升企业的长期盈利能力。当代管理学大师彼得·圣吉在演讲时讲到，越来越多的企业达成共识，企业越是能承担社会责任，越有能力永续经营并持续成长。对于中国企业而言，履行社会责任是一个需要长期努力的过程。这个过程需要企业自身的觉醒，也需要政府和社会力量不断地启发和培育。促进企业承担社会责任，提升持久竞争力，必须从企业治理的内生与外围寻找必要的动力源泉和合理的路径支持，需要企业自身、政府及社会多方面的共同努力。下面，笔者试从政府、市场与非政府组织三个部门及企业自身四个方面提出对策。

一 政府：完善企业承担社会责任的政策与监管

社会责任的推行需要政府的积极介入和引导。第一，引导企业树立社会责任观念。政府要加强对自觉履行社会责任的企业典范进行宣传，使更多的企业认识到企业履行社会责任的必要性，还要制定相关的优惠政策，对承担社会责任的企业给予政策上的优惠。第二，制定、完善和执行相关法律法规。除了通过教育启发外，在很大程度上还必须依赖于政府的立法和执法。政府必须健全法律法规体系，特别是在经济转轨时期，健全法律法规体系尤为重要。与此同时，还要注意提高执法的水平，杜绝执法不严、违法不究现象的发生。此外，对于企业的慈善伦理责任，如慈善捐赠等，政府还可以牵头组织专家、学者制定企业社会责任的道德规范体系，让企业有可衡量自身行为道德高尚程度的标尺。第三，建立企业社会责任评价体系。关于企业社会责任标准，我国宣传比较多的是 1977 年 8 月美国经济优先权委员会认可委员会［Council for Economic Priorities Accreditation Agency，CEPAA，2001 年更名为社会责任国际组织（Social Accountability，International，SAI）］所制定的国际评价标准 SA8000。目前我国已有的企业社会责任评价体系都是以经济指标为基础的，这样的评价体系已经不能适应经济全球化的趋势和要求，也不利于中国的企业提高国际竞争力。我们有必要在借鉴国外企业社会责任评价体系先进经验的基础上，构建一套适合中国国情，适应我国经济社会发展水平和我国企业具体实际情况的规范化、全方位的评价指标体系。

二 市场：搭建提升企业社会责任的经营机制平台

企业社会责任的问题直接关系到市场特别是资本市场对它的看法，尤其是需要寻找投资的企业。而中国企业若要具备发展全球品牌和国际合作的能力，争取更大的国际市场准入，企业社会责任已成为关键。根据《财富》发表的文章观点，中国公司要成为负责任的公司，需优先解决的问题依次是：改善公司治理、加强对社会和环境影响的管理、将商业战略和责任结合起来、与其他利益相关者积极合作、编制并定期公布责任报告、由外部机构进行认证[①]。要和各利益相关者，如股东、雇员、客户、媒体、政府、科研机构、民间团体建立长期有效的沟通机制，倾听他们的呼声，了解他们对企业的要求。要仿效国外企业制定并公布企业社会责任年度报告。另外，借助 SA8000 和 CSM2000（CSM 即 customer service management，客户服务管理）等社会责任标准促进企业社会责任管理。要借鉴国际上影响力大的企业社会责任标准，改变企业“劳工标准低、劳工权益保护不充分”的不良社会形象。了解国际采购商对质量管理、环境管理、健康安全、人力资源管理、财务管理、社会福利和其他必要的活动的要求，为进一步扩大国际市场打下坚实的基础。

三 非政府组织：营造提升企业社会责任的良好氛围

除了政府通过制定法律法规来约束企业的行为之外，非政府组织在推进企业社会责任方面发挥着重要作用。充分发挥新闻舆论、消费者协会、工会、行业协会等社会团体的作用，弥补政府客观上存在的监督失灵问题，形成立体化、多层次、多渠道的社会监督体系。公众的行为趋向对企业具有引导示范作用，因此扩大公众的参与权对企业承担社会责任具有强大的外在压力。非政府组织作为社会主体的第三方，相对公正，没有私利，发现问题的成本也低，可以做很多政府力所不能及的工作。例如，它可以根据国家法律，或者代表群众对企业的污染行为提起诉讼，捍卫公众的环境权益，还可以定期公布环境报告，对环境问题进行及时分析，以督促企业承担企业社会责任。此外，还可以合理利用媒体，通过新闻媒体的追踪报道等来区分企业差异或优劣，形成强大的舆论力量，进而对企业施加影响，促使企业更好地承担社会责任。在西方企业社会

---

① 裘树南. 2007-6-1. 推动企业社会责任评估争取更大国际市场准入. 证券时报，4.

责任的发展过程中，开始起重要作用的往往是作为社会一般成员的消费者、投资者和大众媒体有组织的消费者运动、劳工运动、投资者运动在为自身争取利益的同时，也促成了相应的立法，从而使得企业充分全面地重视社会责任。在涉及经济的众多社团、行业协会、商会中，工商界联合会（简称工商联）是由以企业主为骨干组成的人民团体，是党和政府联系企业家的桥梁与纽带。工商联要坚持“团结、帮助、引导、教育”的方针，把握他们的思想动态，大力开展思想政治工作，提高企业主的思想政治觉悟，培养一支坚决拥护党的领导、走中国特色社会主义道路的积极分子队伍。

四 企业：转变观念，自觉履行社会责任，形成提升企业竞争力的内在动力

一方面，企业应树立以人为本的经营理念。当前，企业必须转变发展观念，从单纯的经济人转变为社会人，勇于承担社会责任，并且使承担社会责任的行为跨越法律层面的强制性，转化为自身的道德自觉性。从企业内部社会责任方面，树立以人为本的观念，构建和谐的劳动关系。劳动关系的和谐稳定，是整个社会和谐稳定的基础与前提，也是企业持续发展的不竭动力。从企业外部社会责任来说，要树立奉献社会的观念，构建和谐的企业与社会的关系。企业生存于社会中，只有不断地与社会各个要素进行有机互动，才有可能在激烈的竞争中获得发展。另一方面，建立企业社会责任管理机制。一些成功企业的经验告诉我们，承担社会责任，不仅是树立社会责任的观念问题，重要的在于将社会责任纳入企业日常经营管理中去。一是要建立社会责任管理的原则和方针，采用系统的方法，明确企业社会责任管理的范围和责任，将企业社会责任管理贯穿于经营管理各个环节。二是要强调诚信经营。诚信和信用是企业的形象，是企业的无形资产。三是完善企业的内外部治理结构，建立和各利益相关者，如股东、雇员、客户、媒体、政府、科研机构、民间团体之间的长期有效的沟通机制，倾听他们的意见和呼声，了解他们对企业及产品和服务的要求，使更多的利益相关方参与到公司治理中来，使企业的经营真正能够体现社会整体的利益，维护市场经济的良性运行和健康发展。

第五章 企业社会责任的动因与行为的博弈分析

第一节 研究背景及相关假设

随着我国企业社会责任实践活动的不断展开，近年来学术领域相关的理论研究也不断深入，企业承担社会责任的内在动因与行为规律是什么？在不同的市场结构，不同的企业发展阶段与环境条件下，如何构建企业社会责任的有效实现机制促使企业承担相应的社会责任？相关问题逐渐成为学界研究热点，也取得了相当丰硕的研究成果[①]。但这些研究基本遵循同一假设前提，即每一个企业的社会责任行为是各自独立的，因而较少考虑企业之间的互动行为及其相互影响的问题。从这些研究结论出发，我们似乎有理由相信，在一个特定行业中，当企业群体较大时，总有企业会基于相关因素的考量而承担社会责任，但这种判断往往与现实中的企业社会责任实践存在很大相悖，特别是在结构较为松散的行业中，企业群体败德的现象时有所闻，如何解释这一现象呢？理论与现实的相悖可能来自上述假设的过强约束。事实上，企业在决定是否承担社会责任时往往存在“先行障碍”，一个企业在特定情景下的社会责任行为很大程度上受制于对其他企业行为的揣测，同时它的潜在行为也影响着其他企业，博弈理论恰好是这一情境下分析企业社会责任行为的有力工具。

基于上述分析，本章将以企业在资源利用、环境影响领域应承担的社会责任为研究对象，以博弈论为基本分析工具，分别研究企业社会责任行为效果作为私人产品、作为公共产品，以及不同的博弈格局下，企业的行为反应及其内在规律。

概而言之，企业经营活动对资源与环境的影响可以划分为两个方面：一是企业在生产过程当中对资源的使用和对环境的影响。例如，一个造纸企业在生产过程中大量消耗原生树木，向环境排放大量污水，我们可以认为它没有承担社会责任。企业的这一行为既可以理解为对资源和环境这一社会公共产品的利

---

① 陈宏辉，贾生华. 2003. 企业社会责任观的演进与发展：基于综合性社会契约的理解. 中国工业经济，189（12）：85-92；鞠芳辉，谢子远，宝贡敏. 2005. 企业社会责任的实现——基于消费者选择的分析. 中国工业经济，（9）：91-98；陈超，李刚. 2006. 企业社会责任的实现机制. 哈尔滨工业大学学报，8（2）：92-96.

用，从另一个角度，如果企业在生产过程中注意节约资源和保护环境，也就是履行社会责任，则其行为效果也可以理解为向社会提供了相应的公共产品。二是企业提供的产品对资源和环境的影响。例如，如果一个企业向社会提供了低能耗、高环保的产品，我们可以认为它在产品提供方面承担了社会责任，由于企业的产品是可以在市场上自由销售和获取利润的，企业的产品本质上是一种私人产品。

由于企业承担社会责任的动因与行为涉及的因素十分复杂，为了研究方便，我们首先对企业社会责任行为进行简单的抽象，作为进一步研究的假设前提。本书假设存在两种状态：一种是企业承担社会责任，即“负责”；另一种是企业不承担社会责任，即“败德”。当一个企业选择“负责”时，它会致力于节约资源、保护环境，尽管这样可能会加大其生产成本。当一个企业选择“败德”时，它为谋求自身经济利益而置企业社会责任于不顾，肆意排放污水、消耗资源、向社会提供高能耗、高污染产品等。当然，现实中企业的行为远要复杂，也并非“负责”和“败德”这两种简单的行为模式所能概括，而是一系列的连续的生产经营活动。但是这一简单的抽象允许我们运用博弈论的方法深入考察企业社会责任行为的内在机理。

第二节　分析起点：囚徒困境

囚徒困境是博弈论中说明个人的理性抉择如何导致群体的非理性抉择的一个基本模型。企业社会责任领域的情况也大体相同：每个企业从追求自身利益最大化出发进行理性选择，反而忽略将来可以为所有企业带来好处的公共利益。下面我们进行具体分析（假定企业社会责任行为并不会给企业自身带来直接的经济收益，而只是增加企业的经营成本，但企业的群体选择会改变行业的经营环境）。

假定某一市场上只有 X 和 Y 两个企业，每个企业都有“负责”和“败德”两种选择，相应就有以下几种不同的情景组合：①如果一个企业“负责”而另外一个“败德”，则“负责”的企业将承担额外成本来满足企业社会责任的相关要求，而“败德”的一方可以减少成本支出从而攫取更多利润；②如果两个企业都选择“负责”，则将各自承担同样的社会责任成本，但这种共同“负责”的行为可以通过提高行业声誉、获取公平竞争环境、获得良好的劳动力供应等方式使双方都获得好处；③如果双方都选择“败德”，猖獗违反社会道德甚至挑战法律，长期看来，公众将会对这些企业采取敌对的态度，政府也有可能进一步采取管制措施，企业正常运行的商业环境有可能被破坏，双方都得不到长远利益保障。

企业的策略选择及其后果可以用图 5-1 来表示：在图 5-1（a）中，每一象限中的字母分别代表在各种可能的策略组合下企业可能获得的利润，当 a 小于 b 且 c 小于 d 时，就产生了囚徒困境，图 5-1（b）可以对囚徒困境进行更直观的表达。

企业 X

企业 Y	负责	败德
负责	(a,a)	(b,c)
败德	(c,b)	(d,d)

(a) 企业社会责任的囚徒困境

企业 X

企业 Y	负责	败德
负责	(5,5)	(8,1)
败德	(1,8)	(3,3)

(b) 企业社会责任的囚徒困境：一个特例

图 5-1　囚徒困境

由于囚徒困境是一个相当经典且广为人知的模型，在这里不对其展开解释。在本书中的情形下，博弈在（d，d）点实现纳什均衡。每一企业按着矩阵中的两种选择进行决策，会发现在不考虑其他企业的情况下，“败德”是最佳选择。而如果一方选择“负责”，会使自己置身于容易受到另一方“败德”行为伤害的不利境况之下，由此双方都会选择“败德”，从而由个体的理性行为导致集体的非理性行为。

基于囚徒困境的企业社会责任行为分析隐含着企业社会责任可以内化为企业长期经营战略的几个重要途径，通过这些途径可以使得“负责”的企业更能获得长远利益。第一，如果能够建立某种有效机制，使得局中人可以在采取行动前相互沟通，他们并非没有可能同意采取合作策略来获取对社会最优的均衡解（a，a），这意味着鼓励沟通和合作可以促使企业从战略层面考虑社会责任行为。第二，从图 5-1（a）给出的收益矩阵可以看出，最高的个体收益对应的情形是：当确信另一方“负责”后己方选择“败德”，这意味着促使双方达成可靠的承诺，建立共同“负责”的信任机制是企业承担社会责任的关键，也意味着重复博弈中对方报复的可能性可以成为企业社会责任行为的一个重要决策因素。第三，如果要促使企业“负责”，每一个企业的相关信息必须对所有的局中人透明，每一个企业必须知道其他企业如何行动并以此决定自己采取何种策略。如果信息不透明，关于对方将要“败德”的假定将会使得企业为避免遭到对方的伤害而不愿意“负责”，这意味着有关企业社会责任行为的信息发布和监控必须准确、广泛和及时。

囚徒困境是一种高度概括和简化的模型，许多复杂的模型由此扩展而来，但在现实中，企业社会责任决策面临的情境要相对复杂得多，博弈可能不止两个局中人参与，也不仅仅是一次性的静态对弈，每一个局中人的策略不仅取决于自身的战略考量，也取决于其他选择“负责”或“败德”的局中人的数量、身份、特性等因素，这些复杂性连同博弈无限次重复下去的事实，导致所有企业共同“败德”并不一定是现实中唯一的博弈均衡结果。

第三节　公共产品假设下的企业社会责任行为分析

企业社会责任行为具有多方面的行为效果，一方面，企业社会责任可以提升员工、消费者和其他利益相关者的认同，从而为企业自身带来即时和长远利益；另一方面，企业社会责任行为又具有明显的外部性。企业承担社会责任，自身要付出成本，而产生的效益作为公共产品提供给社会，由社会成员共享。特别是对企业所处行业本身，这种外部性的效应就更加明显，如改善行业环境、提升行业声望等，这种外部收益也往往由行业内所有企业共享。考虑企业社会责任的外部性，则企业社会责任行为产生的效果在很大程度上可以被看成公共产品。由于公共产品的非排他性，在没有外界约束的条件下，不可避免要产生机会主义的“搭便车”行为，一些企业选择不承担或少承担社会责任，而享受其他企业承担社会责任对行业整体带来的好处。如果行业内多数企业都出于自身利益的考量而采取这种行为，会导致行业整体的社会责任水平下降，公众对企业的信任将会显著被侵蚀，企业交易成本增加，政府也会加大监管力度，进而使行业整体利益受损。

从另一角度理解，企业的机会主义行为可以理解为对社会责任公共产品的“利用”，承担社会责任则可以理解为对社会责任公共产品的“提供”。从某一特定行业整体的角度而言，这种“利用”和“提供”之间存在某种平衡，提供公共产品需要企业付出成本，但企业也可以享受由此给整个行业带来的好处，而对公共产品的过度利用如果超出社会的容忍程度，也可以导致行业整体边际利润的下降。由此，企业对公共产品的“提供”和“利用”存在一个最优水平，在这一水平下，行业提供社会责任公共产品所支付的成本恰好等于由承担社会责任为行业所带来的收益，行业整体的净收益达到最大化，如图 5-2 所示。图 5-2 显示了从行业整体的角度考虑，行业的收益与本行业内所有参与者的“负责”行为或对企业社会责任产生的公共产品的“利用”行为的关系。但对于个体企业来说，参与此公共产品博弈的动机是什么？

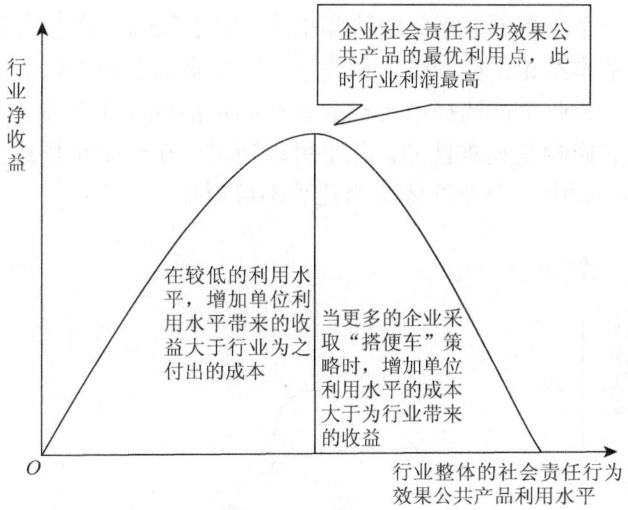

图 5-2　社会责任公共产品利用与行业收益的关系

资料来源：Anon J. 2004. Finding strategic corporate citizenship：a new game theoretic view. Harvard Law Review，117：1957-1980

从企业个体看，基于理性经济人假设，企业有减少自身的公共产品提供，“搭便车”享受由其他企业提供的公共产品的动机。企业的这种逐利行为可以减少行业边际收益并最终使其变为负值。另外，当一个企业以牺牲社会福利、行业利益为代价追求自身利润时，很可能最初会给企业带来利润。我们可以用图 5-3 从企业个体的角度对其社会责任行为及带来的损益进行分析。如图 5-3 中的 X 点，在此点，行业中企业“败德”的比率很高，行业环境恶化，这最终将导致整个行业的收益也处于较低水平。我们关心的是，这些“败德”的企业有何动因承担更多的社会责任呢？如图 5-3 所示，如果一个企业自愿减少污染使得行业公共产品利用水平由 X 移到 Y，它将支付一定的成本，但却使得行业利润由 P_X 升至 P_Y，实质上，它是做了一个使得企业自身受损的慈善性行为，因为个体收益远小于个体付出的成本。为了说明问题，不妨假定增加的成本为 c。作为对这个企业的无私行为的回报，它只得到了自身企业社会责任行为产生的行业收益增量的一小部分，如果每一个企业平均地享有这个增量利益，那么平均每一个企业将得到的利益是 $(P_Y-P_X)/N$，但是负责的企业独自承担了成本，所以它实际得到的利润是 $(P_Y-P_X)/N-c$，在增加利润很小的情况下，成本总是大于企业所增加的利润，一个负责的企业会因为无私而承受损失。因此，从企业个体角度讲，其负责的行为是不值得的。

上述过程同样可以用博弈分析的方法表示，博弈的初始条件是，在平衡点 Z 的右侧，多数企业都不承担社会责任，此时如果一个企业选择承担社会责任，其预期收益是 $(P_Y-P_X)/N-c$，而选择不承担，则预期收益是 $(P_Y-P_X)/N$，这样我们可以得到一个与图 5-1 相似的博弈矩阵（限于篇幅，这里从略）。由此，我们可以得到一个基本结论：在经济人假设下，给定多数企业都没有承担社会责任的初始博弈条件，企业个体选择承担社会责任的可能性几乎为零，这种博弈得益条件对社会风气的影响是灾难性的，几乎可以断定，在一个市场结构较为松散且没有有效管制的行业中，企业群体败德几乎不可避免。

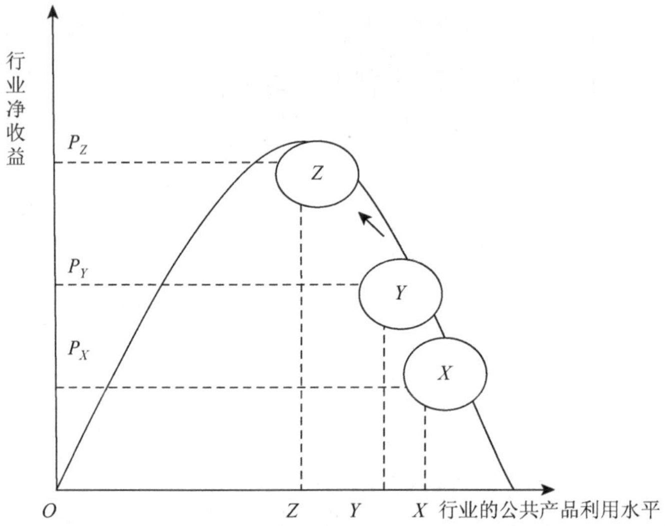

图 5-3　公共产品假设下企业个体社会责任

资料来源：Anon J. 2004. Finding strategic corporate citizenship：a new game theoretic view. Harvard Law Review，117：1957-1980

上述结论似乎过于悲观，如果我们改变初始博弈条件，即一个行业中有很多企业共同承担社会责任，情况会怎样呢？这可能使行业公共产品的利用水平移到 Z 点，每一个企业因此增加的收益为 $(P_Z - P_X)/N$，显然大于 $(P_Y - P_X)/N$。当企业联合承担社会责任产生的效益超过单个企业参加合作支出的成本，即 $(P_Z - P_X)/N > c$，企业个体承担社会责任就会对自身产生正的净效益，企业承担社会责任的动因就会形成。

第四节　社会责任作为一般产品假设下企业的行为分析

一　垄断竞争市场结构下企业社会责任行为分析

上述的企业社会责任行为效果作为公共产品的博弈分析假定社会责任行为

不对企业自身产生直接的经济收益，但事实上，这种假定并不完全符合现实，在一些情形下，特别是企业的社会行为本身连同企业提供的产品和服务容易被辨识的情况下，企业社会责任行为是可以使得行为者本身获得直接收益的。

特别是在垄断竞争的市场结构中，这种情况可能更容易发生，如一些规模大的企业可以通过承担社会责任来提高自身的声誉，并由此强化企业品牌。有一些企业通过社会责任行为来使自身免受利益团体的批评、公众的抵制或供应链的制裁，近些年我国的一些企业对 ISO14000 及 SA8000 认证的热衷很大程度上也是出于此方面的考虑。

在企业社会责任行为产生的效果可以转换成行为者自身的收益的假设下，我们可以把图 5-1 中的模型进一步修正，如图 5-4 所示。如果企业个体的社会责任行为给企业自身带来了直接的正的收益，那么，所有的企业都将选择“负责”。如果一个企业“败德”，它将处于不利的竞争地位，如果所有企业都不承担责任，它们都不获得任何利益。

企业X

企业Y	负责	败德
负责	(5,5)	(1,8)
败德	(8,1)	(0,0)

图 5-4　企业社会责任行为效果可以转换成行为者自身收益假设下的博弈格局

这一博弈格局意味着，通过把企业社会责任行为与企业利益最大化直接联系起来，通过对企业自身利益的定义的扩展（提高企业声誉、避免公众抵制、确认合法性和提高员工认同等），或通过提升决策者个人声望，企业社会责任可以转化成企业公民战略。但图 5-4 的博弈格局中，隐含着这样一个假设，即无论什么样的企业，采取相同的社会责任行为所带来的收益是相同的，这一假设是不是符合垄断竞争市场结构下的现实情况呢？

事实上，垄断竞争的市场结构可能是目前我国最为普遍的一种市场结构，在这样的市场结构中，我们不难发现，由于企业规模的不同，相同的企业社会责任行为带给不同企业的收益或损失往往是不等的。而对企业自身来讲，这种收益和损失却又往往是对等的，即如果一个企业负责（或败德）带来的收益越大，其选择败德（或负责）带来的损失也越大。例如，当一个企业在某一区域内或某一行业内处于杰出的位置时，就要更多地承担公众对企业所处行业的“败德”行为的报复或更多地享受公众对企业所处行业的“负责”的回报所带来的好处。此外，当企业拥有的资源优势使得一个企业承担社会责任比另一个企业成本更低时，类似的情况也会发生。例如，一个汽车行业的核心厂商，完全可以拥有选择符合其高标准的社会责任要求的供应商及其他资源的话语权，但是一个小的零配件制造企业会发现强化社会责任对其是十分昂贵的。

由上述的分析，我们可以进一步放松假设，即每个企业都有对等的损益（即“负责”或“败德”带给企业的收益和损失具有同等的波动幅度），从而得到另一种博弈格局。在图 5-5（a）中，企业 X 是一个在行业中有绝对优势的企业，因此可以享受由行业的社会责任带来的更大的收益，企业 Y 代表一个处于相对弱势的小企业。在这一格局中，无论 Y 采取什么策略，X 承担企业社会责任都是值得的。相反，Y 却没有足够的能力承担得起社会责任，因为其承担社会责任的成本将始终超过其收益，从而使得企业承担社会责任的总的净收益为负。这一博弈在（10，4）达到均衡，企业 X 选择主动承担社会责任，而企业 Y 将选择搭便车策略。

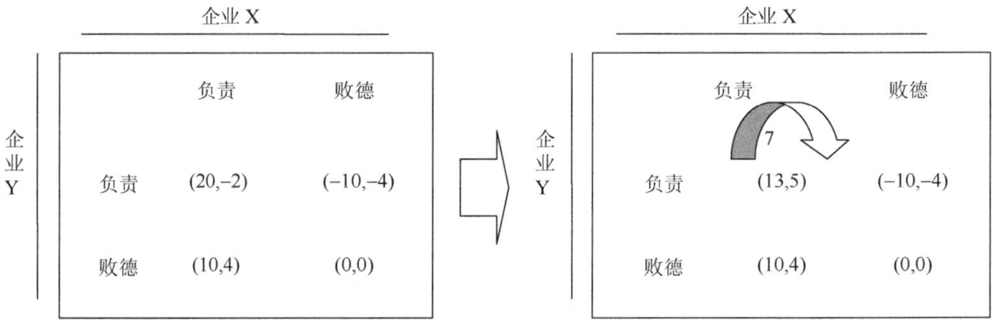

(a) 对等损益博弈　　　　(b) 利益转移后的对等损益博弈

图 5-5　对等损益博弈与利益转移后的对等损益博弈格局

上述博弈均衡只是一个次优的结果，如图 5-5（a）所示，当 X“负责”而 Y“败德”，它们的盈利总和为 14，但是如果双方都“负责”，它们的盈利总和将是 18（20，–2），在企业社会责任行为产生的效果可以完全转换成行为者自身的收益的假设下，给定由企业社会责任行为产生的利益的总量，处于支配地位的企业可以将其获取的利益转移给其他企业，来获取更有益的社会效果。这种可能性在图 5-5（b）中加以说明，企业 X 转移 7 个单位的利益给企业 Y，使得所有的企业都获得更好的结果从而产生新的基于双方相互合作的博弈均衡。

在现实中，这种利益的转移可以通过多种途径实现。例如，有较强实力、处于支配地位的企业，可以通过供应链管理，利用掌握的资源和能力来甄别并与负责的供应商签约，可以与其他企业分享供应商，使这些供应商实质性减少承担社会责任的成本。企业各自的利益不仅通过利润共享的方式得以实现，而且可以通过成本负担的形式实现，如企业 X 可以通过吸引公众的注意于企业 Y 来增加其败德成本。

二　完全竞争市场下的企业社会责任行为分析——基于 *N* 人博弈网的考察

在完全竞争的市场结构下，企业提供的产品是同质的，充分的竞争和完全的信息使得市场上产品的价格是恒定的，但由于市场上拥有大量的厂商，企业承担社会责任的信息却无法在其产品上得以体现，也就是说，消费者对承担或不承担社会责任的企业的产品是无法区分和选择的，这种情况下，厂商也就根本无法内部化其企业社会责任经济效果，这给我们进一步用博弈论分析企业行为带来了难度。为使我们的分析更符合完全竞争市场结构，这里我们进一步放松假设，假设企业是具有“部分责任感”并追求效用最大化的经济人。这里的“部分责任感”可理解为：某局中人对“负责”和“败德”的策略选择有互补的概率倾向，因此对代表性企业 i 作如下假设：

（1）不承担社会责任时，有理性反感和内疚，博弈得益矩阵中体现为 $-s_i$；

（2）不承担社会责任时，由于没有相应的成本支出，博弈得益矩阵中体现为 0；

（3）承担社会责任时，有一定的满足感，博弈得益矩阵中体现为 h_i；

（4）承担社会责任时，有相应的成本支出，博弈得益矩阵中体现为 $-c_i$；

（5）由于理性经济人的假设，自己在权衡别人的行动的同时存在“败德概率” p_i。

由于企业 i 是寻求自身综合效用最大化的理性经济人，按着混合策略的定义，企业 i 的混合策略概率须使企业 j 选择“负责”和“败德”行动的得益期望相同，即

$$p_i \times (-s_j) = (1-p_i) \times h_j + (1-p_i) \times (-c_j) \tag{5-1}$$

得

$$p_i = \frac{c_j - h_j}{s_j + c_j - h_j} = \frac{1}{1 + \dfrac{s_j}{c_j - h_j}} \tag{5-2}$$

其他的成员同理。

式（5-2）传达了以下信息：

（1）得益必须满足 $c_j>h_j$ 的条件，才能保证概率值 p_i 在（0，1）。

（2）要使企业 i“败德”的 p_i 下降，必须减小企业 j 承担社会责任的成本 c_j，增强企业 j 承担社会责任时的满足感，增强企业 j 不承担社会责任时的内疚感。在这里，p_i 显然直接受其他人的影响。

（3）对于式（5-2）没有讨论的 $c_j \leqslant h_j$ 的情况，在图 5-6 中易知，此时不再有混合策略，而是析出了唯一的优势均衡解（h_i-c_i，h_j-c_j）。

企业Y \ 企业X	败德(p_j)	负责($1-p_j$)
败德 (p_i)	($-s_i$, $-s_j$)	($-s_i$, h_j-c_j)
负责 ($1-p_i$)	(h_i-c_i, $-s_j$)	(h_i-c_i, h_j-c_j)

图 5-6　部分责任感的企业社会责任两两博弈

事实上，在完全竞争市场结构中，由于存在大量的竞争者，对于 N 个企业组成的复杂群体，图 5-6 反映的博弈仅仅是群体中任意两个个体之间的博弈，而两两博弈的均衡特征并非就是所有参与者最终合力的表现。

对于这种特殊的博弈问题，其结果有必要作进一步探析，这个大博弈中的每个小博弈虽均符合完全信息静态博弈的某些特点，但这类群体博弈问题有别于通常意义上的重复博弈问题，在这里，我们将这种特殊的博弈结构称为网络博弈，并引入 N 人博弈网的概念①。网络博弈的初步定义为：如果某种情境下的 N 人博弈符合以下条件，即①通常发生在一个有众多得益条件相同或类似的 $n(n \geqslant 3)$ 个参与者的群体中；②任一参与者作为一个节点，任两参与者之间的子博弈关系 G_{ij} 作为边，在同一时刻上由节点和边构成一个封闭的网络，实际发生的子博弈表示为实质边，潜在发生的表示为虚拟边；③参与者对自己和他人得益的信息是基本对称的，子博弈 G 近似为完全信息静态博弈；④任意两节点之间存在闭合回路，但网络中可以存在虚拟边，即群体内部存在至多 C_n^2 个，至少 $2n-3$ 个 G；⑤在博弈网达到均衡稳定结果 E^N 后，不仅所有的 G 达到各自两两均衡，而且满足网络中诸回路的均衡逻辑条件；则称该种博弈为 n 阶群体静态网络博弈或 n 阶博弈网

① 有关 N 人博弈网的定义、相关定理及证明参见：王桂强，魏晓平. 2006. 基于 N 人博弈网的公民社会责任分析：群体败德及对策.北京大学学报（哲学社科版），43（2）：125-131.

$G(n)$。图 5-7 可以帮助理解这个概念。

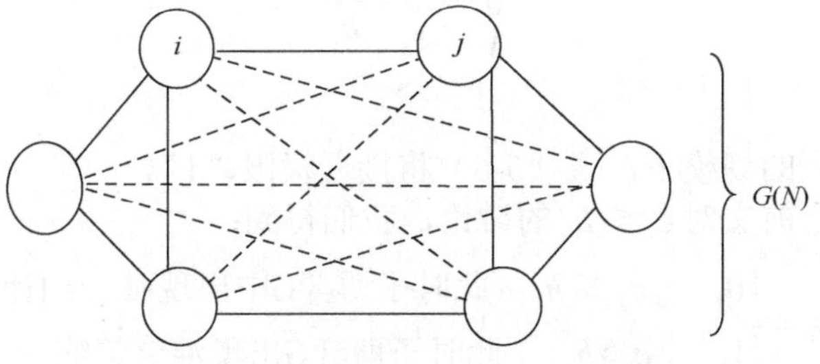

图 5-7　一个有 6 个节点的博弈网

资料来源：王桂强. 2006. 基于 N 人博弈网的公民社会责任分析：群体败德及对策. 北京大学学报（哲学社会科学版），43（2）：125-131

在引出此定义以后，我们前面对企业群体两两博弈的分析仅是图 5-7 中博弈网的一条实质边，因此必须回头重新考虑群体中单个博弈结果，进而对博弈网最终结果进行必要的修正或补充，容易得到：①如果博弈网中的单个企业仅仅考虑自身经济利益最大化，显而易见，网络中的任一子博弈 G 的唯一均衡解均为（败德，败德），因此对整个 $G(n)$，不难确定，所有的节点均处于（败德，败德）的均衡状态，即所有子博弈 G 的均衡解最终体现为整个 n 阶 $G(n)$的均衡解；②如果企业是具有部分责任感并追求效用最大化的经济人，考虑博弈网 $G(n)$中的单个 G，则两两之间的混合均衡策略是参与者分别以各自的倾向选择策略。进一步考虑如果 $G(n)$存在混合策略均衡时的情况，那么其余 $n-1$ 个公民均须按着企业的同样混合策略来行动。

企业 i 采取败德的概率为 p_i，易知其余 $n-1$ 个企业全部选择败德策略的概率为

$$p_o = \prod_{v-1}^{n-1} p_v \tag{5-3}$$

而 $n-1$ 个企业中至少有一人承担社会责任的概率为（$1-p_o$）。基于对群体收益条件一致性的假设，存在以下简化等式：

$$p_o = \prod_{v-1}^{n-1} p_v \approx p_i^{n-1} \tag{5-4}$$

企业 i 的混合策略概率须使其余 $n-1$ 个企业在全部选择败德和至少有一人承担的期望相同，则由图 5-7 的得益矩阵及式（5-4）得

$$p_i^{n-1} \times (-s_j) = (1-p_i^{n-1}) \times h_j + (1-p_i^{n-1}) \times (-c_j) \tag{5-5}$$

解得

$$p_i = \sqrt[n-1]{\frac{1}{1+\frac{s_j}{c_j-h_j}}} \tag{5-6}$$

其中，$c_j>h_j$。

当 n 在较大的规模下，式（5-6）将接近极限“1”。

进一步结合前文对 $c_j \leqslant h_j$ 的讨论，我们得到：

$$\lim_{n\to\infty} p_i = \begin{cases} 0, & c_j \leqslant h_j \quad \text{此时子博弈}G\text{中出现唯一纳什均衡} \\ 1, & c_j > h_j \quad \text{此时子博弈}G\text{出现混合策略} \end{cases} \tag{5-7}$$

由式（5-7）可知在 $G(n)$中，可能出现的均衡状态将是：当 N 人博弈符合博弈网结构且规模较大时，博弈均衡的结果将是所有成员不约而同采取同样的策略。随着得益条件的不同，最终以以下两种均衡状态之一出现：当群体得益条件为 $c>h$ 时，均采取败德策略；当群体得益条件为 $c\leqslant h$ 时，均采取负责策略。

由此可以得出以下结论：第一，如果群体中个体之间的博弈得益条件类似，那么符合 $G(n)$特征的 N 人博弈得出的均衡结果只能是全部成员采取“负责”和全部成员采取“败德”两者之一。第二，由于得益条件通常是 $c>h$，在现实中产生集体败德行为的倾向性是十分强烈的，而理论上可以达到的对社会福利最有利的（负责，负责）结果却因此被摒弃。第三，同样在 $c>h$ 条件下，如果群体中的所有企业均严格遵循博弈的规则行事，无论情景中的企业是自私自利还是具有不同程度的社会责任感，最后均衡析出方向是一致的，企业越多，达到糟糕的均衡结果的概率就越大。第四，可以采取多方位措施，在一定程度上抑制单个成员的“败德”概率 p_i，如寻求博弈聚点、法制干预、社会补偿等。但值得注意的是，随着 n 的增加，这些正面措施的效果将在群体网络博弈过程中被弱化。第五，确保尽可能多的参与者以（h_i-c_i，h_j-c_j）策略参加博弈，从而达到 $G(n)$的另一种有利于社会福利的均衡状态，其根本解决方法是：保证 G 中的 $h\geqslant c$，即承担社会责任的慰藉感一定不能小于承担社会责任付出的成本。这个简单的不等式，不但是公民社会责任博弈向健康方向发展的保障，更是和谐社会企业社会责任底线的一种数学表达。

第五节　主要结论及政策含义

博弈的初始条件对企业社会责任行为有关键影响，在企业社会责任效果作为公共产品的博弈中，以及完全竞争市场下基于 N 人博弈网的博弈中，当多数企业战胜了“先行者障碍”达到由承担社会责任带来的成本和利益均衡状态时，博弈的格局和规则就会重新建立。但如何打破原有的博弈格局却是一个最大的障碍，败德群体存在强烈的路径依赖，只有当很多其他企业选择“负责”时它才会跟随，此时一个具有多个局中人的囚徒困境产生了，在此情形下，即使在大量的期望改变者出现的情况下，糟糕的老规则也会延续下去，此时借助外力鼓励企业在承担责任上率先迈出第一步，从而改变博弈初始条件，就变得至关重要。当“负责”而不是“败德”成为企业个体的理性行为时，多数企业就会遵从这一新的规则。在规则的重新建立过程中，相关法规的制定、信息的公开与发布、公众的教育等方面无疑是政府可以发挥作用的领域。因此，在特定条件下，政府的介入是改变企业社会责任行为的必要条件，当企业的社会责任行为可以明确界定时，可以通过法律手段修正企业行为。但这一手段也有其自身的局限，因为在现实中，企业社会责任行为往往难以明确界定，特别是在完全竞争的市场结构下，更不容易在成千上万的经济实体中去强化企业社会责任行为，因此，政府管制的边界与手段问题需要进一步深入研究。

更为根本的促使企业承担社会责任的途径是建立一种企业社会责任行为的自我强化机制，最后使得企业社会责任内化为企业的社会公民战略。在这种情形下，企业会为追求自身的利益而自觉自愿地采取社会责任行为，但我们的研究表明，这需要相关的前提条件。

企业社会责任行为外部效应的内部化是一个重要的解决方案，在企业社会责任行为的效果作为公共产品的分析中，我们清楚地看到，允许企业个体获取更多的由它们自身的社会责任行为所创造的价值可以鼓励更多的企业选择“负责”而不是“败德”。这种外部效应内部化的过程可以通过消费者、供应链的选择机制得以实现，而提升公众对这两种类型的企业的认知，使得市场能够对不同的企业有效区分，是这一机制发生作用的前提。特别是在完全竞争市场结构中，企业承担社会责任的信息却无法在其产品上得以体现，亦即消费者对承担或不承担社会责任的企业的产品是无法区分和选择的，在这种情形下，企业也就无法内部化其承担社会责任的收益，因此，通过强制性“绿色认证”等方式使得企业是否承担社会责任的信息在产品层面得以显性化，是通过消费者选择机制使得企业内部化其社会责任收益的必要条件。强迫企业内部化败德成本是企业社会责任行为外部效应内部化的另一个重要侧面。法律规制是对败德者施加影响的最基本方法，但是由于法律规制通常发生在产业层次，往往会由此而产生“株连效应”。为使败德的成本更直接地作用于败德者本身，一个有效的制度应该是能够促使相关利益团体包括竞争者形成互动机制，为相关利益团体监督和制裁企业行为提供动机和渠道，这些团体越能影响投资者和最终消费者，它们也越能影响企业各自的损益结构。政府和行业协会等相关组织可以在这一过程中发挥作用，如可以通过认证的方式实现对产业的两分法：做得好的企业和做得不好的企业，有助于将好的企业产生的社会责任公共产品私有化从而鼓励其社会责任行为，从博弈的角度讲，把大的博弈分解成小的可控博弈可以提高合作的可能，因为博弈方更容易监控、建立信任与彼此沟通来达到最优结果。此外，减少承担社会责任的成本也有助于企业社会责任外部效应的内部化，对“负责”的企业进行补贴是一个解决方法，而使更多的企业分摊企业社会责任成本也可以减少企业个体承担社会责任的成本，从而培育战略性企业公民。

在垄断竞争的市场结构下，处于优势地位的企业的作用至关重要，当两个企业可以通过谈判和讨价还价来转移企业社会责任行为带来的利益时，它们都可以实现盈利。给我们的启示是，实施有效的供应链管理，通过核心企业带动的供应链转移支付来提高行业整体的企业社会责任绩效是可行之策，其中，如何引导优势企业采取主动姿态与竞争对手合作是需要进一步考虑的问题。

总之，改变博弈初始条件，内部化企业社会责任行为产生的外部效果可以为企业承担社会责任提供外在动机和内在激励，通过市场的区分与选择机制及社会规则的强化机制，最终使得企业社会责任内化为一种持久的企业公民意识，企业社会责任行为就会稳定为企业的一种战略行为。

第六章 企业社会责任策略、标准及经济效果：基于消费者选择的分析

第一节 研究背景与基本假设

如何促使企业承担社会责任，或者，从企业的角度看，企业承担社会责任的动因在哪里？这一直是学界关注的话题。企业承担社会责任，需要付出成本，作为市场经济中的微观主体，获取利润毕竟是保证企业生存下去的首要条件，如果没有内在动因或外在压力的作用，指望企业主动承担社会责任，显然是不现实的。

利益相关者理论指出：任何一个企业的发展都离不开各种利益相关者的投入或参与，这些利益相关者都对企业的生存和发展注入了一定的专用性投资，他们或是分担了一定的企业经营风险，或是为企业的经营活动付出了代价，企业的经营决策必须要考虑他们的利益。从这个意义上来讲，企业是一种治理和管理专业化投资的制度安排，其生存和发展取决于它能否有效地处理与各种利益相关者的关系。当利益相关者的诉求转化为控制企业经营活动外部性的联合行动，并通过法律和市场的力量得以表达，就会对企业形成实质性压力。①

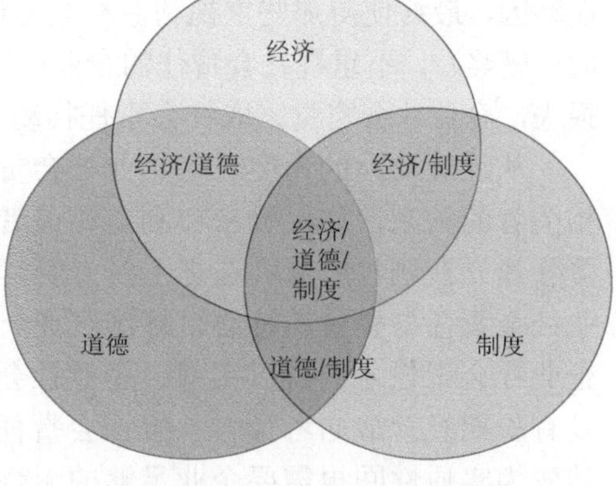

图 6-1　企业社会责任的动因

资料来源：Schwartz M S. 2003. The development of a model code for ethics professionals. Professional Ethics，a Multidisciplinary Journal，11（3）：3-16

显然，企业社会责任需要多方力量的驱动。Mark S. Schwartz 提出了三个相交圆模型，来描述企业社会责任的动因（图 6-1），认为企业承担社会责任的动因可以归结为三个方面：经济的、制度的、道德的。分别以三

① 陈宏辉，贾生华. 2003. 企业社会责任观的演进与发展：基于综合性社会契约的理解. 中国工业经济，189（12）：85-92.

个圆表示，由三个圆相交而产生七个区域：纯经济、纯制度、纯道德、经济/制度、经济/道德，道德/制度、道德/制度/经济。并认为中间的状态，也就是同时满足道德、制度、经济三方面的动因的状态是理想状态，因为它可以同时满足社会各个方面的要求。根据三个动因各自的强度不同，企业社会责任被划分为不同类型，即经济动因主导型、制度动因主导型、道德动因主导型和平衡型，用以表示不同企业社会责任的不同特质。

Mark 的模型中对企业社会责任的三个维度的划分是较为全面的，但现实中企业纯粹出于道德动因承担社会责任的十分少见，而纯粹出于制度动因承担社会责任则往往是对制度的被动适应。另外，道德和经济动因往往难以区分，因为很多道德的动因可以被解释为是为了长期经济利益。

企业如果没有利益，是不会推动社会责任的，这点在我国广大的中小企业还处于成长期的现实情境下，更成为一个不可回避的现实。实际上我国大约只有不到 5%的企业认为加强企业社会责任是应该主动做的事情[①]。企业对社会责任的质疑和担忧，主要出于成本的考量。从成本效益的角度，只有当所得超过付出，承担社会责任才是企业值得选择的策略。或者说，只有当外在压力转换成内在经济动因时，企业才会从不自觉地适应到自觉地改变，使社会责任真正得到体现。

归根结底，尽管企业改善其社会责任绩效的意愿是由制度、道德、经济的因素共同驱动的，但经济动因才是最根本的内在动因[②]。当利益相关者的压力可以通过有效的机制转化为消费者的货币选票，进而成为企业提高社会责任绩效的内在动因，最终使得那些重视利益相关者理论、考虑社会利益的企业得到社会大众的“褒奖”，不重视社会责任的企业则遭到社会公众的抵制并给自身带来巨大的损失，企业才会自觉采取社会责任行动。

从经济动因的角度看待企业社会责任，要求必须处理好与股东及其他利益相关者的关系，如果股东和利益相关者的利益不能趋于一致，或者当企业社会责任建立在牺牲股东利益之上时，管理者往往站在股东一边。因此，只有当企业社会责任与企业的核心目标结合在一起，成功转化为内在的商业运作过程，企业社会责任才会得以实现。企业社会责任的另一个重要影响因素是企业是否具有长期经营战略考量。承担社会责任意味着即时提高经营成本，而这些投入转变为实质性回报需要企业足够的耐性。单纯以股东利益最大化为经营目标的公司，更容易因为经营压力而倾向于采取短期行为，一个以短期经营为目标的企业不大可能将社会责任作为战略考量，而当企业采取长期战略目标时更愿意

① 柴志敏，刘小英，李富忠. 2009. 中小企业社会责任投入的成本收益分析. 中国乡镇企业会计，202（10）：120-121.

② Joseph E. 2001. Corporate social responsibility：delivering the new agenda. Naw Economy，8（2）：121-123.

耐心地等待社会责任的长远回报。

当市场的力量回馈企业时，企业会自愿采取承担社会责任的行动，也就是说，消费者的选择是企业社会责任最有力的拉动。因此，企业社会责任对消费者选择会产生怎样的影响，就成为重要的企业决策因素。Bhattacharya 认为一个有积极的社会责任形象的企业更易让顾客产生认同①。由此社会责任方面的领先优势是提升顾客和员工认同的有力工具，并给公司带来难以定量描述的潜在价值。

也有学者更进一步将企业社会责任与消费者对产品的反应直接联系起来，认为企业社会责任可以增加产品价值。也就是说，消费者对企业承担社会责任的认可，最终通过对企业产品的选择表现出来。社会责任感较强的消费者，宁愿多支付一些价钱而选择承担社会责任的企业的产品，因为消费者可以从选择和消费社会责任绩效好的企业的产品中得到额外的效用。从企业的角度来说，承担社会责任可以为企业的产品增加额外的价值。Lois A. Mohr 通过进一步的实证研究发现，CSR 高低不同时，消费者对产品价格的敏感度不一样，顾客越是把 CSR 作为购买决策中的重要考虑因素，CSR 对销售的影响越大，企业也越可能采取社会责任行动，而且，当企业 CSR 很低时，即使采用低价也无法补偿②。

Lois A. Mohr 的研究为我们从产品与消费者选择角度研究企业社会责任问题提供了有益参考。但他的研究是针对美国消费者进行的，美国作为一个发达国家，公众的社会责任意识相对较强，这一点和我国目前的情况可能有所区别。我国的社会经济近些年虽然取得很大发展，但二元经济的特征依然明显，公众社会责任意识的差异性也十分显著。国外市场和国内市场的差别，经济落后地区和经济发达地区的差别，城乡差别，不同人群之间的差别，都为企业以社会责任为变量细分市场提供了更多可能。

基于上述分析，借鉴 Chialin Chen 的研究框架③，我们提出两方面的基本假设。

假设一：存在两个细分市场，一个细分市场中是普通消费者，只关注产品价格及通常意义上的质量，而不考虑企业是否承担社会责任。我们称此细分市场为普通市场，记为 o，其市场规模记为 N_o。另一个细分市场中，是社会责任感较强的消费者，他们倾向于购买社会责任口碑较好的企业的产品，并宁愿为此支付高一些的价格。我们称此市场为责任市场，记为 S，其市场规模记为 N_s。

假设二：产品中隐含使消费者做出选择的两种质量因子，即传统质量因子和

---

① 转引自：徐晓俊. 2007. 基于利益相关者理论的企业社会责任维度研究——消费者认知角度. 天津大学硕士学位论文：33-34.

② 转引自：鞠芳辉，谢子远，宝贡敏. 2005. 企业社会责任的实现——基于消费者选择的分析. 中国工业经济，(9)：97-98.

③ Chen C. 2001. Design for the environment：a quality-based model for green product development. Management Science，86 (2)：56-58.

社会责任因子，分别记为 E_t 和 E_r，同时我们设定 $E_t+E_r=1$。

给定价格水平下，消费者购买决策时，主要考虑两方面因素，即一般意义上的质量和产品中隐含的企业社会责任（可以理解为一种特定意义上的质量），两者具有相互冲突，此消彼长的特性，即在一定价格水平下，一般意义上的质量越好，企业所能承担的社会责任反而越少，反之亦然。这在很多情况下是合乎逻辑的，例如，企业生产汽车，汽车的安全水平代表一种传统质量，而汽车的油耗与环境污染直接相关，代表一种社会责任质量，而两者恰恰是相互矛盾的；耐用品原材料的耐用性与可回收性亦是如此。

如果消费者从传统质量因子和责任质量因子中获得的边际价值分别由 B_t 和 B_r 表示，普通消费者在进行购买决策时根本不考虑 E_r，则普通消费者对单位质量为 E_t 和 E_r 的产品的评价（或产品能给消费者带来的效用）为 B_tE_t。责任消费者除了关注普通质量，也对产品中的 E_r 十分关注，也就是说 E_r 可以为消费者带来额外的效用，由此，责任消费者对产品的评价为 $B_tE_t+B_rE_r$。B_rE_r 是责任消费者在产品中得到的额外效用。我们同时还假定消费者没有重复购买，为了简化问题，不考虑固定成本的影响。

在上述基本假定的基础上，我们可以考察消费者的反应及企业相应的策略选择。

此外，从供给的角度，假定市场是完全垄断市场，即只有一个生产者。不失一般性，生产产品的成本作为上述两种因子的二次函数而增长，亦即，质量水平为 E_t 和 E_r 的产品的单位成本为 $C_tE_t^2+C_rE_r^2$，这里 C_t 和 C_r 是成本系数。

第二节　企业社会责任的无差异市场策略

企业按普通消费者的边际效用进行定价，不承担或较少承担社会责任，并以同质产品满足两个市场消费者的需求。这时价格不能大于 B_tE_t，否则，将要失去普通消费者。生产者采取这一策略时，责任消费者将难以得到额外效用 B_rE_r，但由于 $P_o\leqslant B_tE_t\leqslant B_tE_t+B_rE_r$，这一部分消费者仍然会购买该产品，此时，企业的利润最大化函数为

$$\max\pi_1=(N_o+N_r)(P_o-C_tE_t^2-C_rE_r^2) \tag{6-1}$$

为了保证消费者的效用不为负值，要求 $B_tE_t\geqslant P_o$。企业为了实现利润最大化，必然会把价格定在尽可能高的水平，而同时又不至于失去消费者。显然，企业会把价格定在普通消费者从产品中获得的边际价值上，即 $P_o=B_tE_t$。把此式代入式(6-1)，求偏导得到 E_t 和 E_r 的最佳组合为

$$E_t^1=(2C_r+B_t)/[2(C_t+C_r)] \tag{6-2}$$

$$E_r^1=(2C_t-B_t)/[2(C_t+C_r)] \tag{6-3}$$

企业实行低社会责任策略的好处是以较低成本提供同质产品同时满足两个市场的消费者。否则，如果主动承担社会责任，会导致成本增加，价格提高，失去普通消费者，这一策略有效地规避了这一风险。这也是现实中一些企业采取观望策略，而不愿主动考虑责任消费者的需求，主动承担社会责任的原因。

第三节　企业社会责任的差异化市场策略

这种策略是对普通市场和责任市场进行细分，并通过提供不同社会责任含量的产品分别满足两个市场的需求。

在这种策略下，企业的利润最大化函数是

$$\max\pi=N_o(P_o-C_tE_t^{o^2}-C_rE_r^{o^2})+N_s(P_s-C_tE_t^{s^2}-C_rE_r^{s^2}) \tag{6-4}$$

为保证普通消费者和责任消费者从消费本市场的产品中所获得的效用不小于从消费对方市场产品中所获得的效用，需满足$B_tE_t^o-P_o\geqslant B_tE_t^s-P_s$及$B_tE_t^s+B_rE_r^s-P_s\geqslant B_tE_t^o+B_rE_r^o-P_o$两个约束条件，使得两个市场的消费者不会转向对方市场，因而构成稳定的消费群。由约束条件一得到$P_s-P_o\geqslant B_tE_t^s-B_tE_t^o$；由约束条件二得到$(B_tE_t^s+B_rE_r^s)-(B_tE_t^o+B_rE_r^o)\geqslant P_s-P_o$。前者不能是等式，否则会得到$E_r^s=E_r^o$的结论，即两个市场的产品不具有差异性，这与我们的假设不符。企业为了获得最大利润，会尽量提高责任产品的价格P_s，直至条件二变为一个等式，使得责任消费者在消费两个市场的产品中获得的效用相等。对式（6-2）、式（6-3）求偏导，得到两个市场产品中普通因子和责任因子的组合：

$$E_t^{o,2}=(2C_r+B_t+N_o^sB_r)/[2(C_t+C_r)] \tag{6-5}$$

$$E_r^{o,2}=(2C_t-B_t-N_o^sB_r)/[2(C_t+C_r)] \tag{6-6}$$

$$E_t^{s,2}=(2C_r+B_t-B_r)/[2(C_t+C_r)] \tag{6-7}$$

$$E_r^{s,2}=(2C_r-B_t+B_r)/[2(C_t+C_r)] \tag{6-8}$$

其中，N_o^s表示两个市场容量的比值，即N_s/N_o。

对式（6-5）与式（6-2）进行比较可以看出，企业为了扩大两个市场的差异性，以防止责任市场的消费者转向普通市场，故意加大了普通市场产品中的普通因子含量，增大的数量为$N_o^sB_r/[2(C_t+C_r)]$。同时加大了责任产品中责任因子的含量，对式（6-8）与式（6-3）进行比较可以得到，责任因子增大的数量为$B_r/[2(C_t+C_r)]$。

企业的两种策略，哪一种策略使得企业承担的社会责任更多？提供更多社会责任的策略应该受到鼓励。为了进行比较，我们分别计算两种策略下企业向社会提供的社会责任总量，分别用TR_1和TR_2来表示。

$$TR_1 = (N_o + N_s)E_r^1 = (N_o + N_s)(2C_t - B_t)/[2(C_t + C_r)] \quad (6\text{-}9)$$

$$TR_2 = N_o E_r^{o,2} + N_s E_r^{s,2} = (N_o + N_s)(2C_t - B_t)/[2(C_t + C_r)] \quad (6\text{-}10)$$

一个有趣的结果是，企业在两种策略下提供的社会责任总量是相等的。按照一般的推理，企业采用无差异策略时，考虑的主要是普通消费者的需求，产品中责任因子的含量不高。而在差异化策略下，企业分别考虑了普通消费者和责任消费者的需求，企业提供的社会责任总量应当增加。但是我们的计算结果否定了这一点。其原理在于，在差异化策略下，企业为了保证两个市场具有足够的差异化，使得两个市场中的消费者不会相互转化，有意降低了普通市场产品中的责任因子含量并同时提高了责任市场产品中的责任因子含量。两个市场中责任因子含量一增一减，反而使得社会责任总量没有发生变化。

第四节　企业不同策略选择的经济动因

企业作为经济主体，采用哪种策略是从经济利益来考虑的。因此，我们考察企业在两种策略下的利润状况。分别用π_1和π_2表示企业在无差异策略和差异化策略下的最大利润水平。如果$\pi_2 > \pi_1$，企业将采用差异化策略；反之，企业将采用无差异策略。

分别把式（6-2）、式（6-3）代入式（6-1），把式（6-5）～式（6-8）代入式（6-4），得到π_1和π_2。令两种策略之间的利润差异为I，则

$$I = \pi_2 - \pi_1 = N_s B_r^2 (N_o^s + 1)/[4(C_t + C_r)] \quad (6\text{-}11)$$

从式（6-11）可以看出，促使企业采用差异化策略的因素有责任市场的规模、责任因子对消费者的边际价值。促使企业采用无差异策略的因素则是普通市场的规模、普通因子和责任因子成本系数。

第五节　社会责任标准对企业不同策略的经济效果

促使企业承担社会责任，一种通常的思路是设立标准，强制性地让企业按照高标准来生产，而标准制定面临的最大的一个问题是标准应该制定在什么水平上，太宽松了起不到作用，而如果太严格了，企业将面临很高的成本，影响到企业的正常经营。下面我们研究在制定标准过程中可能遇到的问题。

企业在采用无差异策略时，产品中责任因子的含量为$E_r^1 = (2C_t - B_t)/[2(C_t + C_r)]$；

采用差异化策略时，普通产品和责任产品中责任因子含量分别为$E_{\rm r}^{\rm o,2}=(2C_{\rm t}-B_{\rm t}-N_{\rm o}^{\rm s}B_{\rm r})/[2(C_{\rm t}+C_{\rm r})]$，$E_{\rm r}^{\rm s,2}=(2C_{\rm r}-B_{\rm t}+B_{\rm r})/[2(C_{\rm t}+C_{\rm r})]$。可以明显看出，$E_{\rm r}^{\rm o,2}<E_{\rm r}^{1}<E_{\rm r}^{\rm s,2}$。标准通常应当处于$E_{\rm r}^{\rm o,2}$和$E_{\rm r}^{\rm s,2}$之间。

一 标准对无差异市场策略的影响

无差异策略下，如果标准$L\leqslant E_{\rm r}^{1}$，则它不会起作用。只有当$L>E_{\rm r}^{1}$时，才会迫使企业改变当前的生产方式，这时企业只能按照标准进行生产，因此，产品中责任因子含量为L，相应地，普通因子含量为$1-L$。这时，企业提供的社会责任总量为

$$\mathrm{TR}_1^l=(N_{\rm o}+N_{\rm s})L \tag{6-12}$$

与式（6-9）进行比较，可以看出，$\mathrm{TR}_1\leqslant\mathrm{TR}_1^l$，因此，在无差异化策略下，高于$E_{\rm r}^{1}$的标准将使企业承担的社会责任总量提高。

二 标准对差异化市场策略的影响

在差异化策略下，如果标准$L<E_{\rm r}^{\rm o,2}$，它对企业的生产没有影响；如果$E_{\rm r}^{\rm s,2}>L>E_{\rm r}^{\rm o,2}$，企业只能在新的标准下提高普通产品中的社会责任因子含量。因此，在这个水平上，企业提供的社会责任总量是

$$\mathrm{TR}_2^l=N_{\rm o}L+N_{\rm s}(2C_{\rm t}-B_{\rm t}+B_{\rm r})/[2(C_{\rm t}+C_{\rm r})] \tag{6-13}$$

与式（6-10）进行比较可以看出，$\mathrm{TR}_2^l\geqslant\mathrm{TR}_2$。因此，高于$E_{\rm r}^{\rm o,2}$的标准，在企业采用差异化策略的情况下，会使企业提供的社会责任总量提高。

在两种策略下，我们都可以得到实施标准使利润减少的结果，计算过程这里从略。

三 危险区间

如图 6-2 所示，在初始点上，两种策略提供的社会责任总量TR_i是相等的。但是，由于差异化策略的利润高于无差异化策略[参见式（6-11）]，企业首先会选择差异化策略进行生产。如果从$E_{\rm r}^{\rm o,2}$的水平逐步提高标准，则企业利润会趋于下降，而企业提供的社会责任总量在逐步增加。但是当标准提高到介于$E_{\rm r}^{\rm o,2}$与$E_{\rm r}^{1}$之间的某一临界点L_d时，如果继续提高标准，企业采用差异化策略所获得的利润

就会减少到小于采用无差异策略所获得的利润。于是，企业出于自身经济利益的考虑，就会由差异化策略转向无差异策略，按照利润最大化的要求，在责任因子为 E_r^1 的水平上生产标准化的产品，提供的社会责任总量则突然回归到初始水平 TR_i。因此，我们可以把 L_d 附近的一个区间称为危险区间，在制定标准的过程中，必须进行细致考查，否则一不小心，就可能越过 L_d 这一点，企业提供的社会责任总量不增反减。

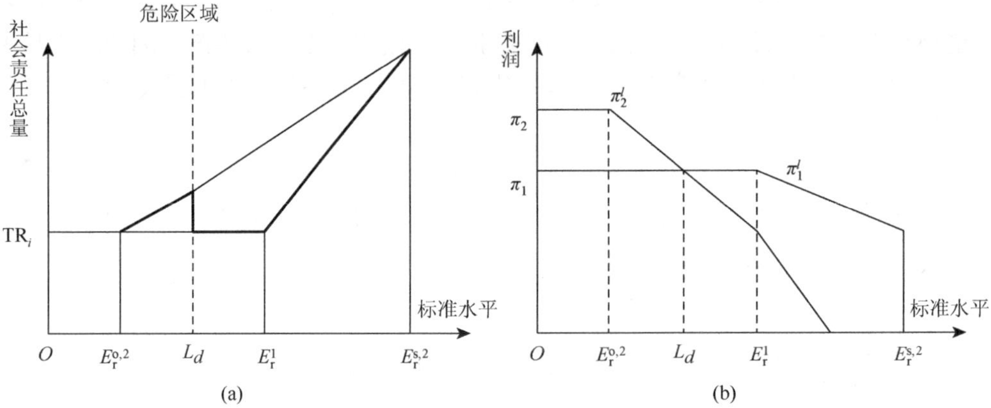

图 6-2　强制性标准的危险区间

资料来源：Chen C. 2001. Design for environment：a quality-based model for green product development. Management Science，86（2）：56-58

四 补贴政策的影响

为了促使消费者购买责任产品，考虑给予消费者补贴。设补贴率为 b，消费者购买责任产品支付价格 P_r，得到补贴 $P_r b$，实际相当于支付 $P_r(1-b)$。普通消费者能接受的价格上限为 $B_t E_t$，因此，$P_r(1-b) \leqslant B_t E_t$。此时，责任市场规模变为 $N_o + N_r$。

$$\max \pi = (N_r + N_o)[P_r - C_r E_r^2 - C_t E_t^2] \tag{6-14}$$

企业为获得最高利润，仍按 $P_r = \dfrac{B_t E_t}{1-b}$ 定价，求导得到：

$$E_t = \frac{2C_r(1-b) + B_t}{2(1-b)(C_t + C_r)}, \quad E_r = \frac{2(1-b)C_t - B_t}{2(1-b)(C_t + C_r)} \tag{6-15}$$

$$TR_b = (N_o + N_r)E_r = (N_o + N_r)\frac{2(1-b)C_t - B_t}{2(1-b)(C_t + C_r)} \tag{6-16}$$

与式（6-9）进行比较可以看出，单纯对消费者进行补贴，在价格弹性较大时，反而提高了企业产品的价格，同时降低了产品的社会责任含量。因此，对消费者的补贴一般应当辅以对企业的强制性标准，在维持或者降低消费者购买成本的同时，实现社会责任总量的提高。

第六节　主要结论及其政策含义

企业社会责任的观念在我国正在经历一个逐渐觉醒的过程，但总体来看，公众的企业社会责任意识还不足以对企业形成足够的压力，要想使公众的社会责任意识转换成消费行为选择，进而转化为企业承担社会责任的内在动因，尚须假以时日。另外，由于我国的二元经济特点，经济落后地区和经济发达地区之间、城乡之间、不同人群之间的公众社会责任意识的差异性十分明显，一些群体或区域的社会责任意识的提高既为一些企业承担社会责任带来了压力，也为企业采取社会责任战略提供了一定的市场空间。

从企业承担社会责任的动因看，既有经济动因，也有道德动因和制度动因，而经济动因是市场经济条件下企业承担社会责任的最根本动因。如果公众意识强化到足以转化为消费者的货币选票，不承担社会责任的企业将面临受到市场惩罚的“可置信威胁”，而承担社会责任的企业不仅会提升企业形象，更会为企业带来长期的利益，承担社会责任就会成为企业的自觉行动。

在二元市场以及市场可以分割的假设下，我们基于消费者选择的视角分析了企业的不同策略选择。研究发现，企业实行无差异市场策略的好处是可以同时满足两个市场，即普通消费者市场和社会责任消费者市场的产品需求。而企业如果主动承担社会责任，会导致成本增加，价格提高，面临失去普通消费者的风险。这也是现实中一些企业采取观望策略，不主动承担社会责任的原因。

一个有趣的发现是，在市场可以分割的前提下，无论企业采取差异化市场策略还是无差异市场策略，最终提供的社会责任总量是相等的。其原理在于，在差异化策略下，企业为了保证两个市场具有足够的差异性，有意降低了普通产品中的责任因子含量并同时提高了责任产品中的责任因子含量。这种结果也可以在现实中找到例证，早些年曾经在沿海地区和城市中肆虐的伪劣商品，如今在广大农村和经济落后地区仍大有市场，同一个企业对不同市场采取不同策略的情况也屡见不鲜。因此，在不同地区社会经济发展水平的差距很大，市场分割比较严重的情况下，企业社会责任问题很难从根本上好转。

实施企业社会责任标准并不一定会提高企业社会责任的总体水平，标准的高低是一个必须认真考虑的问题，标准过低不会起实质作用，标准过于严格，企业被动承担社会责任，但面临失去普通消费者，市场萎缩的风险，甚至可能导致企业社会责任总量不升反降。另外，标准的提高会影响到企业在不同策略下的获利水平，在某个临界点甚至会改变企业的策略，导致企业提供的社会责任总量由一个较高的水平出现突发性“回归”，逼近这个临界点的区间被认为是一个危险的区域。单纯对消费者进行补贴，可能会导致企业产品的价格提高，政策的效用也会大打折扣。若采取较为严格的社会责任标准，同时辅以消费者补贴政策，则会促使普通消费者转变成责任消费者，承担社会责任的企业面临的市场规模扩大，赢利增加，最终可以从经济动因、制度动因两方面促使企业承担社会责任。

标准和补贴可以分别通过改变企业和消费者行为而起作用，但都是政府的调控手段而非市场力量。归根结底，企业社会责任要靠市场力量的推动，要依靠消费者选择形成对企业的实质性压力。影响企业策略的主要变量是责任市场的规模及消费者对责任产品的偏好强度。因此，设法提高消费者对责任产品的偏好强度，使更多普通消费者转变为责任消费者，培育责任消费市场，扩大责任消费市场规模，是更为根本的政策选择，持续的、有针对性的企业社会责任教育是有效的途径。

需要指出的是，本书的一个基本假设是市场可以分割，这在一定程度上符合了我国的二元经济特点。但在很多情况下，企业面临的市场是不能有效分割的。因此，本书的结论在不同情境下的有效性需要具体分析。同时，本书基于完全垄断市场而展开推理，没有考虑其他市场结构下的情形。再有，本书隐含了消费者可以得到企业社会责任绩效的真实信息的假设，而在现实中，信息不对称是普遍存在的事实。事实上，通过企业社会责任认证、第三方评价、信息披露等方式，使企业社会责任绩效显性化，是消费者选择有效的先决条件，也是政府政策应该发挥作用的重要领域。

第七章 企业承担社会责任的成本：基于一个总成本模型的分析

第一节 我国企业承担社会责任的现状

随着经济的发展和社会的进步，企业传统的价值观和责任观念正在发生变化，社会对企业承担社会责任的呼声也越来越高，企业社会责任在学术界的研究也逐渐热乎起来，然而至今学界对企业社会责任还没有一个统一的定义。根据世界银行等国际组织的有关文件，企业社会责任可以概括为，企业除了为股东追求利润外，还必须关照受企业决策与行为影响的人，即其他“利益相关者”，包括员工、消费者、社会公众、社区居民等的利益。如何善待这些利益相关者，满足他们的利益要求，担当与他们的责任关系，就构成了企业社会责任的主要内容。在当前实现构建和谐社会这一目标下，企业作为社会最重要的主体，强化其履行社会责任是实现这一目标的关键所在。而对于企业自身来说，一个乐于承担社会责任的企业不仅是其实现自身可持续发展的有效途径，也是其走向世界的必要环节。我国一些有远见的企业已经意识到企业社会责任的重要性，像宝钢集团有限公司（简称宝钢）、青岛海尔股份有限公司（简称海尔）、中国第一汽车集团公司（简称一汽）等51家企业和组织已经加入了联合国前秘书长安南倡导的全球契约[①]。然而，大部分企业尤其是中小型企业不去或者不愿履行社会责任，认为企业承担社会责任只会增加经营成本，导致竞争力下降。事实上，企业社会责任与企业获取利润并不矛盾。社会责任的承担固然会给企业增加一定的经营成本，但也会为企业带来直接或间接、短期或长期的收益。企业为社会尽到应尽的社会责任后，将有利于企业获取稳定、长期甚至更大的利润。一个伟大的企业应当是一个“社会企业”而非“经济企业”。在我国大部分企业还不能自觉承担履行社会责任的情况下，我们有必要采取政府引导、法律保障、社会监督、企业自身规范相结合等办法，通过建立企业履行社会责任激励约束机制，来建立企业与利益相关者的和谐关系。

本章试图从经济学角度分析企业承担社会责任的成本与收益状况，说明企业承担社会责任的可行性与必要性，并提出相应的推动企业社会责任运动的政策与

① 肖巍. 2006.“全球契约”：强化企业的社会责任. http：//theory.people.com.cn/GB/49154/49156/4290865.html [2012-4-12].

法律对策。

第二节 企业承担社会责任的成本分析

一 关于企业承担社会责任有效水平的模型分析

如图 7-1 所示，横轴 q 为企业承担社会责任的水平（$0\leqslant q\leqslant 1$，当 $q=0$ 时表示企业没有承担社会责任，$q=1$ 时表示企业承担所有应该承担的社会责任）；纵轴 C 代表企业承担社会责任的成本，它由积极成本和消极成本两部分组成。

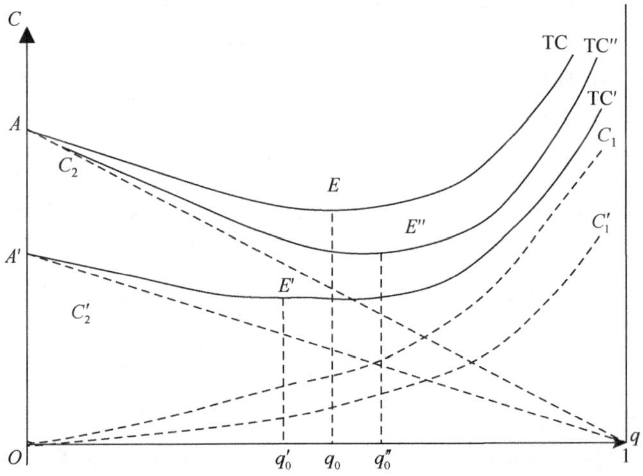

图 7-1 企业承担社会责任有效水平与总成本的关系

图中 C_1 为优惠税收政策之前的积极成本线；C_1'为采取优惠税收政策后的积极成本线；C_2 为有利于利益相关者的理想的消极成本线；C_2'为现实中企业的实际消极成本线

（一）积极成本

企业因主动承担 CSR 而支付的成本，我们称之为积极成本，即图 7-1 中 $C_1=C_1(q)$，它随着 q 的水平增长而增长，是关于 q 的增函数。假设企业承担的社会责任是没有上限的，所以 $C_1(q)$也没有上限，它是如图 7-1 中的 $0\rightarrow+\infty$的曲线。这部分成本主要有：

（1）为消费者提供优质产品而投入的技术改造成本及售后服务成本；

（2）为节约自然资源、保护生态环境而付出的技术改造、治污成本；

（3）为提高职工健康、生产安全及福利水平而付出的成本；
（4）公益捐助支出；
（5）为所在社区建设所付出的成本；
（6）为承担其他社会责任而支付的成本。

（二）消极成本

消极成本指企业因为没有承担 CSR 部分而导致的被社会所追究的成本。这部分成本主要通过企业被动地以经济赔偿的方式支付给受害人，或者是接受国家职能部门的罚款，我们称之为消极成本，用 $C_2(q)$来表示，随着企业承担 CSR 的水平的提高，这部分被社会追究的成本逐步减少，所以 $C_2(q)$是关于 q 的减函数。为使问题简化，我们假设它是线性递减函数，而且我们假设在一定社会条件下企业完全不承担社会责任的 C_2 值为 A，所以 $C_2(q)=(1-q)A$。这部分成本主要有：

（1）因提供质次产品而支付给消费者的赔偿费用；
（2）因忽视生产安全而支付给职工的工伤费或死亡赔偿金；
（3）因造成环境污染而支付给环境污染受害者的赔偿金及环保部门的罚款；
（4）因其他故意或过失侵权行为而支付的诉讼费、赔偿费等。

（三）总成本函数与 CSR 的有效承担水平

把上述企业承担的积极成本 C_1 和消极成本 C_2 加总得到企业承担 CSR 的总成本函数：

$$\mathrm{TC}(q)=C_1(q)+C_2(q)=C_1(q)+(1-q)A \tag{7-1}$$

它是通过 $C_1(q)$和 $C_2(q)$曲线在垂直于 q 轴方向相加而得到的，是一条“U”形曲线。

TC 曲线是一条“U”形曲线，因此存在一最低点 E，设 E 点对应于 q 轴上的值为 q_0，则 q_0 就是使得企业承担 CSR 时总成本最小时的 CSR 承担水平。作为理性的企业来说，其经济行为的有效性要求成本最小化（或利润最大化）[①]，因此 q_0 即为企业承担 CSR 的有效水平（简称有效承担水平）。如果用数学语言来描述 q_0 的话，则是：在 q_0 处，增加 Δq 的承担水平时积极成本增加 ΔC_1，而消极成本减少 ΔC_2，当承担水平是有效的，则增加的 ΔC_1 应等于减少 ΔC_2。这样，当 $\Delta q \to 0$ 时，企业承担 CSR 的有效值 q_0 可对式（7-1）两边求一阶导数求得

$$\mathrm{TC}'(q)=C_1'(q)+C_2'(q)=C_1'(q)-A$$

① 考特 R D，尤伦 T S. 2002. 法和经济学.施少华，姜建强，等译. 上海：上海财经大学出版社：257.

令 TC′(q)=0（极值点的一阶导数为 0），即得

$$C_1'(q_0)=-C_2'(q_0)=A \tag{7-2}$$

（边际成本）（边际收益）

式（7-2）中 $C_1'(q_0)$即为 q_0 处的边际成本（积极成本的增加值），$-C_2'(q_0)=A$ 即为边际收益（消极成本的减少值）。如果企业承担 CSR 水平低于有效值 q_0，企业的边际成本小于边际收益：（$q<q_0$）→（$C_1'(q)<-C_2'(q)$），此时，有效性要求企业承担更多的 CSR。我们称这种情况下承担更多的 CSR 是成本有效的。同样地，如果承担水平超过了有效值 q_0，企业积极履行成本超过了边际收益（减少的消极成本），即（$q>q_0$）→（$C_1'(q)>-C_2'(q)$），此时，有效性要求企业降低承担 CSR 的水平。

二 从社会角度对模型的进一步分析——理想与现实的对比

上述模型我们是从社会责任承担者——企业的角度来探讨企业在最小化成本时 CSR 的承担水平，而没有考虑企业因没有承担社会责任部分给社会带来的外部成本是否全部被社会公众或公共利益的维护者——国家所追究。如果是肯定的话，则意味着企业因不承担社会责任所造成的外部成本已经完全内部化。但这必须依赖于以下两个前提条件：一是社会公众有足够的维权意识和维权行动；二是政府应使用足够的公权力来配合社会公众的维权行动，以及迫使企业赔偿因不承担社会责任而给社会公共利益造成的损失。但是现实的情况是：①地方政府基于片面追求产值的考虑，认为企业承担过多的社会责任会减弱其竞争力。特别是在企业竞争力相对脆弱的地方，地方政府尤其没有促进企业承担社会责任的动力。②目前企业承担社会责任基本上是自上而下。以企业对职工的保护来说，并不是因为职工要求企业承担社会责任（事实上目前职工没有主动权影响企业承担社会责任），相反完全是一种资本对劳动的影响的情况，而且是资本在迫不得已的情况下才从事的举动[①]。③要求企业承担社会责任的成本大都在低层次（如产品质量责任、安全生产责任等），而对高层次的社会责任（如资源利用、社区建设、社会公益责任等）的成本要求则较少。

假设图 7-1 中 C_2 是符合上述两个前提条件的消极成本线，而现实的消极成本线 C_2' 由于上述原因大大低于 C_2 线，则其结果是使得企业总成本线由 TC 下移至 TC′的同时，企业承担社会责任有效水平值也由 q_0 减小到 q_0'。C_2 线越低，q_0 值越小，极端情况下，当 C_2 线与 q 轴重合（表明企业不承担社会责任，

① 叶静漪，肖京. 2006. "企业社会责任"国际研讨会综述. 中外法学，（5）：556，560.

无须支付消极成本），则 TC=C_1，q_0=0。这是因为企业承担社会责任要承担较高的积极成本，而不承担社会责任则只需承担很低甚至无须承担消极成本，根据成本最小化原理，理性的企业会降低承担 CSR 的水平。这样从企业的角度来说是符合效率原则的，但从整个社会来说则是不公平的，因为企业消极行为所造成的外部成本的很大部分没有被内部化，而是被无辜的社会公众所承受。所以，从社会角度来说，必须尽量提高企业消极成本的承受压力，才能迫使其履行更多的社会责任。当然，这需要社会公众与权力部门的配合协调才能达到理想的效果。

第三节　提升企业社会责任履行水平的政策与法律制度设计——从成本角度

一　提高企业对社会责任的认知水平以增加积极成本的投入

（1）推进企业社会责任法制化。市场经济是一种法制经济。对于企业在经济活动中产生的各种外部不经济的现象，必须通过制定相应的法律法规进行强制约束。政府应当建立完善的法律体系，保障各经济利益主体依法分享自己应得的成果。我国现有法律体系中有关企业社会责任的立法主要有公司法、合同法、劳动法、工会法、环保法、税法、消费者权益保护法、产品质量法、企业清洁生产法等。强化企业承担社会责任，一方面应强调执法力度以约束企业的经营行为；另一方面应优化社会责任立法的供给，形成多层次的企业社会责任法律体系。对此，首先应完善上述法律中有关企业社会责任的条款，其次应在有条件的地区根据本地实际情况专门制定出有关企业社会责任的地方性法规，这样才能适应企业与社会和谐发展的法律需求。从社会方面看，应充分发挥舆论媒介和消费者协会、工会等社会群众团体组织的作用，加强社会对企业承担社会责任的监督，形成多层次、多渠道的监督体系，以形成企业承担社会责任的社会氛围。

（2）构建我国的企业社会责任体系。随着企业社会责任理念的升温，许多国际组织和大型跨国公司相继制定了一些企业行为准则，以此来促进企业社会责任的实施。在我国，比较被人熟知的是美国 CEPAA 所制定的社会责任标准 SA8000。该标准主要规定了企业必须在工作环境、员工健康与安全、员工培训、薪酬、工会权利等方面对社会和利益相关者所应当履行的社会责任的最低要求。但这并不是一种法律要求，而更多的是一种道义要求。在多数情况下，它是以舆论压力、消费者运动和企业的道德自觉来实现的[①]。对于我国企业来说，必须认识到，企业承担社会责任已经是一种国际潮流，并在某种程度上正成为企业参与国际竞争和合作的前提条件。所以在我国，应当着手在整合相关法律、充分借鉴有关企业社会责任国际准则的基础上，制定出我国企业的社会责任标准，建立一套适合我国企业的评价体系和评估机制，并通过国际谈判，力争将我国体系融入国际标准中。而对于沿海发达省份来说，由于经济对外依赖性较强，这项工作显得更为迫切。

二 企业消极履行社会责任时有利于利益相关者的制度设计

（1）趁着高层“以人为本”决策的有利环境，改变对地方政府片面追求经济增长速度的政绩考核观，实施绿色 GDP 考核标准；建立对企业恶性侵权事件的行政首长问责制度，以促使政府使用足够的公权力监督企业承担社会责任，并在企业因怠于承担社会责任而给利益相关者造成重大危害时切实维护被害者的权利。

（2）提高利益相关者群体的权利可救济程度，建立包括对消费者、劳动者、环境污染受害者的社会救济手段（主要是提升非政府组织的作用）、司法救济手段（主要建立集团诉讼、小额诉讼、法律援助等制度）、行政救济手段及这些手段的协调配合。

（3）建立和健全有利于利益相关者的归责制度。即对怠于履行社会责任的侵权企业要求其承担严格责任，尤其是在环境侵权、产品质量侵权及工伤事故等方面。根据前述模型分析，假定法定原则是完全赔偿条件下的严格责任原则，在企业怠于履行社会责任而发生事故时，企业必须支付相当于伤害成本的赔偿金为$(1-q)A$。企业预期承担的总成本，根据负完全赔偿责任的严格责任原则，即等于$\mathrm{TC}(q)=C_1(q)+(1-q)A$。在企业最小化成本的动机下，如果预期增加的赔偿成本大于企业提高相应的承担 CSR 水平而付出的成本时，企业就会提高承担 CSR 的水平，以实现总成本最小化。所以，严格责任原则会提高企业承担 CSR 的水平，并将承担 CSR 的边际成本和边际收益内部化。

三 结论

在我国，企业社会责任的履行水平之所以很低，一方面是因为社会对企

---

① 叶祥松，黎友焕. 2007. 企业社会责任研究综述.经济学动态，（5）：99.

业社会责任的漠视，使得企业不承担社会责任的消极成本很低；另一方面是因为企业对承担社会责任所带来的收益缺乏足够的认识，使得企业缺乏对承担社会责任的积极投入。所以促进企业承担社会责任，一方面应建立对利益相关者的保护机制，使不承担社会责任的企业承受足够的利益补偿与惩罚，而对承担社会责任的企业则采取优惠政策予以激励；另一方面应制定适合我国国情的企业社会责任标准，加强企业社会责任立法，并通过逐步加深企业对承担社会责任重要性的认识，提高企业承担社会责任的自觉性，促进企业与社会的和谐发展。

第八章 企业履行社会责任的收益：兼论声誉促进企业承担社会责任的作用

企业履行社会责任要付出成本，但更会带来收益。由于企业履行社会责任所带来的收益相当复杂，有表面的和潜在的、短期的和长期的、直接的和间接的、内在的和外在的，许多企业经营者看不到履行社会责任所带来的收益的全貌，认为履行许多的社会责任对企业来说得不偿失，因而缺乏履行社会责任的积极性。所以，认识企业履行社会责任能为企业带来哪些收益有利于提高企业履行社会责任的积极性。事实上许多有眼光的企业乐于承担社会责任，并且获取了稳定、长期甚至更大的回报。美国六种最大、最受欢迎的基金公司都乐于承担社会责任，这些基金不投资于与制造武器有关的公司、利用核能的公司及犯罪性诈骗公司。在1986～1990年，这些基金的回报率均高于证券基金平均水平[①]。本章主要通过分析企业承担对股东、职工、消费者及环境资源等的社会责任对企业收益的影响来说明企业承担社会责任的必要性。

第一节　企业履行对股东的社会责任的收益分析

按照契约论的说法，企业是利益相关者之间各种契约交易所形成的一种法律实体，在所有的契约关系中，最核心的就是经营者与股东之间的关系，这也是现代企业制度的核心问题。股东作为对企业影响最大的利益相关者来说，其利益实际上是企业或企业家实现承担社会责任的基础。虽然企业追求股东利益最大化并不能保证企业其他利益相关者的利益最大化，但是，反过来，企业如果不追求股东利益最大化，股东利益最大化受到损害以后，企业就根本无法长久地维护其他利益相关者的利益，如果企业不能实现赢利，其再生产就失去了物质基础，甚至面临破产，而企业的破产会带来生产资源的浪费和大量的失业工人等。所以我们认为，企业追求利益最大化是实现企业其他利益相关者利益的必要条件。因此，企业首先应当对股东承担责任。

作为所有权与经营权完全分离的上市公司，其声誉很大程度上依赖于经营管理层切实维护好股东的利益，这样才能保障上市公司在资本市场中正常的融资功

---

① 张兵. 2003. 企业的社会责任.企业管理，（8）：30-31.

能。三一重工股份有限公司（简称三一重工）作为股权分置改革成功的先锋，始终把中小股东利益放在重要地位。从中国证券监督管理委员会（简称证监会）宣布股权分置改革试点名单，到率先公布改革方案，再到众多异议下修改方案，三一重工本着“真诚、共赢、面临未来”的理念，在股改的一个月时间里，以登门拜访、媒体传播、电话、邮件等方式全方位、多渠道、多层次地与广大流通股东进行沟通，凸显了公司高管层对中小投资者负责的诚意[①]。实现资本的保值增值，并给投资者分配红利或利润报酬，是企业对股东的主要社会责任。三一重工股权分配改革过程中就真正实践了社会责任，保护了中小投资者的利益，也提高了公司的社会声誉，为公司日后融资创造了良好的环境。银广夏造假事件则是上市公司损害股东利益而导致公司停牌的极好反面教材。2001 年广夏（银川）实业股份有限公司（简称银广夏）公司上市后从证券市场“圈”5 亿多元资金，但是由于内部管理混乱，圈的钱被糟蹋殆尽。1999 年、2000 年、2001 年上半年公司实际亏损 5003.2 万元、14 940.1 万元、2557.1 万元，但是公司经营者没有及时准确地对股东汇报情况，反而通过增加虚假收入、多计资本化利息费用、少计经营费用及多提折旧等手段分别虚增利润 17 781.86 万元、56 704.74 万元、894 万元来欺骗股东，2001 年公司的造假事实被证监会发现后公司被处以 60 万元的罚款并责令改正，公司股票被停止交易。[②]经营者作为企业股东的代理人，将企业的财务状况及时准确地呈报给股东是企业对股东的应有责任。该案例充分说明了公司经营者对股东严重违背信息披露义务的恶果。经营者只有真正履行应当对股东承担的责任，股东就会愿意投入更多的资金，这才有利于企业的发展壮大和提高其经营绩效。

第二节　企业履行对员工的社会责任的收益分析

一　企业承担对职工的社会责任有利于企业组织的有效性

人力资源是知识经济时代企业最重要的资源之一，企业离开了人，一切都不能正常运作。企业履行对职工的责任的好坏，将直接影响其经营收益。根据巴纳德的组织理论，组织的有效性在于对目标的共同认同，在于建立在目标认同的基础上的为组织作贡献的意愿及顺畅的信息沟通[③]。企业如果一味以追求经济利润

① 刘骏. 2005.三一重工股权分置改革方案付诸实施.http：//finance.sina.com.cn/stock/s/20050614/11321682878.shtml[2014-9-8].

② 佚名. 2002. 回眸“银广夏事件”. http：//fol.math.sdu.edu.cn/jrxt/content/content.php?tb=alfx&id=16 [2012-5-26].

③ Brandley T K. 1981.Associations between social responsibility disclosure and characteristics of companies. Accounting，Organization and Society，(6)：355-362.

为唯一的目的，仅仅将员工视为赚钱的工具，忽视企业的社会效益，未能主动履行对员工的社会责任，那么企业员工的物质需求和精神需求都因此不能得到满足，这样，企业内部员工就没有使命感和成就感，只是被动地应付工作，更谈不上主动地开拓创新，员工对组织的忠诚度就会很低，那么企业就失去了获取利润的动力，连根本的生存都很可能存在问题，更不用说企业的持续稳定的发展。近年来以山西洪洞原新窑煤矿瓦斯爆炸事故为典型的系列矿难事件，“充分暴露出矿主无视国家法律、无视政府监管、无视矿工生命和违法顶风作案等严重问题。”①（李毅中语）企业应当为职工提供一个健康与安全的工作环境，并应采取适当的措施，在可能条件下最大限度地降低工作环境中的危害隐患，以避免安全事故和职业病的发生。煤矿事故多是由缺乏必要的安全设施而导致的严重后果，因此不但要对死伤人员进行赔偿，甚至有可能被国家煤矿安全监管局勒令关闭停止经营，企业还遑谈发展？如果企业坚持“以人为本”的用工思想，保障他们的劳动安全，便能提高生产效率和社会声誉，从而为企业带来相应的收益。

二 企业承担对职工的社会责任有利于建立企业在人力资源市场的声誉

人力资源市场是企业获取赖以发展的人才的市场。企业要想在该市场上招募到德才兼备的有创造力的人才，越来越不在于在人才市场谈判过程中的讨价还价，而在于该企业在人才市场上业已建立的声誉，这种声誉形成的一个重要因素就是企业长期以来善待自己的员工，对其履行应有的社会责任。一个有远大抱负的经理人才是乐于奉献社会的，他（她）们也希望自己效忠的企业是对社会负责任的企业，他（她）们为在这样的企业奉献为荣，因为对承担社会责任的企业的奉献也是对社会的奉献，企业的目标是整个社会目标的一部分，这样也提高了他（她）们本人在人力资源市场上的知名度，提升了他（她）们自身的价值。所以，乐于承担社会责任的企业更能吸引有开拓创新能力的企业家人才，而这正是一个现代企业发展的最重要的因素。在这方面西方跨国公司是我们可以学习的榜样。

过去数年，全球最大的零售商美国沃尔玛集团为提高其在人才市场的声誉，努力改善职工的工资与健康福利，保证员工工作的稳定性及培训提升员工的机会。为确保职工健康快乐地工作，沃尔玛形成了行之有效的与业务战略相结合的人力资源管理战略，上自经理阶层，下至临时工，公司都提供应有的补偿和福利，

① 李晓花. 2007. 山西洪洞“12·5”矿难追踪. http：//news.sina.com.cn/c/2007-12-11/101913058907s.shtml [2007-12-11].

以及有市场竞争力的薪水。沃尔玛高层认识到，如果没有正确的人才，业务战略将无法成功，而唯一能实现企业目标的方法就是确保人力资源管理功能更加完整综合。[①]企业履行对员工的责任的好坏，将直接影响其经营绩效。沃尔玛适应知识经济时代的要求，主动承担对员工的社会责任，提高了沃尔玛在人力资源市场上的声誉，保障了企业对高质量人才的吸引力，从而在人力资源上保障了企业的可持续发展。

第三节　企业履行对消费者的社会责任的收益分析——以产品质量责任为例

一　企业对消费者的产品质量责任与企业收益的关系

随着人们社会意识的逐渐增强，消费者越来越多地从对社会负责的生产者处购买产品，他们更关心产品质量及厂家信誉。企业应该建立严格的质量管理体系，如果企业忽视质量，偷工减料，吝惜购买质量检测设备，放松对生产人员的培训和管理，由此产生的产品质量问题一旦显现于消费者面前，那么企业的销售收入必将受到不良影响。企业若不购买质量管理设备或吝惜有关产品质量管理支出，从表面上看，企业可以减少成本费用，然而，一旦产品质量问题暴露出来，企业所要面对的将是更大的成本支出：轻则招致废品损失、停工损失及“三包”损失等；更为严重的是，企业可能因此招致致命的伤害，如巨额赔款甚至是关门倒闭。三鹿婴幼儿奶粉事件就是一个典型的例子。

以前，由于进口消费品和国内消费品的质量存在着明显的差别，国内消费者存在着对进口商品尤其是跨国公司商品的盲目崇拜。这种现象客观上一方面使得国内企业努力提高产品质量以建立对消费者的声誉；另一方面使不少跨国公司欺骗和愚弄中国消费者。著名的肯德基“苏丹红事件”就是肯德基因疏于对产品调料质量的检测而使其产品中含有致癌的“苏丹红一号”成分，在事件发生后试图推卸责任，在消费者索赔的问题上又含糊其辞，致使其形象在中国消费者心目中大打折扣[②]。消费者是企业的上帝，向消费者履行产品质量、服务等社会责任是保障企业可持续发展的根本措施。随着中国消费者的成熟，以及权益保护意识的提高，以这次“苏丹红事件”为标志，这种盲目崇洋心理正在转变为清醒理智。

---

① 王春梅. 2007. 沃尔玛声誉之战. http://www.17hr.com/html/69/n-46569.html [2007-8-24].

② 胡浩，李靖. 2005. 肯德基，不能推卸社会责任. http://news.xinhuanet.com/newscenter/2005-04/12/content_2819849.htm [2010-4-28].

在这种形势下，跨国公司无论是钻政策法律的空子，还是欺骗和愚弄消费者，都必然导致企业最终为这个市场所冷淡、所排斥。跨国公司是如此，我们内资企业更要以产品质量作为企业的生命线。

二 产品质量社会责任收益的实现：建立质量信誉企业的定价策略

长期追求产品质量的企业要实现经济收益和产品竞争力的提高，必须制定有效的定价策略，该策略既要使自己获得应有的收益，又要使生产劣质产品的企业失去竞争力。

根据 Shapiro 的声誉理论，假设消费者对产品的期望值是该产品以前的质量等级，同时又假设产品质量存在一个最低值 q^0，而对应的单位成本为 $c(q^0)$，则在第一期由于消费者不知道哪些厂商产品质量更好，为了得到消费者的青睐，企业不得不均使用 $p(q^0)=c(q^0)$ 的最低价格，即使本企业产品质量比最低质量标准要高。

然而在第二期后，随着声誉的建立，厂商已经可以定一个更高的价格 $p(q)$，使得其净利润为 $p(q)-c(q)$。如果在长期维持这种质量声誉的话，则建立质量声誉的企业的贴现收益为

$$[p(q)-c(q)][1+1/(1+r)+1/(1+r)^2+\cdots]$$
$$=[p(q)-c(q)](1+r)/r$$

其中，r 为贴现率。

但是对于生产劣质产品的厂商来说，则其在第二期的收益为 $p(q)-c(q^0)$，以后则被消费者所抛弃，故经无限期贴现仍为 $p(q)-c(q^0)$。

所以，经折现后，若要使建立信誉的企业的收益大于不建立信誉的企业的收益，则应使

$$[p(q)-c(q)](1+r)/r > p(q)-c(q^0)$$

其中，r 为贴现率。

解此式可得

$$p(q)>c(q)+r[c(q)-c(q^0)] \tag{8-1}$$

式（8-1）的意义在于，建立质量信誉的企业利用该范围内的定价策略，既可以获得可观的利润，又可将生产劣质产品的未建立信誉的企业逐步挤出市场。随着享有质量声誉的企业的市场竞争地位的日益稳固，其生产规模的扩大所产生的规模效益会使总成本下降，从而可使产品价格更低，销售量扩大，利润提高，消费者效用也逐步达到最大化。

第四节　企业履行对资源与环境的社会责任的收益分析

一　对资源的节约与企业和社会的长远利益

资源不足是我国经济发展中的最大劣势。由于我国大部分地区仍处于粗放型的经济发展阶段，现有的资源和我国的环境难以支撑当前这种发展带来的高消耗、低效率、重污染[①]。如果企业只一味地追求自己的经济利润，不惜破坏和浪费本来就非常有限的社会资源，不久的将来，企业就可能会面临资源匮乏甚至短缺的危机，企业就无法正常经营，更不用谈可持续发展。因此，全社会特别是企业界务必关注资源的节约和保护，尽可能最大限度地利用有限的自然资源以确保企业可持续发展。

二　企业的环保责任与企业的收益

近年来层出不穷的重大环境污染事件已经引起了国内外各界对中国可持续发展后劲的强烈疑问。世界知名的经济学家斯蒂格里茨在考察中国后指出，中国的经济发展已进入到了给环境造成沉重负担的阶段，这个负担甚至让发展难以为继[②]。从短期来看，企业不去购买或更新环保设备确实能节约一笔较大的开支，但是从长远的角度看，如果企业随意排放污染物，破坏了生态，缩小和毁坏了人类的生存空间，就会带来极其严重的社会后果，也就会妨碍企业的生存和发展。从现实情况来看，企业承担对环境的社会责任至少可以获得如下收益。

（1）可以避免环保部门的罚款、停业整顿甚至关闭。

（2）企业对环保设备的投入可以为企业收回副产品，循环利用原材料，改善企业的经营管理水平。

（3）环保节约型生产虽然在短期内加重了企业的技改成本负担，但随着资源的日益枯竭和人们对环境保护的日益关注，从长期来看，很好地履行这方面社会责任的企业不仅占有资源利用的成本优势，更重要的是通过环保与技改的同步实施，对环境保护的重视使得企业因产品质量建立起来的企业社会形象更加完美，企业无论在消费者心目中，还是人才市场上或政府的眼里，都享有更高的声誉，这种声誉成为企业的一种无法替代的无形资产。

---

① 肖华茂. 2006. 承担社会责任确保企业可持续发展. 中国科技，(1)：48-49.

② 刘映花. 2006-12-13. WTO 五年 中国仍在路上. 中国剪报，1.

下面以杜邦公司的环保与健康投入为例来说明企业环保投入是如何转化为企业收益的。

在杜邦，安全、健康和环境优美（SHE）被认为是业务蓬勃发展的不可分离的一部分。对此，杜邦公司至少在下列三个方面有目共睹。第一，杜邦公司针对许多产品的毒副作用，成立了工业毒物实验室并将其发展成为一个独立的企业。该企业不仅为杜邦公司提供服务，也为各种各样的顾客提供服务，如为他们开发各种无毒的化合物，为他们的产品提供毒性检验报告等。如此，杜邦不但消除了企业对社会的影响，而且把这种影响转化为企业的发展机会。第二，作为对环境保护承诺的一部分，杜邦给自己制定了比法律的要求还要严格的目标，而且这些目标作为职业发展的一部分被用于衡量员工的表现。正因为这样，杜邦人在环保的许多技术方面都有新的，而且是连续性的突破。第三，由于坚信环境和经济相辅相成，杜邦长期坚持在其工业设施分布的社区内保存绿地和自然区。①

企业的环保责任具有强烈的正的外部性。增强企业的环保责任，其受益者不仅是企业本身（包括企业的职工），而且包括使用企业环保产品的消费者及整个依赖于自然环境而生存的人类。借鉴杜邦公司的成功经验，我们应在以下方面建立适合于我国国情的工业企业环保与安全生产措施：在企业建立环境保护责任制度；注重厂房、办公区和生活区的环境绿化；工业企业根据国家清洁生产法律法规制定适合本单位的清洁生产规章制度；企业应当尽可能使用有利于环境保护的能源，逐步改善燃料结构，开发利用少污染、无污染的清洁能源；企业应尽量使用对员工健康影响小、资源利用率高、污染物产生量少的工艺和设备，并在生产过程中对废物、废水和余热等进行综合利用或者循环使用；大中型企业应当制定并实施可持续发展规划，该规划应当包括有利于环境保护、资源利用的废物回收利用计划，生产技术改造计划，以及资金保障计划等；企业应在企业文化和经营理念中向员工灌输“保护自然、爱护环境”的思想。

第五节　企业承担其他社会责任对企业收益的影响

企业承担其他社会责任至少可以在如下三个方面对企业收益产生积极影响。

第一，企业遵守法律法规、依法纳税，为国家做出了应有的贡献，企业就能得到政府有关部门的支持。有些问题，如土地的征用，企业自身可能无法解决，但是有政府的支持就可以迎刃而解。因此，政府的支持也可以产生经济效益。

---

① 杜邦公司研究开发中心. 2007. 企业核心价值：环保及健康. http://cn.dupont.com/corp/she.html [2007-7-31].

第二，企业履行对债权人的社会责任（信守合同，按时履行还款义务，使债权人的债权风险最小，甚至为零）至少可以在以下两个方面对企业收益产生积极影响：其一，提高企业的信用水平，并可以从更多的银行等金融机构获得资金支持；其二，由于企业较高的信用水平，企业在出现非常情况下可以得到债权人的理解和支持。例如，在企业经营困难时能够得到债权人延期还债的支持，在资不抵债而难以为继时能够得到有势力的债权企业的重组、接管或合并等支持，甚至在破产程序中易于与债权人达成和解协议等，这些都是一个缺乏信用的企业无法做到的。

第三，积极支持社会公益事业，尽力做些扶贫助困工作，可以增加公众对企业的信任感和美誉度，可以提高企业的社会形象。从事这些活动也是一种行之有效的广告宣传形式，可以促进企业产品的销售，有利于提高企业的长期经营绩效。

企业的财富归根到底是来自社会，于是企业反哺社会也是企业发展到一定水平时所应当履行的一种道德责任。伊利集团一向积极支持社会公益事业，投入数亿资金用于各项社会公益事业，积极承担社会责任，并且在多年的实践中，逐渐由单纯地捐赠、救助，转向更为积极地帮助。2005 年以来，伊利集团与呼和浩特市 26 中合办成立了两届“伊利宏志班”，共出资 40 万元用于解决 60 名品学兼优的贫困学子初中三年的所有学杂费用。伊利还出资帮助贫困大学生。在积极建设社会主义新农村方面，伊利集团更是不遗余力，努力帮助奶农转变观念，提高技能，走上共同富裕的道路。伊利集团定期开展各项技能培训、科普知识教育、团建工作等丰富多彩的主题活动，从根本上提高农村青年的致富能力和帮助他们树立正确的价值观。①

我国的企业由最初的单纯追逐利益到今天的热心社会公益事业、主动承担社会责任，是社会发展和企业成熟的必然历程，将对人的关爱和对弱势群体的帮扶与追求企业利润置于同等重要的位置，是我国的企业家日渐走向成熟和理性的标志。

第六节 提高企业承担社会责任收益的政策与法律制度分析

在我国，企业对承担社会责任所带来的收益认识不够，从而导致承担社会责任的积极性不高的情况下，通过制度创新推动企业社会责任运动，建立以企业为枢纽的企业与众多利益相关者的和谐关系，是目前政府推进和谐社会建设，

① 吴玥. 2007. 伊利集团积极支持社会公益事业.http://www.niangzao.net/News/687/68762.html [2013-1-22].

促进经济与社会可持续发展的重要举措。要使企业具有承担社会责任的积极性，必须使企业通过承担社会责任而建立起来的市场声誉获得足够的回报，以抵消甚至超过因其承担社会责任而付出的成本，建立与不承担社会责任的企业的相对竞争优势。为此，我们有必要建立对两类企业的有差别的广告政策、税收政策和信贷政策等。

一 有差别的广告政策——基于广告模型的分析

企业坚持不懈地承担社会责任的行为，迟早会使企业获得回报，但如果不采取一定的措施，则短期内企业绩效会很低，这样不利于企业承担社会责任的积极性。要使企业通过积极承担社会责任而在短时间内树立起良好的社会形象和市场声誉，进而提高企业的收益水平，广告是一种不可替代的工具。但因为不承担社会责任企业也可以通过假冒广告冒充承担社会责任的企业以欺骗社会公众，所以承担社会责任的企业与广告监管者有必要协同采取相应的广告策略限制假冒广告的产生。

假设把企业分为承担社会责任（Y）与不承担社会责任（N）两类，承担社会责任的企业的收益为 Ω_{YY}，不承担社会责任的企业的收益为 Ω_{NN}，而不承担社会责任的企业伪装成承担社会责任的企业的收益为 Ω_{NY}。从上述的假设中我们不难发现，由于社会公众缺乏足够信息，在长期中不承担社会责任的企业若伪装成承担社会责任的企业可以获得非法利润，且利润高于不伪装企业的水平，因为伪装企业的贴现收益大于不伪装企业的贴现收益，即

$$\Omega_{NY}+\Omega_{NN}/r>\Omega_{NN}+\Omega_{NN}/r \qquad (8\text{-}2)$$

其中，r 为贴现率。[①]

为避免这种情况的发生，我们这里引入广告费用来制约伪装企业的行为。不承担社会责任的企业为了伪装成承担社会责任的企业，一般是通过做虚假广告来达到此目的。但如果广告费用（A）足够高，以致这些不承担社会责任的企业无法通过广告达到目的。为此，伪装企业的贴现收入要小于非伪装企业的贴现收入，体现在数学表达式中即为

$$\Omega_{NY}+\Omega_{NN}/r-A<\Omega_{NN}+\Omega_{NN}/r \qquad (8\text{-}3)$$

同时，承担社会责任的企业通过做广告将不承担社会责任的企业抛至身后，其做广告后的赢利大于不承担社会责任的企业不做广告的利润，体现在数学表

① 证明：因为伪装企业的贴现收益为 $\Omega_{NY}+\Omega_{NN}[1/(1+r)+1/(1+r)^2+\cdots]=\Omega_{NY}+\Omega_{NN}/r$（其中，$r$ 为贴现率）；非伪装企业的贴现收益为 $\Omega_{NN}\,[1+1/(1+r)+1/(1+r)^2+\cdots]=\Omega_{NN}+\Omega_{NN}/r$。显然：$\Omega_{NY}>\Omega_{NN}$，所以 $\Omega_{NY}+\Omega_{NN}/r>\Omega_{NN}+\Omega_{NN}/r$。

达式中即为

$$\Omega_{YY}+\Omega_{YY}/r-A>\Omega_{NN}+\Omega_{NN}/r \tag{8-4}$$

结合式（8-3）、式（8-4），我们可以得出广告费用 A 的取值范围：

$$\Omega_{NY}-\Omega_{NN}<A<(\Omega_{NN}+\Omega_{YY})(1+1/r) \tag{8-5}$$

因此，由上述分析我们得出如下结论。

（1）广告监管者应从严管制企业社会责任宣传的广告，使得不承担社会责任的企业无法通过广告将自身伪装成承担社会责任的企业。从中央到地方各级广告审查部门应加大对企业宣传广告的审查力度，让虚假广告无藏身之地，无宣传之处。

（2）广告的监管者需提高企业社会责任宣传广告的门槛，使其广告在式（8-5）范围内，才能有效防止不承担社会责任的企业通过低廉的广告费用达到其不可告人的目的。

（3）国家相关部门需给予承担社会责任的企业以适当的广告补贴，从而有利于增强其宣传能力，挤压不承担社会责任的企业的小广告的生存空间，降低小广告的宣传效果，从而也增强了消费者对承担社会责任的企业所生产产品的识别能力和效果。

二　有差别的税收政策——基于市场均衡理论的分析

许多致力于承担社会责任的企业，其进行的产品绿色化创新、清洁生产及污染物净化等技术改造投资行为，无论对消费者，还是对企业职工，或者环境的改善，都具有重要意义。但是，这些投资行为要冒很大的风险，即使成功也由于成本消耗很大而对其产品的价格竞争力产生影响，毕竟在我国消费水平还不太高的情况下，价格竞争还是主要的竞争手段。所以，为了激励企业提高承担社会责任的水平，政府有必要根据企业是否履行社会责任实施有差别的税收、信贷等政策，以减轻企业的成本负担，提升承担社会责任的企业的产品的市场竞争力，以鼓励其积极履行社会责任的行为。下面利用经济学的市场均衡价格理论来分析税收优惠政策对提升企业承担社会责任水平的作用。

（一）企业技术改造过程中产品市场均衡点的变动

如图 8-1 所示，假设企业技术改造（对产品、生产过程或治污设施）之前市场上对产品的需求曲线是 D_1，供给曲线是 S_1，均衡点是 E_1，对应的均衡价格和均衡数量分别为 P_1 和 Q_1。现在企业进行技术改造投资，这一方面增大了企业的创新成本，使供给曲线向左移动至 S_2，另一方面或由于产品环保性增强，或由于企业承担社会责任赢得良好的市场声誉，消费者对产品的需求增加，需求曲线向右移动至 D_2，这时 S_2 和 D_2 相交的市场均衡点为 E_2，对应的均衡价格和均衡数量分别为 P_2 和 Q_2。现在我们来看 P 和 Q 的变化。企业技术改造引起的供给下降和需求提高无疑会使产品的价格提高，而产品销售量的变化如何呢？从图 8-1 可以清楚地看到不同价格弹性的商品的 P 和 Q 的变化情形。例如，图 8-1（a）是缺乏弹性的商品（主要是日常用品，如大米），从均衡点 E_1 到 E_2，P 和 Q 均上升；而 8-1（b）是富有弹性的商品（主要是耐用消费品，如小汽车），从均衡点 E_1 到 E_2，P 上升，而 Q 却下降。

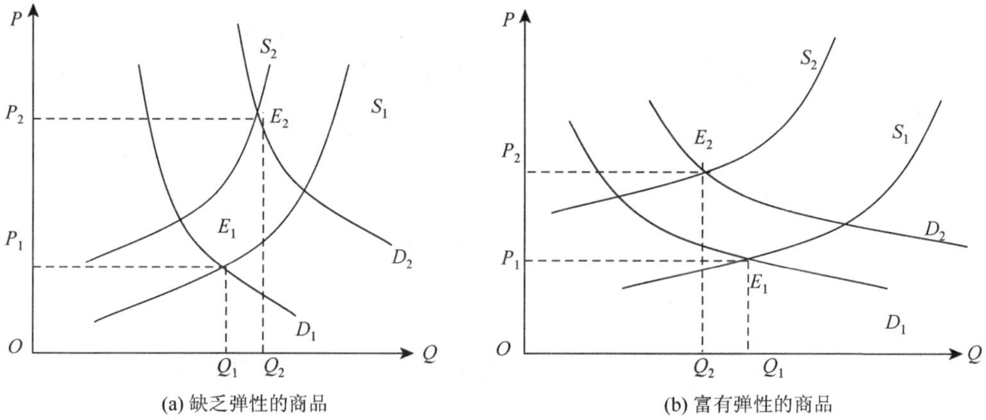

图 8-1　企业技术改造过程中产品市场均衡点的变动对价格和销售量的影响

所以，企业技术改造使供给减少而需求增加，均衡价格肯定上升，而均衡数量只有在缺乏需求弹性的产品时才上升。而企业收益 $R=P\times Q$，所以企业技术改造投资并不一定会增加企业收益。但是，外在制度的推动可降低企业承担社会责任的积极成本以增强企业产品的价格竞争力，从而增加其收益，如分别对进行技术改造以承担社会责任的企业和不承担社会责任的企业采取不同的税收政策可起到增强技术改造企业产品竞争力的作用。

（二）对技术改造企业及其产品的购买者的税收优惠政策对企业收益的影响

对此主要应从以下两个方面着手。

第一，对绿色环保产品生产者减免产品税及对环保投资成本给予税收抵免。如图 8-2 所示，如果减免（或抵免）税之前产品的需求曲线和供给曲线分别为 D_1、S_1，市场均衡点为 E_1，对应的均衡价格和均衡数量分别为 P_1、Q_1。减免税之后企业因为利润的增加（对环保投资的全额应纳税所得额抵扣又使税后利润增加）会增加产品的供给，产品的供给曲线由 S_1 向右移动至 S_2，市场均衡点为 E_2，对应的均衡价格由 P_1 下降到 P_2，均衡数量由 Q_1 提高到 Q_2。所以，产品税减免或投资成本的税收抵免可提高其产品的价格竞争力，增加产品销售量，从而提高企业收益。

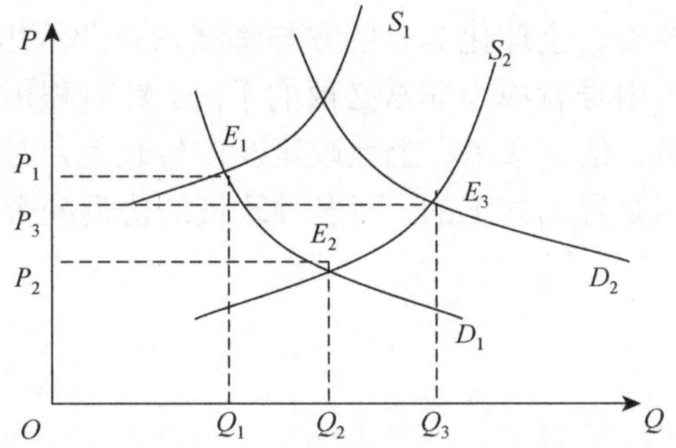

图 8-2 税收优惠对环保产品价格和销售量的影响

第二，对环保产品购买者给予应纳税所得额抵扣。如图 8-2 所示，其结果是会增加环保产品购买者的需求，需求曲线由 D_1 右移至 D_2，市场均衡点为 E_3，对应的均衡价格由 P_2 又上升到 P_3，均衡数量由 Q_2 进一步提高到 Q_3。所以，对买方的税收优惠措施使绿色环保产品的市场均衡价格和均衡数量会同步提高，产品的市场占有率进一步提高，由需求的增加带来的价格的回升使企业收益和利润都会增加。

反映到图 7-1 中，则由于税收优惠政策降低了企业承担社会责任的积极成本，企业的积极成本线由 C_1 下移至 C_1'，如果此时企业的消极成本线是 C_2 的话，则企业的总成本线也由 TC 下移至 TC″，而企业承担社会责任的有效水平则由 q_0 提升至 q_0''。值得注意的是，对产品购买者的税收优惠不是通过企业成本的减少而提升其承担社会责任的水平，而是通过使产品的需求上升、价格上涨从而销售量和收益增加进而刺激企业进行技术改造，提升其承担社会责任的水平。而所有这一切对于其他怠于承担社会责任的企业也是一种导向作用，从而有利于整个企业界社会责任承担水平的提高。

三 有差别的信贷政策

银行针对企业承担社会责任的水平给予有差别的信贷政策以提升积极承

担社会责任的企业的市场竞争力，增加其市场收益，其原理与有差别的税收政策类似，主要是通过对积极承担社会责任的企业给予宽松的信贷条件、优惠的税率以提供给长期企业技术改造贷款、短期流动资金贷款，减轻企业在承担社会责任过程中的资金和成本负担，增加企业收益。由于篇幅原因，这里不作详述。

总之，由于经济发展水平等原因，当前我国企业承担社会责任的水平还很低，但是在和谐社会的建设、全球化竞争的参与都要求企业承担社会责任的情况下，政策和法律的监督与引导就成为非常必要的手段。针对积极承担社会责任的企业给予优惠的税收政策、信贷政策、土地政策及广告政策，对提升企业履行社会责任的水平所起的作用是异曲同工的，而多种政策的协调配合更有利于创造一个高效的政策环境。

第九章 企业社会责任的动力机制

第一节 企业社会责任的动力机制概述

一 机制与企业动力机制的含义

（一）机制

《现代汉语词典》对机制（mechanism）的解释是：泛指一个系统中，各元素之间的相互作用的过程和功能①。多用于自然科学，mechanism 指机械和机能的互相作用、过程、功能等。社会科学也常使用，可以理解为机理、机构和制度。

机制有多重含义，如用机器制造的；机器的构造和工作原理；有机体的构造、功能和相互关系；泛指一个复杂的工作系统和某些自然现象的物理、化学规律；等等。与我们常说的机制相近的含义是指做事情的方式、方法。但又不等同于这个意思。简单地说，机制就是制度加方法或者制度化了的方法。

首先，机制是经过实践检验证明有效的、较为固定的方法，党建的工作机制，不因党组织负责人的变动而随意变动，而单纯的工作方式、方法是可以根据个人主观随意改变的。其次，机制本身含有制度的因素，并且要求所有相关人员遵守，而单纯的工作方式、方法往往体现为个人做事的一种偏好或经验。例如，监督机制，不仅指人人必须遵守的制度，而且应该包括各种监督的手段和方法。只有两者结合起来才能发挥作用。再次，机制是在各种有效方式、方法的基础上总结和提炼的，而方式、方法往往只是做事的一种形式和思路。机制一定是经过实践检验有效的方式方法，并进行一定的加工，使之系统化、理论化，这样才能有效地指导实践。而单纯的工作方式和方法则因人而异，并不要求上升到理论高度。最后，机制一般是依靠多种方式、方法来起作用的，而方式、方法可以是单一起作用的。例如，建立起各种工作机制的同时，还应有相应的激励机制、动力机制和监督机制来保证工作的落实、推动、纠错、评价等。建立完善的机制，才能使党

---

① 中国社会科学院语言研究所词典编辑室. 2012. 现代汉语词典. 6 版. 北京：商务印书馆：256.

的建设稳步发展，保持长久的活力。

（二）企业动力机制

企业动力机制，也称为企业的激励机制，它是企业经营机制中比较复杂而又关键的重要子机制，是一种较活跃的带有动力源性质的机制。一般来说，企业的动因是对利润的追求。企业必须有追求赢利的内在动力机制，并且应当有权合理地运用企业的利润来改造企业、发展企业。有了这种动力才能使得企业各机能要素有相互作用和相互联系的必要，产生强大的经济动因。另外，由于企业的主体是企业的员工，要合理地调配人员、完成人事管理机能，更好地实现领导职能，企业还应建立起包括人事制度、劳动制度、工资制度、奖励制度、教育制度、人才选拔制度、民主管理制度、政治思想制度等机制因素在内的激励机制。

目前激励理论发展很快，在企业中有许多激励理论的应用取得了成功。在企业众多职能中，激励被看成管理的最关键和最困难的职能。自 20 世纪二三十年代以来，西方管理学家、心理学家和社会学家在行为科学方面从不同的角度研究了怎样激励人的问题，并提出了许多激励理论。我们可以将其归为三个方面：①内容型激励理论。这种理论着重对激励的原因与起激励作用的因素的具体内容进行研究。其中，最有名的是马斯洛（Maslow）的需要层次理论、奥德弗（Alderfer）的 E. R. G 理论、麦克利兰（Meclelland）的成就需要理论和赫茨伯格（Herzberg）的双因素理论等。②行为改造激励理论。着重研究激励目的理论，激励的目的正是改造和修正行为。这种理论主要有斯金钠（Skinner）的操作条件反射理论、海德（Heider）的归因论和挫折论。③过程型激励理论。这是着重研究动机的形成和行为目标的选择，即激励过程的理论。其中，最有影响的是弗鲁姆（Vroom）的期望理论、斯达西 • 西当斯（Stacey Adams）的公平理论、波特尔（Porter）和劳勒（Lawler）的激励过程模式、罗伯特 •豪斯（Robert House）的综合激励模式。这些激励理论对我国的企业管理活动都或多或少地产生了一些影响。但是根据我国国情，还需要建立适合我国企业发展的激励理论，在这方面，天津大港石油机械厂迈出了可喜的一步，它们创立的“全方位激励法”于 1990 年获得国家级成果奖。该法建立了一套以人为中心的自控制、自协调、自反馈、自修正、自循环、自更新和自组织的良性发展系统。“全”是它的特点之一。“全”指其多，即多层次、多向性、多方位。这里的职工并不是一个单纯的、被激励的角色，也是激励的主体；反之，领导不但是激励的主体，同时也是激励的对象。在激励过程中，人人都是激励的主体和对象，同时，不同层次的不同单位和个人又可以交叉激励，这就构成了一个主体的激励网络体系。它是我国思想政治工作的传统经验与西方行为科学中激励理论相结合的产物。其主要内容是：企业职工素质和本企业的厂情分析；协调艺术；确定目标（找出差异、应用期望理论、强化理论、公平理论）；研究职工情绪——晴雨表，分析情绪的表现和差别，研究友爱激励、保健和激励、挫折和激励；在企业中采取三种激励方式——参与管理、榜样激励和危机激励；确立企业蓝图，激励职工奋发向上。

二 适应现代社会全面治理的必然要求

（一）社会治理特定语境中的企业社会责任

我们将企业社会责任问题，放到社会治理这一特定语境中进行研究，一方面，要把起源于企业管理学的治理理论，引入到对企业社会责任这一特殊问题的研究之中；另一方面，就是要吸纳埃米勒·迪尔凯姆对社会学“特殊领域”和“特定问题”的研究方法，重点研究企业在不同于经济与政治领域之外的社会领域内的行为责任问题。把企业社会责任问题放到社会治理特定语境中进行研究，有利于摆脱用经济学研究方法研究企业社会责任问题的习惯。虽然我们也应当研究企业的社会交换，但我们并不打算沿着经济学理论框架指示的路线，而是推进到经济社会学的领域内，借鉴霍曼斯行为主义交换理论、布劳交换理论、埃默森交换网络理论、布迪厄社会构成交换理论，特别是特纳交换理论等，研究以社会价值为中轴的社会交换关系。当然，借鉴西方学者的社会交换理论，必须与中国社会环境的实践相结合。

不过，我们在吸纳经济社会学或农村社会学理论成果的同时，也应当十分注意将企业社会责任，放到社会治理特定语境中进行独立研究。按照治理理论的主要创始人之一罗森瑙（J. N. Rosenau）在《21世纪的治理》中有关治理理论的阐述，治理意味着“统治的含义有了变化，意味着一种新的统治过程，意味着有序统治的条件已经不同于前，或是以新的方法来统治社会”，“作为社会—控制体系的治理，它指的是政府与民间、公共部门与私人部门、企业与家庭及社会之间的合作与互动”[①]。因此，从社会治理角度来看，企业将承担越来越多的社会管理责任，治理的理念，“它表明在现代社会，国家正在把原先由它独自承担的责任转移给公民社会，即各种私人部门（如企业）和公民自愿性团体（如非政府组织、非营利组织），后者正在承担越来越多的原先由国家承担的责任”，“治理明确肯定了在涉及集体行为的各个社会公共机构之间存在着权

① 转引自：席恒. 2003. 公与私：公共事业运行机制研究. 北京：商务印书馆：378.

力依赖。为达到目的，各个组织必须交换资源、谈判共同的目标”，“治理意味着参与者最终将成为一个自主的网络”①。

（二）全面发展的企业社会责任

卢梭在《社会契约论》中构建了一个“公共意志理论”，对于我们认识企业社会责任问题很有帮助②。企业的社会责任，是不同于法律责任的一个概念，两者是一个并列的关系。西方国家所指的企业社会责任，是西方政治学中“国家”和“社会”两个概念引申出来的，在西方政治学发展史上，“社会”被长期作为“国家”的“对立物”而存在，国家既是“社会”发展到一定阶段的“异化”之物，又是“社会”发展到最高级阶段所要消亡的对象。“强国家弱社会”或者“强社会弱国家”，一直是西方政治学研究中争论的历史性话题。卢梭提出“公共意志理论”，在他看来，“公意”是道德性的，属于社会的范畴，而国家意志则是法律，人们遵守法律是基于对国家“正当性”的认同，本质上讲，法律是人民自由的体现，所以他认为“法律面前人人平等”，“没有哪一个民族不遵守法律而可以显赫一世”。然而，两个范畴——“社会责任”与“法律责任”也是两个完全不同的概念。我国的《公司法》中对企业的经济责任、法律责任都有明确的规范，但其中没有对社会责任的规范。

中国社会科学院副研究员、德国维藤大学经济文化比较研究所冯兴元先生在一篇题为“论企业家的经营自由与社会责任”的文章中认为，企业处于市场经济的条件下，是法治下自由契约的网络。从法治下的自由契约视角，可以区分企业家承担两类社会责任：初级社会责任和次级社会责任。企业家的初级社会责任涉及这些自由契约相关的社会责任。企业家通过自由契约组织劳动力、资本和土地三大生产要素，使之转换成产品，从而使得三大要素能够获得相应的回报。企业家自身的组织才能及企业家精神，既可以作为劳动力的一部分，也可以作为第四大生产要素获得回报③。可见，企业是劳动力、资本、土地和企业家实现“多赢”的装置。在做了这些铺垫后，冯兴元先生的文章进一步指出：在市场经济里，企业家还承担着许多次级社会责任。首先是政府法规规定的社会责任：税收或费用；劳动保护及安全保障法规、社会保障及社会保险该承担的。因此，有必要区分两种伦理：一种为约束伦理；另一种为秩序伦理。约束伦理意味着对企业施加较多的社会责任约束。秩序伦理意味着企业只承担应该承担的责任，并在此基础上，自愿承担进一步的责任。

---

① 俞可平. 2000. 治理和善治. 北京：社会科学文献出版社：11.

② 顾远平. 2007. 浅评卢梭在《社会契约论》中关于公共意志的思想.法制与社会，(6)：804.

③ 冯兴元. 2004-12-6. 论企业家的经营自由与社会责任. 第一财经日报，A02.

我们认为企业社会责任与经济责任、法律责任是同时客观存在的，故称为“同步论”。占企业责任的内核地位（实际上也正是反映着企业投资人的“内心”世界运动）的仍然是利润，也就是说投资建构企业组织的原始动力的确是赢利，所以企业存在着对投资人负责的经济责任，这种经济责任由企业获取利润的动机所决定。但是，企业要进入市场之前，首先得进行工商企业注册登记，取得法人地位，接受政府管制，这就需要企业承担法律责任。与排序论不同的是，市场寓于社会之中，社会的主宰者是人类，受人类活动大量的潜规则制约，企业需要承担社会责任。企业的法律责任与社会责任一起，共同构筑起一个“外环”把企业给包围起来，形成企业外部的“责任圈”。不过，在这个“责任圈”中，企业的社会责任与法律责任不是一样大的，企业的社会责任和法律责任一样，与企业的经济责任是“同心”的，是内外紧密结合为一体的，是同时存在的，是缺一不可的，这就是同步论。

然而，在社会领域里，人格化的企业不再是经济人，也不仅仅只是法律人（习惯于称为法人），而应当是社会人，它是社会大组织中的一个元素。企业应当承担社会责任，与其必须承担经济责任和法律责任一样，是企业“与生俱来”同等重要的三个“责任方面”，就好比是一个人的耳朵、鼻子和眼睛，缺一不可，不存在哪个责任是初级的，哪个责任又是次级或高级的排序问题。如果我们跳出习惯的“二向思维”，摆脱传统的“二元论”思维定式的影响，把企业的责任放到一个“三维空间”里去思考，我们就很容易发现，在这个“三维空间”里，经济、法律和社会反映了企业三个不同方向的责任“向量”。我们抹去任何一维向量，只按另外二维向量去观察企业的“责任空间”，都是远离了事物的本质，都会得出根本错误的结论。因此，我们主张，企业在履行经济责任和法律责任的同时，必须履行社会责任，这是一种全面发展的社会责任观。

三　现代企业承担社会责任的持续性动力机制

企业的社会契约理论认为权利和义务在社会制度中是固有的，这些权利和义务被认为是企业与社会之间的契约[①]。企业应对为它的存在而提供条件的社会承担社会责任，社会应对企业的发展承担责任。企业无法超越社会存在，企业与企业和企业与社会之间始终存在着一种基本协定，即社会契约。契约理论还认为，在一个重复博弈中，一个人的行动会影响他人对未来的选择，别人可从他行动的信息中判断他履行契约的能力，信誉起到了决定性的作用。企业是支撑人类社会生存的基本经济单位，企业行为的后果让社会来承担。企业是社会的产物，企业

① 林军. 2004. 企业社会责任的社会契约理论解析.岭南学刊，（4）：25.

生存在社会环境之中，从某种程度上讲，它的经营业绩取决于社会环境的好坏。社会价值观往往决定着企业的价值观，从而决定企业的行为。

从经济学的角度分析，企业是人格化的经济人和道德人。经济人的内涵是从利己出发，运用成本-收益的理性分析法，寻求自身利益最大化的人类行为。经济人在经济学研究中具有普适性，尽管对经济人的批评、争论从未停止，但只是提出一些限制条件，还没有新的假定能够取代它，经济学的发展徘徊在对经济人假设条件的修正和放松上。根据现实人的特点，在斯密和新古典经济学经济人抽象的基础上，使现实经济人的行为和动机得到了更好的理解，现实人的行为的某些方面是难以改变的，在每时每刻在任何地方它们都会反复出现，如表现为利己的占有欲。通常不能指望把社会组织建立在自我牺牲的基础上，因为自利是最持久、最稳定的动机。但现实人具有有限理性，他不可能完全准确地了解到所需要的经济信息，如果缺乏必要的社会规范和道德约束，单纯的经济利益驱动和效益最大化追求，不但难以确保社会经济的均衡发展，而且难以确保人类自然资源和生态环境的合理利用与保护。古典经济学产生之初已经涉及企业的社会责任问题，斯密定理明确地展示企业的社会责任是“看不见的手”的结果。在斯密眼里，经济人并不能为所欲为，而要受自身的内在道德约束。道德人与经济人无法分离，经济人是道德人的载体，道德资源可以转化为经济资本。

企业行为完全符合经济人假设。企业是人的集合，企业中领导人的地位决定了他们对生产营销等活动的重要影响，企业管理人员的行为与市场对接。企业是人格化的组织，企业思想反映了组织的思想。在微观经济分析中企业作为经济人，追求利益最大化。事实上，企业在做出决策时，必须协调个人价值、效率标准、利润目标等多方面的因素，受到个人和社会联系的限制，因而只能以“满意的利润”作为经营目标。企业又是道德人，企业是在各种各样的社会关系和组织结构中运作，而伦理道德是维系各种关系和组织结构的必要因素。企业是在各种各样的社会关系和组织结构中生存与发展的，企业的任何活动都与伦理道德相关。

自 20 世纪 60 年代提出可持续发展思想以来，社会文化增添了新的发展观内容。可持续发展要求转变传统的发展模式和消费模式，走可持续发展之路，实质上是对增长和发展的理性限制。可持续发展的观点主张利润应该是在可持续条件下实现。企业树立可持续发展思想价值观念至关重要，企业的可持续发展是社会的可持续发展，社会的可持续发展反过来促进企业的发展。可持续发展观已经被各个国家接受，在转轨时期的企业更应树立可持续发展的责任感。转轨时期没有形成完整的意识形态体系，意识形态的约束往往是最重要的条件。韦伯提出具有普适性的命题：在任何一项事业背后必然存在着一种无形的支撑精神力量的社会文化渊源，责任感是资本主义文化的根本基础。企业行为在很大程度上决定未来社会文明的延续与发展。[①]

近代管理理论把承担社会责任纳入到内部企业管理。20世纪财产持有的形式发生了变化，产生了新的企业组织，企业组织结构的变化使企业的价值观念发生了根本性的变化。从长远的角度看，企业承担社会责任更有利于增强企业的长远发展能力，容易在社会公众中获得更高的信任程度。信任是商誉形成的基础，商誉是信任的积累和升华，商誉中包含了企业参与的社会责任意愿和能力，真正的企业社会责任最终是管理和品牌的适应过程。我们在这里将品牌扩展为商誉，商誉比品牌更能体现企业社会责任的关键特征，包含了通常意义的社会责任。例如，诚信为本、产品质量、工人的生活质量、产品标准、严守法令、照章纳税、保护环境等，衔接着利益相关者的利益。商誉提高，相应地担负更多的社会责任，商誉沿着企业生命周期的轨迹变化，社会责任随之变化。显然，企业打造商誉是企业内在激励的最好理由。商誉是产品的化身，包含了资源使用的效率及经营管理的水平，代表了企业内部各要素之间及要素内部相互间的协同和配置作用，商誉是消费者对企业的好感与评价。产品的竞争是核心竞争力的竞争，商誉又形成核心竞争力；竞争的本质是获得消费者，理性的消费者会选择商誉好的产品，以满足更大的效用。企业利润下降说明企业的商誉在减少，消费者对产品的评价发生了转移。商誉虽不能精确计量，但它的存在完全改变了人们对产品和企业的认识。商誉能给企业带来超额利润，如何提高企业的商誉，关系到企业价值和社会责任的实现。

政府监督机制的完善和产品标准的及时公开是至关重要的。政府特殊职能能够使产品和企业的更多信息走向前台。只有政府有能力集中专家，制定符合可持续发展的标准，改变信息不对称的格局。然而政府与企业也存在着信息不对称，企业有隐藏信息和行为的倾向。信息不完备导致市场失灵，因此需要监督企业行为，消费者获得的信息的多寡与监督力度正相关。然而，由于技术限制，政府有时也缺乏慧眼，如环境问题就是一个难题，在现有条件下发展必然带来环境损失。环境影响是长期的，短期的判断不一定准确，因为环境贴现率很难计算，对后代的影响不好估量，因此政府在加大治理和制定适当的标准的同时，对企业进行道德劝教，希望企业能主动提高技术、减少负外部性，在符合产品标准的情况下力所能及地再提高标准。企业能坚信可持续发展的思想，这种劝教会成为企业改进产品、提高商誉的动力。

总之，企业社会责任的问题实际上是如何使经济责任、法律责任和道德责任相协调与统一。企业是人格化的组织，企业的社会责任不仅仅是超出经济和法律范围的道德责任，更是这三维结构互动的结果。最终，企业在承担社会责任方面取得的成绩是短期和长期经济利益的统一。要保持企业承担社会责任的持续性动

---

① 韦伯 M. 2002. 新教伦理与资本主义精神. 彭强，黄晓京译. 西安：陕西师范大学出版社.

力，就得有持续性激励措施，企业主动提高商誉是内在激励，外部激励是政府和社会的监督。因此，现代企业社会责任的顺利实施是一个系统工程。

第二节　企业承担社会责任的内部动力

一　改善我国劳工保护状况的需要

（一）社会责任对劳动就业的影响

企业社会责任是由两种社会力量推动的。一种力量是反对资本全球化的劳工运动。随着经济全球化和贸易自由化的迅猛发展，社会问题和劳资矛盾也日益突出，富人成为全球化的受益者，相当多的工人陷于贫困之中。这些问题不仅在发展中国家普遍存在，而且开始蔓延到发达国家。另一种社会力量是“劳工贸易壁垒”的推行。劳工标准问题在国际上又称为“劳工人权”问题。劳工标准的内容主要是在 1998 年的国际劳工大会上通过的《关于工作中基本原则和权利宣言》，其中提出的四个方面的“核心劳工标准”或称“工人的基本权利”，即结社自由并有效承认集体谈判权利、消除一切形式的强迫劳动、有效废除童工、消除就业歧视。长久以来，国际企业社会责任运动过程中，都有将劳工保护与人权挂钩的现象。将劳工保护与人权挂钩的做法在我国并没有引起太大反响，相反，一些学者和企业界人士都持慎重的态度。1998 年，我国政府、雇主和工会的代表参加了这次大会并支持了这一宣言。企业社会责任所涉及的内容也是我国劳动法所规定的劳工标准和劳工权利；涉及这些内容的行为，必然是具有法律效力的法律行为。正是在这个意义上，在我国实施企业的社会责任运动及作为其具体形式的“工厂守则”，与我国贯彻实施《劳动法》及实施我国批准加入的《经济、社会及文化权利国际公约》的基本原则和精神都是一致的。

从我国的情况来看，在我国建设市场经济、推行国有企业改革的同时，出现了就业失业的问题，解决工人的生存问题已是我国面临的最迫切的任务。就业问题与企业、社会和个人息息相关。就业问题与劳动者直接相关，每增加一个或减少一个就业百分点，都会牵涉到许多具体个人的切身利益。就业问题又是一个重大的社会问题。人类社会的存在是以劳动为基础的，劳动力是社会最宝贵的资源之一，大量的失业不仅意味着人力资源的极大浪费，而且极有可能引发其他严重的社会问题，从而对人类社会造成危害。劳动就业还是企业管理的重要内容，企业对人力资源开发和管理的科学政策，不仅可以提高企业经营管理效率，还可以为员工的成长提供良好的环境。根据经济学理论，企业管理的演变和技术的进步是来自企业内部的动力，而现代公司制度的演变和社会生活的演变是外部环境的压力。这些因素是企业发展变化的根本原因。企业演进的直接结果是对工人就业状况产生直接的影响。

经过三十多年的改革开放，特别是成功加入 WTO 之后，我国经济已经全面融入到全球化浪潮之中。无论是在国际资本市场，还是国际产品市场上，我国都扮演着日益重要的角色。与此相对应，我国与国际市场竞争规则的联系也前所未有地密切起来。就企业社会责任运动而言，当我们对其还缺乏深入了解的时候，实践中的问题包括对就业的影响已经开始显现。

随着企业社会责任运动的发展，其对就业的影响将会进一步扩大。从企业社会责任运动影响的对象看，受社会责任运动影响最大的是纺织业、服装业、玩具业和鞋业等劳动密集型消费品行业，这些行业往往是就业问题和劳动保护问题的敏感区域。企业社会责任运动的实施在一定程度上推动了企业劳动条件的改善，对提高劳动密集型出口企业的就业质量和就业稳定性具有积极作用。不论是检验方式，还是认证方式，其审核的主要内容都集中在消除童工、禁止歧视、废除强迫劳动、结社自由和集体谈判等基本劳工权利，以及工资、工时、职业安全、社会保险、员工福利等生产条件两个方面。尽管不同的公司审核标准不尽一致，不同的企业对待审核的态度也不一样，但大部分接受企业社会责任审核的企业都或多或少地完善了企业规章制度、改进了员工工作条件。企业劳动条件的改善在一定程度上提高了员工的就业质量，增强了员工就业的稳定性。

企业社会责任运动的实施在一定程度上提前了劳动密集型产业加工基地向境外转移的时间，对我国就业岗位的维持和扩大将会产生消极作用。随着企业社会责任运动的实施，尤其是企业社会责任运动对我国的重点关注，我国劳动密集型出口加工企业的低成本竞争优势受到了一定影响。在此情况下，国内一些出口加工企业开始将承接的订单向境外低成本国家二次分包，或者干脆到境外投资设立加工基地。劳动密集型企业加工基地的地区性转移，是全球性的发展趋势，过去如此，将来也不会改变。但企业社会责任运动的实施，无疑会加快转移速度，缩短其在我国的驻留时间。劳动密集型出口加工企业的发展，在过去相当长的时间里，对我国扩大就业发挥了重要作用。它们的提前转移，对我国未来就业工作的消极影响是显而易见的。

企业社会责任运动的实施也加快了传统密集型出口企业向内地的转移，因此，对我国农村劳动力转移就业的规模和流向也产生了一定的影响。面对越来越频繁、越来越严格的社会责任审核，虽然一部分企业实施了或者准备实施向境外转移的策略，但是在现阶段，限于各种条件的限制，更多的企业还是愿意选择境内转移的方式，将生产加工基地由沿海转移到内地。因为内地的人工成本本来就低，而社会责任审核也很难像沿海地区那么严格。企业社会责任运动的实施加速了我国的产业结构调整，对就业的结构性矛盾将会产生一定影响，对职业培训乃至整个人力资源开发工作提出了新要求。

（二）企业社会责任与劳动者权利

企业社会责任管理要重视保护劳动者的权利，否则就会给企业带来一定的负面影响，简单来说，劳动就业者的权利上要包括就业权、生存权、知情权、参与权等多个方面的内容。就就业权方面来说，国际劳工组织在1998年第87届国际劳工大会上，提出了“体面劳动”（decent work）这一国际劳工组织的战略目标。体面劳动作为一种全球性的战略目标，包含四个方面的内容，即促进工作中的基本原则和权利、促进就业、促进社会保护、促进社会对话。

就业权利是劳工权利中最基本的权利。就业问题，已经是全球化背景下一个世界性的社会经济问题。保障劳工的就业权利，包括其自愿选择就业方式、培训就业的机会、公平就业和平等待遇，以及获得生产性工作的机会和体面的报酬等内容。

保障劳动者就业权与我国现行劳动法规的宗旨是一致的。我国劳动法明确规定了劳动者个人在市场经济条件下所享有的各项权利，这些权利包括平等就业和选择职业的权利、取得劳动报酬的权利、休息休假的权利、获得劳动安全卫生保护的权利、接受职业技能培训的权利、享受社会保险和福利的权利、提请劳动争议处理的权利及法律规定的其他劳动权利。在我国存在着大量下岗和失业工人的情况下，保障劳动者的就业权，不仅关系到劳动者个人的生存状态，而且关系到社会的和谐稳定。因此，在企业社会责任管理活动中做好劳动就业者的权利保护，本身就是对建设和谐社会的重大贡献。

生存权是职工生存的首要条件，企业社会责任管理重视保护职工生存权，就是保护职工的人权。我国在人权立场上观点鲜明，认为生存权和发展权是首要人权，没有生存权、发展权，其他一切人权均无从谈起，这是我国在人权问题上的基本观点。我国有的地方已经将下岗职工“生存权”写进判决书。企业社会责任管理在生存权上的积极措施，更能体现和谐社会对职工的关怀。

知情权关系着就业职工本身的利益，企业也应引起足够的重视。企业应将有关就业职工就业、离岗人员竞聘上岗等涉及职工切身利益的事项全部纳入信息公开的范围。职工参与管理的权利，在我国被视为企业实施民主管理的一部分。在发展经济的同时，兼顾社会公平，不断完善面向社会各阶层的社会保障体系。而让职工参与企业管理，也利于建立稳定的劳资关系，缓解劳资矛盾。这种由劳资双方共同治理企业的做法不但使劳资关系融洽，减少了工人与管理层之间的矛盾和冲突，而且可以让资方更多地考虑企业的长期发展，避免短期行为。事实上，让职工参与企业民主化管理，并不会拖慢企业发展的步伐，相反，由于形成了比较稳健的内部制衡机制，能较为充分地反映和体现职工利益，如职工的劳动条件、薪酬待遇等问题能够通过劳资共同协商得到改善和解决，反而使劳动生产率得以大大提高。

对就业职工的人身安全的保障，是企业社会责任更加重视的内容之一。企业社会责任管理应促进社会保护，保障职工职业安全。而职业安全则主要包括为工人提供在职业和卫生方面安全的工作环境和工作条件。

二 促进我国企业对外贸易发展的需要

从整体上看，我国人口众多，就业岗位需求极大。然而，国内消费水平增长正进入一个低谷期，扩大外贸出口的需求越来越大。据一些国际组织测算，加入WTO后，由于贸易量的扩大，我国每年的国内生产总值将提高近3%。事实上，中国加入WTO之后，国内企业的外贸依存度不断提高，贸易顺差还有进一步扩大的趋势。可以说，与传统计划经济和我国市场经济建设早期相比，我国企业从整体上步入了一个国际“买方市场”新时期，产品的销售，外资的引进，大量劳动力在中国国土上的“世界工厂”里就业，不得不由国际“买主”说了算。这种游戏规则的变化，要求我国企业必须以国际规则办事，否则就难以生存和发展。

反映一国企业对外贸易依赖程度的指标，一般用外贸依存度指标来衡量，即指一国在一定时期内（通常指一年）进出口贸易总额占GDP的比重。我国自加入WTO以来，企业的外贸依存度不断提高，并有加速增长之势。入世以后，我国企业受到欧、美等主要贸易伙伴更多、更强的掣肘，而跨国公司则主导着欧、美等国家和地区的国际贸易。在推动全球范围的自由贸易这一全球化浪潮中，跨国公司是最主要的推动者和受益者。跨国公司“内部贸易”和各跨国公司之间的贸易约占世界贸易总额的60%，此外还控制着75%以上的对外技术转让、80%以上的对外直接投资、90%的生产技术。可见跨国公司已经发展为控制和影响全球经济发展的主要力量①。跨国公司的“工厂守则”运动，目前也已在我国启动。麦当劳、沃尔玛等公司还在我国设立了相关的社会责任部门，并委托有关公证机构作为审核机构，对我国的供应商和分包商企业劳工标准执行状况进行监督审核。跨国公司对我国出口企业的压力可谓与日俱增。

在市场竞争日益激烈的条件下，消费者对企业的影响力越来越大，很多欧美跨国公司都制定了各自的社会责任守则，用以回应消费者的强烈呼声，同时，很多行业性、地区性、全国性乃至全球性的行业组织和非政府组织也制定了各

① 常凯. 2003. 公司的社会责任与劳动关系的法律调整. 中国人力资源开发，(2)：62-64.

不相同的守则。企业和消费者都希望制定一个类似ISO9000标准的、全球通用的社会责任标准，同时建立一套独立的认证认可机制，提高社会责任审核的透明度和公信力，同时避免浪费资源的重复审核。经济优先权委员会是一家长期研究社会责任及环境保护的非政府组织，它一直积极支持并参与制定社会责任标准的活动。1997年年初经济优先权委员会成立了经济优先权委员会认可委员会，2001年经济优先权委员会认可委员会更名为社会责任国际组织（Social Accountability International，SAI）。SAI咨询委员会负责起草社会责任国际标准，它是由来自11个国家的20个大型商业机构、非政府组织、工会、人权及儿童组织、学术团体、会计师事务所及认证机构组成的。SAI在纽约召开的第一次会议上就提出了标准草案，最初名为SA2000，最终定名为SA8000社会责任国际标准，并在1997年10月公开发布。2001年12月12日，经过18个月的公开咨询和深入研究，SAI发表了SA8000标准第一个修订版，即SA8000：2001。

虽然SA8000尚未转化为ISO国际标准，但它已得到国际认可，更为重要的是，该标准正在激起全球组织界的广泛关注和热情。很显然，企业经认证机构全面、独立的审核后，颁发的社会责任认证证书，将是对企业道德行为和社会责任管理能力最为有效的认可。SA8000将是未来国际竞争中企业进入国际市场的一张门票，不买不行。所以，履行社会责任已经不是企业的一项道德义务，更是企业提高自身竞争力的法宝。

由此可见，来自市场的激烈竞争，将会形成一种强大的外部压力，推动企业履行水平高于法律义务的社会责任。这种压力虽然也来自企业的外部，但与法律的强制力还是不同，企业拥有一定的自由选择权，取舍的参照则是利益的最大化。可是，对于追求长期发展的成熟企业来说，这种外部压力同样也是无法回避的被动接受，很难认为是一种积极的对策选择。当然，就目前企业社会责任运动的实际情况而言，获得SA8000社会责任国际标准认证的确不失为积极的竞争对策。然而，展望企业社会责任运动的发展前景，获得SA8000认证将不再是积极的选择，而是不得不购买的一张门票而已。有识之士不难从中悟出一个奥秘，谁先积极履行社会责任，主动申请并获得SA8000认证，谁就将是激烈竞争的大赢家，因为此时的SA8000认证证书无疑是一张升值潜力巨大的“股票”；最后被迫申请并获得SA8000认证的企业只是一个消费者，因为此时的SA8000认证证书仅仅是一张门票而已。

三 增强我国企业核心竞争力的需要

对于个体的自然人，我们有理由要求他成为道德的人、自由的人，但是对于企业这个只具有虚拟人格的功利组织，我们无法用道德与自由去加以要求，而只能要求它在实现功利目标的时候不能违背“游戏规则”。还有一种途径，就是通过社会责任的支出与经济收益的对比分析，说服企业主动、积极地履行社会责任。

西方国家的学者在这方面进行了大量的研究。现代管理学的奠基人彼得·德鲁克认为，单纯追逐利润最大化的企业会忽视非常重要的领域，如研究、培训和福利，只要它的竞争对手在这些领域倾注全力，就会轻易将它击败[①]。20 世纪 70 年代以后，人们对与企业社会责任相关的议题的兴趣日益增加，人们开始认识到，如果肆意破坏自然资源，放任企业污染，经济发展的成果可能化为乌有。近年来，全球企业与政治领袖更将企业社会责任视为重要事项。欧洲及北美大部分的公司都已开始每年固定地评估公司的声誉，尤其是企业社会责任广泛受到关注，其中员工待遇、公司治理、财务透明化、伦理与环保价值，为社会责任中最重要的项目。一份由英国伦敦的《社区企业》组织所执行的研究报告指出，欧洲大部分的企业领袖相信适度地把企业社会责任整合到企业的经营中，可以改善企业的绩效。由此可见，在管理活动中，社会责任问题已是企业组织与管理者不可回避的问题[②]。

斯蒂芬·P. 罗宾斯[③]在其《管理学》一书中指出：多数研究表明社会参与和经济效益之间是正相关的。例如，一项研究发现企业的社会绩效与过去的和将来的财务绩效呈正相关的关系。斯蒂芬·P. 罗宾斯同时表达了自己的观点：由此我们可以得出什么结论呢?其中最有意义的结论是，没有足够的证据表明，一个公司的社会责任行动明显降低了其长期经济效益。斯蒂芬·P. 罗宾斯实际上从积极与消极两个方面说明了同一个问题，他的意思是，履行社会责任即使不能给企业带来明显的经济收益，也至少不会明显降低其长期经济利益。笔者的理解是，赋予企业履行社会责任的义务至少不会与其功利目标发生根本的冲突，以至于使其生存价值无法实现。企业履行社会责任为何能够获得长期经济效益?其原理在于，企业履行社会责任虽然有一定的经济支出，也可能在短期的经营中无法获得补偿，但是，企业树立了良好的社会形象，赢得了社会公众的支持和信赖，公众之中的一部分可能会成为该企业忠诚的消费者，在一个成熟的、具有文化消费偏好的环境里，这种情况更可能普遍发生。同时，一个积极履行社会责任的企业，可以获得政府、金融机构、供应商等的信任和支持，从而赢得竞争优势，增强企业的核心竞争力。

---

① 转引自：王鲜萍. 2005. 欧美国家金融投资的新趋势——社会责任型投资. 经济导刊，(11)：68.

② 李立清. 2003. SA8000 标准与人才资源管理. 企业管年理与改革，(3)：6.

③ 罗宾斯 S P. 2012. 管理学. 11 版. 李原，等译. 北京：中国人民大学出版社：123-124.

当我们讲企业承担社会责任是增强企业国际竞争力的需要时，实际上是基于这样一种前提，即目前我国企业的国际竞争力水平还较低，还有较大的提升空间。关于企业国际竞争力，我们可以展开许多讨论，例如，企业核心的国际竞争力的真正来源是明晰的产权制度，或者是坚固的企业凝聚力和由此形成的某种企业文化，或者是拥有某种独立而不可复制的先进技术和发明创新机制等。一般谈到企业国际竞争力，实际上还不可避免地需要讨论企业的国际比较优势这一核心问题，这中间又包括国际贸易制度、汇率、企业产品的成本等。从营销学角度看，企业国际竞争力问题还需要讨论，企业产品竞争基础和策略问题，包括产品的质量、价格、服务和市场细分、多样化功能设计等一系列问题。有关企业国际竞争力的讨论，还可以进一步扩展到关于民族工业与工业安全、经济安全、国家安全等层面进行，甚至讨论的范围和视角还更多。

虽然目前劳动力低成本确实有助于我国吸引外资，但它绝对不是一个想跻身世界先进国家行列的国家想要保持的优势。从某种角度而言，这是发展中国家在参与国际竞争过程的早期不得已而为之的事情。因为这并非是真正的优势，或者说它是非常短暂的优势。与此同时，我们承接了发达国家转嫁的、超出本身义务的社会责任成本。例如，我们的出口产品中有许多产品，在发达国家几乎没有人愿意生产，如果进行生产是需要极高劳动健康保护成本的，但这类产品使用价值并不高，市场价格也很低，而我们为之生产并出口。在当代世界，不难发现，凡是真正具有国际竞争力的国家或企业，都是劳工成本高的国家和企业，即劳动者的工资报酬高、社会保障水平高、劳动保护的标准也很高，而在这种劳工成本高的背后一定是企业劳动关系法律严格（包括立法与执法），因此企业的人力资本投资高、劳动者素质高、劳动者生产出来的产品技术含量高，进而企业核心竞争力才强。如果一个国家单纯依靠所谓劳工成本低的优势参与国际竞争，迟早是要遭到淘汰出局的。

四 优化我国企业治理结构的需要

综合改革开放以来我国企业的发展历史可以看出，从对最初企业社会责任的极少关注，到逐步开始承担社会责任，至 20 世纪 90 年代之后进一步加强企业社会责任管理意识。20 世纪 80 年代中国企业的情况是政企分开，企业与政府逐渐分离。在国有企业与政府行政逐渐分离的同时，企业的法人治理结构出现了所有者缺位、内部人控制的问题。在这样的治理结构下，企业的经营管理人员作为企业的实际控制者，竭尽所能采取各种手段从企业中谋取自身的利益，导致企业的利益相关者如股东、员工、债权银行等的利益受到极大侵害。这样的治理结构对社会责任的损害，一方面表现在企业尽可能地推卸掉应当承担的社会基础责任，大量发生逃税、造假账、通过证券市场圈钱、侵吞国有资产等行为，企业管理层对企业不负责任的管理导致国有企业效益下滑，众多企业无法正常运营，大量职工下岗失业。另一方面表现在企业对经营过程中的外部性问题毫无顾忌，大肆污染环境、无节制地使用不可再生资源。这样低劣的公司治理结构使得政府的各项调控措施失效。无论政府出台何种政策，企业管理人员都是“上有政策、下有对策”。可以认为这一时期的中国企业没有承担起相应的社会责任。

非公有制经济条件下，企业在股东权主导型治理模式下承担一部分社会责任。20 世纪 90 年代末以来，在非公有制经济快速发展、国有企业调整改制等背景之下，中国企业的公司治理结构发生了较大变化，正在形成股东权主导型的公司治理模式。股东权益正在逐渐得到尊重，企业的社会基础责任在强化。同时，已经有一定数量的企业完成了原始的积累，开始进入规范化发展时期。这些企业更加重视长远发展，愿意承担企业的社会责任。但是这还远远不够，法人治理结构仍然存在内部监控机制缺乏、董事会与经理权限划分不明等问题。仍然有相当数量的企业存在逃避社会责任的问题。上市公司大量的违规案、频频发生的矿井事故，表明企业小股东、雇员、社区等企业利益相关者的权益仍没有得到足够的保障。因此，现在的法人治理结构仍有待进一步完善，从构建企业社会责任管理体系角度加强内部管理和制度化建设显得更为重要。

实施 SA8000 标准是促进企业治理结构优化的“助推器”。SA8000 标准有一套完整的管理体系和科学的运行模式，可以促进企业治理结构全面优化：一方面，加强企业管理者的责任感，并实施制度保障；另一方面，可以最大可能地保护劳工权益，调动劳工的积极性。此外，社会责任标准的实施还在一定程度上促进国家法律的完善和地方政府行政管理模式的变革，从而可能影响中国外资企业活跃地区的法律环境和社会生态环境改善。SA8000 标准把公司社会责任管理体系作为公司全面管理体系的一个组成部分，其中包括实施管理所需要的组织、计划和实施、职责和权限、程序、过程和资源。SA8000 标准要求企业全员、全面和全过程共同遵守标准化管理模式，这就保证了企业劳工作为 SA8000 标准化管理的重要主体之一参加管理活动的权利，同时也充分调动了劳工的积极性和创造性，有利于推动企业管理水平的整体上升。事实上，大量通过了 SA8000 标准认证的公司，都建立了相关的强化职工参与公司机关制度，建立股东以外的其他有关利益群体代表董事制度（如独立董事制度、消费者董事制度、环保董事制度等），授权监事会对公司董事、经理有悖公司社会责任的行为进行监督和纠正的制度等[1]，都有利于促进公司治理结构的优化。

第三节　企业承担社会责任的外部压力

一　企业社会责任的需求机制

企业社会责任作为市场经济发展的产物，需求主体和供给主体是不可或缺的两大主体。没有企业社会责任需求的推动，缺少对企业社会责任有着相当理解和需求的社会群体，就容易出现企业对社会责任供给不足的问题。虽然近几年随着国内企业社会责任运动的发展，公众对企业社会责任的需求有所提高，但是总体上有效需求水平仍偏低。当一种行为不需要支付成本或者成本很低时，对行为的管理就容易被忽略。于是，企业社会责任有效需求不足就成了企业内部社会责任管理缺位的“正当理由”。

目前，我国企业社会责任需求不足主要表现在两个方面：一是企业社会责任需求意识不足；二是企业社会责任需求行为不足。需求意识和需求行为是需求机制的两个构成要素，完善需求机制需要强化这两个方面。首先，要加强对公众的素质教育，提高他们对企业社会责任需求的自主性和自觉性，增强其与企业平等对话和利益博弈的能力。其次，要加强非政府组织的建设。要在全社会范围内进行企业社会责任相关知识的宣传，增强全民企业社会责任意识，并不断促进社会成员在自愿的基础上进行自我组合，成立各种自治组织进行合法活动，增强社会对企业社会责任需求的自为性。最后，加强政府的引导和服务功能。在提高企业社会责任需求方面，政府既是企业社会责任的需求主体，以政府购买为主要方式影响企业的行为；也是通过改善教育、信息等基础设施，提高企业社会责任社会性需求的服务者和“领航员”。

当社会对自身权益需求在博弈过程中能以个体或组织的形式拥有足够的谈判力时，这种权益需求就构成了企业现实的社会责任。完善企业社会责任需求机制，提高政府主体和社会主体对企业承担社会责任的需求意识，有利于促进企业社会责任管理意识和实际管理水平的提高。

二　企业社会责任的法律机制

随着企业社会责任运动的发展，国外企业社会责任立法在传统的环境法、自

---

① 杨国平，彭支援.2003.从治理结构角度谈公司社会责任的强化.经济与法，(6)：30-31.

然资源法、消费者权益保护法和劳动法等立法的基础上获得了新的法律根据，进一步增设了一系列企业社会责任履行的法律机制，在相关法律体系中贯穿这一公共政策，为企业社会责任的贯彻提供了法律支持。与国际企业社会责任立法的趋势相比较，我国企业社会责任立法还很不完善，造成了企业社会责任发展的制度瓶颈。企业内外部主体对企业社会责任的管理因无法可依或者法律体系本身的缺陷而受到制约。完善企业社会责任法律机制，以规范企业、政府和社会各主体的行为，帮助调节复杂的社会关系，有助于提高企业社会责任管理效率。完善法律机制包括完善立法机制和执法机制两方面。

（1）完善企业社会责任立法机制。这是从静态层面理解法律机制的完善问题。完善企业社会责任立法，可以为企业、政府和社会主体对社会责任的管理提供法律支持。那么，如何使企业的经济责任与社会责任相融合，如何使企业更为自觉地管理社会责任?这就要求法的制定要从过分强调法律的制裁功能转向充分关注法律的教育功能、引导功能；从只注重对企业经济利益的限制转向对利益的增进，从而消除企业对法律的对抗与排斥情绪，使企业从管理社会责任的被动客体转向积极参与的主体。完善企业社会责任立法，可以为企业与政府和社会之间的利益协调搭起平等对话的平台，可以推进企业社会责任管理的法制化，避免国家直接干预的负面效应，实现企业、政府和社会的依法管理。

（2）完善企业社会责任执法机制。这是从动态层面理解法律机制的完善问题。立法是法的实现的前提，然而立法只是手段，法律的完善不是法的最终目的，其目的在于法的实现，在于收到良好的法律实效。法的实现是法律从应然到实然的桥梁，是“纸法”变成“活法”的过程。立法到法的实现不是简单的跨越，法作为调整社会关系的一种手段，与社会关系并非一一对应，一种社会关系的调整一般需要多部法律的协调配合，需要发挥法律调整机制的功能。企业与社会环境的复杂关系决定了企业社会责任法的实现是一个浩大的系统工程，必须整合法律资源，利用不同法律手段对社会关系的介入和影响，通过各种法律调整机制的衔接与配合，才能最终实现在法律规范下权利得以享用、义务得以履行、禁令得以遵守的企业社会责任管理系统有序发展的目标。

企业社会责任法律机制对各主体的社会责任管理行为有着其他机制所没有的强制性的规范和约束作用。其在企业外部机制中的地位是无法替代的。这也正是诸多西方国家将落实企业社会责任的努力主要集中于完善企业社会责任实行的法律机制的原因所在。但是，我们同时也要承认法律机制不是万能的。法律在其内部自身属性和运行过程等方面存在着滞后性、机械性和不周延性等缺陷。因此，在完善企业社会责任法律机制的同时，也不容忽视其他机制的作用。其中，企业社会责任监督机制所具有的快捷性、灵活性和全面性在一定程度上弥补了法律机制的缺陷。

三 企业社会责任的监督机制

无论是“老三会”（党委会、工会、职代会），还是“新三会”（股东会、董事会、监事会），在我国很多企业中只是形同虚设的机构，“所有者决策，所有者监督”现象普遍存在，甚至有些企业根本就未建立内部监督机制，这些问题反映了我国企业的运作游离于监督体系之外，内部监督处于失效或缺位的状态。基于这一背景，我们在完善企业内部监督机制的同时，加大政府监督和以非政府组织和社会舆论为主的社会监督就显得尤为重要。完善企业社会责任外部监督机制的重点在于拓宽监督渠道，整合监督力量。

（1）政府监督。建立监督机制的基础环节和基础层次在于政府，表现在政府从维护社会利益和保证社会运转的需要出发，以社会公众的监护人和协调企业利益与社会利益冲突的仲裁人身份，以行政干预和经济调控为手段，引导并监督企业对社会责任的供给。政府的监督效用来源于政府的纪检、监察、审计等职能部门以及工商、财税等经济部门的联合监督，实现各部门之间的有效沟通。

（2）非政府组织监督。西方企业社会责任运动最重要的推动力莫过于那些关心企业行为对社会影响的非政府组织。非政府组织通过形式多样、内容丰富、范围广泛的活动积极引导和监督企业社会责任管理，如组织培训，直接深入生产车间进行调研，定期或不定期以报告的形式向社会公布企业的社会表现等。行业协会作为典型的非政府组织，对改善企业社会责任管理具有独特的作用：架起政府与企业之间的桥梁，沟通政府与企业的要求；协助政府制定和实施行业发展规划、产业政策、行政法规和有关法律；制定并执行行规行约和各类标准，协调同行企业之间的经营行为，实行总量和价格调控；对本行业产品和服务质量、竞争手段、经营作风进行严格监督。

（3）社会舆论监督。主要形式包括举报监督、信访监督、控申监督等。要依法建立健全群众（包括新闻媒介）监督的有效机制，大力支持群众行使监督权，坚决维护群众的监督权，提高实际效果，增大监督力度。要把维护和保障群众监督权，看成是代表群众利益、增强群众观念、提高民主意识、正确运用权力的重要内容和基本保证。

要把政府监督、非政府组织监督与社会舆论监督有机结合起来，形成一张覆盖面广而深的社会监督网络。在此基础上，通过改进监督方法、丰富监督形式、强化监督手段、规范监督程序等途径完善监督机制。健全的监督机制以其快捷性、灵活性和全面性，可以最大限度地降低企业不良行为的发生概率，同时为评价企业的社会表现提供可靠的信息。

四　企业社会责任的评价机制

评价机制由评价组织、评价制度和评价标准体系等要素组成。其中，评价标准体系是评价机制的核心要素，完善评价机制很大程度上是完善评价标准体系。近年来，为了衡量企业的社会表现，国内外掀起了制定企业社会责任评价体系的热潮，并取得了一些成果。例如，联合国的“全球协议”（United Nations Global Compact，UNGC），国际劳工组织的“人权原则及标准”（ILO Declaration），经济合作与发展组织（Organization for Economic Co-operation and Development，OECD）的跨国公司行动指南（OECD Guidelines）等；还有，众多非政府组织的指导原则和标准[①]，如 ISO 制定的企业环境标准（ISO14000 系列），全球报告倡议组织（Global Reporting Initiative，GRI）的非财务事务披露规范 GRI，SAI 的 SA8000，Ac-count Ability 的 AA1000，德国零售商对外贸易协会的社会责任行业规范，倡议商界遵守社会责任组织（Business Social Compliance Initiative，BSCI）的《行为守则》，美国的制衣工会联合会标准等。国内，李立清、李燕凌、金立印、北京大学民营经济研究院、中国纺织工业协会等学者和组织机构从我国实际出发也对企业社会责任评价体系进行了一些研究。北京大学民营经济研究院的研究成果成为 2006 年中国企业社会责任调查的参考标准。CSC9000T 总则已指导部分纺织企业建立起自己的社会责任目标和指标，一定程度上改善了纺织企业的社会责任管理。

之所以引起研究企业社会责任评价体系热潮，是因为其对加强企业社会责任管理有重要意义。企业社会责任评价体系可以使企业与政府和社会之间的沟通变得更为直观、简化。它是社会衡量企业社会表现的标尺，传达着社会的要求；是企业加强社会责任管理、决定社会责任具体内容的重要参照。可以说，评价体系是改善社会责任管理的重要工具。企业社会责任评价体系以公平、公正、公开的形式客观衡量着企业对社会的贡献或损害程度，揭开了企业社会责任表现的神秘面纱。社会一旦能对评价结果做出适当的反馈，就会有效推动责任竞争机制的发展，促进企业社会责任战略管理思维的形成。国际上对企业社会责任评价体系的研究对国内相关的研究具有重要的借鉴意义。然而，由于经济、社会和文化发展

---

① 目前，涉及企业社会责任的各种行为规范、准则、指南、标准等不下 300 个。参见：Lighteringen E，Zadek S. 2005. The future ofcorporate re-sponsibility codes，standards and frameworks，April 2005. http：//www. globalreporting. org/upload/ landscape_fina.l pdf[2014-8-30].

的差异，国外的标准不能完全照搬到国内。我们要改变仅作为规则跟随者的被动地位，积极吸收、借鉴国内外的研究成果，致力于对符合我国社会发展要求的企业社会责任评价体系的制定和评价机制的完善，以满足经济全球化背景下我国经济和社会和谐发展的需要。

五 企业社会责任的激励机制

无论是法律责任还是道德责任，在短期内，社会责任管理给企业带来的影响更为突出的是成本的增加。因此，需要完善企业外部激励机制为企业的社会责任管理提供强大的引导力或约束力。如果企业在节约资源、保护环境等管理上能够得到正激励，那么每种正激励对一个追求持续性发展的企业来说都是极大的鼓舞。这些正激励包括：政府采购、财政补贴、信贷支持、减免税收等；提高企业的社会声誉，为企业带来更多的顾客、更好的员工、更多的合作伙伴、更融洽的社区关系等。反之，如果对于某企业的违法行为执法部门能够依法严惩，企业的不道德行为能被及时曝光等，这些负激励就会造成“杀一儆百”“有则改之、无则加勉”的约束效果。近几年，我国政府、非政府组织和社会舆论（尤其是新闻舆论）在强化企业社会责任激励方面做了不少努力。但是，仍存在激励主体欠社会化、激励手段欠多样化等问题，仍需进一步完善企业社会责任激励机制。

第一，在激励方针上，应采取以正激励为主、负激励为辅的激励方针。负激励是被动性激励，不利于调动企业的积极性；而正激励是主动性激励，能大大提高企业承担社会责任的热情，较好地发挥示范作用。

第二，在激励主体上，应该强调主体的社会化。政府、消费者、员工、业务伙伴、新闻媒体、工会、行会和环保协会等利益相关者都应该成为给企业施予激励的主体。任何主体的缺位都可能导致企业在经营管理过程中的某一环节上出现社会责任的缺失问题。

第三，在激励手段上，应坚持精神激励为主，并与物质激励相结合。一方面，物质激励是不可或缺的激励手段，但不宜过分强调，以免给企业社会责任行为造成功利性导向，这与社会责任的初衷是相违背的。企业的社会责任和经济责任本身并不矛盾。但是前者应该以企业和社会的持续发展为目标，而不能成为实现经济目的的一种手段。否则，最终会导致企业背弃社会责任而不惜一切去追求利润最大化。这种历史倒退最终酿造的是人类自己的苦果。另一方面，精神激励有着激发作用大、持续时间长等特点，与企业社会责任行为所追求的长期利益目标有着高度的一致性。精神激励也更能强化企业对自身声誉与和谐社会关系的重视。

坚持以正激励和精神激励为主的原则，可以解决目前我国存在的“以罚代政”问题，重新摆正激励的着眼点。激励机制的着眼点应该在于对企业行为的引导和带动作用上，使企业感受到社会责任行为的效果，并使个别企业的行为能对周围的企业产生巨大的示范效应，使越来越多的企业自觉承担社会责任，并努力改善企业社会责任管理。

企业社会责任需求机制的目标在于提高对企业社会责任的社会性需求，通过增强公众的企业社会责任意识和行为以带动企业对社会责任的有效供给（有效供给不仅表现在供给数量上，更重要的在于供给的质量即内容上，也就是要求企业所供给的社会责任正是社会所需要的）；企业社会责任法律机制的目标在于完善企业社会责任法律体系，用法律的方圆规范企业的社会责任供给；企业社会责任监督机制的目标在于健全企业社会责任监督体系，依靠广阔的社会网络时刻警醒企业的社会责任供给；企业社会责任评价机制的目标在于建立企业社会责任评价体系，用一把社会的科学标尺公平、公开、公正地衡量企业的社会责任供给；企业社会责任激励机制的目标在于加强企业社会责任激励，社会通过各种激励方式对企业承担社会责任的行为及效果做出适当的反馈，从而引导企业的社会责任供给。企业社会责任的需求机制、法律机制、监督机制、评价机制和激励机制以其特有的方式共同致力于企业外部社会责任管理机制的完善，营造出“责任竞争力”的社会环境。

第十章 企业履行社会责任与提升企业绩效的关联研究：基于利益相关者资源优化配置的视角

第一节 问题的提出

企业如何履行社会责任才能在维护利益相关者权益的同时最大限度地提升企业绩效，从而更好地激发企业履行社会责任的积极性，形成企业与利益相关者之间在更高水平上的互动协作，是理论与实务界需要共同探索的重要课题。因为企业履行社会责任是一种长效机制，资源的投入与绩效的产生要经过一段较长的时间，资金的时间价值与风险的存在使得企业对履行社会责任有一种实现超级绩效的渴望，否则不利于激发企业履行社会责任的积极性。本章通过揭示企业履行社会责任与提升企业绩效的关联，从而对企业履行社会责任提升企业绩效的必然性和可行性进行探讨。

企业履行社会责任提升企业绩效是指企业通过合理配置自身资源履行各类社会责任所获取的各种利益相关者资源使企业资源配置更加合理，企业履行社会责任的积极性不断提高，企业绩效不断提升的过程或状态。目前对该问题国内外的相关研究基本上是从企业制度的优缺点与企业履行社会责任的关系来判断，从总的效果是否提升企业绩效得出企业履行社会责任提升企业绩效或降低企业绩效的两种截然不同的结论。

持履行社会责任提升企业绩效观点的学者认为，履行各类社会责任可以综合利用各种优势提升企业绩效：①企业对履行各类社会责任提高绩效的可行性具有信息优势，有利于在竞争性的投资环境中选择最佳机会分配资源以积极履行社会责任[①]。②在企业需要履行多方面的社会责任而资源有限的情况下，企业决策层有动机将稀缺资源从效果较差的社会责任领域转移到效果较好的社会责任领域，以使有限的资源获得更高的企业绩效[②]。③企业能综合运用因履行社会

---

① 陈维政，吴继红，任佩瑜. 2002. 企业社会绩效评价的利益相关者模式. 中国工业经济，（7）：62-66.

② Stein J C. 1997.Internal capital markets and the competition for corporate resources. Journal of Finance，（52）：111-133.

责任而形成的各种利益相关者资源来有效缓解企业诸多经营困难，如提高产品质量增加销售收入、争取政府税收减免就比单纯通过资本市场融资来解决资金短缺问题效果要好得多[①]。④由企业统一控制实施履行社会责任可以通过内部资源的流动灵活地在不同的履行社会责任领域之间配置既定量的资源[②]。⑤在履行几种社会责任相关度较小的责任时，各种社会责任履行领域之间也可以起到一个共同保险效应，因为可能东方不亮西方亮，在总体上能保障企业履行社会责任的绩效[③]。

持履行社会责任降低企业绩效的观点主要有：①资金充裕的企业可能出现过度投资现象，体现在履行社会责任上就是可能在实际效果比较差的社会责任履行领域资源消耗过度，从而恶化企业的低效率过度投资[④]。②作为履行社会责任决策机构的企业总部与具体实施企业社会责任的部门之间存在着代理关系，代理成本以及与之相关联的寻租现象的存在会降低企业履行社会责任的整体效率。从理性的经营者角度来说，企业总部与部门管理者都想追求其私人利益，效益较差的部门会花更大的努力向总部游说对本部门履行社会责任补偿更多资源，却较少考虑到履行社会责任后的企业绩效提升，而这种努力往往会得逞[⑤]。③当企业各部门有不同的社会责任项目并经过各自的论证具有不同程度的提升企业绩效有效性时，企业总部在资源配置过程中往往会偏离最优效率点，造成履行社会责任实际效果较差且很不得力的部门会得到比最优配置还多的资源，而履行社会责任实际效果较好且管理有方的部门会失去充足的资源投入[⑥]。④企业内部通过优化资源配置提升履行社会责任的总体绩效可能部分地被异化为企业总部与分部之间进行“利益输送”的渠道[⑦]。

目前学术界主要从制度经济学的交易成本、代理理论等视角研究企业履行社会责任提升企业绩效问题，赖以出发的基本假设是企业履行不同的社会责任对企业绩效的增长具有不同的有效性，侧重于分析企业对各利益相关者履行社会责任的资源配置制度安排对提升企业绩效的影响。本书认为履行不

---

① Stulz C M. 1990.Managerial discretion and optimal financing policies.Journal of Financial Economics，26（1）：3-28.

② 冯丽霞，肖一婷. 2008. 内部资本市场超额价值创造研究：基于资源基础理论的思考.会计研究，（4）：41-46.

③ 彭建刚. 2004. 运用资源基础理论提升企业核心竞争力. 科技与管理，（5）：27-29.

④ Jensen C. 1986. Agency costs of free cash flow，corporate finance and takeovers.American Economic Review，（76）：323-329.

⑤ Scharfstein D S，Stein J C. 2000. The dark side of internal cap ital markets：divisional rent-seeking and inefficient. Journal of Finance，（55）：2537-2564.

⑥ 樊行健，颜剩勇. 2005. 对企业相关利益者和社会责任的财务分析的思考.上海金融学院学报，（3）：44-49.

⑦ 杨棉之. 2006. 内部资本市场公司绩效与控制权私有收益.会计研究，（12）：61-67.

同社会责任对提升企业绩效的有效性之所以有差别的原因未必完全是利益相关者不同的结果，还可能与其他变量的差异有关，如企业与各利益相关者的利益协调技巧，面对陌生领域实施社会责任的绩效不确定性的判断和决策能力，对履行社会责任所带来的企业绩效提升的时效与强度的认识能力等。企业资源基础理论认为，拥有独特资源是企业获得超额利润的关键因素[①]。企业通过履行社会责任所获得的利益相关者资源也具有独特性，这些独特性资源是企业履行社会责任提升企业绩效的基础条件，制度因素则是其必要条件。单独从制度条件或资源条件一方研究企业履行社会责任提升企业绩效的问题都有失偏颇。

本章从资源基础理论和利益相关者理论双视角探讨企业履行社会责任提升企业绩效的资源条件，当然这种探讨是在吸收制度经济学部分研究成果基础上的创新，研究的主要问题有：①界定企业利益相关者资源的内涵，揭示其特征。②分析来自不同的利益相关者的各种资源对提升企业绩效的作用，利益相关者资源在企业绩效创造过程中以不同方式降低企业经营成本或增加企业收益。各种资源在提升企业绩效过程中相辅相成，通过一种适合企业资源有效运作的核心机制，共同达到提升利益相关者资源总体绩效的目的。

第二节　利益相关者资源的概念与特征

一　利益相关者资源的内涵与外延

这里的"利益相关者"特指企业社会责任的利益相关者，即企业组织内外环境中受企业社会责任决策和行动影响的任何相关者，包括企业的股东、经营者、债权人、员工、消费者、供应商、政府部门、社会公众等，也包括受到企业经营活动直接或间接影响的自然环境、人类后代等[②]。企业利益相关者与企业社会责任的关系是：企业利益相关者是企业履行社会责任的受益者，但这种收益不是单向的，利益相关者总是以各种方式回报履行社会责任的企业。企业资源有广义与狭义之分，广义资源论认为企业资源是指企业所有的资产能力、组织流程、属性、信息、知识等被企业所控制的，能够制定、实施与提升企业战略构思，并能为企业发展创造价值与效益的所有要素的统称[③]。狭义资源论认为企业资源是由管理

① Wernerfelt B. 1984. A resource - based view of the firm .Strategic Management Journal，（5）：171-180.

② 贾生华，陈宏辉.2002.利益相关者的界定方法述评，外国经济与管理，（5）：13-18.

③ Barney J. 1991. Firm resources and sustained competitive advantage. Journal of Management，（17）：99-120.

者完全掌控的、外显的、静态有形的被动“使役对象”。能力是最终会体现在具体个人或群体身上的潜在、动态、无形、能动的可以胜任某项工作或活动的“主观条件”①。企业资源与企业能力存在较强的互动关系，两者往往是交织在一起且边界模糊。本书采用广义的资源概念，将企业能力包含在企业资源的外延之中，将资源定义为由企业所拥有或控制的，能为企业创造价值或效益的所有要素。而利益相关者资源则是企业通过履行社会责任所传递的信息从利益相关者所获得或控制的，企业用以制定和实施资源配置具体方案，优化企业资源配置，提升企业履行社会责任绩效的所有要素的总和。

按照资源本身的内容，利益相关者资源可分为人力资本资源、财务资源、信息资源和关系资源四类。

利益相关者人力资本资源是指企业通过为高管人员、员工提供良好的创业环境、稳定的现期收入与长期的风险收入而获得或控制的企业家才能与其他专业人力资源②。企业家才能资源主要是指企业部门经理层以上高管人员的人力资源。其他专业人力资源是指经理层以下的具有一定才能的企业生产、供应、销售、财务、研究开发等员工人力资源。主要内容包括：①协调企业与其他利益相关者关系，并最大限度地激发其创造企业绩效的能力；②及时掌握各利益相关者提供给企业的信息并作为企业经营决策的重要依据；③对企业履行社会责任引起的企业资源的优化程度进行科学预测并做出相应的履行社会责任的决策。

利益相关者财务资源是指企业通过对银行、供应商、消费者、政府、社会公众等履行相应的社会责任而获得的银行贷款、延期付款、预付款以及在资本市场上发行股票或债券以提升企业财务能力的资源总和。主要内容包括：①企业与利益相关者在市场活动中的资金充裕期与资金短缺期往往是相互交错的，这是双方财务能力互补的前提；②利益相关者可以通过银行信用或商业信用方式使企业在资金困难时渡过难关；③企业与政府、公众投资者的良好关系使企业在长期资本市场上有较强的筹资与投资能力。

利益相关者信息资源是指企业通过对员工、客户或消费者履行社会责任而获得的对生产信息、产品与服务信息以及财务信息的掌控能力，企业积极履行社会责任可以获得在生产、销售决策中的稳定信息来源，并保持畅通的信息渠道。具体内容包括：①利益相关者掌握的各方面的信息是企业赖以进行生产经营决策的基础资源；②企业通过设置有效的渠道与利益相关者进行信息的交流，并掌握及

① 项保华. 2003.企业资源与能力辨析.企业管理，（2）：79.

② 张兆国，刘晓霞，张庆. 2009. 企业社会责任与财务管理变革——基于利益相关者理论的研究.会计研究，（3）：54-59.

时、有效、完整的各类信息；③信息资源的形成要花费一定的成本，但为企业带来的绩效无可估量。

利益相关者关系资源是指企业通过对利益相关者履行相应的社会责任而形成的企业内外关系网络中带有组织因素的、有利于市场资源优化配置的资源集合。企业内部关系网络主要是指股东与经营者之间、经营者与员工之间的结构方式。企业外部关系网络主要是指企业与银行、社会公众投资者、用户或消费者、供应商、政府有关部门的结构方式。其主要内容包括：①由于通过履行社会责任使企业与利益相关者形成了利益共同体，企业与利益相关者在市场活动的不同场合中会表现出默契、相互信任或相互容忍关系的合作状态；②企业与利益相关者之间良好的关系建立在一系列互惠规范和合作规则的基础之上。

二 利益相关者资源的特征及其对企业履行社会责任的影响

对于企业来说，利益相关者资源不仅具有一般资源的稀缺性、异质性、不完全流动性等特征，还有着独特的网络性、路径依赖性特征。

（1）利益相关者资源的网络性特征。这一特征表现为它产生并存在于企业与各利益相关者复杂关系网络之中，又成为影响以企业为中心的利益相关者网络持续和谐发展的重要基础。利益相关者资源网络是各利益相关者之间在资源的交换、传递、扩散过程中发生联系时建立的各种关系的总和①。企业是这一网络系统中资源运作的枢纽。网络形成之初，财务资源、关系资源构成其主要基础资源，存在于由各利益相关者资源组成的资源网络中。利益相关者之间以财务资源为主要内容，以关系资源为主要手段进行其他资源的交易与创造活动，利益相关者资源在这种资源运作过程中，新的人力资本资源、信息资源在不断形成，而财务资源、关系资源也在不断积累。这样利益相关者资源的整体性与系统性越来越明显，其对企业绩效的提升必须通过资源网络系统发挥整体作用：任何利益相关者的资源如果离开这个网络单独发生作用将难以提升企业绩效，或者说不能最大限度地发挥其应有的绩效提升潜力；任何利益相关者的资源发生变化都会间接或直接影响到整个网络的运作，并在一定程度上会影响其他利益相关者资源的绩效创造力的发挥。如三鹿奶粉事件中消费者发生对奶粉产品的严重信赖危机，表明企业与消费者的关系资源丧失殆尽，以致政府、银行等很多资源也无能为力。

（2）利益相关者资源的路径依赖性特征。制度经济学上的路径依赖是指

---

① 盖文启. 2002. 创新网络——区域经济发展新思维.北京：北京大学出版社：55.

制度的演变通常受到人们以往选择的影响，制度变迁一旦走上了某一条路径，它的既定方向会在以后的发展中得到自我强化①。利益相关者资源的路径依赖性是指特定企业利益相关者资源在形成路径和在企业绩效创造过程中发挥作用的路径会受到该企业业已形成的背景环境的影响。这种背景环境主要包括：企业规模、经营范围、组织结构以及产权结构等。企业规模和经营范围的相关性决定了利益相关者初始资源的实力和利益相关者之间资源交易空间的大小。企业的组织结构奠定了利益相关者之间资源优化配置的基本框架和管理体制，决定了利益相关者资源依附于企业的产权形式，也决定了企业在针对利益相关者履行社会责任过程中的职能定位与对利益相关者资源的管理层次，并基本框定了企业社会责任运行平台的形式以及企业与各利益相关者之间的纵横联系和信息沟通渠道。不同企业组织结构、产权结构、资源条件等的差异决定了其利益相关者特征的独一无二性，也决定了利益相关者资源绩效创造力发挥作用的特定条件。企业背景环境任何因素的变化，都会直接或间接地影响利益相关者资源的价值存量，也会调整利益相关者资源提升企业绩效的最优方式②。

利益相关者资源的网络性特征说明我们有可能从各利益相关者资源复杂关系网络中找到一种能够有效提升企业绩效的最佳资源配置方式。而利益相关者资源的路径依赖性特征旨在说明利益相关者资源产生与发挥作用的基础资源条件与制度条件，因为不同的企业这些基础条件差异很大，所以不同企业利益相关者资源结构也大不一样，企业对其优化配置的方式也应有差异。对于企业履行社会责任而言，企业既要了解本企业利益相关者资源的网络性特征，也要根据本企业条件和能力量力而行地做出履行社会责任的权衡取舍，才能取得最佳的企业绩效。

第三节 利益相关者资源在提升企业绩效中的作用

利益相关者资源提升企业绩效主要表现在以下两个方面：一是企业净交易费用的节约，即由企业履行社会责任所带来的与利益相关者之间交易费用的节约额扣除履行社会责任成本增加额之后的差额；二是企业对由履行社会责任所带来的各种利益相关者资源进行集约运作或优化配置所带来的效益增量。人力资本资源、财务资源、信息资源和关系资源在利益相关者资源提升企业绩效过程中以不

① 林毅夫. 2003. 诱致性制度变迁与强制性制度变迁//盛洪. 现代制度经济学（下）. 北京：北京大学出版社：389.

② 冯丽霞. 2006. 内部资本市场：组织载体、交易与租金. 会计研究，(8)：37-43.

同的方式降低企业成本或者增加企业收益。

一 利益相关者人力资本资源与企业绩效的提升

利益相关者人力资本中的高管人员，其人力资本在企业中扮演企业所有者的企业管理代理人的角色，它组织企业资源履行社会责任的方针策略的有效性不仅关系到这些资源通过优化配置提升企业绩效的程度，甚至还关系到企业利益相关者资源的消长。员工人力资本在企业中处于具体实施高管人员决策的角色，其素质高低直接影响到企业在履行社会责任过程中其他利益相关者资源的质量与数量。这两种人力资本对提升企业绩效的作用主要体现在以下四个方面。

（1）利益相关者人力资本资源能够影响利益相关者关系资源的价值存量。通过健全的企业内部管理制度可以建立起高管人员与员工之间、各部门员工之间良好的分工协作关系；高管人员通过实施创造性的经营管理工作改善、扩展企业内部利益相关者与企业外部利益相关者之间的关系，从而建立起稳定成长的消费者、供应商、政府、公众投资者等关系资源。

（2）利益相关者人力资本资源能够促进高质量利益相关者信息资源的形成。如高管人员对员工实施效益工资制，推行有利于员工的股权分配方案，使员工极为关心企业的长远发展，于是及时反馈生产经营过程中出现的异常信息并使问题及时予以解决；高管人员与员工通过履行对消费者的社会责任与消费者建立信赖关系，消费者会及时通过企业提供的信息流通渠道反馈产品和服务的质量问题；高管人员通过建立与政府的信任关系及时获得有关政策变化的信息。

（3）高管人员人力资本能够提高利益相关者财务资源的配置效率。如高管人员长期按时对银行贷款还本付息，在企业处于资金周转困难或其他财务困境时银行会以临时贷款方式解企业燃眉之急；高管人员在经营过程中一贯重视环境保护和社会公益事业，与社会公众建立良好的信用关系，在企业发展壮大需要通过资本市场筹集长期资本时就会借助于这种信任关系最大限度地筹集资本，并大大减小筹资成本[①]。

（4）员工人力资本在产、供、销、财等各个部门与其他利益相关者的市场交易活动中积极履行社会责任，对于建立与企业外部利益相关者良好的资源互利关系也十分重要。

---

① 陈淑妮. 2007. 企业社会责任与人力资源管理研究. 北京：人民出版社：111-126.

二 利益相关者财务资源与企业绩效的提升

利益相关者财务资源在资本市场中可以发挥如下三个方面的作用。

（1）有助于降低企业的财务风险。如长期信守信贷合同不仅有利于企业从银行获得长期贷款和稳定的日常流动资金贷款支持，在企业遇到市场风险发生资金困难时还可以获得临时贷款的应急支持；长期对供应商信守承诺，在企业突然遭遇财务风险而资金支付困难时可以获准延期付款；对消费者提供质量可靠的消费品可以使消费者信守消费信贷合同，避免销售环节财务风险。

（2）有助于降低企业的融资成本。如企业长期信守对银行的承诺可以从银行获得低息贷款；长期保持产品的质量信誉，重视环保和社会公益事业所带来的企业声誉的提高有助于降低企业在长期资本市场上的筹资难度，从而降低企业的融资成本。

（3）优良的利益相关者财务资源是吸引优秀的创业型人力资本的物质基础：高素质的企业家资源与研究开发人力资源必须有一个稳定的财务平台作为创业的物质后盾。

三 利益相关者信息资源与企业绩效的提升

企业积极履行社会责任使企业与利益相关者形成利益共同体，利益相关者基于对自身利益的考虑，就会在生产、流通过程中或产品使用过程中及时、真实、完整地反馈给企业生产、市场、财务以及产品质量等信息，从而在企业经营管理的各环节中杜绝因为信息匮乏带来的经营风险的发生，使企业绩效稳步提升，具体表现在以下三个方面。

（1）良好的利益相关者信息资源可以避免企业经营过程中的诸多财务风险。第一，企业积极履行对员工的安全生产、工资薪酬、社会保障、职业培训等社会责任可以在员工与经营者保持良好的沟通关系的基础上，及时反映企业的生产信息或财务信息。如采购人员及时反映原材料采购风险；生产工人及时反映生产过程中的安全隐患、产品质量瑕疵与生产流程问题；财务人员及时反映企业资金周转风险、内部人经济问题以及可能出现的坏账风险，这样可以使企业将一些生产或财务风险消灭在萌芽状态，避免可能带来的损失。第二，企业通过提供高质量的产品和良好的售后服务积极履行对消费者或用户的社会责任，可以通过多种途径（如产品售后质量跟踪、售后服务水平反馈）来使消费者或用户及时、真实、完整地反馈对产品的质量或服务水平的意见或要求，使企业及时调整产品的研究开发方向，或调整市场开发策略，使企业的产品能够长期适销对路，从而大大减少企业的财务风险和研究开发风险。第三，企业长期依法纳税，配合国家政策的执行，建立与政府的良好合作关系，可以及时获得国家有关产业结构调整或税收、信贷、土地、外贸等政策的调整信息，或在政府进行政策指导中及时预知政策的变化，使企业在这种政策调整前未雨绸缪，从而防范政策突变带来的经营风险。

（2）信息资源在企业人力资本的形成与配置中提供真实、及时、完整的信息支撑，即通过员工、消费者、供应商、政府等利益相关者提供的生产、财务、产品质量以及政策信息来判断现任高管人员与员工的称职性，还急需哪些人力资本来适应企业生产经营需要。

（3）利益相关者信息资源的质量及其与企业绩效的相关性影响着企业对利益相关者关系资源的拓展方向。信息资源对于企业是如此重要，以至于影响着企业与利益相关者的关系密切程度。

四 利益相关者关系资源与企业绩效的提升

企业与利益相关者保持相互信任、相互合作的关系在提升企业绩效中所起的作用主要体现在如下三个方面。

（1）抑制道德风险与机会主义行为，降低企业内部代理成本。企业通过对高管人员履行社会责任可以降低代理成本，并有效抑制其机会主义行为。实践证明，良好的创业环境、合理的年薪制、业绩股份与股票期权制等都可以维持企业所有者（股东）与高管人员良好的关系，减少高管人员道德风险与机会主义行为，从而降低其成本①。维持高管人员与员工之间良好的信赖关系可以抑制员工在生产流通环节的机会主义行为，如抑制采购销售人员的私拿回扣行为、招标人员的商业受贿行为、财务人员的侵吞、挪用公款行为等，从而降低企业经营者与员工之间的代理成本。

（2）关系资源的价值存量增加使人力资本资源有了更好地发挥作用的关系平台。通过企业与利益相关者建立起来的信任关系，可以使高管人员充分利用各种利益相关者资源进行优化配置，从而降低经营成本，提高经营收益。一方面，可以降低融资成本。通过履行对银行的社会责任，建立良好的银企关系，可以获得低息贷款以减少利息的支付；企业积极履行各类社会责任是提高企业市场声誉的根本途径，这样既可以使企业在资本市场上通过与公众投资者的良好合作降低筹资成本（指发行股票或债券），也可以在产品市场上降低营销成本（如广告宣传

① 高尚全.2004.企业社会责任和法人治理结构.新华文摘，（24）：46-47.

费等)；通过与政府的关系资本可以使企业在条件成熟时顺利获得上市机会，或顺利获得配股与债券的发行资格。另一方面，获得优惠政策从而减少经营成本。通过履行对政府、社会公众、环境的公益社会责任建立起来的企业与政府的良好关系可以获得政府优惠政策的扶持，如获得优惠的税收政策、土地政策、政策性贷款等，从而降低企业的税收成本和企业发展成本。

（3）关系资源是信息资源的基础条件，它的强弱影响信息资源的质量。企业与利益相关者之间关系的紧密程度决定于企业对利益相关者履行社会责任的程度大小；企业与利益相关者之间只有建立良好的信任关系，利益相关者提供给企业的信息才能真实、及时、完整，因为这是一种既利己又利他的行为；关系的紧密程度决定了利益相关者对企业的关心程度，从而决定了他们提供的信息的质量。

五 总结：利益相关者资源提升企业绩效的过程

利益相关者人力资本资源、财务资源、信息资源和关系资源在提升企业绩效过程中相互作用、相互促进，共同为提升企业绩效发挥着作用（图 10-1）。

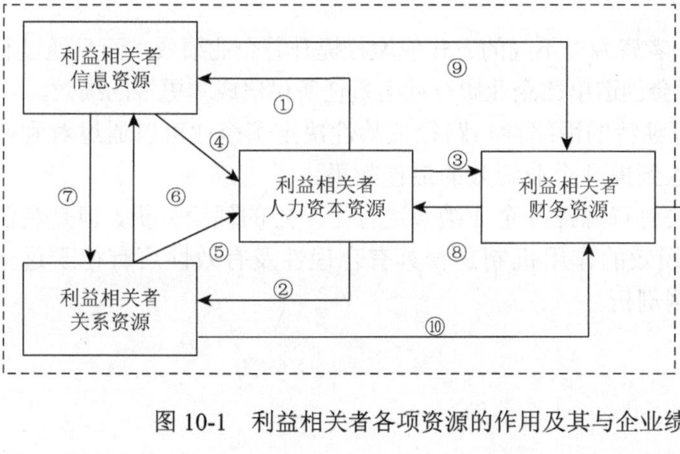

图 10-1 利益相关者各项资源的作用及其与企业绩效提升的关系

利益相关者资源与提升企业绩效的内在关联主要表现在以下 11 个方面。①利益相关者人力资本资源能够促进高质量的信息资源的形成。②人力资本资源能够影响关系资源的价值存量。③人力资本能够提高财务资源的配置效率。④信息资源在企业人力资本的形成与配置中提供真实、及时、完整的信息支撑。⑤关系资源的价值存量增加使人力资本资源有了更好地发挥作用的关系平台。⑥关系资源是信息资源的基础条件，它的强弱影响信息资源的质量。⑦利益相关者信息资源的质量及其与企业绩效的相关性影响着企业对利益相关者关系资源的拓展方向。⑧优良的利益相关者财务资源是吸引优秀的创业型人力资本的物质基础。⑨良好的利益相关者信息资源可以避免诸多企业经营过程中的财务风险。⑩关系资源通过缓解融资压力增强了利益相关者财务资源的功能。⑪企业利益相关者资源在提升企业绩效过程中相互作用的主线是：利益相关者人力资本资源充分运用企业内外利益相关者关系资源和利益相关者信息资源提高财务资源的价值存量和配置效率，使各利益相关者资源在相互协作基础上最大限度地提升企业绩效。

第四节　结论与后续研究

本书从资源基础理论与利益相关者理论视角研究企业在履行社会责任过程中利益相关者资源提升企业绩效的各种情形，得出的主要观点和结论有以下四点。

(1) 利益相关者资源是由企业在履行社会责任过程中各利益相关者给企业带来的人力资本资源、财务资源、信息资源和关系资源的总和。

(2) 在企业对利益相关者履行社会责任与利益相关者回报给企业各种资源之间存在着互为因果的关系。

(3) 不同的利益相关者资源以不同的方式或途径提升着企业绩效；而且通过利益相关者资源的优化配置会创造出比企业履行社会责任所付出成本更多的绩效。

(4) 利益相关者资源独特的网络性与路径依赖性决定了企业可以通过对利益相关者资源的优化配置达到提升企业绩效的最佳效果。

本章对企业利益相关者资源提升企业绩效进行了一定的理论分析，但是利益相关者资源对提升企业绩效的作用机制是否具有合理性及有效性还有待于进一步的实证研究与典型案例剖析。

第十一章 企业环境责任履行与企业财务绩效的相关性：以宁波临港制造业为例[1]

第一节 企业环境责任履行与企业财务绩效相关性的研究现状

一 现状

根据利益相关者理论和实践经验分析，企业履行环境责任能够满足利益相关者的要求，带来广阔的市场。现在宁波临港制造业企业在国家大力提倡发展海洋经济的背景下取得了不俗的成绩，不过其企业环境责任履行情况却不尽如人意、令人担忧，针对宁波临港企业履行环境责任这一现实问题的研究也有待加强。

（1）企业片面追求经济效益会给社会带来日趋严重的环境和生态问题，而能够保护环境、生态的企业“绿色生产”却有着广阔的市场和强劲的动力。据 2012 年中国科学院的测算，由企业发展导致的环境污染和生态破坏造成的损失已占到 GDP 总值的 15%，这意味着一边是 9%的经济增长，另一边是 15%的损失率。在发达市场，企业过度的、非清洁的生产不仅增加温室气体的排放，而且会导致原材料的短缺；在新兴市场，则会污染水源等生产必备资源；在传统市场，甚至会使整个生态系统遭到破坏[2]。在环境污染破坏日趋严重，威胁着子孙后代生存发展的情况下，在国际贸易方面，许多国家对进口货物制定环保标准；在国内管理方面，各国政府通过环境管制，要求企业将环境成本内部化。从经济发展的实践来看，处于货币经济形态中的企业，既存在着对低原材料消耗和低能源消耗的有效需求，也存在着对“绿色产品”和“绿色技术”的有效需求。全球各地的社区和环保组织要求企业履行环境责任的呼声从另一个角度上看正是企业推行“绿色产品”和采用“绿色技术”的坚强后盾。

（2）鉴于宁波拥有得天独厚的港口条件，当地政府和有关科研院所也致力于发展宁波的港口经济，同时由于制造业企业自身的性质——一旦企业环境管理不善，不仅影响企业的财务绩效，而且极其容易给当地周边环境带来毁灭性

---

① 宁波大学商学院的张向群副教授对本章内容的写作提出宝贵的完善意见，特此致谢

② 哈特 L. 2008. 资本之惑：企业可持续发展的战略抉择. 白晶，战颖译. 北京：中国人民大学出版社.

的破坏，故而本章选择了临港制造业企业作为实证研究对象。本章中的临港制造业企业是指以临海、近港为核心，以海洋水运物流为支撑，以外向化为典型特征的一种新投入、大产出的制造业企业，并且对水资源、资金需求量大，对技术、人才要求高，是一种以拥有港口码头为特色的现代化高效制造业企业①。宁波市的临港制造业企业种类主要有五大类，分别是：石化企业、钢铁企业、船舶企业、汽车企业和造纸企业。宁波已基本形成以北仑经济技术开发区、大榭经济技术开发区、宁波石化工业区为主区域的石化基地。形成以宝新不锈钢、宁波钢铁等为龙头企业协同其他企业共同发展的局面。初步形成了北仑、象山港与石浦港三大修造船企业集聚基地。宁波市汽车及零部件行业近几年发展较快，据有关统计，2010 年宁波规模以上企业已达到 624 家，2012 年宁波汽车企业中的规模以上企业的工业总产值达 473 亿元，宁波基本建成了颇具影响力的能源加工及转换基地。在宁波的近 200 家规模以上造纸企业中宁波亚洲浆纸业有限公司、宁波中华纸业有限公司等都有较高的市场知名度和美誉度。宁波市发展和改革委员会把促进临港制造业的发展放在促进宁波区域经济发展战略中的突出位置，出台了《海洋经济运行监测和评估标准体系》等文件，指导其发展工作不断深入进行。2012 年宁波临港制造业企业 GDP 为 846 亿元，占全市的 27%，总产值为 7000 多亿元，占全市的 29.7%，宁波临港制造业规模以上企业 973 家，占全市规模以上企业总数的 24%。宁波市近年来产业层次有较大提升，比较优势比较明显。先进装备制造业、临港工业和高新技术产业比重稳步上升。2011 年，全市装备制造业产值占规模以上工业总产值比重达到 36.6%，比 2002 年提高了 4.8 个百分点；规模以上临港重工业产值占全市规模以上工业产值的 70.7%；高新技术产业产值达到 3077 亿元，占规模以上工业产值比重由 2005 年的 17.9%增至 2012 年的 26.0%②。以能源、原材料为主的临港制造业特色也显现出来，并起到了带动宁波市乃至浙江工业发展的作用。同时我们也应该看到，临港制造业企业在快速发展中伴随着的不清洁生产也会给当地环境带来难以逆转的负面影响，如镇海区的环境形势日趋严峻，主要是因为镇海化工企业大量排放废弃物，而且环境治理规划不够合理，加之不少企业对企业污染问题漠视忽视，使得镇海的环境质量日益下降，严重影响居民的生活和健康；根据统计资料显示，宁波临港工业区内每年生产的水泥有 20 万～30 万吨，可是粉煤灰的产生量却每年达到 200 万吨以上，暴露出宁波临港制造业企业固废利用率低的问题③；同时由于政府出于防范风险的考虑，要求化工企业保持较高

① 董承赞.2010.天津临港工业区发展战略研究. 天津大学硕士学位论文：2-3.

② 朱宇. 2012-9-5. 宁波：坚定不移调结构 脚踏实地促转变.宁波日报，2.

③ 胡文翔. 2005. 宁波市临港工业区发展循环经济的对策研究. http：//gtog.ningbo.gov.cn/art/2005/6/24/art_13242_654010.html[2015-1-12].

固废利用率，为了应付政府的检查，企业管理者往往不顾环境保护而简单地处理固废；同时宁波临港企业也存在废水回用率低的问题，宁波可利用的废水在2000万吨以上，尽管镇海炼化等企业开发利用了部分废水，但象申洲织造公司每年均有500万吨可用废水直接流入东海。

（3）由于环境责任的研究起步较晚，其研究还是依附于社会责任这一大概念，而本身很少作为明确独立的对象被研究。经广泛查阅，关于制造业企业下的环境责任履行的文献和数据则更为缺乏。环境责任实质上是企业社会责任议题的延伸和具体化，由于现实中环境问题的日趋突出从而吸引理论界越来越多的学者将目光聚焦在企业的环境责任履行上。从现有关于企业环境责任履行的文献上看，多数学者贯彻基本相同的理念，但是对企业环境责任履行这一概念并没有进一步明朗化，多数学者主要侧重于对其的定性分析上，从国内文献上看，公开企业履行环境责任的数据甚少，真实可信的数据基本上都是来自美国的数据库，这无疑是加大了企业履行环境责任定量研究的难度。学术界比较认可的企业环境责任是指企业消耗较少的资源，让环境承受较少的废弃物[①]。不置可否的是，前人对环境责任的研究也为后续的研究做了相当的铺垫和准备，为后续的研究做出了重要的贡献。

二 相关理论

（一）企业环境责任理论

企业环境责任是企业社会责任不可分割的一部分，它是顺应社会发展的需要而产生的，最早的企业社会责任是简单的以企业利润的一部分作为慈善捐款用来回馈社会[②]。随着社会的发展，劳工运动日益兴起，此时的企业社会责任又更多地由慈善责任转为人权劳动保障、法律遵守等。现在由于环境问题日益突出，企业环境责任问题自然成为社会责任当中的新兴热点。卡罗尔在社会责任模型中也提出：企业履行环境责任改善周边环境能够帮助企业履行经济责任和慈善责任[③]。经济伦理学家乔治·恩德勒提出社会责任包括三方面：经济责任、政治和文化责任以及环境责任[④]。其中，环境责任主要是指社会经济能够可持续发展，在消耗较少的自然资源，环境承受越来越少的废弃物的情况下，企业依然能够生存和发展。由此可见，企业环境责任是企业社会责任中的重要组成部分（或核心内容）。两者之间的关系见图11-1。

---

① 闫凯. 2009. 企业环境责任与企业可持续发展研究. 厦门大学硕士学位论文：14.

② 秦颖. 2009. 企业环境管理的驱动力研究. 大连理工大学硕士学位论文：20.

③ 转引自：朱贻庭. 2009. 企业的环保责任何以应当.中国经济发展中的自由与责任：政府、企业、与公民企业.上海：上海社会科学院出版社：216.

④ 转引自：吴洁敏. 2008. 临港工业区规划环境影响评价指标体系构建. 广西大学硕士学位论文：20.

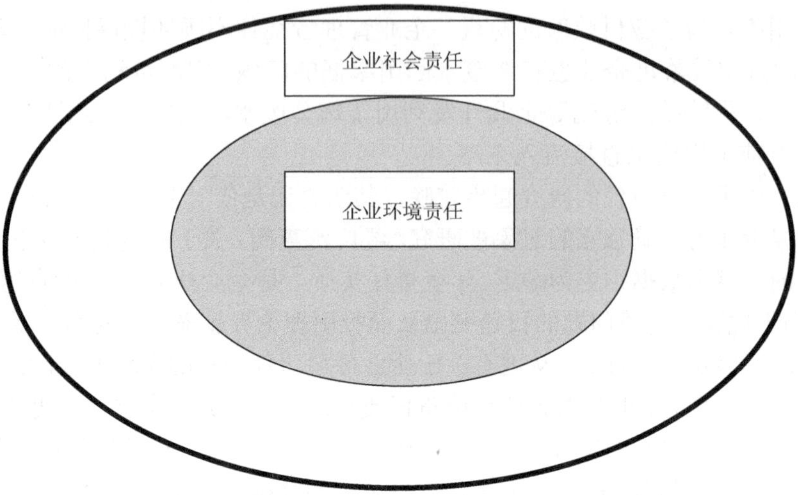

图 11-1 企业社会责任和环境责任关系示意图

国外方面，2005 年加拿大的 The Pembina Institute 和 Pollution Probe 两大环保组织在企业环境责任的报告中提出了以下三个观点：①企业积极履行环境责任，给整个社会带来正面的影响；②企业应在生态环境承受范围内合理开发资源和能源；③企业对履行环境责任的数据披露应该是充分透明的，利益相关者对此拥有知情权[①]。站在环境非政府组织的立场上，其认为企业环境责任的内容包括：环保计划、多方参与共同监管、计量监控、坚持披露、不断改进技术、追求卓越[②]。美国学者 Joe Desjardins 在《企业环境责任》一文中提到，研究企业环境责任管理者需要弄明白两个前提条件：①企业管理决策会对周围生态环境产生重要影响；②企业管理决策涉及企业的生存和发展[③]。文章着重分析了环境问题与管理决策，并试图将两者很好地结合起来。另外，在环保组织社团的努力方面，1989 年美国提出《环境责任经济联盟原则（CERES）》，该原则倡导将企业环境责任实践化，提倡企业采用更加环保、更加新颖的技术与管理方式来确保环境责任的履行。具体包括以下内容：提高环保意识、节约自然资源、减排、降低耗能、合理规避风险、优质环保服务、爱护环境、接受监督、公开数据、及时控制[④]。

国内方面，学者卢代富提出，“企业履行环境责任是履行社会责任的一种表

① 金磅.2009.论企业竞争力的性质.中国工业经济，（10）：5-10.
② 韩海.2012.我国环境保护的对策研究.吉林大学硕士学位论文.
③ 王思贤.2009.基于环境管理的公司治理与经济绩效的相关性研究.吉林大学硕士学位论文：17.
④ 苍靖.2008.企业环境管理策略与其经营业绩的关系分析.工业技术经济，113（1）：40-42.

现，它需要企业保护环境和合理开发资源”[①]。黄锡生和宋海鸥认为企业环境责任履行与企业赢利需要很好地结合起来，使企业在保护环境生态的同时使企业能够赢利发展，两者和谐共存[②]。叶晓丹认为企业履行环境责任主要包括以下三个方面：第一，企业降低耗能，减少废物排放，把企业生产对环境的破坏降至最低；第二，企业加强技术开发，坚持循环经济，提升资源利用率；第三，企业坚持注意对企业周边环境的保护和改善[③]。

（二）利益相关者理论

随着实践的发展，在利益相关者理论中出现的“社会许可证”这一新兴概念能够更好地解释企业履行环境责任、环保生产行为的背后机制。所谓企业的“社会许可证”，指的是企业并不是基于服从法律要求，而是基于一个企业和它的活动被当地社区更广泛社会团体接收的程度。“社会许可证”的拥有企业，最担心的不是法律条文所明示的，而是公众和媒体施加的非正式制裁。由于环保组织等非正式组织在约束企业因为生产破坏环境方面显示出强大的力量，而且“社会许可证”的要求通常比法律上对企业环境保护上的约束要严格，因而会出现在环境责任履行上“超过服从”的企业。

利益相关者不仅能通过施加压力迫使企业履行环境责任，如通过羞辱或负面的宣扬，而且能够在经济效益上间接地影响企业的行为，具体展开可以分为以下三点。

（1）提高企业声誉。“社会许可证”的概念其实与企业的声誉息息相关。正如学者 Joyce 和 Thomson 所言，“声誉资本代表一个让非政府组织，社区和其他团体进入开放讨论而不是敌意反对的沟通桥梁[④]。”声誉资本能够增加企业的信任度。积极并且正确履行环境责任的企业更加容易博取当地社区、政府的好感与信任，这无疑会减少企业将来进入能够获利的渠道的批准难度，最早进入有前景的获利领域，并且为绿色非政府组织所信赖，避免它们通过以声誉资本的形式惩罚企业，换句话说也就是帮助企业规避风险。企业为了得到“社会许可证”，满足各方利益相关者的期望，履行环境责任会带来一定甚至高昂的成本，但是从规避风险、建立良好信誉形象的角度来看，企业履行环境责任都是值得的。

（2）增强执行力度。“社会许可证”通常可以帮助法律完善补充企业在履行环境责任方面的细节，增强法律在规范这方面时的力度。现在由于企业管理者对履行环境责任是成本更是一种投资的理念理解不够深刻等原因，企业只是踩着法律保护环境的底线来行为，在改善保护环境方面持保守甚至是规避的态度，这在

---

① 转引自：陈德湖，蒋馥.2008.环境治理中的道德风险与激励机制.上海交通大学学报，38（3）：466-469.

② 转引自：陈浩.2011.企业环境绩效与经济绩效关系的理论模型及实证文献述评.经济纵横，（6）：43-47.

③ 转引自：陈浩.2006.环境管制与企业竞争力的演化经济学解释——对传统观点和修正学派的批判.生态经济，（2）：38-41.

④ 转引自：陈宏辉. 2008.企业利益相关者的理论与实证研究.浙江大学博士学位论文.

很大程度上阻碍了环保效果的取得。例如，法律只是对一些污染比较严重的企业生产行为进行规范，但是对一些污染较小或是不明的产品却没有明确的规定，但是这些产品确是受到当地社区居民高度重视和警惕的。在这样的情形下，社区等非正式团体压力会促使环保政府使用法律的力量对这一类污染物采取更加严厉的控制，加大了对企业履行环境责任的执行力度。

（3）提高法律要求。即涉及环保的社会力量通过政治施压可以规范和提高法律在环保方面的要求。例如，人们发现某一企业将未经净化处理排出的废水直接注入当地河流中，环保组织很有可能联合消费者抵制该企业产品，环保组织一旦与消费者期望取得一致，则很有可能产生足够的政治力量导致政府在法律上规范企业排污行为和加重企业非绿色生产的处罚力度。

总之，利益相关者理论能够很好地解释企业履行环境责任的外部驱动力量，这几种外部的力量（包括政府力量、消费者力量、社区和社团力量等）不仅能单独发生作用，它们之间也可以互相影响加强制约。同时也应该注意到，利益相关者对企业环境责任的履行施加的不仅仅是压力，从另一个侧面看也带来了商机和市场。

（三）企业环境责任与财务绩效的相关性研究

近些年来，企业环境责任履行与财务绩效的问题受到越来越多学者的关注。理论研究和实证研究日益丰富，产生很多不同的成果，下面将国内外学者关于企业环境责任履行与财务绩效相关性的研究综述如下。

1. 国外企业环境责任履行与财务绩效的相关性研究

1）因果关系

因果关系主要是指企业环境责任履行与财务绩效是互为因果的关系，具体来说则是企业履行环境责任能够带动财务绩效提升，同时财务绩效的提升给企业履行环境责任提供更多的财力保障和支持，有利于企业更积极全面地履行环境责任①。该观点被 Hart 和 Ahuja②、Schaltegger 和 Synnestvedt③、Orlitzky 等④、Vogel⑤、Zhang

---

① Ahuja G. 1996. Does it pay to be green?An empirical examination of the relationship between emission reduction and firm performance. Business Strategy and the Environment，5：30-37.

② Hart S，Ahuja G. 1996. Does it pay to be green? An empirical examination of the relationship between emission reduction and firm performance. Business Strategy and the Environment，（5）：30-37.

③ Schaltegger S，Synnestvedt T. 2002. The link between "green" and economic success：environmental management as the crucial trigger between environmental and economic performance. Journal of Environmental Management，（65）：339-346.

④ Orlitzky M，Schmidt F L，Rynes S L. 2003. Corporate social and financial performance：a meta-analysis. Organization Studies，24（3）：403-441.

⑤ Vogel D J. 2005. Is there a market for virtue? The business case for corporate socialresponsibility. California Management Review，47（4）：19-45.

和 David[①]、Peloza[②]等的研究结果所支持。

Feldman 通过对美国 300 家大型企业的调查，对企业环境责任履行与财务绩效两者的关系进行研究，得出结论：企业履行环境责任提高了企业运行的效率，规避了破坏环境带来的企业风险，不断吸引投资者进行投资使公司的财务绩效得到提升，公司提升的财务绩效又进一步加强企业履行环境责任[③]。Henri 基于资源基础理论的观点，认为环境责任履行是一种异质性的资源，能创造竞争优势，帮助企业提升组织能力和技术水平，从而帮助培养自己的核心竞争力提升财务绩效，并且在拥有日益强大的竞争优势和良好财务绩效的基础上会促使企业继续不断地履行环境责任[④]。

2）负相关

两者存在负相关则是指，企业环境责任的履行会加重企业的财务负担，换言之，企业履行环境责任会降低企业的财务绩效[⑤]。学者 Jaggi 和 Freedman[⑥]、Klassen 和 Whybark[⑦]、Konar 和 Cohen[⑧]、Sarkis 和 Cordeiro[⑨]、Filbeck 和 Gorman[⑩]等曾在多种行业对两者的关系进行研究，结果证明两者是负相关的关系。例如，Cordeiro 和 Sarkis 在论文中提出财务绩效和环境责任履行行为之间存在显著负相关关系，他们选取的指标是有价证券的赢利预测[⑪]。Brammer 等调查的是英国公司并且得出结论：企业环境责任履行与财务绩效之间显著负相关，代表财务绩效的指标是

---

① Zhang R，David S. 2007. Firms' environmental and financial performance：an empirical study. http：//ssrn.com/abstract=1429886[2010-9-25].

② Peloza J. 2009. The challenge of measuring financial impacts from investments in corporate social performance. Journal of Management，35（6）：1518-1541

③ Feldman M. 1997. Performance measure congruity and diversity in multi-task principal relations. Accounting Review，69（3）：429-453.

④ Henri J F. 2006. Organizational culture and performance measurement systems. Accounting，Organizations and Society，31（1）：77-103.

⑤ Klassen R，Whybark D.1999.The impact of environmental technologies on manufacturing performance. Academy of Management Journal，42（6）：599-615.

⑥ Jaggi B，Freedman M. 1992. An examination of the impact of pollution performance on economic and market performance：pulp and paper firms. Journal of Business Finance and Accounting，19（5）：697-713.

⑦ Klassen R，Whybark D. 1999. The impact of environmental technologies on manufacturing performance. Academy of Management Journal，42（6）：599-615.

⑧ Konar S，Cohen M A. 2001. Does the market value environmental performance? The Review of Economics and Statistics，83（2）：281-289.

⑨ Sarkis J，Cordeiro J. 2001. An empirical evaluation of environmental efficiencies and firm performance：pollution prevention technologies versus end-of-pipe practice. European Journal of Operational Research，135：102-113.

⑩ Filbeck G，Gorman R. 2004. The relationship between environmental and financial performance of public utilities. Environmental Resource and Economics，29：137-157.

⑪ Cordeiro J，Sarkis J.1997. Environmental pro-activism and firm performance：evidence from security analyst earnings forecasts.Business Strategy and the Environment，6：104-114.

股票收益，并且他们提出环境责任履行消极的公司股票组合能获得超额回报①。

Khanna 和 Damon 以高污染化工企业为研究样本，在实证部分采取两阶段最小二乘法，研究发现企业环境责任履行会给企业短期利润带来负面影响，不过环境责任履行能够提升投资回报率。因此，企业履行环境责任的成本可以在未来收回，企业获得赢利②。Gray 和 Shadbegian 研究发现，企业环境责任履行与财务绩效呈负相关关系，其研究的对象是美国的纸浆和造纸、石油提炼和炼钢业这三种高污染行业的企业，原因是企业履行环境责任要投入相当多的资金，将生产流程复杂化，降低企业的运行效率，降低财务绩效③。

3）正相关

有不少学者对不同行业的企业进行实证研究后发现两者之间存在正相关关系④。Porter 和 Vanderlinde⑤认为，企业履行环境责任可以规避企业破坏环境的风险，减少损失。而且有很多企业因履行环境责任带来财务绩效改善的案例。例如，Hart 认为超额赢利很大程度上受到公司环境责任履行水平的影响⑥。Triebswetter 和 Hitchens 认为企业环境责任履行与公司的运行效率是正相关关系⑦。White 等学者认为，积极履行环境责任的公司股票具有显著高的市场回报⑧。Klassen 和 McLaughlin 则认为公司发生重大污染事件时，公司的财务绩效会下降，然而当公司在环境责任履行上做出比较大的努力和比较好的绩效时，财务绩效上升⑨。Dowell 等发现履行环境责任的公司比没有履行环境责任的公司，能获得更多的市场回报⑩。

Johnson 对实力雄厚的 68 家公司（均为世界五百强）展开研究，通过统计企

---

① Brammer S，Brook C，Pavelin S.2005. Corporate social performance and stock returns：UK evidence from disaggregate measures. Financial Management，35（3）：97-116.

② Khanna M，Damon A. 1999. EPA's Voluntary 33/55 Program：impact on toxic releases and econmic performance of firms. Journal Environmental Economic and Management，37：1-25.

③ Gray R，Kouhy R，Lavers S. 1995. Corporate social and environmental reporting：a review of the literature and a longitudinal study of UK disclosure. Accountability，Auditing and Accountability Journal，8（2）：47.

④ Aly S.2005. A note on the impact of environmental performance on financial performance performance. Structural Change and Economic Dynamics，3：413-421.

⑤ Porter M，Vanderlinde C.1995. Toward a new conception of the environment-competitiveness relationship. Journal of Economic Perspectives，9（4）：97-118.

⑥ Hart S. 1997. Beyond greening：strategies for a sustainable world. Harvard Business Review，75（1）：66.

⑦ Triebswetter U，Hitchens D. 2005. The impact of environmental regulation on competitiveness in the German manufacturing industry：a comparison with other countries of the European Union. Journal of Cleaner Production，13（7）：733-745.

⑧ White M A. 1996. Corporate environmental performance and shareholder value. http://doc.mbalib.com/view/93b829c39edc126ccc4f9a868afa81f3.html[2010-1-23].

⑨ Klassen R，McLaughlin C. 1996. The impact of environmental management on firm performance. Management Science，42：1199-1214.

⑩ Dowell G，Hart S，Yeung B. 2000. Do corporate global environmental standards create or destroy market value? Management Science，46：1059-1074.

业违反环境法规的次数、偿付罚金的数量、环保事件发生的数量等指标来衡量企业环境责任履行情况，以资产、净资产、投资回报率等指标来代表企业的财务绩效，以企业规模为控制变量，运用回归分析的统计方法进行两者的相关性研究①。研究表明，两者是显著的正相关关系。Said 等建立经济学模型进行研究，提出企业环境责任履行能够改变增量信息从而影响企业的财务绩效②。

4）不相关

不相关是指企业环境责任履行与财务绩效并不存在显著的关系③。例如，Vogel 认为，当前没有强有力的理论或是证据支持企业履行环境责任会提升或是降低企业的财务绩效④。因此，在缺乏证据支持和逻辑依据的情况下，学者通过收集企业履行环境责任相关数据和财务数据来证明两者的相关性有待商榷。

Walley 和 Whitehead 认为基于市场的趋利性，如果企业履行环境责任会带来财务绩效的提升，则市场这只“无形的手”会推动企业积极履行环境责任⑤。若不然，企业履行环境责任则需要外界的压力来推动，如政府的管制、消费者、环境保护团体的投诉等。正是因为外界压力导致的履行环境责任的企业在履行方面比较被动，履行环境责任时企业运作效率不高，加上较高的投入成本，因而企业环境责任履行与财务绩效呈现不相关或是负相关的关系。Jaggi 和 Freedman 综合几种财务指标来衡量财务绩效，企业的环境责任履行情况则用三种污染物的排放量作为因变量进行相关性分析，研究结果是企业环境责任履行与财务绩效是不相关的⑥。

2. 国内企业环境责任履行与财务绩效的相关性研究

国内学者对企业环境责任履行与财务绩效的相关性问题也有诸多看法，但是由于相对国外的研究，国内学者研究起步相对较晚，大多侧重于理论分析。例如，杨东宁和周长辉认为，企业环境责任履行对财务绩效的影响主要是借助企业的组织能力这个因素⑦。孙金花通过建立动态关系模型来分析企业环境责任履行与财务绩效的相关性，认为两者并不是简单的正相关或是负相关的关系，这两者的相关性会随着企业性质、环境责任履行方式的变化而变化⑧。邓丽研究发现，企业

---

① Johnson S D.1995. An analysis of the relationship between corporate environment and economic performance at the level of the firm. Irina：University of California.

② 转引自：刘晓伟.2006.我国企业环境管理中存在问题的分析及对策.管理纵横，(3)：36-38.

③ 侯庆旋.2011.日本环境经营市场及其发展原因剖析.东北亚论坛，(4)：24-27.

④ Vogel D J. 2005. Is there a market for virtue?The business case for corporate social responsibility. California Management Review，47（4）：19-45.

⑤ Walley N，Whitehead B. 1994.It is not easy being green. Harvard Business Review，72（3）：171-180.

⑥ Jaggi B，Freedman C. 1992. An examination of the impact of pollution performance on economic and market performance：pulp and paper firms. Journal of Business Financial and Accounting，19（5）：697-713.

⑦ 杨东宁，周长辉.2004.企业环境绩效与经济绩效的动态关系模型.中国工业经济，(4)：43-45.

⑧ 孙金花.2008.中小企业环境绩效评价体系研究. 哈尔滨工业大学硕士学位论文：43-47.

环境责任履行能在一定程度上提升企业的财务绩效[①]。吕俊和焦淑艳以造纸业和建材业上市公司为研究样本发现企业环境责任履行能明显提升企业财务绩效[②]。唐久芳和李鹏飞分析了当前我国化工行业 A 股上市公司在企业履行环境责任方面披露数据的问题[③]。

刘晓伟深入企业进行访谈提出了当前企业在环境责任履行方面存在的问题，并针对存在的问题提出了相应的对策，希望企业能从履行环境责任的过程中提升财务绩效。他认为企业生产产生的污染物实质上是企业未有效利用的资源，如果企业严格履行环境责任，优化生产流程，提升技术手段，那么资源就能得到更充分的利用，浪费就会相应地减少，成本得到降低，财务绩效得到提高[④]。隋静认为，在当今世界经济贸易全球化背景下，中国企业也需要与世界贸易要求接轨，提高企业履行环境责任的水平，更好地融入世界市场[⑤]。在企业日常运作中，需要尽可能全面地履行环境责任，满足全球化对环保的要求，使中国企业与世界接轨。秦颖和武春友深入意大利、荷兰造纸行业企业获取样本数据，在实证部分建立联立方程模型，得出的结论是企业履行环境责任会降低企业的财务绩效[⑥]。王彩凤立足系统动力学理论，深入天津荣程钢铁联合企业获取数据，运用仿真手段对其环境责任履行与财务绩效的相关性进行分析，证实了企业的财务绩效会根据企业环境责任履行时间的不同和企业市场的不同而呈现动态关系[⑦]。王欣和徐岩对北京地区 86 家上市公司进行调研获取数据，依照企业环境责任履行情况优劣进行打分获得企业环境责任履行的数据，以净资产收益率来代表企业的财务绩效，最后根据统计到的数据进行回归分析，研究结果是企业的环境责任履行和本年与次年的财务绩效不相关，说明企业环境责任履行不一定会影响企业财务绩效[⑧]。陈璇和淳伟德深入中国天津、上海、重庆三个直辖市的 2008 年百强企业进行调研获取样本数据，对反映财务绩效的数据进行主成分分析，运用回归分析的方法研究两者的相关性，研究表明：不同地区的企业，其环境责任履行与财务绩效之间的相关性不相同，也就是说企业财务绩效与企业环境责任履行的相关性可能会受到地域因素的影响[⑨]。王超根据研究企业环境责任履行与财务绩效关系

---

① 邓丽.2011.环境信息披露、环境绩效与经济绩效相关性的研究.重庆大学硕士学位论文.

② 吕俊，焦淑艳.2011.环境披露、环境绩效和财务绩效关系的实证研究.山西财经大学学报，(1)：109-116.

③ 唐久芳，李鹏飞.2008.环境信息披露的实证研究——来自中国证券市场化工行业的经验数.中国人口资源与环境，(5)：112-117.

④ 刘晓伟. 2006. 我国企业环境管理中存在的问题剖析.东北亚论坛，(4)：24-27.

⑤ 隋静.2011.人本管理、环境管理和财务管理关系探析.科技和产业，(4)：49-53.

⑥ 吴倩. 2013. 企业污染治理与可持续增长——以重污染企业为例.内蒙古大学硕士学位论文：45.

⑦ 王彩凤.2008.企业环境绩效与经济绩效关系研究.天津理工大学硕士学位论文.

⑧ 王欣，徐岩.2010.论北京地区上市公司环境绩效对经济绩效的影响. 现代商贸工业，(23)：26-28.

⑨ 陈璇，淳伟德.2010.企业环境绩效综合评价基于环境财务与环境管理.社会科学研究，(6)：38-40.

的文献提出了“企业环境责任履行的压力会导致企业加强对环境责任履行的管理，而企业加强环境责任履行会进一步影响企业财务绩效”的观点，并深入武汉市食品加工企业进行问卷调查获取数据，最后得出企业履行环境责任会降低财务绩效的结论①。总之，企业环境责任的履行，最终都是反映在企业的产品上，包括产品设计、生产流程的优化、供应链的管理等，企业环境责任的履行需要投入较多的成本，因此企业环境责任履行在短期内可能收不回之前的投资，甚至在财务报表上呈现亏损的状态，不过从长远的角度分析，企业履行环境责任能提升企业的运行效率，有利于财务绩效的提高。

（四）研究的评述

综上所述，国外文献中对企业环境责任的履行问题进行了一定程度的研究，也对企业环境责任履行与财务绩效的相关性进行了较多的探讨，不过这其中大部分的文献是描述性或规范性的分析。而且在企业环境责任履行研究的国外文献中，多是以有限的事例研究为基础。然而对比之下，关于企业环境责任履行的国内文献研究的深度和广度相对国外比较欠缺，我国对企业环境责任的研究绝大部分是处在定性研究的初级阶段，一般是依据利益相关者理论来支撑企业履行环境责任的必要性。

在实证研究方面，对两者相关性的研究大多数是采用回归方程的方法，在为数不多的实证研究的文献中，尤其缺乏针对特定行业企业环境责任履行要素的提炼与分析以及企业环境责任履行与财务绩效相关性的实证研究。而且目前的大多数文献并没有很好地界定企业环境责任履行与环境绩效的区别，一般研究是以环境绩效来衡量企业环境责任的履行情况，环境责任履行指标多是采用废水排放量、废气排放量违规次数等来衡量企业的履行情况，指标的选取比较简单，企业财务绩效指标采用会计指标，如资产负债率、总资产收益率等，企业如何通过环境责任的履行来影响财务绩效的实证研究非常少。

通过调研，笔者发现宁波临港制造业企业环境责任履行情况可能对企业的财务绩效能够产生一定影响，本章在参考大量国内外企业环境责任履行与财务绩效相关性的论文的基础上，尝试分析制造业企业环境责任履行的要素，并对企业环境责任履行对财务绩效的影响的内在机理进行分析，最后根据实际调研数据进行实证分析。

---

① 王超. 2008.企业环境责任压力、环境管理反应策略与绩效关系研究——以武汉市食品加工企业为例.华中农业大学硕士学位论文.

第二节　企业环境责任履行与企业财务绩效相关性假设的提出与研究设计

一　假设的提出

企业财务绩效的好坏是企业管理者永恒关注的问题，同时也是他们管理企业所肩负的使命。企业所得的利润不仅是维持企业当前的运作，同时也为企业的后续长足发展奠定基础和条件，尤其是在当今市场经济的大环境下，企业资金雄厚与否在很大程度上会影响企业抓住机遇和规避风险的能力①。

众所周知，随着宁波临港工业尤其是临港制造业的快速发展，环境破坏的问题日益凸现出来，社会民众对企业绿色生产的呼声一浪高过一浪，而且国内国际对环保不达标制造产品加以进出口限制，对污染严重的制造业企业给予越来越严厉的制裁。在这种情形下，作为一名合格的临港制造业企业管理者，应该意识到我们在利用海洋便捷高效物流条件的同时也要注意，海洋生态一旦被破坏将会造成不可逆转的严重后果，不仅企业面临法律的制裁，甚至会危害当地几代人的生命健康，这一点不容忽视，所以应该鼓励企业积极履行环境责任。那么，企业履行环境责任是不是只是出于社会外在的压力呢？其实，答案是否定的。从本章前述的内容中可以看出，已经有一部分文献从实证的角度验证了企业履行环境责任与财务绩效是具有一定相关性的。那么，对于宁波临港制造业企业，是不是企业履行了环境责任就能带动财务绩效的提高呢，企业的环境责任履行这一行为应该采取什么指标进行衡量呢？

Zoll 和 Winter 认为，企业履行环境责任对于企业竞争优势的影响路径包括两个方面：第一，企业自觉履行环境责任，从企业内部来说节约了资源减少了浪费，提升企业内部运行的效率，有利于提升企业产品的形象，在当前消费者对企业环境责任履行呼声越来越高的情况下，有利于企业创立品牌和技术升级换代，提升企业竞争力；第二，企业履行环境责任，从企业外部来说，有助于企业了解外部市场对企业生产环保清洁的要求，消除国际贸易绿色壁垒，随着企业履行越来越多的环境责任，企业能逐步适应市场甚至引导消费者的消费取向，获得消费者青睐，扩大市场，同时消费者对履行环境责任企业的信任也能进一步加强企业进一步履行环境责任，提升技术、工艺等，增强竞争力②。

---

① 波特 M. 2002.国家竞争优势. 李明轩，等译. 北京：华夏出版社.

② Zoll M，Winter S G. 2002. Deliberate learning and the evolution on of dynamic capabilities. Organization on Science，13（3）：339-358.

本章对企业环境责任履行这一概念界定为：把环境保护这一行为融入企业自上而下的管理之中，使企业赢利活动建立在环境责任履行基础之上，最终实现企业经济效益与环境效益的有机统一。在思想理念方面，要求企业管理者要充分考虑到生产经营活动对环境产生的影响从而制定符合环保要求的企业环境战略；在实际行动方面，要求企业管理者在经营的每个环节都能尽可能实现少排放甚至零排放污染物、采用资源循环利用系统等措施确保环境保护理念能够落实在行动之中。

根据企业环境责任履行的概念和企业环境责任履行的要素，可以从以下三个方面来对企业环境责任履行与财务绩效相关性进行分析。

1. 企业环境战略行为对财务绩效的影响

企业战略行为的策划主要是由企业上层管理人员根据获得外部市场的信息并结合企业所掌握的资源，从企业的整体和长远利益角度考虑，从上到下制定企业目标和大政方针，统一对企业分配任务，调配资源①。企业的上层管理者主要依靠丰富的外部信息来决策和规划。采取环境战略行为的高层可以通过观察外部环境、寻找市场机会、探索即将开发的市场与适应环境等措施，发掘市场的机会与规避市场带来的威胁。企业环境战略行为是否能提升企业竞争力、提高财务绩效，取决于消费者对企业履行环境责任之后的产品的欢迎接纳程度，如果市场接纳程度高，产品获得消费者青睐，则产品市场广阔，财务绩效提高。例如，是否投资有利于环境责任履行的生产线项目，若已决定投资，什么时间进行投资等，这些决策在很大程度上能够影响企业未来获益的多少。董俊武等认为企业竞争优势的一大来源是企业管理者能够比较敏锐地感觉到外部环境的变化，并采取相应的措施来应对此种变化，抓住环境变化带来的机遇和规避环境变化带来的威胁②。企业管理者对待环境问题的态度能够较大地影响其履行环境责任的行为，以及企业上层管理者利用环境问题作为战略性管理工具的水平。企业环境战略行为，首先表现在企业上层管理者广泛获取市场变化信息，根据市场的需求制定环境责任履行目标，从企业整体上对环境责任履行的系统进行规划，其次表现在制定积极的环境责任履行政策，而不仅仅是规避违法的风险，减少可能的损失，更重要的是通过企业环境责任的履行改善企业与社区、政府的关系，建立起企业良好的声誉，从而发现消费者对制造业企业环境责任履行而产生的产品需求，扩大市场占有率，创造利润。本章采用了两个具体典型的指标，分别是环境管理组织结构和利益相关者关系。

---

① 秦颖，武春友，瞿鲁宁.2004.企业环境绩效与经济绩效关系的理论研究与模型构建.系统工程理论与实践，(8)：111-117.

② 董俊武，黄江圳，陈震红.2004.动态能力演化的知识模型与一个中国企业的案例分析.管理世界，(4)：66.

因此，在企业战略管理层面提出两个假设。

假设 1：企业设立和运行环境管理组织能够提升企业的财务绩效。

假设 2：企业管理者在项目推进过程中对利益相关者影响的考虑程度越多，企业的财务绩效越高。

2. 企业环境经营行为对财务绩效的影响

企业经营行为主要是由企业中层管理人员在企业内部进行协调承上启下，主要包括根据企业战略目标制定分目标、执行方案、备选方案、实施步骤等，根据部门职能能力分配资源，指导下级活动，反馈评价结果给员工，纠正生产环节偏差等①。企业的环境经营行为，一方面不单单是满足法律上的要求，而是环保型的经营，范围涉及产品设计、产品材料、制作工艺、产品包装和废弃物处理这五个方面。企业环境责任履行在产品设计方面指的是在满足产品的基本功能的前提下企业在产品设计前要充分考虑到后续的生产环节环境破坏的减少、资源消耗的降低②。企业环境责任履行在产品材料方面指的是采用材料的高环保性能，如材料的可再生性、材料成本的节约、用后材料的再利用等③。企业环境责任履行在制作工艺方面主要体现在生产流程的简化、制作过程中废弃物的减少、人工成本的降低等④。企业环境责任履行在包装方面主要包括包装资源的节约、包装物的可降解性、包装物的可循环利用性和包装成本的降低等⑤。企业环境责任履行在废弃物处理方面则是针对生产之后的废弃物的环保化处理，尽量变废为宝，将废弃物再次转化成为可以利用的资源⑥。若企业在前四个方面做得很好的话，那么该废弃物处理的任务就会减轻许多。另一方面是关于产品的定价、渠道和促销。定价指的是将企业生产产品对环境造成的损失计算在价格之内；渠道指的是采用对环境零破坏或是少破坏的渠道进行销售；促销则指的是在宣传产品时企业要有意识地向消费者宣传环保消费，保护环境的观念。从以上分析可以得出环境经营行为其实内容十分广泛，不过每一项内容都离不开企业管理者对研发的支持和服务。履行环境责任的企业通常需要相对先进的技术与生产工艺。根据调研发现，宁波本地的制造业企业的员工工资偏低，因此能在一定程度上减少成本，但是生产技术和销售渠道相对落后，一些制造业企业主要依赖发达国家提供生产设备和技术诀窍。一般来说，研发能力强的企业也具有较强的资源整合能力，有能力克服技术和知识的内隐性与专属性，可以将企业充分履行环境责任所需的技术、知识整合成企业实行循环经济所需的能力基础，而且研发

① 彭海珍，任荣明.2003.环境政策工具与企业竞争优势.中国工业经济，（7）：75-82.

② 彭海珍，任荣明.2004.国外关于环境管制与竞争力理论研究综述.经济纵横，（3）：61-63.

③ 秦颖，武春友，徐光.2004.企业行为与环境绩效之间关系的相关性分析与实证研究.科学技术管理，（2）：129-132.

④ 秦颖，武春友，孔令玉.2004.企业环境战略理论产生与发展脉络研究.中国软科学，（11）：105-110.

⑤ 刘帮成，余宇新.2001.企业国际竞争力的新要素：环境管理.科技进步与对策，（5）：78-80.

⑥ 刘涛，乌仔烈岚，王探.2004.浅议企业环境管理策略.山东省经济管理干部学院学报，（5）：59-63.

能力强的企业实施这一行为成本小、风险低[①]。另外，拥有丰富研发资源和自主研发能力的企业，比较容易获得消费者的信赖，因此企业的产品能保持较高的价格，企业会在生产领域、研发领域、销售领域等优化流程，提升技术，加强创新，提高企业产品形象，从而扩大市场，提升财务绩效。考虑到企业调研和数据搜集的难度，本章采用环境技术的研发或引进程度和产品制造中采用消耗低、污染轻、转化率高、预防式的清洁生产的规模与程度这两个典型指标来判断企业环境经营行为的水平。

因此，在企业经营管理层面提出两个假设。

假设 3：企业清洁生产的规模与程度越高，企业的财务绩效越高。

假设 4：企业环境技术的研发程度越高，企业的财务绩效越高。

3. 企业环境运行行为对财务绩效的影响

企业运行行为是指基层人员按照企业上层制订的计划，根据企业运行情况制定政策程序，各司其职，人尽其事，完成生产、销售等目标[②]。运行行为所包含的信息十分具体，基本是上级的指示，基层人员主要关心的是如何将具体的工作做好。企业的环境运行行为一般指企业每一个员工为了企业环境责任履行所付出的努力，通常是发生在企业资源转化为产品、服务的具体过程中，通过节约资源的技术和理念投入有形资源（如资金、物料、设备、能源）和无形资源（如人力、技术、信息等）输出产品和服务，并且对产生的废弃物加以环保处理。可以这样说，企业环境运行行为涵盖的范围很广，涉及的方面主要包括：顾客服务、产品质量保证、生产计划与控制、进度安排、工作设计和库存管理等[③]。通过企业环境运作行为获得的情况信息能够为企业环境战略行为和企业环境经营行为提供切合实际的指导，而企业环境战略行为和经营行为则是企业环境运行行为的未来方向。企业管理者在做出战略或是经营决策前，必然要考虑现有企业环境责任履行的运行情况，做出合理判断，继而科学符合实际的企业战略和经营决策则为下一轮的企业运行行为进行有效引导，从宏观上帮助企业有效率地履行环境责任。因此，企业对员工环境责任履行技能的培养和教育则是在企业环境运行行为中至关重要的一步。根据本章对宁波临港制造业企业的调研发现，宁波绝大多数制造业企业采用“干中学”的培训模式，开展在职培训，结合实践进行学习、创新。针对员工在生产实践中遇到的污染浪费问题，开展对员工的环保教育培训，第一时间将学习成果运用到工作实践中去。在复杂多变的制造业产品市场中，企业非常需要能够适应多变市场的实际应用的技能，此时通过工作中的培训，将工作和

① Teece D J，Pisano G.1994. The dynamic capabilities of firm：an introduction. Industrial and Corporate Change，(23)：537-555.

② 刘伟.2012.环境经济学.北京：中国发展出版社.

③ Gray R H. 1993. Accounting of Environment. London：Paul Chapman Publishing Ltd：232-246.

学习培训紧密结合起来就成为企业获得独特的竞争优势以及适应外部环境，应对外界挑战的良好手段[①]。相关研究证实“干中学效应”相比企业仅仅投入资金或是单纯扩大企业规模更能有助于企业战略的实现。因为“干中学效应”能够提升组织成员的学习能力，迅速满足市场需求对企业产品和服务的要求。Crossan 和 Nicolini 把员工学习能力当作组织独特竞争力的来源[②]。同时，企业绿色运行行为很大程度上要受到消费者、社会环保组织和人士的影响，而且我们可以从企业环境责任履行的利益相关者评价中判断企业基层员工环境运行行为的好坏程度。消费者对履行环境责任的企业产品强烈的购买意愿和对环境破坏大的产品的抵制行为等将严重影响企业的赢利情况。基于上述的判断，本章选择了环境教育与培训的程度和企业获得世界、国家、地方绿色组织或政府的环境管理奖励程度来衡量企业环境运行行为的优劣程度。

因此，在企业运行管理层面提出两个假设。

假设 5：企业获得环境管理奖励程度越高，企业的财务绩效越高。

假设 6：企业员工受环境教育与培训程度越高，企业的财务绩效越高。

二 数据和样本

（一）企业的财务绩效

本章对宁波临港制造业企业的财务绩效研究是在综合阅读大量文献的基础上，发现主要有两类考核指标：市场收益指标和会计指标。通过观察得出我国资本市场发展并不完善，股价受专家影响过大，股市投机性表现突出，而政府相关部门管理也不到位，我国的股价不能够真实全面地反映企业真正的价值。因而本章选择以会计指标来衡量宁波临港制造业企业的财务绩效。

本章希望能够设计一个完整的模型来全面、准确地衡量企业的财务绩效。目前，已经被大多数学者从四个方面能力来衡量和判断企业的财务绩效，这四个方面分别是赢利能力、运营能力、偿债能力和发展能力。本章一共选取 14 个指标来衡量企业财务绩效，通过 SPSS 软件里的因子分析方法对指标进行筛选。

通过企业访谈和实地调研，获得了 2010～2012 年宁波 58 家临港制造业企业的财务绩效数据，并将其作为实证研究中的因变量。

本章选择的财务绩效指标如表 11-1 所示。

---

① Eisenhardt K M，Tabriz B N. 1995. Accelerating adaptive process：product innovation in the global computer industry. Administrative Science Quarterly，（46）：84-110.

② Crossan M，Nicolini M. 2000. Organizational learning：debates past，present and future. Journal of Management Studies，（23）：783-796.

表 11-1 财务绩效评价指标

指标类型	指标名称	计算公式
赢利能力指标	营业利润率	营业利润率=营业利润/主营业务收入
	资产报酬率	资产报酬率=EBIT/资产总额
	资产净利率	资产净利率=净利润/主营业务收入
	净资产收益率	净资产收益率=净利润/股东权益
	每股收益	每股收益=净利润/普通股股数
运营能力指标	应收账款周转率	应收账款周转率=主营业务收入/平均应收账款
	总资产周转率	销售收入/总资产
	存货周转率	存货周转率=销售成本/平均存货
偿债能力指标	资产负债率	资产负债率=负债总额/资产总额
	流动比率	流动比率=流动资产/流动负债
	速动比率	速动比率=（流动资产－存货）/流动负债
发展能力指标	净资产增长率	净资产增长率=期末扣除其他资本公积的净资产÷期初扣除其他资本公积的净资产–1）×100%
	固定资产增长率	固定资产增长率=（期末固定资产总值–期初固定资产总值）/期初固定资产总值×100%
	总资产增长率	总资产增长率=本期末总资产/去年同期总资产－1

（二）企业环境责任履行

经过多年的发展，对企业环境责任履行情况进行比较权威估计的主要是国外的一些会计机构、环保部门和组织。它们纷纷发布了比较全面完善的企业环境责任履行评估标准，如表 11-2 所示。

表 11-2 企业环境责任履行评估标准表

环境责任履行评价标准	指标类别	包含内容
ISAR 环境信息披露指南	财务指标；财务指标与环境业绩指标相结合的复合指标	存在的和潜在的环境影响、废弃物处理、资源耗费、资源投入、与环境有关的资本性支出等八个关键性指标
WBCSD 生态效益指标	行业通用指标；取决于企业特殊环境特点的特定指标	产品或服务的价值、生产过程中对生态的影响、产品或服务在使用过程中对生态的影响
ISO14031 环境业绩评价标准	企业周边的环境状况指标；企业内部经营业绩或者操作业绩指标、管理业绩指标	原材料、能源的使用、设备投入及运作、产品、服务废弃物的产出、污染治理；企业环境管理组织及制度建设情况、合法合规性、财务业绩、公众关系
全球报告倡议组织报告指南	经济指标、环境指标、社会指标	绿色原材料使用、污染治理、环境管理项目、违规处罚的 16 个核心指标和 19 个附加指标
CICA——加拿大特许会计师协会制定标准	在其他环境指标的基础上增加了对野生动物、土地、自我监控方案指标	利用资源效率、环境投入成本与收益、企业环境排污情况、法规违规等指标

续表

环境责任履行评价标准	指标类别	包含内容
日本环境报告指南	环境管理指标、运营指标、环境效率指标、社会措施指标	组织的环保政策、目标、计划和成果；企业物质及能源的投入与产出角度把握企业运营活动对环境的影响；反映环境措施的效果和创造增加值的情况；与社会沟通及社会反响的指标

本章中的环境责任履行的研究数据来自调查问卷，调查时间从 2013 年 3 月至 2013 年 12 月。企业问卷调研的数据包括宁波北仑、镇海和市区沿甬江区域的 58 家制造业企业，涉及 6 家石化企业、15 家钢铁制造业、4 家电子设备制造业、19 家机械设备制造企业、3 家造纸企业、4 家金属制造业和 7 家汽配企业。本章为了与企业的财务绩效进行计量分析，采用了 2010～2012 年的部分数据。

（1）环境管理组织结构——通过问卷调研企业环境管理组织，了解各职能部门及其人员相关责任和环境管理部门的运转情况，按照环境管理组织结构的运行情况给予 1～7 分的评分。

（2）利益相关者关系——反映企业高层管理者在做出有关环境保护决策时与政府、消费者、社区等利益相关者的交流程度。按照交流的情况给予 1～7 分的评分。

（3）产品制造中自愿采用消耗低、污染轻、转化率高、预防式的清洁生产的规模与程度——反映企业在产品实际生产中环境责任履行水平的高低。根据清洁生产的规模情况给予 1～7 分的评分。

（4）技术开发——反映企业对企业环境责任履行上所需要的知识、技术储备的重视程度。一般情况下，知识技术的积累很大程度上依赖资金的投入。无论是从发达国家引入的先进环保技术还是研发人员的培养都需要大量资金的投入。根据企业环境技术开发情况给予 1～7 分的评分。

（5）环保教育及培训——反映企业对员工环境责任履行培训上付出努力的多少。根据企业对环保教育及培训情况给予 1～7 分的评分。

（6）获得世界、国家、地方绿色组织或政府的环境管理奖励程度——反映企业在环境责任履行上的表现好坏。因为企业在运行层面履行环境责任涉及的方面和细节很多，对每个方面设计指标进行考核不太现实，故本章主要依据企业在环保方面获奖情况给予 1～7 分的评分。

三 变量选择

（一）因变量的选择

本章通过因子分析的方法筛选出企业的营业利润率和应收账款周转率作为

因变量，用来衡量企业的财务绩效。该指标数据来自笔者深入企业所作的调研，因此该数据具有较强的可信度。本章依据研究的目的和研究方法的需要，剔除在考察期内数据遗漏、不完整的企业，最终确定样本数为 58 家临港制造业企业。以下是具体筛选的方法。

前文已经选取的 14 个财务指标：营业利润率、资产报酬率、资产净利率、净资产收益率、每股收益这五个指标共同代表企业的赢利能力；资产负债率、流动比率、速动比率这三个指标共同反映企业的偿债能力；固定资产增长率、净资产增长率、总资产增长率这三个指标共同反映企业的发展能力；总资产周转率、应收账款周转率、存货周转率这三个指标共同反映企业的营运能力。本章通过 SPSS 软件对 58 家宁波临港制造业的 2006～2012 年的样本进行因子分析。

表 11-3 是 Kaiser-Meyer-Olkin（KMO）测度和巴特利特球体检验结果。从表 11-3 中可以看出，KMO 值是 0.650，KMO 检验的作用主要是考察变量间的偏相关系数，即 KMO 值大于 0.5 的数据则有进行因子分析的条件。因此，接下来本章可以进行因子分析。同时，巴特利特球体检验值是 1299，显著性概率为 0.000，通过显著性检验。

表 11-3　KMO 测度和巴特利特球体检验

KMO 测度取样程度适当标定值		0.650
巴特利特球体检验	卡方检验值约数	1299
	df	120
	sig	0.000

如表 11-4 所示，第二列是公因子的特征值，第三列是贡献率，第四列是累计贡献率。按照公共因子的获得原则——特征值大于 1 则可以得到 2 个公共因子，并且累计贡献率达到一定水平为 66.71%，即说明选出的 2 个公共因子已涵盖了原先 14 个财务绩效指标的 66.71%的信息，因而本章选用这 2 个公共因子代表企业的财务绩效。

表 11-4　总方差分解表

成分	初始特征值			转轴平方和负荷量		
	公因子的特征总值	方差率/%	累积贡献率/%	公因子的特征总值	方差率/%	累积贡献率/%
1	4.399	40.555	40.555	3.699	45.199	45.199
2	2.510	20.499	61.054	2.711	26.511	66.710
3	0.989	13.028	65.982	—	—	—
4	0.851	9.199	75.181	—	—	—
5	0.850	7.910	83.091	—	—	—

续表

成分	初始特征值			转轴平方和负荷量		
	公因子的特征总值	方差率/%	累积贡献率/%	公因子的特征总值	方差率/%	累积贡献率/%
6	0.710	4.498	87.589	—	—	—
7	0.649	4.071	91.66	—	—	—
8	0.389	2.399	94.059	—	—	—
9	0.357	2.289	96.384	—	—	—
10	0.299	1.789	98.137	—	—	—
11	0.119	0.757	98.894	—	—	—
12	0.079	0.501	99.395	—	—	—
13	0.048	0.486	99.881	—	—	—
14	0.021	0.119	100.000	—	—	—

对公共因子进行旋转处理，可以得出：第一个公共因子反映企业的赢利能力，第二个公共因子反映企业的营运能力，如表 11-5 所示。

表 11-5 旋转后的因子载荷矩阵

指标	1	2
每股收益	0.699	−0.049
营业利润率	0.951	0.378
净资产收益率	0.441	0.039
资产报酬率	0.591	0.163
资产净利率	0.501	0.139
流动比率	−0.036	−0.431
速动比率	0.030	−0.047
固定资产增长率	0.151	−0.041
净资产增长率	0.031	−0.211
总资产增长率	0.019	−0.049
存货周转率	0.006	0.751
应收账款周转率	0.920	0.389
总资产周转率	0.119	0.750
资产负债率	0.059	−0.159

通过上述数据分析，本章筛选营业利润率和应收账款周转率作为财务绩效的衡量指标。

（二）自变量的选择

本章中的自变量采取的是环境战略行为、环境经营行为和环境运行行为三项一级指标下的六项二级指标和企业年生产总值的自然对数。本章从企业战略、经营和运行三个方面选取指标，试图尽量比较全面完整地反映企业环境责任的履行情况。

控制变量的选取主要是控制企业不同的规模对企业财务绩效的影响。表 11-6 统计模型中涉及的控制变量均来自企业调研。

表 11-6　统计计量变量说明

因变量	营业利润率
	应收账款周转率
自变量	环境管理组织结构（P_{11}）
	利益相关者关系（P_{12}）
	自愿开展清洁生产（P_{21}）
	技术开发（P_{22}）
	获得环境保护荣誉（P_{31}）
	环保教育及培训（P_{32}）
控制变量	企业人均年生产总值的自然对数（ln GDP per capita）

四　测量方法

本章主要是以多元回归模型来验证各个假设是否得到实证数据的支持。统计方法有因子分析、描述性统计、相关性检验、多元回归分析。统计工具使用 SPSS 16.0。

第三节　企业环境责任履行与企业财务绩效相关性的实证研究

一　信度与效度分析

（一）调查问卷的介绍

为了使实证研究严谨合理，本章的问卷均借鉴国内外已经使用过的调查问卷，以下是对问卷的内容和整个调查过程的介绍与分析。

问卷主要分为三部分，一共是 30 道题，第一部分是企业环境责任履行的压力以及动力，第二部分是企业环境责任履行，最后一部分是企业的基本信息。问卷采用填空和选择的形式，对以上三个方面进行问卷调查。

（二）问卷调查的介绍

本次问卷是为了了解宁波临港制造业企业环境责任的履行情况，除了这个核心调查问题之外，还对企业环境责任履行的压力和动力、被调查企业的基本情况做了大致的调查了解。以宁波临港制造业企业为研究对象，通过发放问卷的方式，进行数据收集。此次调研共发放问卷151份，回收问卷100份，问卷回收率为66%，剔除无效问卷后，有效问卷为88份。

（三）信度和效度的检验

一般情况下，当KMO的值大于等于0.5，巴特莱特统计值小于等于Cronbach's α 值，各题项的载荷系数均大于0.5时，可以通过主成分分析将同一变量的各测试项合并为一个因子并进行后续研究。[①]本章通过SPSS软件对样本进行信度和效度的检验，以确保研究的有效性。通过表11-7可以看出，Cronbach's α 值均大于0.70，样本的信度通过内部一致性检验，并且具有较高的效度。

表11-7 信度检验表

变量	语句数量	描述性统计		因子载荷系数	主成分方差贡献率/%	Cronbach's α
		均值	标准差			
P_{11}	2	3.28	0.81	0.836	59.96	0.711
		3.07	0.82	0.807		
P_{12}	3	3.23	0.85	0.670	70.23	0.747
		3.61	0.94	0.833		
		3.41	0.93	0.847		
P_{21}	3	3.25	0.96	0.834	64.14	0.806
		3.17	1.02	0.831		
P_{22}	2	3.29	0.88	0.830	66.78	0.701
		3.43	1.02	0.864		
P_{31}	2	3.40	0.86	0.663	71.00	0.786
		3.50	0.81	0.550		
P_{32}	3	3.61	0.94	0.670	61.23	0.8267
		3.55	0.93	0.810		

① Omer M. 2010. Focus on low carbon technologies：the positive solution.Renewable and Sustainable Energy Reviews，（4）：1-27.

二 模型构建

根据提出的假设，本章构建如下的多元线性结构模型[式（11-1）、式（11-2）]来探讨企业环境责任履行这一行为是如何作用和影响企业的财务绩效的。

模型一：$Z_{it}=\beta_0+\beta_1P_{11it}+\beta_2P_{12it}+\beta_3P_{21it}+\beta_4P_{22it}+\beta_5P_{31it}+\beta_6P_{32it}+\beta_7\text{InGDP}_{it}+\varepsilon_{it}$ （11-1）

模型二：$W_{it}=\beta_0+\beta_1P_{11it}+\beta_2P_{12it}+\beta_3P_{21it}+\beta_4P_{22it}+\beta_5P_{31it}+\beta_6P_{32it}+\beta_7\text{InGDP}_{it}+\varepsilon_{it}$ （11-2）

其中，β_0为方程截距；β_1～β_7为系数；ε_{it}为残差项；Z_{it}为第i个企业第t年的营业利润率；W_{it}为第i个企业第t年的应收账款周转率；其他变量的下标it含义相同。

三 描述性统计

变量的描述性统计分析结果如表 11-8 所示。

（1）对于企业环境履行的六项指标，从均值来看 2010～2012 年均呈上升趋势，从标准差来看，只有技术开发一项指标在 2011 年略有下降，其他指标的标准差逐年略有上升，说明均值的代表性稍有下降。具体而言，环境管理组织结构在 2010～2012 年最大值为 7，最小值为 0；利益相关者关系在 2010～2012 年三年的最小值均为 0，2011 年的最大值为 6，2012 年的最大值为 7；技术开发最小值为 1，最大值为 7；自愿开展清洁生产在 2010～2012 年的最小值为 1，最大值为 7；环保教育及培训最小值均为 1，2011 年和 2012 年均为 7；获得环境荣誉保护在 2010～2012 年最小值均为 0，最大值为 7。

从表 11-8 中可以看出，宁波临港制造业企业从 2010～2012 年，企业环境责任履行六项指标数据都呈上升趋势。说明近几年来国家加大了对企业环境责任履行的监控力度，从方方面面对企业进行约束，效果还是比较明显的。其中六项之中，环境管理组织结构和自愿开展清洁生产这两项指标得分相对较低，均值介于 2～3。可能是企业对制造业的绿色产品是否具有广阔市场心存一定疑虑，说明宁波临港制造业企业在设立并发挥环境管理组织结构和自愿开展清洁生产上相对其他的环境责任履行行为表现得不是很积极。在六项之中技术开发这一项指标得分比较高，反映了宁波临港制造业企业在技术开发这一项环境责任履行上比较重视，履行较好。

（2）从表 11-9 中可看出，对于财务绩效的两项指标，其中营业利润率在 2010～2012 年的最小值逐年上升，最大值呈下降趋势，2012 年较 2011 年稍有回升，均值同样是呈下降趋势，但是 2012 年较 2011 年标准差下降，均值的代表性逐渐加强。应收账款周转率呈下降趋势，但是在 2011 年波动较大，2011 年的最小值为–0.47，也低于 2010 年和 2012 年，最大值为 0.5641，高于 2010 年和 2012 年，说明企业的经营情况趋于良好，经营收益有所增加，不过企业可能还未来得及进行资产投资，故而指标显得有些不太稳定，较 2010 年和 2012 年均值的代表性较小。

表 11-8　描述性分析 1

环境管理	年份	最小值	最大值	均值	标准差
P_{11}	2010	0	7	2.19	1.564
	2011	0	7	2.34	1.630
	2012	0	7	2.50	1.765
P_{12}	2010	0	6	2.71	1.490
	2011	0	7	2.90	1.746
	2012	0	7	3.19	1.844
P_{21}	2010	1	7	2.47	1.465
	2011	1	7	2.64	1.652
	2012	1	7	2.89	1.806
P_{22}	2010	1	7	3.08	1.631
	2011	1	7	3.23	1.533
	2012	1	7	3.46	1.738
P_{31}	2010	0	7	2.87	1.351
	2011	0	7	3.12	1.357
	2012	0	7	3.39	1.488
P_{32}	2010	1	6	3.00	0.99
	2011	1	6	3.10	1.021
	2012	1	7	3.29	1.153

表 11-9　描述性分析 2

财务绩效	年份	最小值	最大值	均值	标准差
Z	2010	–0.089	0.3825	0.093	0.086
	2011	–0.085	0.3385	0.082	0.069
	2012	–0.038	0.3418	0.088	0.064
W	2010	–0.237	0.4365	0.086	0.094
	2011	–0.47	0.5641	0.081	0.098
	2012	–0.179	0.2686	0.065	0.070

四 相关性分析

（一）2010 年各变量间的相关分析

2010 年各变量间的相关系数见表 11-10。

表 11-10　2010 年各变量相关系数

	P_{11}	P_{12}	P_{21}	P_{22}	P_{31}	P_{32}
P_{11}	1					
P_{12}	0.400***	1				
P_{21}	0.401***	0.410***	1			
P_{22}	0.316***	0.461***	0.480***	1		
P_{31}	0.404***	0.194***	0.253***	0.492***	1	
P_{32}	0.388***	0.403***	0.418**	0.460***	0.423***	1
Z	0.675**	0.705**	−0.676**	−0.634**	0.611*	0.654
W	−0.83	0.741*	−0.671	0.707	0.627*	0.705

***，**，*分别表示在 99%，95%，90%水平上显著

对于 2010 年的企业环境责任履行指标，环境管理组织结构、利益相关者关系、技术开发、自愿开展清洁生产、获得环境保护荣誉及环保教育和培训，这六项之间都存在着显著相关性。说明一般企业若致力于环境责任的履行，那么在企业各个环境管理层次上都将有所作为。

财务绩效指标中，营业利润率与自愿开展清洁生产、技术开发存在着较为显著的负相关关系，营业利润率与利益相关者关系、环境管理组织结构、获得环境保护荣誉及环保教育和培训存在正相关关系。应收账款周转率与利益相关者关系和获得环境保护荣誉存在较为显著的正相关关系，应收账款周转率与环境管理组织和自愿开展清洁生产存在负相关关系。

上述结果显示 2010 年中，企业履行环境责任对财务绩效存在一定的影响。另外，2010 年的财务绩效与部分企业环境责任履行指标之间存在负相关关系，说明在既定的利润总额下，企业将利润用于履行环境责任，会引起当年财务绩效的降低。

（二）2011 年各变量间的相关分析

2011 年各变量间的相关系数见表 11-11。

表 11-11　2011 年各变量相关系数

		P_{11}	P_{12}	P_{21}	P_{22}	P_{31}	P_{32}
环境责任履行	P_{11}	1					
	P_{12}	0.471***	1				
	P_{21}	0.413***	0.322***	1			
	P_{22}	0.422***	0.360***	0.482***	1		
	P_{31}	0.485***	0.384***	0.489***	0.221***	1	
	P_{32}	0.222***	0.223***	0.491***	0.482***	0.440***	1
财务绩效	Z	0.709	0.676**	−0.775	−0.719	0.626**	0.747
	W	−0.61	0.674**	−0.735	0.676	0.73**	0.708

***，**，*分别表示在 99%，95%，90%水平上显著

2011 年环境责任履行指标与财务绩效指标相关性的情况与 2010 年基本相同，企业环境责任履行的六项指标存在显著的相关性。

财务绩效指标中，营业利润率与自愿开展清洁生产、技术开发存在着负相关关系，营业利润率与利益相关者关系、环境管理组织结构、获得环境保护荣誉及环保教育和培训存在正相关关系，其中利益相关者关系和获得环境保护荣誉与营业利润率的正相关关系较为显著。应收账款周转率与利益相关者关系和获得环境保护荣誉存在较为显著的正相关关系，应收账款周转率与环境管理组织和自愿开展清洁生产存在负相关关系。

上述结果显示 2011 年中，企业履行环境责任对财务绩效存在一定的影响。另外，2011 年的财务绩效与部分企业环境责任履行指标之间存在负相关关系，说明在既定的利润总额下，企业将利润用于履行环境责任，会引起当年财务绩效的降低。

（三）2012 年各变量间的相关分析

2012 年各变量间的相关系数见表 11-12。

表 11-12　2012 年各变量相关系数

		P_{11}	P_{12}	P_{21}	P_{22}	P_{31}	P_{32}
环境责任履行	P_{11}	1					
	P_{12}	0.550***	1				
	P_{21}	0.466***	0.561***	1			
	P_{22}	0.817***	0.609***	0.524***	1		
	P_{31}	0.533***	0.723***	0.544***	0.646***	1	
	P_{32}	0.585***	0.515***	0.540***	0.511***	0.499***	1
财务绩效	Z	−0.88	0.777	−0.698	−0.806	−0.712	−0.611
	W	−0.757	0.594*	−0.768	0.677	−0.685	0.822

***，**，*分别表示在 99%，95%，90%水平上显著

对于 2012 年环境责任履行指标与财务绩效指标相关性的情况，与 2010 年和 2011 年的情况比较相似，企业环境责任履行的六项指标存在显著的相关性。对于企业环境责任履行指标与财务绩效指标的相关性情况，相较 2010 年和 2011 年，营业利润率只和利益相关者关系存在正相关；应收账款周转率与利益相关者关系和技术开发以及环保教育和培训正相关。可以看出，企业环境责任履行在 2012 年反映企业营运能力的指标——应收账款周转率上得到相对积极的回应。

由于近几年来国家加强对企业环境保护方面的监管力度，社会责任报告披露逐渐成体系，虽然企业的经营状况不是很稳定，但是其积极效果还是可以观测到的。但技术开发这一指标与财务绩效指标在 2010 年、2011 年和 2012 年均是负相关。之所以会出现这种现象，结合调研，本章认为是企业一旦重视维护利益相关者关系和获得环保荣誉，在生产的正常运营过程中就会自然而然地给予实施，其相关关系也会在短期内加以显现，不太需要额外的投入，而技术开发企业需要一次性投入比较多的资金，在同年内较难收回投资，而且技术开发更需要适时投入，企业一旦放慢有关环保技术开发的脚步，其对财务绩效相关性显得不明显，甚至是负相关。

五　多元回归模型

在多元回归部分，本章采取 2010 年、2011 年和 2012 年的企业环境责任履行数据和财务数据来分析。

（一）2010 年财务绩效变量与企业环境责任履行变量的回归分析

2010 年营业利润率与 2010 年的环境责任履行变量回归结果如表 11-13 所示。

表 11-13　2010 年企业环境责任履行变量对营业利润率的回归结果

自变量	自变量为 $X_{i,\ 2010}$，因变量为 Z_{2010}	
	参数估计	T 值
X_1	−0.007	−2.451
X_2	0.005	3.246
X_3	−0.573	−2.206
X_4	−0.008	−2.041
X_5	−0.281	−2.492
X_6	−0.013	−2.530
R^2	0.561	
F	2.826	

只有利益相关者关系（X_2）的回归系数为正，与假设相符，不过变量的显著性不高，环境管理组织结构（X_1）、技术开发（X_3）、自愿开展清洁生产（X_4）、获得环境保护荣誉（X_5）及环保教育和培训（X_6）的回归系数为负，说明为期一年的企业对环境责任成本比较大，效益却不能在财务的总资产报酬率上很好地显现出来。

之所以出现上述这种现象，分析其原因可能是 2010 年宁波临港制造业企业受金融危机余波的影响，经营状况不太稳定，企业环境责任履行在财务绩效上的积极反应不太明显。不过在金融危机的影响下，企业重视利益相关者关系仍然能在赢利指标上取得积极的效果。

2010 年应收账款周转率与 2010 年的环境责任履行变量回归结果如表 11-14 所示。

表 11-14　2010 年企业环境责任履行变量对应收账款周转率的回归结果

自变量	自变量为 $X_{i,\ 2010}$，因变量为 W_{2010}	
	参数估计	T 值
X_1	0.144	3.272
X_2	−0.053	−2.605
X_3	−1.113	−3.687
X_4	−0.372	−2.326
X_5	0.284	3.856
X_6	0.002	3.726
R^2	0.473	
F	1.991	

环境管理组织结构（X_1）、获得环境保护荣誉（X_5）及环保教育和培训（X_6）的回归系数为正，与假设相符合，但是所有的变量显著性都不高，R^2 为 0.473，说明回归方程能解释总方差的 47.3%，在方差分析部分，F 值为 1.991，且 F 值的显著性概率为 0.054，说明总体回归效果尚可。

本章分析原因可能是 2010 年宁波临港制造业企业受金融危机余波的影响，财务状况不太稳定，不过企业环境责任履行在应收账款周转率上的积极反应相较于营业利润率更为明显。根据数据显示，在金融危机的影响下，宁波临港制造业企业若是加强发挥环境管理组织结构的作用、多获得环境保护荣誉及实施环保教育和培训，仍然能在营运指标上取得积极的效果。

（二）2011 年财务绩效变量与企业环境责任履行变量的回归分析

2011 年营业利润率与 2011 年的环境责任履行变量回归结果如表 11-15 所示。

表 11-15　2011 年企业环境责任履行变量对营业利润率的回归结果

自变量	自变量为 $X_{i,\ 2011}$，因变量为 Z_{2011}	
	参数估计	T 值
X_1	0.143	3.965
X_2	0.064	2.050
X_3	–1.114	–3.141
X_4	–4.511	–3.605
X_5	0.013	2.897
X_6	0.088	2.736
R^2	0.468	
F	1.948	

从表 11-15 可以看出，环境管理组织结构（X_1）、利益相关者关系（X_2）、获得环境保护荣誉（X_5）及环保教育和培训（X_6）的回归系数为正，与假设相符合，其中仅有获得环境保护荣誉（X_5）对营业利润率（Y_1）的影响力在 1%的水平上显著，R^2 为 0.468，说明回归方程能解释总方差的 46.8%，在方差分析部分，F 值为 1.948，且 F 值的显著性概率为 0.06，说明模型的总体回归效果尚可。

宁波临港制造业企业 2011 年的财务状况相较于 2010 年更加稳定和良好，从营业利润率这一指标上看，宁波临港制造业企业环境责任履行在财务上的积极反应相较 2010 年更为明显。根据数据显示，宁波临港制造业企业若是加强发挥环境管理组织结构的作用、加强与利益相关者关系、多获得环境保护荣誉及加强环保教育和培训，则能在营业利润率这一指标上取得较好的反映。

2011 年应收账款周转率与 2011 年的环境责任履行变量回归结果如表 11-16 所示。

表 11-16　2011 年企业环境责任履行变量对应收账款周转率的回归结果

自变量	自变量为 $X_{i,\ 2011}$，因变量为 W_{2011}	
	参数估计	T 值
X_1	0.986	2.623
X_2	0.010	2.061
X_3	0.002	2.775
X_4	0.186	3.297
X_5	0.524	2.791
X_6	0.021	2.135
R^2	0.589	
F	3.170	

从表 11-16 可见，环境管理组织结构（X_1）、利益相关者关系（X_2）、技术开发（X_3）、自愿开展清洁生产（X_4）、获得环境保护荣誉（X_5）及环保教育和培训（X_6）的回归系数均为正，与假设相符，但是所有变量的显著性不高，R^2 为 0.589，说明回归方程能解释总方差的 58.9%，在方差分析部分，F 值为 3.17，且 F 值的显著性概率为 0.004，说明模型的总体回归效果很显著。

宁波临港制造业企业 2011 年的财务状况相较 2010 年更加稳定和良好，从应收账款周转率这一指标上看，宁波临港制造业企业环境责任履行在财务上的积极反应相较 2010 年更为明显。根据数据显示，宁波临港制造业企业在环境管理组织结构、利益相关者关系、自愿开展清洁生产、技术开发、获得环境保护荣誉及加强环保教育和培训这六项指标上在应收账款周转率指标上均在 2011 年取得了较好的反映。说明宁波临港制造业企业全面履行环境责任能够在一定程度上提高企业的运营效率，产生良好的财务绩效。

（三）2012 年财务绩效变量与企业环境责任履行变量的回归分析

从表 11-17 可见，环境管理组织结构（X_1）、利益相关者关系（X_2）、技术开发（X_3）、自愿开展清洁生产（X_4）、获得环境保护荣誉（X_5）及环保教育和培训（X_6）的回归系数均为正，与假设相符，只有获得环境保护荣誉（X_5）对营业利润率（Z）的影响在 5%的水平上显著，R^2 为 0.777，说明回归方程能解释总方差的 58.9%，在方差分析部分，F 值为 3.377，且 F 值的显著性概率为 0.002，说明模型的总体回归效果很显著。

表 11-17 2012 年企业环境责任履行变量对营业利润率的回归结果

自变量	自变量为 $X_{i,2012}$，因变量为 Z_{2012}	
	参数估计	T 值
X_1	0.001	2.623
X_2	10.348	1.186
X_3	0.015	0.572
X_4	0.186	3.297
X_5	0.268	2.539
X_6	29.559	1.964
R^2	0.777	
F	3.377	

从宁波临港制造业企业 2012 年营业利润率这一指标上看，宁波临港制造业企业环境责任履行在赢利指标上取得较为明显的积极效应。根据数据显示，宁波

临港制造业企业在环境管理组织结构、利益相关者关系、自愿开展清洁生产、技术开发、获得环境保护荣誉及加强环保教育和培训这六项指标均与营业利润率指标正相关，可能是由于宁波临港制造业企业的经营状况趋于稳定，企业在履行环境责任上的投资能较快地收回，并产生经济回报，企业履行环境责任在营业利润率这一指标上的积极效应得到充分体现。

从表 11-18 可见，环境管理组织结构（X_1）、利益相关者关系（X_2）、获得环境保护荣誉（X_5）及环保教育和培训（X_6）的回归系数均为正，与假设相符，只有获得环境保护荣誉（X_2）对应收账款周转率（W）的影响在 1%的水平上显著，R^2 为 0.835，说明回归方程能解释总方差的 83.5%，在方差分析部分，F 值为 11.214，且 F 值的显著性概率小于 0.001，说明模型的总体回归效果非常显著。

表 11-18　2012 年企业环境责任履行变量对应收账款周转率的回归结果

自变量	自变量为 $X_{i,\ 2012}$，因变量为 W_{2012}	
	参数估计	T 值
X_1	0.132	1.973
X_2	0.461	8.878
X_3	−0.901	−2.305
X_4	−0.319	−0.472
X_5	0.155	1.711
X_6	0.001	0.540
R^2	0.835	
F	11.214	

从宁波临港制造业企业 2012 年应收账款周转率这一指标上看，宁波临港制造业企业环境责任履行在应收账款周转率指标上获得比较明显的积极效应。根据数据显示，宁波临港制造业企业在环境管理组织结构、利益相关者关系、获得环境保护荣誉及加强环保教育和培训这四项指标均与营业利润率指标正相关，可能是由于宁波临港制造业企业的经营状况趋于稳定，企业在环境责任履行战略行为和企业履行环境责任的运行行为在应收账款周转率的积极效应得到充分体现。

六 实证结果

本章采用文本分析的方法，用 2010 年、2011 年和 2012 年数据对前文提出的概念模型进行验证。首先，根据权威文献针对研究的两个对象——企业环境责任履行和企业财务绩效分别选取了典型的指标进行代替。其次，在建立机构方程模型的基础上进行了描述性统计、相关性检验、多元回归检验，用真实的数据验证了企业环境责任履行与财务绩效正相关的观点。最后，探讨了本章研究的实证结果，对结论进行了总结。

（1）假设一是企业设立和运行环境管理组织能够提升企业的财务绩效。从2010 年的数据来看，假设一没有通过检验。2010 年企业设立和运行环境管理组织与营业利润率的回归系数为–0.007，企业设立和运行环境管理组织与应收账款周转率的回归系数为 0.144。说明一般宁波临港制造业企业在 2010 年设立和运行环境管理组织这一环境责任履行行为对财务绩效的影响并不是很稳定，并且这一行为并不能显著地影响财务绩效。从 2011 年的数据来看，假设一通过检验。2011 年企业设立和运行环境管理组织与营业利润率的回归系数为 0.143，企业设立和运行环境管理组织与应收账款周转率的回归系数为 0.986。说明一般宁波临港制造业企业在 2011 年内设立和运行环境管理组织，其积极正向作用能在财务上显现出来。另外，企业设立和运行环境管理组织这一行为相比营业利润率，应收账款周转率正向作用明显，这在一定程度上说明，企业设立和运行环境管理组织能够提升组织的运营绩效。从 2012 年的数据来看，假设一通过检验。2012 年企业设立和运行环境管理组织与营业利润率的回归系数为 0.001，企业设立和运行环境管理组织与应收账款周转率的回归系数为 0.132。说明一般宁波临港制造业企业在 2012 年内设立和运行环境管理组织，其积极正向作用能在财务上显现出来。

（2）假设二是企业管理者在项目推进的过程中对周边环境、居民、社区、政府等利益相关者影响的考虑程度越多，企业的财务绩效越高。从 2010 年的数据来看，假设二没有通过检验。企业设立和运行环境管理组织与营业利润率的回归系数为 0.005，企业设立和运行环境管理组织与应收账款周转率的回归系数为–0.053。说明一般宁波临港制造业企业设立和运行环境管理组织这一环境责任履行行为对财务绩效的影响并不是很稳定，并且这一行为在 2010 年并不能显著地影响财务绩效。从 2011 年的数据来看，假设二通过检验。企业设立和运行环境管理组织与营业利润率的回归系数为 0.064，企业设立和运行环境管理组织与应收账款周转率的回归系数为 0.010。说明一般宁波临港制造业企业在 2011 年设立和运行环境管理组织，其积极正向作用能在财务上显现出来。从 2012 年的数据来看，假设二通过检验。企业设立和运行环境管理组织与营业利润率的回归系数为 0.348，企业设立和运行环境管理组织与应收账款周转率的回归系数为 0.461。说明一般宁波临港制造业企业 2012 年设立和运行环境管理组织对营业利润率这一指标具有明显的正向作用。

（3）假设三是企业清洁生产的规模与程度越高，企业财务绩效越高。从 2010

年的数据来看，假设三没有通过检验。企业清洁生产规模与程度与营业利润率的回归系数为–0.573，企业环境技术研发与应收账款周转率的回归系数为–1.113，2010年的回归系数均为负，与假设三不符，说明一般宁波临港制造业企业在该年度内扩大清洁生产规模这一环境责任履行行为会降低财务绩效。从2011年的数据来看，假设三没有通过检验。企业环境技术研发与营业利润率的回归系数为–1.114，企业环境技术研发与应收账款周转率的回归系数为0.002。说明一般宁波临港制造业企业在2011年自愿开展清洁生产上的投入在财务绩效上能取得一定提升，但不是很稳定。这种现象的原因可能是环境技术研发所需投入比较大，另外环保技术的投入一般要求是持续不断更新的，需要企业源源不断地投入资金，若只是开始投入而不跟进投入的话，财务回报则有可能不太显著。从2012年的数据来看，假设三没有通过检验。企业清洁生产规模与程度与营业利润率的回归系数为0.015，企业环境技术研发与应收账款周转率的回归系数为–0.901，说明一般宁波临港制造业企业在该年度内扩大清洁生产规模这一环境责任履行行为会降低财务绩效。

（4）假设四是企业技术研发程度越高，企业财务绩效越高。从2010年的数据来看，假设四没有通过检验。2010年，企业技术开发程度与营业利润率的回归系数为–0.008，企业技术开发与应收账款周转率的回归系数为–0.372。2010年的回归系数均为负，与假设四不符，说明一般宁波临港制造业企业在2010年企业提升技术开发的程度这一环境责任履行行为会降低财务绩效。从2011年的数据来看，假设四没有通过检验，企业清洁生产的规模与程度与营业利润率的回归系数为–4.511，企业清洁生产的规模与程度与应收账款周转率的回归系数为0.186。企业技术开发程度和财务绩效的回归结果与企业环保技术研发与财务绩效的回归结果相类似，企业要加深技术开发的程度首先需要较多的资金，并且需要根据政府和国际市场等的要求不断更新生产研发技术等，如果企业只是引进环境末端治理设备，则不一定能带来财务绩效的改善。从2012年的数据来看，假设四没有通过检验，2012年，企业技术开发程度与营业利润率的回归系数为0.186，企业技术开发与应收账款周转率的回归系数为–0.319。2012年的回归系数均为负与假设四不符，说明一般宁波临港制造业企业在2012年企业提升技术开发的程度这一环境责任履行行为会降低财务绩效。

(5)假设五是企业获得环境管理奖励程度越高，企业的财务绩效越高。从2010年的数据来看，假设五没有通过检验。企业获得环境管理奖励程度与营业利润率的回归系数为–0.013，企业获得环境管理奖励程度与应收账款周转率的回归系数为0.002。说明一般宁波临港制造业企业在2010年企业获得环境管理奖励程度这一环境责任履行行为对财务绩效的影响不稳定。从2011年的数据来看，假设五通过检验。企业获得环境管理奖励程度与营业利润率的回归系数为0.088，企业获得环境管理奖励程度与应收账款周转率的回归系数为0.021。说明一般宁波临港制造业企业在2011年内企业获得环境管理奖励程度对财务绩效的正向积极关系逐渐平稳和明显，不过企业获得环境管理奖励程度对财务绩效的影响只是微弱的正向关系。从 2012 年的数据来看，假设五通过检验。企业获得环境管理奖励程度与营业利润率的回归系数为 0.268，企业获得环境管理奖励程度与应收账款周转率的回归系数为 0.155。说明一般宁波临港制造业企业在 2012 年企业获得环境管理奖励程度这一环境责任履行行为对财务绩效有正向的作用。

（6）假设六是员工受环境教育与培训的越多，企业的财务绩效越高。从 2010 年的数据来看，假设五没有通过检验。2010 年员工受环境教育与培训与营业利润率的回归系数为–0.281，员工受环境教育与培训与应收账款周转率的回归系数为 0.284。说明一般宁波临港制造业企业在 2010 年企业员工受环境教育与培训这一环境责任履行行为对财务绩效的影响不稳定。从 2011 年的数据来看，假设五通过检验。员工受环境教育与培训与营业利润率的回归系数为 0.013，员工受环境教育与培训与应收账款周转率的回归系数为 0.524。说明一般宁波临港制造业企业在 2011 年员工受环境教育与培训对财务绩效有正向积极影响，这一实证结论与学者原长弘在 2008 年文章中的观点——组织学习能力建设比单纯的资金积累、规模扩大更具有战略意义有一定程度的吻合。从 2012 年的数据来看，假设五通过检验。员工受环境教育与培训与营业利润率的回归系数为 0.559，员工受环境教育与培训与应收账款周转率的回归系数为 0.835，说明一般宁波临港制造业企业在 2012 年员工受环境教育与培训对营业利润率有较大的正向积极影响。

第四节　企业环境责任履行与企业财务绩效相关性的结论与展望

通过前三节的文献分析和后续的实证研究，本书已经对企业环境责任履行和企业财务绩效的相关性做了系统分析。本章主要是总结前文得出的结论，提出对企业管理的意见和建议，阐明本书的创新点和研究的局限性以及提出对未来研究的展望。

一　主要研究结论

随着经济的发展，激增的企业环境污染事故引起社会民众越来越多的关注和批评，环境资源日益成为制约企业发展的关键性因素。因此，本章选择了研究宁波临港制造业企业环境责任履行与财务绩效相关性这一具有一定新颖度和开拓性的主题。首先，在文献回顾的基础上，选择了企业环境责任理论和利益相关者理论作为理论基础，从理论上剖析企业环境责任履行与财务绩效的相关性；其次，在总结前人文献的基础上提出了合乎宁波市制造业企业履行环境责任的概念模型；最后，设计研究指标并结合宁波临港制造业企业调研数据来验证该模型的正确性，同时运用 SPSS 等统计软件科学分析统计数据，得出了本章的结论，具体如下。

（1）企业环境责任履行对财务绩效有积极影响。企业环境责任履行将环保行为提上议事日程，并在实际的企业运行中加以实践，一方面能通过提升员工的技能和设备升级换代降低产品成本，减少了资源的浪费，减少了废弃物的排放，履行环境责任增强企业竞争力；另一方面迎合当前消费者和政府等环保利益相关者对"绿色产品"的追求，提高了产品在消费者心中的形象和声誉，使企业建立起了差异化的竞争优势，扩大了市场，规避了一些财务风险，提升了企业的财务绩效。

（2）企业环境责任履行对财务绩效的影响具有波动性。根据 2010～2012 年的实证研究，发现企业环境责任履行会给财务绩效带来负面或正面的影响，毕竟企业采取环境保护措施降低污染时，会提升企业美誉度、扩大市场份额，同时投入的成本也非常巨大，而履行环境责任在一年内带来的收益比较难以抵消成本，在财务绩效上的反映则呈现波动性。不过，本章根据利益相关者理论和数据变化趋势的推断，从长远来看，企业环境责任履行会对财务绩效产生一定积极影响。因为企业环境责任履行能够降低企业发生污染事件带来的风险，保证企业运作的平稳性，同时提升企业声誉对企业财务绩效产生正面影响。

二 管理启示

根据前文所得的结论和实际调查，企业环境责任的履行能够带动财务绩效的上升，但是企业履行环境责任的情况并不乐观，动力与积极性明显不足。目前已经有少数实力雄厚的企业开始重视企业环境责任的履行，相信随着经济的发展和环保呼声的高涨，越来越多的企业能够从消极应付政府环保部门的检查转变为积极解决企业生产销售中的环境问题，将环保行为纳入企业长远的战略规划中，落实在日常的生产销售中，实现企业发展与社会环境的和谐共赢。为此，本章提出如下建议。

（1）围绕企业环境责任履行逐步增强环保意识。思想指挥行动，环保意识增强了，企业环境责任履行才不会流于形式，才能落实在日常行为之中。增强环保意识，在实际中不能一蹴而就，它需要在企业履行环境责任的行动中逐步得到加强，依据这样一个规律：履行——→获利——→再履行——→再获利，如此循环往复。因此，不妨企业管理者建立鼓励"绿色生产"的组织体系和奖励制度，通过履行环境责任，企业财务绩效得到改善之后，企业上下则能意识到履行环境责任的价值，那么依靠技术进步则能成为企业员工的自觉行动。

（2）围绕企业环境责任履行建立企业环保数据库。建立企业环保数据库，有利于企业获得企业环境保护方面的数据，帮助企业及时采取措施控制污染。美国在建立企业环境责任履行数据库方面相对完善，它建立了 20 万家大型制造企业的纵向研究数据库，该数据库包含了每一家企业的基本信息和在环境责任履行上的资源投入以及污染物排放和控制费用等信息。若是我国企业建立相关甚至更完备的数据库，则有利于自身了解生产材料损耗、废弃物的排放量等环保数据，有效控制和采取措施降低生产成本。

（3）围绕企业环境责任履行进行组织职能创新与改革。企业环境责任是否履行到位其实离不开企业方方面面的努力与配合。需要企业具备整合关于环保的各种资源与能力，包括高层管理者的环境战略规划、环保信息的收集加工、生产“绿色技术”的研发、工艺的改进、先进设备的引进与利用、生产工人的操作技能、销售人员推广“绿色产品”的能力等，而且有些资源在一些情况下能够发生交互作用，甚至带动其他职能的创新，只有整合到位了，企业才能在环境责任的履行中得到财务绩效的提升。

（4）围绕企业环境责任履行有意识与其他企业进行合作。与其他企业进行环保方面的合作能够给企业带来发展机会和技术方面的知识。企业可以通过结盟、签订技术交换协议或是高层管理人员环保俱乐部等合作途径，了解目前企业存在的环境风险（机会）的战略性环境信息，帮助其做出正确的决策，同时通过技术、资金的交换从别的企业掌握环保方面的工艺和技能，长此以往最终提升财务绩效，实现互利共赢的局面。

三 研究局限性和展望

企业环境责任履行包含的内容比较丰富，而且各种履行行为之间互相影响，还有许多工作有待进一步深入研究。

（1）在现实经济生活中，企业环境责任履行与财务绩效之间的关系是很复杂的。首先，各种环境责任履行行为互相影响，存在交互作用。尽管本章通过理论和实证分析得出了长期来看企业环境责任履行能够积极影响财务绩效，但是企业财务绩效提升是否必然会促进企业环境责任履行，对于这个问题，本章目前的调研方案还有待深化和完善。

其次，随着消费者等社会公众对企业环境责任履行关注度的上升，临港制造业企业环境责任履行数据的披露会日趋完善，企业环境责任履行的数据库也会更加完整，那么获得宁波企业环境责任履行的数据也会更加容易，便于进行跟踪研究，到时得到的结论则会更有价值。

（2）目前学术界并未对有效支撑企业环境责任履行理论达成共识，不同的学者从不同的角度对企业环境责任履行问题进行剖析，因此本章尝试借助管理层次理论将其提炼归类为环境战略行为、环境经营行为和环境运行行为来进行研究，但其实环境责任履行包含着多层次、多维度的问题，在这方面本章结论的解释力是有限的。

随着环保审计的发展和企业环保数据的公开，企业环境责任履行的指标会设计得更加完善、全面，也会出现更多的可以量化的指标用来反映企业环境责任履行的真实情况。随着学者对环境责任履行这一问题的研究深入，届时学者们可以使用更加合理丰富的理论和指标来完善研究。

（3）环境责任履行涉及企业技术、设备、人员培训等方方面面，是一个系统复杂的问题，其中也包含着许多隐性知识有待我们去挖掘。由于笔者时间、精力、能力有限，论文所选取的样本企业绝大多数是宁波临港制造业企业中实力较强的企业，对弱小企业的研究则相对薄弱。

希望以后能够在充足的时间和良好的调研条件下，更加深入企业进行有关环境责任履行情况的调查，更加全面了解企业真实的环境责任履行状况以及在履行过程中存在的问题，对于研究成果的提升和创新是极有价值的。

第十二章 我国企业社会责任指标体系：定位、思路及框架构建

第一节 研究背景与设想

随着我国和谐社会建设的不断深入，企业社会责任成为社会各界共同关注的焦点。在经济全球化背景下，企业社会责任并非只是评价企业道德高下的标准，也是进入国际市场实实在在的门槛①。自 20 世纪 90 年代以来，在全球范围内掀起了一场企业社会责任的运动，试图通过修订法律法规以及制定企业社会责任准则来强化企业的社会责任意识，保护各利益相关者的利益。在我国，有关企业社会责任的理论研究十分盛行，如夏恩君从制度经济学角度分析了企业承担社会责任的成本和收益之间的关系，认为应着眼于企业的长期利润最大化来看待社会责任问题②。张兆国等运用利益相关者理论分析了企业承担社会责任是一种既利己又利他的最优选择，并提出了利益相关者管理模式③。鞠芳辉等从公共经济学角度认为实施企业社会责任标准同时辅以消费者补贴政策以影响消费者选择，可促使企业改善履行社会责任的绩效④。在科学发展观的指导和全球企业社会责任运动的影响下，我国政府相继出台了一系列法律法规及标准，如《上市公司治理准则》（2002 年）、《企业社会责任准则》（2005 年）、新《公司法》（2006 年）、《国有企业社会责任指导性意见》（2007 年）等。这些规范性文件对企业社会责任提出了明确的要求和标准，同时也标志着我国对企业社会责任的重视已进入了一个制度建设与规范实施的新时期。

我国企业社会责任理论与实务研究虽然有了很大进展，但由于当前我国大部分企业（尤其是民营企业）还处于粗放型发展时期，在市场经济的惊涛骇浪中疲于招架，薄弱的经济势力与淡薄的社会责任意识使它们还不能自觉地履行社会责

---

① 李岩.2007.当前我国企业社会责任问题透析.企业活力，（3）：66.

② 夏恩君.2001.关于企业社会责任的经济学分析.北京理工大学学报（社会科学版），（1）：14-17.

③ 张兆国，刘晓霞，张庆.2009.企业社会责任与财务管理变革——基于利益相关者理论的研究.会计研究，（3）：54-59.

④ 鞠芳辉，谢子远，宝贡敏.2005.企业社会责任的实现——基于消费者选择的分析.中国工业经济，（9）：91-98.

任。在这种情况下，建立一套明确的指导企业履行社会责任的可操作性的评价指标体系就势在必行。无论从更高水平的和谐社会建设，还是从完善社会主义市场经济体制，还是从更好地与国际接轨等角度，在我国的现实背景下，这项工作都要求我们政府、学术界以及实业界在兼收并蓄的基础上稳步推进。鉴于企业社会责任的切实履行涉及企业经营管理理念的变革，要经过企业经营安排的调整加以实现，并最终影响到企业所有者（股东）的利益，也鉴于企业履行社会责任成本与收益之间关系的复杂性，还鉴于当前企业社会责任标准缺乏可操作性的评判手段，企业社会责任实施体系的构建有赖于与其职能相适应的企业社会责任评价指标体系的设计。于是，便有如此设想：在充分考虑我国国情的基础上，以建立我国企业社会责任指标体系为突破口，以此推进企业社会责任运动在我国的切实开展，提升我国企业的国际竞争力，从而实现在后国际金融危机时期我国企业的弯道超越战略目标。

本章在构建我国企业社会责任理论体系的基础上，侧重于企业社会责任实践层面的分析，旨在成熟的理论框架下构建我国企业社会责任指标体系，并为推进该指标体系的实施提供政策建议。

第二节 定位："路线图"和"考评卷"

我国和谐社会建设对企业履行社会责任的迫切要求，以及我国企业与西方发达国家企业在履行社会责任方面的巨大差距，使我们越来越强烈地感受到将有关企业社会责任问题研究向更加务实的制度安排层面推进的必要性。基于严酷的现实，它主要应是一种满足以企业为中心的利益相关者的共同利益要求为主旨的国家制度安排，而不仅仅像西方发达国家那样主要停留在民间的自发运动。与此相对应，从企业角度来说，它应是一场制度上的变革，一场以企业为中心的、以利益相关者价值共赢为取向的企业管理制度的变革。所以，我们将研究目标定位于：我国的企业社会责任应上升为一系列强制性和非强制性的国家制度安排，与此相对应企业管理制度应进行相应的变革。

研究目标定位之后，我们很快意识到，从总体上看，亟待向纵深推进的我国企业社会责任建设进程，始终面临着以下两个方面的困惑：一是作为一种全新的制度安排，复杂的国际、国内环境使我们还不能准确地描述我国企业社会责任体系——正在着力推进的适合科学发展观的企业社会责任制度究竟应是什么样子？二是作为一场与之相适应的企业管理制度的必然变革（如此才能从根本上推进企业社会责任的实施），由于我国企业整体发展水平较之西方发达国家有较大差距，体制结构和发展水平也参差不齐，我们还不能适时而动态地刻画其建设进程——与企业社会责任制度安排相配套的企业管理制度变革目前到了什么地步？

所以，我们需要迫切地拿出一套切实可行的企业社会责任制度实施方案和评价标准——标识企业社会责任制度建设方向的“路线图”和刻画企业社会责任实施进程的“考评卷”。不管是“路线图”还是“考评卷”，都需要借助于一定的形式，我们既可以采取以定性分析为主的制度规范形式，也可以选择以定量分析为主的计量模型形式。考虑到我国企业社会责任体系建设是一个由许多子系统组成的复杂的系统工程，对于实现“路线图”和刻画“考评卷”而言，无论是定性分析还是定量分析形式，都是不可或缺的，而且两者相辅相成。所以，应将两种形式有机地融合起来，以制度设计为主要线索规范企业社会责任考核指标，综合运用各种评价技术，构建我国企业社会责任指标体系。

基于上述认识，我们的研究最终定位于：在必要的理论分析前提下，直奔制度设计目标，在实践层面上构筑适合于我国国情的，有利于企业管理制度变革的企业社会责任指标体系。

第三节　思路：几个相互关联的基本理论问题

我国复杂的国情决定了我们构建我国企业社会责任指标体系任务的复杂性和艰巨性。只有认清国情找准理论立足点才能避免少走弯路。为此，必须首先弄清楚以下几个互为关联的问题。

一　构建我国企业社会责任指标体系应当立足于怎样的体制背景？

不同社会经济体制对企业承担社会责任的要求是大不相同的。在“大政府、小社会”模式的计划经济体制下，企业不需要承担多少社会责任。而如果向着“小政府、大社会”市场经济体制方向变革，那么企业所应承担的社会责任必然加大。“企业社会责任”这个词汇是在我国改革开放背景下市场化建设进程中进入我们视野的，既然我们已经将建立社会主义市场经济体制确定为改革目标，并且实际上已经进入了建成完善的社会主义市场经济体制目标的新阶段，那么，将企业社会责任建设指标体系建构在社会主义市场经济体制的背景之下，便是当然的选择。

然而，当真正着手指标筛选并试图按其内在联系勾勒指标体系总体框架的时候，我们发现对上述体制背景的认识过于肤浅，有待进一步深化。众所周知，我国的市场经济不是简单复制西方的典型市场经济模式[①]。我国目前正在建设的市

① 左大培，裴小革.1996.现代市场经济的不同类型. 北京：经济科学出版社：56.

场经济，已经打上了诸多我国特色的烙印，如发展中大国、体制转轨国家再加文明古国等，这也是我国的基本国情。建设有中国特色的社会主义市场经济体制，既是我国改革开放三十多年来的成功经验，也是走向完善的社会主义市场经济体制的必由之路。基于各种类型市场经济的共性，以及为了使企业社会责任指标体系建构在深刻把握并凸显中国特色的基础上，我们认为我国的社会主义市场经济乃是一种深深打上了中国国情烙印的“非典型市场经济”。[①]

所以，从我国市场经济的特色来说，我国企业社会责任不应该是完全意义上的舶来品。建构在非典型市场经济背景下的我国企业社会责任指标体系，应当也必须是根植于中国国情，在此基础上汲取其他社会文明成果并将两者有机融合的产物。因而，适用于典型市场经济国家的企业社会责任理念、规则和制度安排，固然可以作为我国企业社会责任建设的样板之一，但不宜照搬或移植，否则会“水土不服”，事倍功半。总之，我国“非典型市场经济”体制对企业社会责任的要求，以及在该体制下我国企业现行管理制度及其运行的一般特征，既是我们可以依循的有关我国企业社会责任制度建设的基本线索，也是我们构建我国企业社会责任指标体系的基本着眼点。

二　如何归结或提炼企业社会责任的本质特征？

了解企业社会责任概念是辨别其本质特征的基础。关于企业社会责任概念的解释，学术界主要有三种观点：观点一认为企业社会责任就是企业责任，它包括经济责任、法律责任、道德责任和慈善责任[②]；观点二认为企业社会责任是与企业经济责任、法律责任和道德责任相并列的企业责任的下位概念[③]；观点三认为企业社会责任是与企业经济责任相对应，两者并列为企业责任的下位概念。企业经济责任是企业为股东谋取利益的责任，而企业社会责任则是企业对股东之外的其他利益相关者（债权人、消费者、供应商、社区、公众、政府和员工）以及自然环境承担的责任，既包括法律上的责任，也包括道德上的责任[④]。本章倾向于第三种观点，理由是：观点一忽略了企业经济责任与社会责任的不同本质特征，而且在“股东利益至上”的传统思想下不利于突出企业社会责任思想；观点二混淆了概念，因为遵守法律和道德都只不过是企业在履行经济责任和社会责任活动中的两个层次的社会要求。

---

① 高培勇. 2005-7-28.非典型市场经济”启示录.中国财经报，4.

② Carroll A K. 2000. Business & Society：Ethics and Stakeholder Managemen.Cincinnati：South-Western College Pub：152-159.

③ Brurnrner J J.1991.Corporate Responsibility and Legitimacy.London：Greenwood Press：212-215.

④ 卢代富.2001.国外企业社会责任界说述评.现代法学，（3）：137-144.

通过对企业社会责任概念的辨析，我们认为企业社会责任的本质特征应为“社会性”，理由如下：其一，企业社会责任概念是建立在利益相关者理论的基础之上的，企业履行社会责任的对象是利益相关者，而利益相关者具有广泛的社会性。企业在组织生产时要牵涉众多的要素所有者的所得利益；在实施生产时牵涉到员工的安全利益、社区的环境利益；在销售产品时牵涉到消费者或用户的人身和财产利益；企业还要为政府提供公共产品或服务而缴纳税款。所以，利益相关者的社会性决定了企业社会责任的社会性。其二，在市场经济中，企业是社会经济活动中至关重要的角色，是联系各利益相关者的枢纽，是各利益相关者利益实现的基础；企业本身就是由所有者、经营者、员工等利益相关者所组成的一个小型“社会”。所以，企业履行社会责任的行为（无论内部行为还是外部行为）都具有社会性。其三，只有企业履行好社会责任，才能协调好与各利益相关者的关系，保障企业有一个稳定发展的内外环境。基于以企业为中心的各利益相关者之间稳定协调关系在和谐社会建设中的重要性，当所有企业都处理好自己“小社会”的内外关系时，我们整个社会就会长治久安。综上所述，“社会性”乃是企业社会责任的本质特征。

必须指出，企业承担社会责任与“企业办社会”截然不同。强调企业承担社会责任是要求企业在追求自身利益和股东利益的同时要考虑其他利益相关者和社会公共利益。而“企业办社会”则是不顾企业自身和股东的利益，过多地承担社会职能，如我国国有企业在改革之前因“企业办社会”而背上了沉重的历史包袱，举步维艰。

三 企业承担社会责任的理论基础是什么？

从理论上说明企业为何要承担社会责任是企业社会责任研究中不能回避的一个根本性问题。企业社会责任的思想源远流长，尽管在 18 世纪经济学鼻祖亚当·斯密“看不见的手”理论，实际上就包含了企业社会责任思想[①]，但长期以来并没有形成一个令人信服的理论答案，直到 20 世纪 90 年代以来，利益相关者理论的出现才使得企业社会责任的研究有了“最为密切相关”的理论武器。该理论认为，企业是各利益相关者缔结的“一组契约”。企业的目标是追求企业价值最大化，而不仅仅是追求股东财富最大化；企业的利益是各利益相关者的共同利益，而不仅仅是股东的利益；企业的权利（或权力）安排要平等地对待各利益相关者，而不是集中地分配给股东；企业发展的物质基础（或资源）除了股东投入

---

① 古典经济学理论认为，一个社会通过市场能够最好地确定其需要，如果企业尽可能高效率地使用资源以提供社会需要的产品和服务，并以消费者愿意支付的价格销售它们，企业就尽到了自己的社会责任。

的股权资本外，还包括债权人投入的债务资本、经营者和员工投入的人力资本、供应商和客户投入的市场资本、政府投入的公共环境资本以及社区和公众提供的经营环境。这就是利益相关者理论的基本思想。

企业承担社会责任需要付出相当的成本，包括人力成本、资金成本与时间成本（机会成本）。作为理性的企业来说，之所以愿意花费一定的成本来承担社会责任，是因为承担社会责任能够从利益相关者那里获得各种资本（或资源）和良好的经营环境，以实现其可持续发展。在信息不对称的情况下，企业通过一定的行为来履行社会责任也是向利益相关者发出的一种信号传递，表明自己是值得信赖的。因为发出这些信号是有成本的，可以防止其他企业模仿。所以，企业通过承担社会责任是实现企业与各利益相关者利益共赢的最优抉择，与企业追求利润最大化目标并不相悖。大量的事实也证明，积极履行社会责任的企业比那些消极履行社会责任的企业更具有竞争优势，更容易实现企业的可持续发展。[①]当然，企业承担社会责任是一种长效机制，需要通过一定时间后才能见效，尤其是在当前法律法规和政策不健全，不利于履行社会责任的企业的时候，企业履行社会责任在短期内会降低企业竞争力。从这个意义上来说，公平公正的政策与法律对企业社会责任的有效实施十分重要。总之，利益相关者理论的运用不仅使得企业社会责任的研究有了更科学的理论基础，而且使利益相关者理论的发展有了更加坚实的微观基础。

四　我国企业社会责任指标体系的思想基础是什么？

思想指导行为，我国企业社会责任指标体系当然要建构在一定的思想基础之上，所以有必要梳理这些思想渊源以便为建立企业社会责任指标体系以有力的支撑。

当今我国企业改革与发展目标之所以凸显企业社会责任的承担，显然得力于适应和谐社会建设的科学发展观理论的支撑。关于我国企业社会责任思想的来源，可以从理论与实践、理想与现实两个层面的相互联系中来梳理。

在理论层面，除了在我国社会主义现代化建设的各个阶段长期处于指导地位的马克思主义政治经济学[②]之外，还包括福利经济学、制度经济学、企业管理学、社会学，以及中国理论与实务界长期以来围绕企业社会责任问题的探索。[③]在实践层面，既有西方发达国家跨国企业的典范做法，也有我国企业在长期改革开放

---

① 张兆国. 2009.企业社会责任与财务管理变革研究. 武汉大学学报（哲学社会科学版），(6)：793.

② 该理论在我国经过毛泽东、邓小平等老一辈革命家的发展与社会主义现代化的实践，已经日臻完善，成为指导我国各项事业发展的重要理论基础。

③ North D C.1995.制度变迁理论纲要 // 北京大学中国经济研究中心.经济学与中国经济改革.上海：上海人民出版社：55.

过程中企业社会责任意识和实践不断强化的经验，还有其他体制转轨国家的经验教训。我们看到，正是这些理论与实践的支撑，才有了迄今为止的我国企业社会责任制度建设进程。如此的理论与实践以及两者之间的紧密融合，可以成为我国企业社会责任指标体系的一个重要思想基础。

更进一步看，无论过去、现在或者将来，我国的企业社会责任制度建设，自然要寄托并融入我们对我国企业改革与发展的理想追求。这种理想追求总的来说就是要求企业成为各利益相关者实现其理想的和谐统一体，当每个企业通过履行社会责任和谐发展之时，便是我国真正和谐社会建成之日。这些理想追求，既来自学术界、实业界，也来自政府、社会公众等企业的利益相关者。将这些美好的理想付诸实践，正是我国企业社会责任指标体系所需担负的任务。但是，由传统的以“股东财富最大化”为目标的企业管理模式走向以“企业价值最大化”为目标的现代企业管理模式，终归要从现实起步。描绘符合“惠及所有利益相关者”要求的我国企业社会责任蓝图，也必须植根于现实的国情。我们应当做什么是一回事，我们能够做什么则是另一回事。只有在深刻地把握现实的基础上，实现理想与现实的结合，才能够切实有效地推进企业社会责任的实施。如此的理想与现实的相互融合，可以成为我国企业社会责任指标体系的另一个重要思想基础。

第四节　框架构建：从企业的社会性职能实现的角度

以上研究为构建我国企业社会责任指标体系搭建了一个理论与制度的平台。下面将在该平台上进行指标筛选并勾勒指标体系的总体框架。

一　统领企业社会责任指标体系的主线：社会性

确立一个能够统领企业社会责任指标体系的一以贯之的线索，是构建我国企业社会责任指标体系的首要环节。既然企业社会责任的本质特征在于它的社会性，社会性功能的实现又最终取决于以满足利益相关者利益为核心的企业管理职能的实现。在当前的中国，坚持以满足企业各利益相关者要求——而不是以满足哪一类利益相关者的要求——作为企业管理职能范围是否适应企业社会责任指标体系的标准，又是推进企业管理制度社会性改革进程的关键所在。因为这一改革进程将从根本上改变以股东利益为导向的“股东利益最大化”经营管理目标，取而代之以利益相关者利益为导向的“企业利益最大化”经营管理目标。从社会性入手并以此作为基本线索，将涉及满足各利益相关者要求的各管理领域一一归入视野，并据此归纳、提炼、整合，进而筛选指标，是一种科学合理的选择。

二 实现社会性本质特征的企业管理职能定位

在选定社会性这条基本线索之后，还有一个如何为企业管理职能定位的问题。因为社会性是要具体化为企业管理的各项职能并通过企业的资源组合、生产组织、产品销售及财务管理等各环节各部门履行其职能的活动加以实现的。这既是一个有关企业管理的基本理论问题，也是一个事关企业管理制度实施的现实问题。在现代社会经济条件下，各利益相关者对企业的利益要求，主要表现为：政府为提供公共产品和服务要求企业依法纳税，以及要求企业配合国家宏观调控政策的执行；债权人对其债权资本要求按时还本付息；经营者和员工要求取得合理报酬；消费者（或客户）要求提供价廉物美的产品；社会公众要求企业维护可持续发展的生态环境；等等。这些正当要求的满足都有赖于企业在履行社会责任基础上以实现其社会职能。

在包括中外理论与实务界在内的各种适应社会可持续发展的企业社会责任思想中，尽管涉及企业社会责任职能的具体表述有所不同，但结合我国实际国情，我们认为当今我国企业社会责任职能应主要体现在以下三个方面。

一是维护社会公共利益。指企业通过履行对政府、社会公众和环境的社会责任以促进社会公共福利的增加与生态环境的根本好转。该职能主要表现为：企业应依法纳税和缴纳社保资金为政府提供公共产品与服务以财力保障；积极配合国家宏观调控政策以使国民经济稳定协调发展；严格执行清洁生产与污染防治措施以保护生态环境；严格执行资源节约与废料回收制度以维持自然资源的良性循环；为社会营造公平公正的竞争环境。

二是提升企业社会价值。指企业通过合理经营，采取最优的管理制度，实现可持续发展，达到企业社会价值最大化，它体现各利益相关者对企业要求。各利益相关者对企业的要求有较大差别，如企业经营者期望企业资产增值最大化，债权人期望债权资产的安全性及利息最大化，员工期望工资薪酬收入最大化，消费者期望企业提供价廉物美的绿色环保产品以实现其效用最大化，政府期望企业税收最大化，社会公众期望企业维护和支持社会公共利益，社区期望企业营造积极向上的企业文化以优化社区精神文明环境，或提供足够的就业机会。这些不同的利益要求实际上都内含于“企业价值最大化”之中，都可以在实现企业价值最大化中得到满足。

三是公平分配企业收入。要使各利益相关者的利益都能够在企业价值中得到满足，还必须做到企业收入在各利益相关者之间按照各自贡献大小加以公平分配。在企业收入蛋糕既定的情况下，公平的分配不仅有利于激发各利益相关者为企业贡献各种资源的积极性，使其为企业创造超额的价值，而且是减小社会贫富差距，实现社会和谐稳定的重要环节。这主要表现为企业各利益相关者资源提供者应获得与其要素贡献相当的收益份额，企业应有一整套措施来鼓励各利益相关者以创新性的工作来为企业作贡献。

所以，将社会性具体化为维护社会公共利益、提升企业社会价值和公平分配企业收入三大职能，按照这三项职能为我国企业社会责任指标体系定位，构成了一个适当选择。

第五节 实现指标体系目标的可行性途径

从上述标准审视和检验我国现实的企业社会责任履行情况，我们发现尽管我国企业社会责任实践取得了很大进展，但通过“社会性”指标体系运行格局的企业社会责任履行之路仍很漫长。要实现企业社会责任指标的标准要求，步入企业社会责任运行的新境界，以实现企业的社会性职能，还需要建立和完善各种制度。以社会性为主线，以实现各利益相关者利益为目的，笔者认为应从理顺企业内部关系和企业外部关系两方面入手。

一 在企业内部进行以维护利益相关者利益的治理机制的变革

（1）建立各利益相关者共同的利益分享机制。如通过股票期权、虚拟股票、股票增长权和业绩股份等股权激励方式来激发经营者的积极性，增加其长期风险收入；成立工会性质的职工持股会以促使员工关心公司的成长，增加其长期风险收入。

（2）建立各利益相关者共同决策机制。如通过累计投票制度、股东诉讼制度等抑制控股股东的“掏空”行为，保护企业利益相关者利益；通过独立董事制度、银行董事制度、员工董事制度、政府代表董事制度来保障各利益相关者通过参与企业决策来维护自己的利益。

（3）建立各利益相关者的共同监督机制。如通过银行监事制度、员工监事制度、政府代表监事制度来保障各利益相关者通过对企业经营行为的监督来维护自己的利益①。

（4）建立各利益相关者在其利益严重受损或有严重受损的威胁时的救助治理机制。如在企业销售收入非正常严重下降、资产负债率过高、内部人道德风险严重、环境污染严重、产品和服务质量低劣等不良情况时，利益相关者可通过破产机制、投诉与救助机制、罢免机制、产品市场和控制权市场等来要求重新分配对

① 林钟高，郑军，彭琳.2008.内部控制、价值管理和企业价值.财贸研究，（1）：127-133.

企业的控制权，以使企业恢复正常运营或合理的利益分配机制。

二 在企业外部建立激励约束企业维护利益相关者利益的制度

（1）政府应在科学的企业社会责任指标体系下修订相应的企业社会责任履行准则与评价规则。以引导企业管理制度的变革，指导受托于利益相关者的评价机构对企业社会责任履行状况进行客观公正的评价。

（2）政府应根据新的企业履行社会责任标准着手梳理与企业履行社会责任有关法律法规。如公司法、税法、环保法、自然资源保护法、安全生产法、合同法、产品质量法、证券法、破产法等，或修订相应条款，或颁布新的实施细则，以适应更为严格的企业社会责任法治要求。

（3）应建立和完善各利益相关者利益受损时的利益救助制度。如建立和完善对产品质量受害者、企业污染受害者、员工工伤伤残者的救济制度，通过法律援助、特别行政救济程序、特别诉讼制度来维护其人身或财产利益。

（4）通过实施企业社会责任指标体系的评价工作，政府应按照企业履行社会责任水平的高低，对企业实行宽严有别的税收、信贷、土地供应等政策，以激励企业履行好社会责任。

第六节　我国企业社会责任评价指标体系的构建思路

我国需要鼓励企业自觉自愿地履行社会责任，但更重要的是，需要在企业履行社会责任评价和管理的制度建设方面花费巨大努力，需要构建我国企业履行社会责任的评价指标体系，便于政府和行业主管部门对企业进行评价和监督，从外部施加约束和激励，使企业对照政府制定的社会责任评价体系进行自查自纠，更好地履行社会责任。下面对本章构建的我国企业社会责任评价指标体系进行分析和说明。

一 基本原则

构建我国企业社会责任评价指标体系要遵循科学性原则、合法性原则、全面性原则和可操作性原则。

科学性原则是指企业社会责任评价指标体系要建立在科学、客观的基础上，能反映企业履行社会责任的本质内涵，所选取的指标必须概念清晰，含义明确，具有具体的科学内涵，能够较好地反映企业管理自身运营对利益相关方的影响。

合法性原则是指企业社会责任评价指标体系要符合国际和国内有关企业社会责任的法律法规、惯例及标准。

全面性原则是指企业社会责任评价指标体系要全面反映企业应负的法律责任、经济责任、伦理责任和慈善责任，要全面反映企业对所有利益相关方应负的责任，而不是个别责任，或只对个别利益相关方的责任。不要强调社会责任而把企业对股东的经济责任剔除出去。因为从本源来看企业存在的正业就是为股东赢得利润，为投资者提供较高的回报。全面性还意味着评价指标体系不仅要评价企业对利益相关方履行社会责任的情况，还要评价企业内部社会责任管理。企业对利益相关方履行社会责任的绩效在某种程度上是企业有意识地对社会责任进行管理的结果，企业在理念、战略和机构设置上都体现出社会责任管理的内容，企业就能更好地对利益相关方履行社会责任。国际组织和发达国家政府及行业协会要求企业建立社会责任管理机构和制度，而且这将成为国际发展潮流。大型跨国公司在企业社会责任管理方面取得了成效。因此，我们要把企业社会责任管理作为对我国企业履行社会责任评价指标体系的组成部分。

可操作性是指企业社会责任评价指标体系容易付诸实施，能够用于评价实践活动。

二 指标构成和特色

企业社会责任实质上是企业对股东、客户（消费者）、员工、供应商、债权人、政府、环境等利益相关方的责任。本章运用利益相关方理论，借鉴国内外机构和专家的成果，结合我国国情和企业实际，构建了我国企业社会责任的评价指标体系。

企业社会责任评价指标体系设有 8 个一级指标，27 个二级指标，76 个三级指标。8 个一级指标分别为：社会责任管理、法律责任、劳动关系、环境责任、商业伦理道德、对股东的经济责任、慈善责任、对国家经济社会发展的贡献。

本章在一级指标的设计上体现出鲜明的特色和创新，具体如下。

（1）我国还是发展中的大国，在综合国力、科技创新能力、国际名牌、产业结构、国家财力等方面与发达国家仍存有差距，庞大人口需要就业。我国与发达国家差距的缩小，就业问题的解决，都是需要企业付出巨大努力，做出积极贡献。所以，对国家经济社会发展做出贡献是我国企业义不容辞的责任。相比于其他的评价指标体系，本章设计了“对国家经济社会发展的贡献”这样的一级指标，具有鲜明的特色。

（2）从国内现有的研究成果看，基本上是对企业的法律责任在文字上略加分析，但在企业社会责任评价指标体系中并未列入法律责任，没有细化法律责任，这是一大缺憾。本章试图弥补这一缺憾。因此，本章在评价指标体系中设计了法律责任，将企业触犯道德底线（侵犯员工最基本人身自由和尊严、不提供安全卫生的工作环境和条件）、触犯国家和社会公众根本权益、触犯社区根本权益的行为，列入法律责任的范围予以评价，对法律责任予以具体化和细化。

三 指标权重

根据专家给出的权重，结合国外的标准和我国国情，本章赋予各项一级指标不同的权重。

（1）环境责任的权重。欧美发达国家和地区的各机构和专家普遍认为，企业生产经营行为污染环境将危及整个地球和全人类的生存，因而环境责任是企业的最大社会责任。我国经济增长和资源开发利用对生态环境造成了巨大的破坏，我国环境恶化趋势严峻。因此，在对各项一级指标赋予权重时，本指标体系赋予环境责任最高的权重，为 0.180，共 18 分。在实际评价时，还应针对不同行业的污染情况调整环境责任的权重，对高污染行业，如采矿业、冶炼业和高能耗高排放的制造业赋予更高的环境责任权重。服务业一般污染程度低，可调低环境责任权重。

（2）法律责任、劳动关系、对国家经济社会发展的贡献、商业伦理道德，这些一级指标的权重相对较高。一方面是因为在企业社会责任评价中这些一级指标的重要性较强，在较大程度上能够体现出企业履行社会责任的实际态度和能力；另一方面是因为这些指标涉及面较广，能够细分出较多的二级和三级指标。例如，员工是企业的内部利益相关方。我国国情是资本强，劳动弱。企业善待员工就会有竞争力和效益，产品和服务质量就能达到较高水平，也能够帮助企业更好地履行社会责任。因此赋予劳动关系较高的权重是应该的。

（3）社会责任管理、对股东的经济责任、慈善责任，这些一级指标的权重相对较低。一方面是因为在企业社会责任评价中这些指标的重要性相对不高；另一方面是因为这些指标不易细分出较多的二级和三级指标。①社会责任管理是企业达到较高社会责任水平的手段，虽然有的企业也建立了社会责任管理系统，但不排除这是它们作秀和装门面，或为了营利的目的而搞的噱头。对企业履行社会责任的评价还是要重点考察实践效果（通过其他指标来体现），而不能重点考察企业自身表面的社会责任管理。②从本源上看，企业是营利性组织，而且有强烈的内在动力去追求利润，追求股东利益的最大化。为了获利，企业可能会不择手段，会采取很短视的短期行为，坑蒙拐骗，侵害社会和环境，不履行对股东以外的利益相关方的社会责任。因此，在大股东处于强势的企业管理制度环境下，尽管对股东的经济责任是企业应尽的社会责任，但不应将之作为衡量企业履行社会责任的主导指标。③慈善责任是企业自愿的行为，不应强迫企业为之。对于慈善责任，考虑到我国企业的综合发展水平还较低，而社会公众过于看重企业的捐赠行为，而忽视和宽容企业污染环境的行为。为了防止企业“一捐遮百丑”，不要把它作为评价企业履行社会责任的主要标尺。

四 评分方法和创新点

评价指标的评分方法，针对不同类型的指标评分方法不同。有定性评分，有定量评分，定性评分意即是非评分，只要该指标存在肯定性事实，即评为 0 分，如只要企业使用了一个童工，序号为 5 的指标的评分即为 0 分；如不存在某种事实，即评为满分。定量评分是要根据指标的具体量化数值进行评分。有的定量评分指标是要用正相关评分，即某项指标数值越高，评分就越高，如序号为 44 的指标——“企业产品能效等级在同行业的排名”越靠前，该指标评分越高。有的定量评分指标是要用负相关评分，即某项指标数值越高，评分越低，如序号为 49 的指标——“投诉率”越高，该指标评分就越低。

针对不同指标在企业社会责任履行评价体系中的重要性，可将它们的性质划分为核心指标和一票否决指标。本项目设计和遴选的指标大多是核心指标，是企业履行社会责任必不可少、不可回避的指标。有的指标具有特别重大的意义，可将其设为“一票否决”指标，如“是否发生了重大生产安全事故”就是“一票否决”指标，如平顶山新华四矿“9·8”特别重大瓦斯爆炸事故和其他重大矿难就是典型案例。“是否发生了重大的产品质量安全事故”也是“一票否决”指标，典型的案例有“三鹿毒奶粉”事件和“双汇瘦肉精”事件。只要企业在某个“一票否决”的指标中存在肯定性事实，就被判定为在履行社会责任方面为“不合格”，就不必再对其他指标进行评价。所以，在评价指标体系中，不对“一票否决”指标设计权重和分值。“一票否决”指标的设计也是本指标体系的一大特色。

五 评价等级

根据其权重，计算出各项三级指标的分值，再汇总相加成企业社会责任评价指标体系的总分值，指标体系满分 100 分。按总分高低，可将企业履行社会责任评价的绩效等级划分为 5 个等级，分别为 A 等（优秀，总分 90～100 分），B 等（良好，总分 80～89 分），C 等（合格，总分 70～79 分），D 等（基本合格，总分 60～69 分），E 等（不合格，总分 60 分以下）。

第七节 我国企业社会责任评价指标体系

基于以上分析，构建我国企业社会责任评价指标体系，如表 12-1 所示。

表 12-1 我国企业社会责任评价指标体系

一级指标名称	权重	二级指标名称	权重	序号	三级指标名称	权重	评分方法	指标性质	满分	实际得分
社会责任管理（6分）	0.060	社会责任管理系统	0.040	1	是否建立了社会责任管理部门，是否制定了社会责任战略规划和目标	0.020	定性，是（2分），否（0分）	核心指标	2	
				2	是否建立了与利益相关方的责任沟通机制，是否披露年度社会责任报告	0.020	定性，是（2分），否（0分）	核心指标	2	
		对社会责任认证的认知和态度	0.020	3	是否熟悉国内外社会责任认证的机构、标准和制度	0.010	定量，很熟悉（1分），较熟悉（0.5分），不熟悉（0分）	核心指标	1	
				4	是否愿意接受国内外机构的社会责任认证	0.010	定性，愿意（1分），不愿意（0分）	核心指标	1	
法律责任（16分）	0.160	员工最基本人身自由和尊严的维护	0.030	5	使用童工的情况	0.010	定量，严重（0分），较少（0.5分），无（1分）	核心指标	1	
				6	强迫劳动（如强迫员工从事高危工作，扣押应聘者和员工押金和证件等）的情况	0.010	定性，有（0分），无（1分）	核心指标	1	
				7	侮辱员工（如体罚、殴打和搜查员工，性骚扰和性侵犯员工）的情况	0.010	定量，严重（0分），较少（0.5分），无（1分），	核心指标	1	
		安全卫生的工作环境和条件	0.060	8	是否发生了重大生产安全事故			一票否决指标		
				9	职工职业病发病率	0.020	定量，比率达到20%为高（0分），5%～19%为中等（0.5分），5%以下为较少（1分），0%为没有（2分）	核心指标	2	

续表

一级指标名称	权重	二级指标名称	权重	序号	三级指标名称	权重	评分方法	指标性质	满分	实际得分
法律责任（16分）	0.160	安全卫生的工作环境和条件	0.060	10	是否有劳动防护和安保措施，并定期检修；是否向员工提供职业健康教育和年度职业健康检查	0.020	定量，健全（2分），较健全（1分），一般（0.5分），无（0分）	核心指标	2	
				11	极端恶劣天气下工人可否休息	0.010	定量，完全可以（1分），基本可以（0.5分），不可以（0分）	核心指标	1	
				12	工人的饮食、住宿、卫生条件	0.010	定量，很好（1分），一般（0.5分），较差（0分）	核心指标	1	
		国家和社会公众根本权益的维护	0.040	13	是否走私，贩毒，从事国家禁止的资源、产品、文物和技术的买卖和贸易；是否出卖国家机密			一票否决指标		
				14	逃税、偷税、漏税、抗税、骗税的情况	0.020	定量，严重（0分），较少（1分），无（2分）	核心指标	2	
				15	是否蓄意采用严重伤害人类健康的方法和原材料生产产品、提供服务		例如，从事地沟油生产销售给餐饮企业，餐饮企业用地沟油烹饪	一票否决指标		
				16	是否从事严重损害社会风气的活动，如开设赌场和色情场所	0.020	定性，是（0分），否（2分）	核心指标	2	
				17	是否建立黑社会组织，从事有组织犯罪			一票否决指标		
		社区根本权益的维护	0.030	18	无偿占用社区土地和其他资源的情况	0.020	定量，严重（0分），较少（0.5分），无（2分）	核心指标	2	
				19	滋扰和危害社区居民生活的情况	0.010	定量，严重（0分），较少（0.5分），无（1分）	核心指标	1	
劳动关系（18分）	0.180	国家劳动工时和休息休假制度执行情况	0.040	20	员工每日每周实际工作时间超过国家法定工作时间的程度	0.020	定量，严重（0分），较轻（1分），无（2分）	核心指标	2	
				21	员工享有法定节假日，享有病、产、婚、丧等休假的程度	0.010	定量，完全享有（1分），基本享有（0.5），很少享有（0分）	核心指标	1	

续表

一级指标名称	权重	二级指标名称	权重	序号	三级指标名称	权重	评分方法	指标性质	满分	实际得分
劳动关系（18分）	0.180	国家劳动工时和休息休假制度执行情况	0.040	22	试用期超过法定期限的程度	0.010	定量，严重（0分），较轻（0.5分），不超过（1分）	核心指标	1	
		公平的就业和发展机会	0.010	23	基于性别、种族、年龄、地域、宗教、亲缘、户籍等差异而在工作机会、待遇和升迁等方面的工作歧视的程度	0.010	定量，严重（0分），较轻（0.5分），无歧视（1分）	核心指标	1	
		劳动纪律	0.050	24	依法平等自愿协商和签订劳动合同，依法实施集体合同制度的情况	0.010	定量，好（1分），一般（0.5），较差（0分）	核心指标	1	
				25	奖惩制度公开公平的情况	0.010	定量，好（1分），一般（0.5分），较差（0分）	核心指标	1	
				26	是否随意解雇员工	0.010	定量，很随意（0分），有时随意（0.5分），不随意（1分）	核心指标	1	
				27	签订女职工权益专项集体合同，保护女职工特殊权益的情况	0.010	定量，好（1分），尚可（0.5分），较差（0分）	核心指标	1	
				28	建立劳动关系预警机制，依法及时化解劳动争议的情况	0.010	定量，好（1分），尚可（0.5），较差（0分）	核心指标	1	
		劳动报酬和福利	0.050	29	执行最低工资标准的程度	0.020	定量，严格执行（2分），基本执行（1分），不执行（0分）	核心指标	2	
				30	按时足额发放工资、津贴、加班费和工伤补偿金的情况	0.010	定量，好（1分），尚可（0.5分），较差（0分）	核心指标	1	
				31	全员享有社会保险，按时足额缴存社保等“四金”的情况	0.010	定量，好（1分），尚可（0.5分），较差（0分）	核心指标	1	
				32	建立和实行工资正常增长机制，实行工资集体协商制的情况	0.010	定量，好（1分），尚可（0.5分），较差（0分）	核心指标	1	

续表

一级指标名称	权重	二级指标名称	权重	序号	三级指标名称	权重	评分方法	指标性质	满分	实际得分
劳动关系（18分）	0.180	员工参与管理	0.030	33	建立工会和职工代表大会，并有效行使职能的情况	0.010	定量，好（1分），尚可（0.5分），较差（0分）	核心指标	1	
				34	公司制企业普通员工进入董事会和监事会的比例	0.010	定量，合理比例（1分），很低的比例（0.5分），无（0分）	核心指标	1	
				35	员工合理化建议和提案采纳率；员工对重大决策拥有知情权、发言权和表决权的程度；厂务公开程度	0.010	定量，好（1分），尚可（0.5分），较差（0分）	核心指标	1	
环境责任（18分）	0.180	保护环境	0.140	36	企业技改、建设项目环境影响评价和“三同时”执行情况	0.020	定量，好（2分），尚可（1分），较差（0分）	核心指标	2	
				37	产品环保检验合格率	0.030	定量，90%以上（3分），80%~89%(2分)，70%~79%（1分），60%~69%（0.5分），低于60%（0分）	核心指标	3	
				38	废水、废气、噪声排放达标情况	0.020	定量，好（2分），尚可（1分），较差（0分）	核心指标	2	
				39	万元增加值主要污染源（二氧化硫、化学需氧量）排放量	0.020	定量，量大（0分），中等（0.5分），量小（2分）	核心指标	2	
				40	工业固体废物及危险固体废物按环保规范要求处置的情况	0.020	定量，好（2分），尚可（1分），较差（0分）	核心指标	2	
				41	应用清洁生产技术的情况	0.030	定量，好（3分），尚可（1分），较差（0分）	核心指标	3	
				42	是否造成重大环境污染事故			一票否决指标		
		节约资源	0.040	43	万元增加值综合能耗降低率在同行业的排名	0.020	定量，靠前(2分)，中等偏上（1分），中等偏下（0.5分），靠后（0分）	核心指标	2	

续表

<table>
<tr><th>一级指标名称</th><th>权重</th><th>二级指标名称</th><th>权重</th><th>序号</th><th>三级指标名称</th><th>权重</th><th>评分方法</th><th>指标性质</th><th>满分</th><th>实际得分</th></tr>
<tr><td>环境责任（18分）</td><td>0.180</td><td>节约资源</td><td>0.040</td><td>44</td><td>企业产品能效等级在同行业的排名</td><td>0.020</td><td>定量，靠前（2分），中等偏上（1分），中等偏下（0.5分），靠后（0分）</td><td>核心指标</td><td>2</td><td></td></tr>
<tr><td rowspan="10">商业伦理道德（14分）</td><td rowspan="10">0.140</td><td>诚信经营概况</td><td>0.030</td><td>45</td><td>重视诚信经营，严格履行合同，无制售假冒伪劣产品及欺诈等不良行为的情况</td><td>0.030</td><td>定量，很好（3分），较好（2分），中等（1分），较差（0分）</td><td>核心指标</td><td>3</td><td></td></tr>
<tr><td rowspan="6">尊重和维护消费者权益</td><td rowspan="6">0.070</td><td>46</td><td>实行全面质量管理体系的情况</td><td>0.020</td><td>定量，好（2分），尚可（1分），较差（0分）</td><td>核心指标</td><td>2</td><td></td></tr>
<tr><td>47</td><td>采取虚假宣传的程度</td><td>0.010</td><td>定量，严重（0分），一般（0.5分），无（1分）</td><td>核心指标</td><td>1</td><td></td></tr>
<tr><td>48</td><td>产品合格率</td><td>0.010</td><td>定量，85%以上（1分），65%～84%(0.5分)，低于65%（0分）</td><td>核心指标</td><td>1</td><td></td></tr>
<tr><td>49</td><td>投诉率</td><td>0.020</td><td>定量，高（0分），中等（0.5分），低（2分）</td><td>核心指标</td><td>2</td><td></td></tr>
<tr><td>50</td><td>投诉理赔率</td><td>0.010</td><td>定量，高（1分），中等（0.5分），低（0分）</td><td>核心指标</td><td>1</td><td></td></tr>
<tr><td>51</td><td>是否发生重大的产品质量安全事故</td><td></td><td>某批次产品或某次服务造成20%及以上用户或消费者产生严重不良反应或伤亡，即可定性为重大的产品质量安全事故</td><td>一票否决指标</td><td></td><td></td></tr>
<tr><td>尊重和维护债权人权益</td><td>0.010</td><td>52</td><td>借款合同履约率</td><td>0.010</td><td>定量，高（1分），中等（0.5分），低（0分）</td><td>核心指标</td><td>1</td><td></td></tr>
<tr><td>尊重和维护合作伙伴权益</td><td>0.010</td><td>53</td><td>交易合同履约率</td><td>0.010</td><td>定量，高（1分），中等（0.5分），低（0分）</td><td>核心指标</td><td>1</td><td></td></tr>
<tr><td>尊重和维护竞争者权益</td><td>0.020</td><td>54</td><td>侵犯竞争者知识产权的程度</td><td>0.010</td><td>定量，严重（0分），一般（0.5分），无（1分）</td><td>核心指标</td><td>1</td><td></td></tr>
</table>

续表

一级指标名称	权重	二级指标名称	权重	序号	三级指标名称	权重	评分方法	指标性质	满分	实际得分
商业伦理道德（14分）	0.140	尊重和维护竞争者权益	0.020	55	实施商业诋毁，实施商业贿赂的程度	0.010	定量，严重（0分），一般（0.5分），无（1分）	核心指标	1	
对股东的经济责任（6分）	0.060	投资回报	0.040	56	利润分配的频率，年度利润分配水平在同行业的排名	0.030	定量，高（4分），较高（2分），中等（1分），较低（0分）	核心指标	3	
				57	是否中小股东与大股东同股同利，企业内部股东与外部股东同股同利	0.010	定量，完全同股同利（1分），基本同股同利（0.5分），较少同股同利（0分）	核心指标	1	
		信息披露	0.020	58	上市公司存在股票内幕交易的程度	0.010	定量，严重（0分），一般（0.5分），无（1分）	核心指标	1	
				59	上市公司是否及时准确披露各种信息	0.010	定量，及时（1分），基本及时（0.5分），严重滞后（0分）	核心指标	1	
慈善责任（6分）	0.060	承担慈善、公益事业	0.040	60	参与重大自然灾害捐赠的情况	0.010	定量，积极（1分），一般（0.5分），很少（0分）	核心指标	1	
				61	参与社会（含社区）扶贫的情况	0.010	定量，积极（1分），一般（0.5分），很少（0分）	核心指标	1	
				62	参与社会（含社区）公益事业的情况	0.020	定量，积极（2分），一般（0.5分），很少（0分）	核心指标	2	
		企业内部关爱、救助活动	0.020	63	企业内部职工困难帮扶互助制度和内部关爱救助支出情况	0.020	定量，好（2分），一般（1分），较差（0分）	核心指标	2	
对国家经济社会发展的贡献（16分）	0.160	对科技创新的贡献	0.050	64	企业员工培训投入情况	0.010	定量，很多（1分），较多（0.5分），较少（0分）	核心指标	1	
				65	企业研发投入占营业收入的比重的增长情况	0.010	定量，稳定增长（1分），基本不增长（0.5分），无研发投入（0分）	核心指标	1	
				66	企业科技人才比重增长情况	0.010	定量，稳定增长（1分），不增长（0.5分），无科技人才（0分）	核心指标	1	

续表

一级指标名称	权重	二级指标名称	权重	序号	三级指标名称	权重	评分方法	指标性质	满分	实际得分
对国家经济社会发展的贡献（16分）	0.160	对科技创新的贡献	0.050	67	企业专利数量增长情况	0.020	定量，稳定增长（2分），不增长（1分），无专利（0分）	核心指标	2	
		对产业结构升级的贡献	0.040	68	企业产品附加值在同行业的排名	0.010	定量，靠前（1分），中等（0.5分），靠后（0分）	核心指标	1	
				69	企业产品更新换代速率	0.010	定量，很快（1分），较快（0.5分），慢（0分）	核心指标	1	
				70	企业高新技术产品市场占有率在同行业的排名	0.020	定量，靠前（2分），中等偏上（1分），中等偏下（0.5分），靠后（0分）	核心指标	2	
		对创建国际名牌的贡献	0.030	71	企业品牌在中国国内的排名	0.010	定量，靠前（1分），中等（0.5分），靠后（0分）	核心指标	1	
				72	企业品牌在世界的排名	0.020	定量，靠前（2分），中等偏上（1分），中等偏下（0.5分），靠后（0分）	核心指标	2	
		对国库的贡献	0.020	73	年度上缴各种税收在同行业的排名	0.010	定量，靠前（1分），中等（0.5分），靠后（0分）	核心指标	1	
				74	年度出口创汇额在同行业的排名	0.010	定量，靠前（1分），中等（0.5分），靠后（0分）	核心指标	1	
		对就业的贡献	0.020	75	企业员工人数在同行业的排名	0.010	定量，靠前（1分），中等（0.5分），靠后（0分）	核心指标	1	
				76	企业员工人数占本地区就业人口总数的比重排名	0.010	定量，靠前（1分），中等（0.5分），靠后（0分）	核心指标	1	
合计	1.000		1.000			1.000			100	

第十三章 创新型企业社会责任评价指标体系

第一节 创新型企业社会责任评价概述

一 创新型企业的概念

创新型企业是指拥有自主知识产权的核心技术、知名品牌，具有良好的创新管理和文化，整体技术水平在同行业居于先进地位，在市场竞争中具有相对优势和持续发展能力的企业。

二 创新型企业的特征

创新型企业与一般企业相比，有如下特点：企业内部实现研发制度化；有自主品牌；研究与开发成为企业的核心职能之一；有较好的成长性；有较好的市场地位；主要通过内生方式实现增长；形成研发、生产、销售三者互动的健全机制；能通过不断持续创新，获得持续性的收益。总之，持续创新是其本质特征。由此可见，与普通企业相比，创新型企业在科学技术层面上占有较大的比重和优势，与此相对应，创新型企业在履行社会责任，尤其是在促进科技进步和经济社会发展方面，与普通企业相比应当且有能力承担更多的社会责任和义务；在企业社会责任评价，特别是在科技贡献率和科技义务等方面的评价标准也应当更高。创新型企业主要分布在高科技行业、消费品行业及知识密集型服务业。创新型企业是我国最具活力的企业，是建设创新型国家的主力军，也是建设创新型国家的决定性力量，应该成为企业履行自主创新责任的领头羊。

三 创新型企业社会责任评价的意义

与世界发达国家相比，我国科技自主创新能力相对较弱。我国在科学原始创新能力、关键技术创新能力、关键技术自给率和系统集成能力等方面仍然较弱，以发明专利为衡量指标的技术也比较弱。我国对外技术的依赖度超过 50%；虽然我国经济贸易总量跃升世界第二，然而我国核心竞争力较弱，处于国际分工的低端。只有把知识和技术创新作为经济贸易发展的首要推动力量，努力把我国建设成创新型国家，我国才能提高发展的质量和效益，增强发展的可持续性。

企业是国民经济的最基本单位，是知识、技术成果和人才的主要使用者，是技术创新的最重要的主体。近百年的世界产业发展史证明，真正起巨大推动作用的技术几乎都来自企业。当今世界科技研发投资的 80%、技术创新的 71%均由世界 500 强企业创造和拥有，62%的技术转让在 500 强企业间进行。①

由于我国现代企业制度建设时间较短，尚未完全确立企业作为技术创新主体的地位，企业的技术创新机制还没有真正建立起来，我国企业大多注重生产和销售，没有强烈的创新动力，尚未形成自己的核心技术能力，如缺乏高水平的技术带头人和研究团队、高水平的超前研究开发项目和发明专利。企业的自主创新能力不提高，我国的整体自主创新能力就不可能增强。创新型企业是建设创新型国家的决定性力量，只有我国千千万万企业的自主创新能力得到提升，国家整体创新能力才能得到增强，才能转变国民经济的发展方式。我国已提出建设创新型国家和国家技术创新工程，而建设创新型企业就是其中的重要抓手。

卡罗尔给企业社会责任提出一个全面的概念框架，他认为企业社会责任是整个社会希望企业履行义务的总和②。国内对企业社会责任的研究是从一般化的角度进行的，还没有专门针对创新型企业的社会责任问题进行系统研究。企业能否将国家创新战略纳入社会责任范畴并化为自觉行动，将直接决定其创新使命感的强弱，从而最终影响国家创新战略的成败。由于我国企业数量庞大，千差万别，并不是所有的企业都具有创新的动力和能力。因此，不必强求所有企业都在国家创新战略中履行义务。我国政府已对创新型企业实行一系列的鼓励和优惠政策，全社会对创新型企业寄予厚望。我们建议，应将创新型企业在我国创新型国家建设中的应尽义务作为企业社会责任的重要构成要素，即将创新型企业参与国家创新战略所必备的责任要素引入到新的社会责任内涵和评价体系。这是本书所作的尝试性工作，将拓展我国创新型企业社会责任研究和管理工作的新领域，因而具有研究的开拓性意义和实践的引领作用。

四　创新型企业和一般企业的社会责任评价的异同

1. 共同之处

创新型企业和一般企业的社会责任从基本的方面看具有共同之处，即都必须

① 付蕴德. 2009.论科学技术对国家技术创新发展的基础性贡献.http：//www.globrand.com/2009/182069.shtml[2014-8-28].

② Carroll A B. 1979. A three-dimensional conceptual model of corporate social performance. Academy of Management Review，(4)：497-505.

承担经济责任、法律责任、伦理责任，以及在自愿的基础上承担慈善责任，承担对投资者（股东）、职工（劳动者）、消费者、债权人、合作伙伴、竞争者、政府、社区和环境等利益相关者的社会责任，尤其是不能损害投资者、职工和消费者的权益，不能破坏环境等。

2. 不同之处

2006 年 4 月，科学技术部、国务院国有资产监督管理委员会、中华全国总工会三部委在《关于开展创新型企业试点工作的通知》中给出了创新型企业的初步定义，创新型企业就是在技术创新、品牌创新、体制机制创新、经营管理创新、理念和文化创新等方面成效突出的企业。与一般企业相比，在我国发展的战略机遇期和经济发展转型升级的关键时期，创新型企业承载了更重大的历史使命。因此，对创新型企业社会责任的评价与一般企业相比，其重点及不同之处应体现在以下几方面：科技自主创新能力的形成、核心技术的掌握、现代企业制度的建立和完善、国际著名自主品牌的树立和显著的行业发展带动性。核心是评价其是否依靠自主创新驱动已成为可持续发展的企业。

第二节 我国创新型企业的社会责任评价指标

一方面，我国需要鼓励创新型企业自觉自愿地履行社会责任，但更重要的是需要在企业履行社会责任评价和管理的制度建设方面做出不懈努力，需要构建创新型企业履行社会责任的评价指标体系，便于政府和行业主管部门对创新型企业进行评价和监督，从外部施加约束和激励，使创新型企业更好地履行社会责任，尤其是自主创新方面的责任。下面对本书构建的我国创新型企业社会责任评价指标体系进行分析和说明。

一 创新型企业社会责任评价指标构建的基本原则

构建我国创新型企业社会责任评价指标体系要遵循科学性、全面性、数据资料可获得性、可比较性、可操作性的原则。

（1）科学性原则是指创新型企业社会责任评价指标体系要建立在科学、客观的基础上，能反映创新型企业履行社会责任的本质内涵，所选取的指标必须概念清晰、含义明确、具有具体的科学内涵。

（2）全面性原则是指创新型企业社会责任评价指标体系要全面反映企业应负的法律责任、经济责任、伦理责任、环境责任、自主创新和慈善责任（自愿责任），要全面反映企业对所有利益相关方应负的责任，而不是个别责任，或只对个别利益相关方的责任。

（3）数据资料可获得性原则是指评价指标需要的数据资料都可从以下途径获取：政府部门和行业协会的统计资料、企业的财务报表和档案资料、购销记录、现场记录查验、对企业各利益相关方的口头和书面调查、新闻媒体的报道、咨询机构和专家的咨询意见等。

（4）可比较性原则是指评价指标对所有创新型企业均具有适用性，可用于相互之间的比较，并进行排名。

（5）可操作性是指企业社会责任评价指标体系容易付诸实施，能够用于评价实践活动。

二　创新型企业社会责任的评价指标构成

一般来说，企业社会责任是企业对股东、客户（消费者）、员工、供应商、债权人、政府、环境等利益相关方的责任。目前在国内现有研究中专门对创新型企业的社会责任及其指标体系的构建成果几乎没有。借鉴国内外机构和专家的成果，结合我国国情和创新型企业实际，构建了我国创新型企业社会责任的评价指标体系，共设有 8 个一级指标、24 个二级指标、54 个三级指标、8 个一级指标分别为：社会责任管理、法律责任、劳动关系、环境责任、商业伦理道德、对股东的经济责任、慈善责任、自主创新责任。

除了参考利益相关者理论，还要考虑到创新型企业在我国科技经济和社会发展中的战略地位和作用，因此在评价指标设计上应注重突出创新型企业在自主创新方面应该承担更多的社会责任。因此，本书设计了“自主创新责任”这样一个一级指标，并下设“企业的创新环境”“企业的创新投入”“企业的创新产出”“企业的核心技术自主性”“企业的行业带动性”“企业发展方式的转变”6 个二级指标，赋予“自主创新责任”最高的权重（0.490）和分值（49 分）。

三　创新型企业社会责任评价指标的评分方法和特色

关于评价指标的评分方法，针对不同类型的指标，评分方法不同。有定性评分，有定量评分，定性评分意即是非评分，只要该指标存在肯定性事实，即评为 0 分，如只要企业泄漏、出卖国家机密，序号为 9 的指标的评分即为 0 分；如不存在某种事实，即评为满分。定量评分是要根据指标的具体量化数值进行评分。有的定量评分指标是要用正相关评分，即某项指标数值越高，评分就越高，如序号为 20 的指标——“产品合格率”越高，该指标评分就越高。有的定量评分指标要用负相关评分，即某项指标数值越高，评分就越低，如序号为 5 的指标——“职工职业病发病率”越高，则该指标评分越低。

针对不同指标在企业社会责任履行评价体系中的重要性，可将它们划分为核心指标和一票否决指标。本书设计和遴选的指标大多是核心指标，是创新型企业履行社会责任必不可少、不可回避的指标。有的指标具有特别重大的意义，可将其设为“一票否决”指标，如“连续三年企业未获任何专利”“是否发生了重大生产安全事故”就是“一票否决”指标，如平顶山新华四矿“9·8”特别重大瓦斯爆炸事故和其他重大矿难就是典型的案例。“是否发生了重大的产品质量安全事故”也是“一票否决”指标，如“三鹿毒奶粉”事件和“双汇瘦肉精”事件也是典型的案例。只要企业在某个“一票否决”的指标中存在肯定性事实，就被判定为在履行社会责任方面为“不合格”。所以，在评价指标体系中，不对“一票否决”指标设计权重和分值。“一票否决”指标的设计是本书的一大特色。

四 创新型企业社会责任的评价等级

根据其权重，计算出各项三级指标的分值，再汇总相加成创新型企业社会责任评价指标体系的总分值。本指标体系的总分为 100 分。按总分高低，可将创新型企业履行社会责任评价的绩效等级划分为 5 个等级，分别为 A 等（优秀，总分 90～100 分），B 等（良好，总分 80～89 分），C 等（合格，总分 70～79 分），D 等（基本合格，总分 60～69 分），E 等（不合格，总分 60 分以下）。

第三节 我国创新型企业社会责任评价指标体系

基于以上分析，构建我国创新型企业社会责任评价指标体系如表 13-1 所示。

表 13-1 我国创新型企业社会责任评价指标体系

一级指标	权重	二级指标	权重	序号	三级指标	权重	评分方法	指标性质	满分	实际得分
社会责任管理	0.040	社会责任管理系统	0.040	1	是否建立了社会责任管理部门，是否制定实施社会责任战略规划和目标	0.020	定性，是（2 分），否（0 分）	核心指标	2	
				2	是否建立了与利益相关方的责任沟通机制，是否披露年度社会责任报告	0.020	定性，是（2 分），否（0 分）	核心指标	2	

续表

一级指标	权重	二级指标	权重	序号	三级指标	权重	评分方法	指标性质	满分	实际得分
法律责任	0.110	员工最基本人身自由和尊严的维护	0.020	3	强迫劳动、侮辱员工、侵犯员工基本人权的情况	0.020	定量，严重（0分），一般（0.5分），较少（1分），无（2分）	核心指标	2	
		安全卫生的工作环境和条件	0.040	4	是否发生重大生产安全事故			一票否决指标		
				5	职工职业病发病率	0.020	定量，比率达到20%为高（0分），5%～19%为中等（0.5分），5%以下为较少（1分），0%为没有（2分）	核心指标	2	
				6	是否有劳动防护措施和职业健康检查	0.020	定量，健全（2分），较健全（1分），一般（0.5分），无（0分）	核心指标	2	
		遵守科技创新的法律法规	0.030	7	是否遵守国家、地方和行业的各种有关科技创新的法律法规，如知识产权法、专利法、著作权法等	0.030	定量，严格遵守（3分），基本遵守（1分），较差（0分）	核心指标	3	
		维护国家的基本权益情况	0.020	8	逃税、偷税、漏税、抗税、骗税的情况	0.020	定量，严重（0分），较少（1分），无（2分）	核心指标	2	
				9	是否走私，贩毒，从事国家禁止的资源、产品、文物和技术的买卖和贸易；是否出卖国家机密			一票否决指标		
劳动关系	0.100	国家工时和休息休假制度执行情况	0.030	10	员工每日每周实际工作时间超过国家法定工作时间的情况	0.020	定量，严重（0分），较轻（1分），无（2分）	核心指标	2	
				11	员工享有法定节假日，享有病、产、婚、丧休假的程度	0.010	定量，完全享有（1分），基本享有（0.5分），很少享有（0分）	核心指标	1	

续表

一级指标	权重	二级指标	权重	序号	三级指标	权重	评分方法	指标性质	满分	实际得分
劳动关系	0.100	劳动合同	0.020	12	依法平等自愿协商和签订劳动合同、依法实施集体合同制度，及时公平处理劳动争议的情况	0.020	定量，好（2分），较好（1分），一般（0.5），较差（0分）	核心指标	2	
		劳动报酬和福利	0.050	13	执行最低工资标准，按时足额发放工资、津贴和加班费和工伤补偿金的情况；建立和实行工资正常增长机制的情况；实行工资集体协商制的情况	0.030	定量，好（3分），较好（2分），一般（0.5分），较差（0分）	核心指标	3	
				14	全员享有社会保险，按时足额缴存社保等“四金”的情况	0.020	定量，好（2分），较好（1分），一般（0.5分），较差（0分）	核心指标	2	
环境责任	0.090	保护环境	0.060	15	执行环保“三同时”制度的情况，应用清洁生产技术的情况	0.030	定量，好（3分），较好（2分），一般（0.5分），较差（0分）	核心指标	3	
				16	废水、废气、噪声排放达标情况，固体废弃物处理情况，对防治大气污染的贡献	0.030	定量，好（3分），较好（2分），一般（0.5分），较差（0分）	核心指标	3	
				17	是否造成重大环境污染事故			一票否决指标		
		节约资源	0.030	18	企业节能降耗的情况	0.030	定量，好（3分），较好（2分），一般（0.5分），较差（0分）	核心指标	3	
商业伦理道德	0.100	诚信经营概况	0.030	19	无制售假冒伪劣产品及欺诈等不良行为的情况	0.030	定量，好（3分），较好（2分），一般（0.5分），较差（0分）	核心指标	3	
		尊重和维护消费者权益	0.030	20	产品合格率	0.030	定量，95%及以上（3分），80%~94%（2分），70%~79%（1分），低于70%（0分）	核心指标	3	

续表

一级指标	权重	二级指标	权重	序号	三级指标	权重	评分方法	指标性质	满分	实际得分
商业伦理道德	0.100	尊重和维护消费者权益	0.030	21	是否发生重大的产品质量安全事故			一票否决指标		
		尊重债权人权益	0.010	22	借款合同履约率	0.010	定量，高（1分），中等（0.5分），低（0分）	核心指标	1	
		尊重合作伙伴权益	0.010	23	交易合同履约率	0.010	定量，高（1分），中等（0.5分），低（0分）	核心指标	1	
		尊重竞争者权益	0.020	24	侵犯竞争者知识产权，实施商业诋毁，实施商业贿赂的情况	0.020	严重（0分），一般（0.5分），无（2分）	核心指标	2	
对股东的经济责任	0.040	投资回报	0.040	25	利润分配的频率，年度利润分配水平在同行业的排名	0.030	定量，高（4分），较高（2分），中等（1分），较低（0分）	核心指标	3	
				26	是否中小股东与大股东同股同利，企业内部股东与外部股东同股同利	0.010	定量，完全同股同利（1分），基本同股同利（0.5分），较少同股同利（0分）	核心指标	1	
慈善责任	0.030	承担慈善公益事业	0.020	27	参与重大自然灾害捐赠的情况	0.010	定量，积极（1分），一般（0.5分），没有（0分）	核心指标	1	
				28	参与社会（含社区）扶贫、公益活动的情况	0.010	定量，积极（1分），一般（0.5分），没有（0分）	核心指标	1	
		企业内部救助活动	0.010	29	企业内部职工困难帮扶互助制度和内部关爱救助支出情况	0.010	定量，好（1分），一般（0.5分），较差（0分）	核心指标		
自主创新责任	0.490	企业的创新环境	0.080	30	企业实施自主创新长期战略和规划，营造创新文化的情况	0.020	定量，好（2分），较好（1分），一般（0.5分），较差（0分）	核心指标	2	
				31	企业对自主创新的激励制度，薪酬向研发精英倾斜的情况	0.030	定量，好（3分），较好（2分），一般（0.5分），较差（0分）	核心指标	3	

续表

一级指标	权重	二级指标	权重	序号	三级指标	权重	评分方法	指标性质	满分	实际得分
自主创新责任	0.490	企业的创新环境	0.080	32	企业民主科学管理的制度建设情况	0.030	定量，好（3分），较好（2分），一般（0.5分），较差（0分）	核心指标	3	
		企业的创新投入	0.070	33	企业研发投入强度	0.020	定量，高（2分），较高（1分），较低（0分）	核心指标	2	
				34	管理层和员工平均受教育程度，员工培训的年度开支和时间，研发人员占员工总数的比重增长情况	0.010	定量，好（1分），一般（0.5分），较差（0分）	核心指标	1	
				35	实验室、技术中心、工程中心等研发机构的数量和级别增长情况，研发设备先进程度	0.020	定量，好（2分），较好（1分），一般（0.5分），较差（0分）	核心指标	2	
				36	企业用于科技信息搜集、对外科技交流与合作的年度开支占销售收入的比重增长情况	0.010	定量，快（1分），较快（0.5分），无增长（0分）	核心指标	1	
				37	企业信息技术应用和信息化管理水平	0.010	定量，高（1分），较高（0.5分），较低（0分）	核心指标	1	
		企业的创新产出（创新能力之一）	0.110	38	企业获国内授权的发明专利数年度增长情况	0.020	定量，快（2分），较快（1分），较慢（0.5分），无增长（0分）	核心指标	2	
				39	是否连续三年企业未获任何专利			一票否决指标		
				40	企业科技研发人员获得国家、省市科技进步奖的情况	0.020	定量，多（2分），较多（1分），较少（0.5分），无（0分）	核心指标	2	
				41	企业获发达国家和权威国际机构授权的发明专利数年度增长情况	0.020	定量，快（2分），较快（1分），较慢（0.5分），无（0分）	核心指标	2	

续表

一级指标	权重	二级指标	权重	序号	三级指标	权重	评分方法	指标性质	满分	实际得分
自主创新责任	0.490	企业的创新产出（创新能力之一）	0.110	42	企业获得的发明专利以外的其他知识产权数量年度增长情况	0.010	定量，快（1分），较快（0.5分），较慢（0.25分），无增长（0分）	核心指标	1	
				43	企业已投入实际应用的创新项目数年度增长情况	0.020	定量，快（2分），较快（1分），较慢（0.5分），无增长（0分）	核心指标	2	
				44	企业新产品开发周期缩短和成功率提高情况，新产品销售额占总销售额的比重年度增长情况	0.020	定量，好（2分），较好（1分），一般（0.5分），较差（0分）	核心指标	2	
		企业的核心技术自主性（创新能力之二）	0.080	45	企业拥有的行业核心技术总项数在同行业的排名	0.010	定量，靠前（1分），中等（0.5分），靠后（0分）	核心指标	1	
				46	企业独立创新的核心技术项目占核心技术项目总数的比重	0.030	定量，高（3分），较高（2分），中等（1分），较低（0分）	核心指标	3	
				47	拥有自主核心技术的产品（服务）市场占有率	0.020	定量，高（2分），较高（1分），中等（0.5分），较低（0分）	核心指标	2	
				48	企业自主品牌在国内外市场知名度的提高情况	0.020	定量，快（2分），较快（1分），较慢（0分）	核心指标	2	
		企业的行业带动性	0.060	49	企业在国内同行业综合排名提高情况	0.020	定量，快（2分），较快（1分），较慢（0分）	核心指标	2	
				50	企业在国内外获批和被采用的行业技术标准保有量	0.020	定量，多（2分），较多（1分），较少（0.5分），无（0分）	核心指标	2	
				51	辐射带动行业技术创新与进步的情况	0.020	定量，好（2），较好（1分），一般（0.5分），无（0分）	核心指标	2	
		企业发展方式的转变	0.090	52	企业全员劳动生产率增长情况	0.030	定量，快（3分），较快（2分），较慢（0.5分），无增长（0分）	核心指标	3	

续表

一级指标	权重	二级指标	权重	序号	三级指标	权重	评分方法	指标性质	满分	实际得分
自主创新责任	0.490	企业发展方式的转变	0.090	53	企业自主创新的新技术新产品新服务对净利润的贡献	0.030	定量，大（3分），较大（2分），较小（0.5分），无（0分）	核心指标	3	
				54	企业未来五年自主创新对盈利和发展的驱动作用趋势	0.030	定量，强（3分），较强（2分），一般（0.5分），无（0分）	核心指标	3	
合计	1.000		1.000			1.000			100	

第十四章 企业社会责任的法律规制

企业社会责任本身不是一个纯法律概念，它是一个融经济学、社会学、伦理学、管理学和法学等多种学科理念的综合体，是一个既包含法律责任又包含道德责任的复合体。随着经济的发展，企业与社会的联系越来越密切，企业社会责任的内涵和外延不断发展演进，致使企业社会责任问题日趋复杂。因此，我们认为在我国经济社会不断发展、企业与社会关系日益密切、企业社会责任呼声逐渐高涨的背景下，理性解析企业社会责任的法律问题，分析企业社会责任法律规制的必要性，并在透视我国企业社会责任现状及存在问题的基础上对企业社会责任法制化问题进行探讨是十分有意义的。

第一节　规制企业社会责任的法理基础

企业的社会责任范围极广，不同国家由于历史和经济发展状况的原因各有差异。早期企业的社会责任仅指企业进行慈善性的活动和其他社会福利活动的道德义务。但随着企业的发展壮大，其行为日益对社会产生重大影响，企业社会责任的范围相对较宽，而且有些内容已成为法律责任。但一般来讲，企业社会责任的范围可以包括企业对雇员的责任、对消费者的责任、对债权人的责任、对环境、资源保护与合理利用的责任、对所在社区经济发展的责任和对社会福利和社会公益事业的责任等六个方面[①]。但此范围不是静止的，它总是随着经济发展逐渐发生变化，因此对于企业社会责任的范围应该作较宽泛的理解，但这种理解应该在区分企业与社会、政府与社会的基础之上。但对于是否把这些社会责任全部法律化，这是一个值得探讨的问题。

一　企业社会责任法律规制的必要性

（一）防止企业滥用经济力量的需要

在市场经济条件下，企业是生产资料和劳动力得以聚集、结合的最佳单位，是

① 李昌麒.2002.经济法学.北京：中国政法大学出版社：110.

对全社会经济资源予以配置的最为重要的市场主体。从整个世界的发展趋势来看，企业（特别是公司）的经济力量越来越强，社会财富越来越向企业集中。美国华盛顿政策研究所出具的一份研究报告表明，在世界上最大的经济一百强中，51 个是公司，国家只占 49 个。其中，日本的丰田公司强于挪威，Mitsubishi 公司强于世界上的第四人口大国印度尼西亚，美国的福特公司强于南非，通用公司强于丹麦。即使排名在第十二位的美国瓦尔玛特公司也比包括以色列、波兰和希腊在内的 160 个国家要厉害[①]。随着其经济力量的逐渐强大，公司决定着市场上提供的最为重要的商品和服务的种类、数量和质量，左右着重要产品市场、资本市场和服务市场的行情变化，作为主要的雇主控制着成千上万劳动者的就业命运，作为主要的纳税人成为政府财政税收的重要来源。公司在经济领域内的社会影响力可谓登峰造极。

经济力量的集中本身既是推动社会财富增长、促进社会利益的强大动力，同时也潜伏着对社会公共利益的侵害，如污染环境、滥用经济优势垄断价格、排挤中小竞争者、兜售有瑕疵的商品、疯狂践踏“消费者主权理论”欺诈消费者、工厂爆炸、在用工问题上歧视女性、侵害劳动者的合法权益、向官员（包括外国政府官员）行贿及其他类型的公司法人犯罪的丑闻层出不穷等都是明显的例证。

公司滥用经济力量以及由此而生的权力是否具有理论上的正当性，是否具有合法性？回答当然是否定的。公司经济力量是传统公司法鼓励、保护至少是默许的结果，而传统公司法又是建立在以下假定的基础之上：市场没有缺陷、具有完全竞争性；公司的自由设立原则可以鼓励人们成立无数单个的、彼此实力相当且相互竞争的公司等。遗憾的是，上述假设毕竟不是现实，市场竞争的现实一再向我们昭示：市场机制总有失灵、竞争不完全乃至于扭曲的时候，而且即便是不失灵，市场机制也无法提供所有的社会、经济和文化商品。对于单纯的效率和营利之外的其他价值形式的认可，尤其是公平和社会正义的渴望，更不是市场机制所能提供的。

既然市场机制不是万能的，营利最大化的目标也不可能是万能的。具体到公司而言，不是每个人都能成为大公司的大股东并从中发财的，而且股东利益作为一种个体性利益在很多场合与社会公共利益之类的整体性利益是水火不容、针锋相对的。有些公司坐视身边的诸多社会问题而不顾，并以牺牲社会利益、把应由公司、股东承担的经济成本转嫁给社会（如污染环境、随意裁员、关闭工厂等）为最大的快乐，既然传统公司法的假定是不成立的，那么对于公司所拥有的、在形式上属于私权、在实质效果上则影响全社会的经济力量、决策权力应当按照增进社会公共利益的方向予以必要的限制。为避免公司滥用其经济力量，就必须建立健全相应法律机制，强化公司社会责任。

---

① 常凯.2003.经济全球化与企业社会责任运动.工会理论与实践，(4)：18.

（二）推动社会权进步的需要

作为一个高度浓缩的概念，社会权指属于人权与基本自由范畴的各类体现社会正义的经济、社会、文化权利。这里所说的“经济、社会、文化权利”十分广泛。既包括《经济社会文化公约》中列举的 10 项权利，也包括其他具有经济与社会权利特点的权利，如吃饭权、消费者权利、环境权和发展权。作为一项基本的人权，社会权应当被社会上的每个人所享有，而且，社会弱者——如老年人、妇女（含女工）、儿童、失业者、农民、未成年劳动者、难民、少数民族与土著居民——尤其需要得到社会权的特别关怀。

在学理上，作为世界最主要经济力量的企业对于社会权的实现负有义务。公司的经济力量本身应当理解为蕴涵着社会义务。抛开公司财产权不论，即使是一般民事主体的私人财产所有权，也从过去的过分绝对化，过渡到今天的相对社会化。私人财产所有权本身附有义务的观念早已被许多民法学者甚至一般公众所接受，并在不少民法典中被写成明确的条文。从 1804 年《法国民法典》到 1896 年《德国民法典》再到 1986 年我国《民法通则》的演变，我们可以发现社会义务或社会责任在诚实信用、公平正义原则的作用下，日益渗透私人所有权和私法自治的国际化趋势。绝对的私人所有权、私法自治或民事权利的概念已经成为历史的产物。推而广之，权利、权力、义务与责任的性质意味着社会义务蕴涵于几乎所有的法律权利、法律权力或实际力量之中。《世界人权宣言》第 29 条更是明确指出，“人人对社会负有义务，义务只有在社会中他的个性才可能得到自由和充分的发展”。

在实践中，企业（尤其是公司）是推动许多社会权实现的最佳人选。社会与国家机构无力包揽解决失业、环保等社会问题，要保护好公民的环境权、工作权、消费者权、劳动者参加公司经营管理的权利，只有汇集管理精英、资本与创新能力的公司才有这个能力。而且，无论是某一特定公司的长远利益，还是整个公司制度的存废，都要求公司为社会权的实现出力。如果公司拒绝或怠于解决这些问题，社会有权通过国家权力对公司采取法律措施。

（三）建设社会主义和谐社会的需要

党的十六届四中全会正式提出了建设我国社会主义和谐社会的战略目标。构建和谐社会是我国当前和今后相当长一段时间的重要任务，它是一项宏伟的战略工程，涉及生产力和生产关系，也涉及经济基础和上层建筑。构建和谐社会必须强化政府、企业、事业、民间社团等组织的社会责任感。企业是我国庞大的社会组织，从业人员数量众多，是社会经济发展的基础和重要力量。经济全球化的快速发展，使企业的生产经营活动已经完全融合于整个世界经济体系之中，企业的生产经营活动对整个社会发展的影响越来越大。企业在自身的生存与发展中，履行着社会资产和财富的保值增值、社会技术的进步与发展和人民生活水平提高的三大职能，在经济改革及经济建设中处于非常显著的地位。一方面，企业为国家创造了大量的财富；另一方面，也占用和消耗了巨大的社会资源。在市场经济社会，企业有独立的经营自主权，拥有资源配置权，可以调动和支配大量人、财、物资源，企业的经营理念和行为无疑会对整个社会产生极大的正面或负面的影响。因此，在构建社会主义和谐社会的背景下，强化企业社会责任，并将企业社会责任的规制纳入法制化的轨道显得尤为重要。

二 企业社会责任法律规制的可能性

企业社会责任是包括经济责任、法律责任和道德责任的责任体系，其复杂性可见一斑。学理上对于企业社会责任需要法律规制并无异议，但如何将企业的社会责任纳入到法律所固有的“权利——义务——责任”体系，则需要法学理论及相关法律制度的支撑。

（一）公司利害关系人理论

公司利害关系人理论是美国许多学者近年来用以支持公司社会责任理论的主要依据。这一理论不仅为美国半数以上各州出台非股东利害关系人立法提供了正当性，也为法院判例考虑公司社会责任提供了理论上的支持。传统的利害关系人的定义，包括所有受公司活动影响或者影响公司活动的自然人或社会团体。①但是，这一宽泛的开拓性定义在后来获得了进一步完善。美国学者当纳森（Donaldson）、托马斯（Thomas）和普雷斯顿运用合法性的标准对公司的利害关系人定义为：“在公司的程序性活动和（或者）实体性活动中享有合法性利益的自然人或社会团体。”他们把公司的利害关系人限制到那些既对公司享有利害关系，又对公司具有影响能力的人。例如，他们把同业公会（trade associations）视为公司的利害关系人，但他们把公司的竞争者排斥在公司的利害关系人范围之外，理由是“他们不从当地公司的成功中获得好处”。②美国学者克拉克森对公司的利害关系人所下的定义与此相似：“对于公司及其过去、现在或未来的活动享有或者主张所有权、权利或者利益的自然人或社会团体。这种被主张的权利或者利益源于权利主体或利益主体与公司之间的商事活动，或者公司实施的行为。这种权利或者利益可以是法律意义上的，也可以是道德意义上的；既可以是个体

---

① 陈明添.2003.公司的社会责任——对传统公司理念的修正.东南学术，（6）：25.

② 赵晶.2003.浅论公司社会责任的地位.商业研究，（5）：20.

性的，也可以是集体性的。具有类似利益、请求或权利的公司的利害关系人可以划入同一群体：职工、股东和顾客等。”[①]

公司既是商事主体或商人之一种，也是利益的聚焦点。除了股东利益之外，公司的设立与运营还会编制成一张非股东利益关系网。这些股东之外的社会主体对于公司的存在具有利害关系。为确保公司的繁荣与发展，股东及其代理人即经营者必须与职工、债权人、消费者（包括公司职工）、客户、当地社区甚至全社会的老百姓密切合作。成功的公司既需要对外增强对用户和消费者的凝聚力，也需要对内调动职工的劳动积极性。可见，公司利害关系人又包含不同的利益集团，而各个利益集团的利益诉求也各不相同。但是，各个利益集团在追求社会团结、社会公正、民族的繁荣和生态环境保护等方面有着共同的利益和要求。仅仅保护股东利益，而忽视对公司利害关系人的适度保护，不仅不合乎社会正义，而且是对社会生产力的极大破坏。

公司利害关系人理论有利于人们解放思想，淡化股东和公司经营者在传统公司法中一统天下的固有观念，树立起公司利害关系人对于公司的权利意识，强化公司对公司利害关系人的义务观念和社会责任感。因此，公司利害关系人理论对完善我国的公司法理论，具有重要的学术借鉴价值，为我国企业社会责任的法律规制提供了强有力的法理基础。

（二）权利本位向社会本位的过渡

民法作为传统的私法部门，其发展经历了义务本位、权利本位、社会本位的转变。权利本位是指权利成为法律的中心观念，集中体现为意思自治、契约自由、私有财产神圣不可侵犯、自己责任即过失责任等私法原则。权利本位立法，对人类社会的发展做出了巨大贡献，促成自由资本主义市场经济的发展。但也带来了一系列的社会问题，如劳资对立、贫富悬殊、垄断等。如今民法已经实现了从个人本位到社会本位的转变，以公共利益、诚实信用和公序良俗等原则约束的社会本位成为民法的价值取向：限制绝对所有权，禁止权力滥用，对契约自由加以公法上的限制，采用无过错责任原则等，表明了国家对私权的限制。以公私法交融为特征、调整涉及社会整体利益经济关系的经济法，更加坚持社会责任本位，强调无论是国家还是企业，都必须对社会负责，亦即都对发展社会生产力、提高社会经济效益负责。在对社会共同尽责的基础上，处理和协调好彼此之间的关系。

公司制企业自身的发展则从另一角度说明了承担社会责任的必要性。市场经济条件下的公司是对经济资源予以配置的最主要的社会主体，公司经济力量逐步加强，社会财富也越来越向公司集中。公司不但决定了经济领域中市场行情的变化，其影响力还广泛地深入到政治生活、科学技术、教育文化、体育等其他社会

---

① 海蒂·豪维克.2005.公司社会责任的普遍标准确实可取吗?社会观察，(2)：24.

领域。公司企业在现代社会中成为多种社会主体利益的交汇点，设立和活动远远超出了股东个人利益的范围。经营决策通常涉及消费者、劳工利益乃至社会公益，直接影响到社会的稳定与发展。现代社会对公司的要求，已经从单纯的营利性组织发展到具有社会性使命。而公司承担社会责任，可以改善公司所处的环境，有助于自身形象的提高，减少政府的过度管制，从而有利于公司长期发展。可见，权利本位向社会本位的过渡，为企业承担社会责任提供了法学依据。

（三）“企业公民”概念的提出

“企业公民”概念属于社会文化范畴，是指一个公司将社会基本价值与日常经营实践、运作和策略相整合的行为方式①。企业是社会的细胞，社会是企业利益的源泉。企业在享受社会赋予的资源和机遇时，也应该以符合伦理、道德的行动回报社会、奉献社会。“企业公民”这一概念蕴涵着社会对企业提出的要求，意味着企业是社会的公民，应承担起对社会的责任和义务。例如，为员工提供更好的工作环境和福利、为社会创造就业机会和为社会发展作贡献、为消费者提供安全可靠的产品、同经营合作伙伴建立良好的关系、关注环境和社会公益事业等。“企业公民”不仅仅是为了行善，而是首先要把本职工作做好，确保企业遵纪守法、不骗人、不做假账、不生产伪劣产品等。实际上，能否做一个合格的企业公民体现了一个企业的价值取向和长远追求。

伴随企业社会责任与可持续发展等理念成为国际上的一股主流思潮，“企业公民”一词得到了广泛的传播。这一名词脱胎于商业道德和企业社会责任，但从法学的角度强调了企业的社会公民身份，扩展了传统商业道德涉及的领域，丰富了公司治理的内容，几乎涉及了企业与社会相关的方方面面。企业以“社会公民”身份履行社会责任的观念和实践越来越得到政府、市场和公众的认同与提倡，这从某种意义上已经超越了慈善家的个人行为，而是企业理性选择的存在方式。总之，“企业公民”概念的提出，为企业社会责任的法律延伸奠定了逻辑基础。

第二节　我国企业社会责任法律规制的完善

一　我国企业社会责任法律规制的现状

（一）立法层面的现状

从立法层面上来看，我国关于公司社会责任的法律框架已基本建立。我

① 张国平.2007.公司社会责任的法律意蕴.江苏社会科学，（5）：36.

国现行法律及行政法律文件中均不同程度地涉及关于公司社会责任的规定，由此构筑了保护企业利益与保护社会利益相结合的公司社会责任法律体系。2002 年我国证券监督管理委员会颁布的《上市公司治理准则》则从多方面涉及公司社会责任的具体规定，其中第 81 条规定："上市公司应尊重银行及其他债权人、职工、消费者、供应商、社区等利益相关者的合法权利。"第 86 条规定："上市公司在保持公司持续发展、实现股东利益最大化的同时，应关注所在社区的福利、环境保护、公益事业等问题，重视公司的社会责任。"该条亦鲜明地倡导公司的社会责任，尽管只是针对上市公司，但是其立法理念被随后修订的《公司法》吸收。2005 年修改后的《公司法》第 5 条明确规定："公司从事经营活动，必须遵守法律、行政法规，遵守社会公德、商业道德，诚实守信，接受政府和社会公众的监督，承担社会责任。"该条规定是我国关于公司社会责任概括式的表述，也是在我国立法中首次提到"社会责任"这一范畴。其实不仅是《公司法》，有关企业社会责任的具体内容在其他法律中也有所涉及，如《宪法》中关于保护自然资源和环境，保护劳动者、妇女儿童权益的原则性规定；《劳动法》中保护劳动者权益的具体规定；《消费者权益保护法》中保护消费者的具体规定等，但除《公司法》外，其他法律却没有使用"社会责任"这一范畴，这也是导致企业社会责任缺失的一个原因。

总体而言，我们认为我国对企业社会责任的立法尚处于起步阶段，在未来的企业社会责任的理论探讨和法律法规体系构建中，理论界和立法界应致力于解决以下三个问题。

第一，我国关于企业社会责任的立法过于分散、凌乱。纵观我国现有关于企业社会责任的立法。主要分散在劳动法、公司法、产品质量法、消费者权益保护法、环境保护法及社会保障法等诸多法律、法规中、没有形成较为系统的体系。

第二，我国关于企业社会责任的立法过于原则，可操作性差。例如，"三公"原则旨在保护股东及投资者的利益与安全，由于缺乏可操作性，往往在一些问题面前显得苍白无力，如对于股东权益的保护这么一个世界各国均为关注的问题。西方国家目前大部分对"资本多数决定原则"进行限制，以保护小股东的权益，而我国公司法还缺乏有效保护小股东权益的规范。对此，我们应积极借鉴西方发达国家的先进经验。

第三，我国现有立法对企业社会责任的规定仍存在许多"盲区"。例如，合伙企业、个人独资企业的社会责任问题，道德意义上的企业社会责任期待法定化问题，最为重要的是我国关于企业合理利用资源以及环境保护的立法还远远不够。相信随着社会的发展，人们意识的进一步转变，我国关于企业社会责任的立法必将不断地完善，这本身就是一个动态发展的过程。

（二）司法层面的现状

在司法实践中，我国企业不履行社会责任一般主要表现在以下八个方面：一是部分企业无视自己在社会保障方面应起的作用，尽量逃避税收以及社保缴费；二是一些企业较少考虑社会就业问题，将包袱甩向社会；三是部分企业较少考虑环境保护，将利润建立在破坏和污染环境的基础之上；四是一些企业唯利是图，提供不合格的服务产品或虚假信息，与消费者争利或欺骗消费者；五是一些企业依靠压榨企业职工的收入和福利来为所有者谋利润；六是部分企业缺乏提供公共产品的意识，对公益事业不管不问；七是缺乏公平竞争意识，一些在计划经济时期延续下来的垄断企业，大量侵吞垄断利润，并极力排斥市场竞争；八是普遍缺乏诚信，部分国有企业对国家缺少诚信，一些民营企业通过假包装到市场上圈钱等。

我们认为，这些情况之所以出现，主要是因为约束企业履行社会责任的机制尚不完善。企业社会责任的压力除了自律之外，更主要的应该是来自企业以外的制约，诉讼即是其中重要的一种。企业的社会责任必须落实到权利，以权利抗衡权力。因此，如果企业不能通过诉讼维护自己的权利，这些权利也就只能停留在纸面上。考虑到上述因素，借鉴国外经验，欠缺具有较强操作性的公益诉讼制度应是我国司法实践中较大的缺憾。

二 各主要国家关于公司社会责任的法律规制

（一）美国

美国公司社会责任运动有充分的法律依据。在美国，企业的社会责任法律体系包括三个部分：第一，公司法律体系，如《公司法典》《商业公司法》等；第二，保护利益相关者的法律体系，如《反歧视公约》《同工同酬公约》《最恶劣形式的童工公约》等；第三，社会法律体系，如《经济、社会和文化权利公约》《公司权利和政治权利公约》等。最为引人注目的当属美国法学所在 1984 年提供的《公司治理结构项目：分析与建议》和 1994 年发表的《公司治理结构原则：分析与建议》，其中均规定：商事公司从事营业行为，应以提升公司利润与股东收益为目标，但无论公司利润与股东收益是否因此增加，公司从事营业行为仍然为之：①应与自然人在同一程度内，其行为受法律约束；②应考虑适当的伦理因素，从事负责任的营业行为；③应为公共利益、人道主义，教育与慈善之目的，捐献合理数额之资源。宾夕法尼亚州于 1983 年年底率先修改公司法，将美国法学所上述建议赋予了法律效力，允许经理向更多的利益相关者负责。此后，其他许多州群起仿效，至1990年年末，已有29个州制定类似法律，授权公司管理者对股东以外的其他利益关系人（包括公司员工、债权人、顾客、甚至一般社区居民等）负责。这些条款被称为“其他利益相关者条款”①。

（二）英国

英国虽然对公司社会责任缺乏系统的理论构建，并且在原则上奉行公司应该谋求股东利润最大化的传统，但在司法中仍以一种务实的态度，对企业的利益、和谐劳动关系的建立等方面为出发点，为企业参与社会活动、履行社会责任留下了一定余地。在制定法方面，英国虽然不如美国那样激进，但也不难发现一些在此方面的一些零星规范，如英国1980年修改的《公司法》第46条规定，董事必须考虑雇员的利益；1985年《英国公司法》《城市法典》总则等均有关于公司雇员和债权人利益等的规定①。

（三）德国

在公司法中体现公司社会责任的规定，最早可见于1937年德国《股份公司法》，其中强调，公司之董事必须追求股东的利益、公司雇员的利益和公共利益。德国公司社会责任运动影响最大也是最成功的努力是职工参与制度的构建。为了体现劳资双方的公平待遇，德国形成了市场经济国家唯一规定劳资双方等额或接近等额参与企业内部管理的立法体例，并以职工参与企业内部管理的全面性而著称于世。为了贯彻职工与股东能够原则上都有平等的参与权这一精神，德国先后制定了《煤钢共同决定法》（1951年）、《企业宪法》（1952年）、《共同决定法》（1976年）等法律。

综观两大法系主要代表国家的立法实践，我们看到，强化法律意义上的企业社会责任的条款散见于整个法律体系。作为底线，公司企业必须履行法律层面的社会义务，如履行劳动法、消费者权益保护法、产品质量法、税法和环境保护法设定的社会义务。另外，尽管西方的整个社会背景向有利于公司的社会责任方面倾斜，但从立法的层面和制度安排上，依然以宣誓性的条文为多。西方各国对公司社会责任的立法规制，主要以非强制性规范为主，体现了国家的一种提倡性态度，并没有真正以法律强制的面目出现；从公司治理的角度上，公司法也没有合理而稳固的制度安排。上述规范方式对我国企业社会责任的立法完善均有一定的启发和借鉴意义。

---

① 卢代富.2001.国外企业社会责任界说述评.现代法学，（3）：30.

三 完善我国企业社会责任法律规制的主要举措

（一）完善企业社会责任的法律内容

在社会主义市场经济条件下，我们既需要“以经济建设为中心”，追求企业经济效益，又需要在“科学发展观”指导下，实现人与社会经济协调发展，建设全面小康的和谐社会。而我国《标准化法》缺乏对企业履行社会责任制定“标准”的立法要求。尽管《标准化法》第一条也将“维护国家和人民的利益”列入了立法目的，但在第二条关于“应当制定标准”的六项具体规定中，却只有产品、设计、方法及环境保护等方面“统一技术要求”的标准规范，只字未提企业社会责任标准规范。从我国现有的企业法律体系来看，受片面追求GDP的影响，严格保护“投资者”及其“资本”的利益，进而推进市场建设，几乎成了企业主体法的全部立法宗旨，而对企业职工的权益保护被忽视了。在所有规范企业主体行为的法律中，都强调企业管理者“人、财、物、事”的管理权，而对企业的“雇员权”则基本上没有法律规定，或者只是虚设的无操作规范的条款而已。这就极易刺激企业业主只顾自身利益，把“利润”装进腰包，把“包袱”抛给政府，把“责任”留给社会。此外，SA8000特别强调职工集体谈判权。中国工会组织虽然已有近百年历史，但现有企业工会组织基本上沿袭了计划经济时期群众性组织的运作规则，人们对于市场经济条件下工会功能的认识还比较有限，对其作用尚未发生根本性的改变，对劳资关系也没有进行系统的研究。

另外，在企业社会责任的法律主体地位缺失的情况下，我国调整企业社会责任行为的法律形式主要包括《劳动法》及若干配套法规。我国目前在各类企业的就业人员约为3.6亿人，其中农民工至少有1.2亿人以上，占到1/3。但是农民工的劳动关系却不在《劳动法》调整范围之内。在我国《劳动法》立法之初，由于当时农民工问题是由国务院1991年颁布的《全民所有制企业招用农民合同制工人的规定》调整，后来企业雇用农民工中存在的社会保险待遇及季节性务工等实际问题，一直没有相关法规给个“说法”，《劳动法》中也没有对此做出专门规定。直到2004年1月，劳动部才通过了一个《最低工资规定》，并于9月匆匆印发了一个《建筑领域农民工工资支付管理暂行办法》的通知。然而《全民所有制企业招用农民合同制工人的规定》中的“最低工资标准测算方法”，绝非普遍的农民工可以读懂的，透明度低、操作性差。

SA8000给我们另一个重要启示，即尊重劳动者、切实保护劳动者合法权益，是长远大计而非权宜之计。SA8000倡导社会责任并非意味着只要在企业法中做出明确规定就能一蹴而就。企业社会责任牵涉到方方面面的关系，《劳动法》《消费者权益保护法》《卫生法》《中小企业促进法》等在保护雇员利益或消费者利益方面，都具有其十分独特的法律地位和作用。在修改和完善企业基本法律规范的《公司法》的基础之上，再在各部门法中做出保护劳工的具体法律规定是十分必要的，毕竟企业组织法不可能规范企业社会责任的全部内容。如果我们承认企业社会责任是一个法律概念的话，那么原则性和一般性的规定就必须而且应当在有关企业法中予以规定，如企业经营的目标、企业社会责任的定义、原则以及企业社会责任的制度安排等，如此才能形成一个以《企业法》为核心，以《劳动法》《消费者权益保护法》《卫生法》《环境保护法》《中小企业促进法》等相关部门法为补充的法律有机体系，从而有效地促进企业社会责任目标的实现。

（二）建立完善的公益诉讼制度

公益诉讼是指特定的国家机关和相关的组织和个人，根据法律的授权，对违反经济法律、法规侵犯国家利益、社会利益或不特定的他人利益的行为，向法院起诉，由法院依法追究相对人法律责任的活动。公益诉讼不等于公诉，它既可以由国家授权的检察机关和政府机关代表国家提起公诉，又可以由利害关系人以国家授权机关的名义或以个人的名义提起诉讼。

公益诉讼的特点是超越个人利益的代表，倡导寻求法律的改变或者适用，从而影响全社会。著名的公益律师，同时也是哥伦比亚大学的法学教授杰克·格林博格这样解释公益诉讼对于法律制度所具有的两个作用：一方面，公益诉讼敦促法院解释法律，为了纠正社会中存在的不法行为，并帮助那些因此而受损的人们，公益诉讼促使法院将存在于宪法、各项法律中的权利实质化，或者重新确定这些权利；另一方面，公益诉讼影响法院适用现存的、有利的规则或者法律，否则这些规则或法律将被忽略或不发挥作用。①

公益诉讼制度作为落实企业社会责任的一项新制度，其引入必将导致与我国现有法律体系的冲突，如民事诉讼法关于主体的规定、诉讼时效的规定等。公益诉讼制度作用的发挥，离不开其他法律的支持。因此，我们有如下建议。

（1）修改《民事诉讼法》第一百零八条关于原告的规定。《民事诉讼法》第一百零八条规定“原告是与本案有直接关系的公民、法人和其他组织”。在公益诉讼中，被告的行为未直接侵犯原告本身的合法利益，也未对原告本身的权利义务产生实际影响。尽管被告的行为有可能损害了公共利益或国家利益，但公共利益、国家利益并不是个体利益，根据现行法律，普通公民对此无权起诉。因此，在这些公益诉讼中，大多数起诉因与原告本身没有直接利害关系而被驳回。因此，应在民事诉讼中明确当事人的概念，修改民事诉讼法中关于原告是与本案有利害

---

① 参见：徐卉.2003-11-13.关于公益诉讼的若干理论问题.中国社会科学院院报，4.

关系的当事人的规定。因为在起诉时要求原告在实体上与本案有利害关系，需要查清是不现实的。这种利害关系只要是当事人“声明”即可[①]。

（2）取消诉讼时效的限制。我国现行三大诉讼均有关于诉讼时效的规定，要求出现纠纷必须在一定的期限内提起诉讼，否则将丧失胜诉的权利，但在《民法通则》的有关司法解释中规定“未授权给公民、法人经营、管理的国家财产受到侵害的，不受诉讼时效期间的限制”。我们认为，这一规定是出于保护国家利益所需，而公益诉讼同样是保护国家利益和社会公共利益的救济渠道，也应当不受诉讼时效的限制，使侵犯国家利益和社会公共利益的违法行为在任何时候均能受到法律追究。

（3）实行合议制审理。公益诉讼案件影响较大、类型新颖、法律关系复杂、适用法律难度大，独任制审理方式难以胜任，故应当实行合议制审理方式，充分发挥每个合议庭成员的法律智慧，保证案件得以顺利审理。

（4）采取特殊的诉讼处分权规则。公益诉讼案件原告起诉不是为了自身的私益，而是代表国家、公众为维护公益进行的诉讼，其诉讼权利不是自生的，而是国家和公众赋予的，因此原告不能像私益诉讼那样处分其诉讼权利。我们认为，除非被告已经主动补救了其侵犯公益的行为，否则，原告不能撤回起诉，防止出现被告诱使迫使原告撤诉、违法行为依旧存在的现象；在诉讼过程中，如果原告丧失法律行为能力或死亡，则按照诉讼主体资格的继承原理，任何符合公益诉讼主体资格条件的机关、团体、公民均可以公共利益继受者的身份继续参加诉讼；如一审判决原告败诉，原告放弃上诉权，其他机关、团体、公民不服一审裁判的，有权提起再审申请，通过再审渠道，追究违法者的法律责任。

（5）不适用调解制度。公益诉讼的性质决定了原告的“意”不是其自身的意志，而是代表国家和公众的意志，其权利和义务都是特定的，无权代表国家和公众擅自放弃处分权利，谈不上原被告双方在诉讼中相互协商、彼此妥协、达成和解的问题，缺乏合意的条件和基础，调解也就失去了存在的价值。

---

① 黄关从.2004-3-4 .尽快建立公益诉讼制度.中国青年报，4.

第十五章 我国企业社会责任立法与完善

第一节 我国企业社会责任立法现状

对于我国来说，企业社会责任是个舶来品，2004年中国商务部发布公告，提醒出口企业关注SA8000，此后，SA8000在外贸企业成为人们熟知的一个名词。和实业界相比，学术界对企业社会责任的研究和关注要早一些，1999年国内就出版了专门研究公司社会责任的著作，随后几年，企业社会责任问题成为法学、经济学研究的热点问题。尽管如此，我国至今未有专门的企业社会责任立法，有关企业社会责任立法的内容目前主要散见于宪法、劳动法、劳动合同法、公司法、环境保护法、消费者权益保护法、税法、公益事业捐赠法等诸多法律当中，各法分别从不同法律角度对劳动者的责任，对消费者的责任，对环境、资源保护与合理利用的责任、对社会保障责任、对社会公益责任等内容作了规定。具体如下。

一 对劳动者的责任

我国上述相关法律对劳动者责任的规定主要包括关于童工用工、强迫劳动、健康与安全、结社自由及集体谈判权利、就业与职业歧视、工作时间和工资报酬等方面的内容。

1. 关于禁止非法使用童工规定

童工是指未满16周岁的劳动者，由于这些人员是国家未来的主要劳动者，但他们的身心都未发育成熟，过早参与劳动会对今后国家劳动人口综合素质产生重大影响，因此每个国家对这些人员都以法律法规方式加以保护。我国从具有最高法律效力的宪法到基本法、单行法及地方性的一系列法律法规，再包括我国参加的相关公约，都对禁止非法使用童工作了相应规定。《宪法》第49条规定："婚姻、家庭、母亲和儿童受国家的保护"，"禁止虐待老人、妇女和儿童"，确立了保护儿童权益的基本原则。《未成年人保护法》第28条规定："任何组织和个人不得招用未满16周岁的未成年人，国家另有规定的除外。"《劳动法》第15条规定："禁止用人单位招用未满16周岁的未成年人。"《教育法》第18条规定："国家实行九年制义务教育制度。各级人民政府采取各种措施保障适龄儿童、少年就学。适龄儿童、少年的父母或者其他监护人以及有关社会组织和个人有义务使适龄儿童、少年接受并完成规定年限的义务教育。”2002年国务院《禁止使用童工规定》，对保护儿童权利，禁止和消除童工劳动做了全面具体规定。另外，各省市也制定发布了关于禁止童工劳动的地方性法规。此外，我国加入了联合国《儿童权利公约》和国际劳工组织关于禁止童工劳动的138号和182号公约。在1998年我国正式加入《准予就业最低年龄公约》中做出承诺：在中华人民共和国领土内及中华人民共和国注册的运输工具上就业或者工作的最低年龄为16周岁。2002年6月我国批准了《禁止和立即行动消除最恶劣形式的童工劳动公约》，表明我国在禁止使用童工方面的立场和与国际社会一起与使用童工现象作斗争的决心。

2. 关于强迫劳动规定

我国关于强迫劳动的规定主要在《劳动法》《劳动合同法》《刑法》中，《劳动法》第96条规定，用人单位有下列行为之一，由公安机关对责任人员处以十五日以下拘留、罚款或者警告，构成犯罪的，对责任人员依法追究刑事责任：①以暴力、威胁或者非法限制人身自由的手段强迫劳动的；②侮辱、体罚、殴打、非法搜查和拘禁劳动者的。我国《劳动合同法》第38条规定：“用人单位以暴力、威胁或者非法限制人身自由的手段强迫劳动者劳动的，或者用人单位违章指挥、强令冒险作业危及劳动者人身安全的，劳动者可以立即解除劳动合同，不需事先告知用人单位。”《劳动合同法》第85条规定：“以暴力、威胁或者非法限制人身自由的手段强迫劳动的、侮辱、体罚、殴打、非法搜查或者拘禁劳动者的，依法给予行政处罚；构成犯罪的，依法追究刑事责任；给劳动者造成损害的，应当承担赔偿责任。”我国《刑法》第244条规定：用人单位违反劳动管理法规，以限制人身自由方法强迫职工劳动，情节严重的，对直接责任人员，处3年以下有期徒刑或者拘役，并处或者单处罚金。

3. 关于健康与劳动安全卫生保护问题

劳动安全卫生是指生产过程中不致于对劳动者或其他人员的人身造成伤害或产生职业病、精神和健康构成威胁、财物导致损失的状态。劳动安全卫生保护，是保护劳动者的生命安全和身体健康，是对享受劳动权利的主体切身利益最直接的保护。由于劳动总是在各种不同环境、条件下进行的，在生产中存在着各种不安全、不卫生的因素，如不采取防护措施，就会造成工伤事故和引起职业病，危害劳动者的安全和健康。如果劳动保护工作欠缺，导致的后果不是某些权益的损失，而是劳动者健康和生命的直接伤亡，对任何一个劳动者而言，生命是行使劳动权利的前提，没有生命，享受任何权利都是一句空话。我国对劳动者健康与安生保护的相关法律主要为《劳动法》《安全生产法》和《职业病防治法》等。我国《劳动法》第3条规定：劳动者享有平等就业和选择职业的权利、取得劳动报酬的权利、休息休假的权利、获得劳动安全卫生保护的权利、接受职业技能培训的权利、享受社会保险和福利的权利、提请劳动争议处理的权利以及法律规定的其他劳动权利。劳动者应当完成劳动任务，提高职业技能，执行劳动安全卫生规程，遵守劳动纪律和职业道德。该法第 54 条规定：用人单位必须为劳动者提供符合国家规定的劳动安全卫生条件和必要的劳动防护用品，对从事有职业危害作业的劳动者应当定期进行健康检查。该法第 59 条规定：禁止安排女职工从事矿山井下、国家规定的第四级体力劳动强度的劳动和其他禁忌从事的劳动。该法第 60 条规定：不得安排女职工在经期从事高处、低温、冷水作业和国家规定的第三级体力劳动强度的劳动。该法第 64 条规定：不得安排未成年工从事矿山井下、有毒有害、国家规定的第四级体力劳动强度的劳动和其他禁忌从事的劳动。此外，《安全生产法》和《职业病防治法》等在内的一系列法律法规对安全生产和职业病防治都做了相应规定。

4. 关于劳动者的结社权利和集体谈判问题

自由结社权是指劳动者自由组织和参加工会的权利，是劳工权利中最基本、最核心的权利。结社自由是我国宪法赋予公民的基本权利。我国关于劳动者的结社权利和集体谈判内容规定的法律主要为《宪法》《劳动法》《工会法》《公司法》等。我国《宪法》第 35 条规定：“中华人民共和国公民有言论、出版、集会、结社、游行、示威的自由。”《工会法》第 3 条规定：“在中国境内的企业、事业单位、机关以工资收入为主要生活来源的体力劳动者和脑力劳动者，不分民族、种族、性别、职业、宗教信仰、教育程度，都有依法参加和组织工会的权利。任何组织和个人不得阻挠和限制。”

关于集体谈判，《劳动法》第 33 条规定：“企业职工一方与企业可以签订集体合同，集体合同由工会代表职工与企业签订；没有建立工会的企业，由职工推举的代表与企业签订。”2007 年 6 月通过的《劳动合同法》第 4 条规定：用人单位在制定、修改或者决定有关劳动报酬、工作时间、休息休假、劳动安全卫生、保险福利、职工培训、劳动纪律以及劳动定额管理等直接涉及劳动者切身利益的规章制度或者重大事项时，应当经职工代表大会或者全体职工讨论，提出方案和意见，与工会或者职工代表平等协商确定。该法第 6 条又规定：工会应当帮助、指导劳动者与用人单位依法订立和履行劳动合同，并与用人单位建立集体协商机制，维护劳动者的合法权益。《公司法》第 18 条规定：公司职工依照《中华人民共和国工会法》组织工会，开展工会活动，维护职工合法权益。公司应当为本公司工会提供必要的活动条件。公司工会代表职工就职工的劳动报酬、工作时间、福利、保险和劳动安全卫生等事项依法与公司签订集体合同。这里的集体合同签订机制、有关劳动者权益保护的“集体协商机制”都是集体谈判具体规定。

5. 关于就业与职业歧视问题

我国《宪法》第33条规定："中华人民共和国公民在法律面前人人平等。"《劳动法》第12条规定："劳动者就业，不因民族、种族、性别、宗教信仰不同而受歧视。"第13条规定："妇女享有与男子平等的就业权利。在录用职工时，除国家规定的不适合妇女的工种或者岗位外，不得以性别为由拒绝录用妇女或者提高对妇女的录用标准。"此外，在《民族区域自治法》《妇女权益保障法》《教育法》《残疾人保障法》等法律中还有一些针对特殊人群的就业与职业保护规定。

6. 关于工时、休息与报酬

《劳动法》关于工时和休息时间的规定是我国工时制度的基本法律依据。我国《劳动法》第36条规定："国家实行劳动者每日工作时间不超过8小时、平均每周工作时间不超过44小时的工时制度。"第38条："用人单位应当保证劳动者每周至少休息一日。"第39条："企业因生产特点不能实行本法第36条、第38条规定的，经劳动行政部门批准，可以实行其他工作和休息办法。"第41条："用人单位由于生产经营需要，经与工会和劳动者协商后可以延长工作时间，一般每日不得超过1小时；因特殊原因需要延长工作时间的，在保障劳动者身体健康的条件下延长工作时间每日不得超过3小时，但是每月不得超过36小时。"针对企业特殊情况和需要，国务院1995年发布《国务院关于职工工作时间的规定》，原劳动部1994年制定《关于企业实行不定时工作制和综合计算工时工作制的审批办法》，即503号文件。这两个法规的主要内容，一是进一步缩短工时，确定为每日工作8小时、每周工作40小时；二是准许企业因生产特点和特殊需要实行不定时工作或综合计算工时工作制度。综合计算工时工作制度准许企业以周、月、季、年等为周期计算工作时间，但平均日工作时间和平均周工作时间应与法定标准工作时间基本相同。实行综合计算工时工作制度应经劳动部门审批。

关于加班加点工作的劳动报酬，《劳动法》第44条规定：有下列情形之一的，用人单位应当按照下列标准支付高于劳动者正常工作时间工资的工资报酬：①安排劳动者延长工作时间的，支付不低于工资的百分之一百五十的工资报酬；②休息日安排劳动者工作又不能安排补休的，支付不低于工资的百分之二百的工资报酬；③法定休假日安排劳动者工作的，支付不低于工资的百分之三百的工资报酬。《劳动法》第50条规定：工资应当以货币形式按月支付给劳动者本人。不得克扣或者无故拖欠劳动者的工资。

二 对消费者的责任

对消费者的责任是指对消费者人身安全权、知情权、选择权、监督权等利益的保护。我国现主要为《消费者权益保护法》对此做了相应规定。

1. 对消费者人身安全保护的规定

《消费者权益保护法》第 7 条规定：消费者在购买、使用商品和接受服务时享有人身、财产安全不受损害的权利。消费者有权要求经营者提供的商品和服务，符合保障人身、财产安全的要求。

2. 对消费者知情权的规定

《消费者权益保护法》第 8 条规定：消费者享有知悉其购买、使用的商品或者接受的服务的真实情况的权利。

3. 对消费者自主选择权利的规定

《消费者权益保护法》第 9 条规定：消费者享有自主选择商品或者服务的权利。消费者有权自主选择提供商品或者服务的经营者，自主选择商品品种或者服务方式，自主决定购买或者不购买任何一种商品、接受或者不接受任何一项服务。消费者在自主选择商品或者服务时，有权进行比较、鉴别和挑选。

4. 对消费者监督权的规定

《消费者权益保护法》第 15 条规定：消费者享有对商品和服务以及保护消费者权益工作进行监督的权利。消费者有权检举、控告侵害消费者权益的行为和国家机关及其工作人员在保护消费者权益工作中的违法失职行为，有权对保护消费者权益工作提出批评、建议。

三 对环境、资源保护与合理利用的责任

我国对环境、资源保护与合理利用的责任相关法律主要为《环境保护法》及配套法律法规。以下是主要内容规定。

1. 对“三废”的规定

《环境保护法》第 24 条规定：产生环境污染和其他公害的单位，必须把环境保护工作纳入计划，建立环境保护责任制度；采取有效措施，防治在生产建设或者其他活动中产生的废气、废水、废渣、粉尘、恶臭气体、放射性物质以及噪声、振动、电磁波辐射等对环境的污染和危害。

2. 对企业工艺和设备的规定

《环境保护法》第 25 条规定：新建工业企业和现有工业企业的技术改造，应当采用资源利用率高、污染物排放量少的设备和工艺，采用经济合理的废弃物综合利用技术和污染物处理技术。

3. 对排放污染物的规定

《环境保护法》第 28 条：排放污染物超过国家或者地方规定的污染物排放标准的企业事业单位，依照国家规定缴纳超标准排污费，并负责治理。

四 对社会保障的责任

1. 社会保险立法规定

我国于 2010 年 10 月颁布了《中华人民共和国社会保险法》，该法从基本养老保险、基本医疗保险、工伤保险、失业保险、生育保险等方面对我国社会保险制度做了较全面的规定。另外，我国《劳动法》对企业承担社会保障责任做了具体规定，如我国《劳动法》第 75 条规定：国家鼓励用人单位根据本单位实际情况为劳动者建立补充保险。国家提倡劳动者个人进行储蓄性保险。《劳动法》第 76 条规定：用人单位应当创造条件，改善集体福利，提高劳动者的福利待遇。《公司法》第 17 条规定：公司必须保护职工的合法权益，依法与职工签订劳动合同，参加社会保险，加强劳动保护，实现安全生产。公司应当采用多种形式，加强公司职工的职业教育和岗位培训，提高职工素质。此外，还包括国务院 1999 年颁布的《失业保险条例》、2003 年颁布的《工伤保险条例》、1997 年的《关于建立统一的企业职工基本养老保险制度的决定》、1998 年的《关于建立城镇职工基本医疗保险制度的决定》等均做了相应规定。

2. 社会福利立法规定

我国社会福利立法主要针对老年人、残疾人、未成年人、妇女这类特殊主体，并制定了相应的《中华人民共和国老年人权益保障法》（2012 年修订）、《中华人民共和国残疾人保障法》（2008 年）、《未成年人保护法》（1991 年）、《妇女权益保障法》（1992 年）、《中华人民共和国公益事业捐赠法》（2008 年）。还有行政性法规、规章及文件有《农村敬老院管理暂行办法》（1997 年）等。

3. 社会救助立法

社会救助是为那些贫困无助人员提供以最低生活需要为主，并适当考虑医疗、教育、住房、法律援助的一种社会保障措施。现行法律法规主要有《城市居民最低生活保障条例》（1999 年）、《救灾捐赠管理暂行办法》（2000 年）、《法律援助条例》和《城市生活无着的流浪乞讨人员救助管理办法》（2003 年）、《城镇最低收入家庭廉租住房管理办法》（2004 年）、《农村五保供养工作条例》（2006 年）的相关规定等。

4. 社会优抚方面立法

社会优抚方面立法有 1988 年颁布的《军人抚恤优待条例》等。

五 关于社会伦理和慈善责任规定

我国《公益事业捐赠法》第 8 条规定：国家鼓励公益事业的发展，对公益性社会团体和公益性非营利的事业单位给予扶持和优待。国家鼓励自然人、法人或者其他组织对公益事业进行捐赠。对公益事业捐赠有突出贡献的自然人、法人或者其他组织，由人民政府或者有关部门予以表彰。对捐赠人进行公开表彰，应当事先征求捐赠人的意见。2007 年 3 月 16 日通过的《企业所得税法》第 9 条规定：企业发生的公益性捐赠支出，在年度利润总额 12%以内的部分，准予在计算应纳税所得额时扣除。为增强企业所得税法的可操作性，实施条例对公益性捐赠做了界定：公益性捐赠是指企业通过公益性社会团体或者县级以上人民政府及其部门，用于《中华人民共和国公益事业捐赠法》规定的公益事业的捐赠。

第二节　国外企业社会责任的立法概况

一　美国的立法概况

美国是企业社会责任建立最早的国家。19 世纪末、20 世纪初，伴随着工业革命进程而产生的社会问题引起了美国社会的不满和政府对企业态度的变化，一些学者开始呼吁企业应承担起社会责任，一些明智的企业家也加入到这一行列中来，以便改变企业在公众心目中每况愈下的地位。到了 20 世纪早期，美国企业普遍已经不再对其社会责任抱着冷漠的态度，它们开始主动捐款，资助社区活动和红十字会事业。20 世纪中期以后，许多美国企业开始积极地承担起各种社会责任，主动地考虑其利益相关者的利益要求。企业承担的社会项目范围不断扩大，范围涉及教育、公共健康、环境保护、资源保护等各个领域。至 1983 年年底，美国宾夕法尼亚州首创以制定法的形式，授权公司的董事在考虑公司的最佳利益时，顾及股东之外的其他人的利益，包括地方经济、全国经济和一般社会性因素以及董事会认为适当的其他因素。公司法为公司设定的社会责任是有限的，而商业伦理为公司设定的社会责任是无限的。此后各州纷纷仿效，到 20 世纪 90 年代末，美国已有 29 个州制定了相关法律。目前美国企业社会责任的法律体系包括三个部分：第一，公司法律体系，如《公司法典》《商业公司法》；第二，保护利益相关者的法律体系，如《反歧视公约》《同工同酬公约》《最恶劣形式的童工公约》；第三，社会法律体系，如《经济、社会和文化权利公约》《公司权利和政治权利公约》等。

二　德国的立法概况

德国是较早在立法中贯彻企业社会责任观念的国家。20 世纪初，德国就关于企业社会责任进行了相关立法，如 1919 年《魏玛宪法》第 153 条规定："所有权包含义务，于其行使，应同时顾及公共利益。"此即所有权限制（或所有权社会性）的最早立法。诚如前述，企业社会责任的出现与所有权限制观念有着直接的牵连，《魏玛宪法》的这一规定，无疑为企业社会责任的落实提供了法律上的根据，因为，依此规定，出资者设立企业，于企业资产的所有权，无论由企业享有，抑或由出资者保有（这是一个尚有争议的问题），其行使都是受到一定限制的，亦即必须顾及公共利益，这正好与企业社会责任的本来意义相契合。在《魏玛宪法》的指导下，1937 年旧德意志《股份公司法》70 条第 1 款又明确规定："董事必须追求股东的利益、公司雇员的利益和公共利益。"此一规定，被一些学者视为开创了在公司法中规定企业社会责任之先河。随着第三帝国的灭亡以及《魏玛宪法》的被废除，1965 年的《股份公司法》略去了这一规定，但是在德国，尊重雇员的利益和谋求公共福利，被视为是不言而喻的。德国先后制定的《煤钢共同决定法》（1951 年）、《企业宪法》（1952 年）、《共同决定法》（1976 年）等法律，规定煤炭、钢铁或者具备一定规模的公司，其监事会应由资方代表、劳方代表和"中立的"成员组成，公司的董事会中须有一名"工人委员"（即"劳方董事"）；在监事会中，劳资双方的代表名额应当相等。至于其他企业，则应按照接近等额的原则选任企业机关中的劳资双方代表。德国这种以劳资平等的思想构造企业机关作法，应当说体现了对人力资本和作为企业非股东利益相关者的劳动者的尊重，其与企业社会责任的要求是相符合的。

三 欧盟立法概况

欧盟在强化企业社会责任方面也发挥了积极影响。1957 年的《罗马条约》要求各成员国追求某些社会目标。而公司则是实现欧盟所定社会目标的主要手段和载体。1986 年的《单一欧洲法》和 1992 年的《马斯特利赫条约》（或称欧盟条约）更是在《罗马条约》之外新增了某些社会目标。而这些目标只能通过国家与公司的共同努力才能实现。为了实现这些社会目标，欧盟还通过了一系列指令以协调各国的公司立法。例如，1968 年的《第 1 号公司法指令》、1975 年的《关于协调各成员国有关集体裁员的法律的指令》（1992 年再次修正）、1977 年的《关于维护公司转让时职工权利的指令》、1980 年的《关于协调各成员国有关保护职工在雇主破产时应有权利的法律的指令》、1994 年 9 月 22 日的《关于为尊重职工的知情权和被征询权，在欧盟范围内的公司和欧盟范围内的公司集团中建立欧洲工人理事会或者相应程序的理事会指令》等。另外，《第 5 号公司法指令草案》也是强化企业社会责任的一个重要尝试。

此外，在 1997 年总部设在美国的社会责任国际组织发起并联合欧美跨国公司和其他国际组织，制定了 SA8000 社会责任国际标准，这是一种基于国际劳工组织宪章、联合国儿童权利公约、世界人权宣言而制定的，以保护劳动环境和条件、劳工权利等为主要内容的管理标准体系。其主要内容包括童工、强迫劳动、安全卫生、结社自由和集体谈判权、歧视、惩罚性措施、工作时间、工资报酬及管理体系等九个要素。

四 国际公约概况

（1）联合国《世界人权宣言》。1948 年 12 月 10 日，联合国大会通过并颁布《世界人权宣言》。《世界人权宣言》第 23 条规定：人人有权工作、自由选择职业、享受公正和合适的工作条件并享受免于失业的保障。人人有同工同酬的权利，不受任何歧视。每一个工作的人，有权享受公正和合适的报酬，保证使他本人和家属有一个符合人的生活条件，必要时并辅以其他方式的社会保障。人人有为维护其利益而组织和参加工会的权利。第 24 条规定：人人有享有休息和闲暇的权利，包括工作时间有合理限制和定期给薪休假的权利。第 25 条规定：人人有权享受为维持他本人和家属的健康和福利所需的生活水准，包括食物、衣着、住房、医疗和必要的社会服务；在遭到失业、疾病、残废、守寡、衰老或在其他不能控制的情况下丧失谋生能力时，有权享受保障。母亲和儿童有权享受特别照顾和协助。一切儿童，无论婚生或非婚生，都应享受同样的社会保护。

（2）《国际劳工组织公约》。该公约为联合国国际劳工组织第 169 号公约，保护全体加入国劳工为主。该公约由若干个公约组成，并对加入国发生效力，我国已经加入。以下是其相关内容。第 29 号：强迫劳动公约（1930 年）。要求禁止所有形式的强迫或强制劳动。但允许某些例外，如服兵役、受到适当监督的服刑人员的劳动和紧急情况下的劳动，如战争、火灾、地震。第 87 号：结社自由和保护组织权利公约（1948 年）。赋予所有工人和雇主无须经事先批准，建立和参加其自己选择的组织的权利，并制定了一系列规定，确保这些组织在不受公共当局的干涉的情况下自由行使其职能。第 98 号：组织和集体谈判权利公约（1949 年）。为防止发生排斥工会的歧视，防止工人组织和雇主组织之间相互干涉提供保护，并对促进集体谈判做出了规定。第 100 号：同工同酬公约（1951 年）。呼吁对男女工人同等价值的工作给予同等报酬和同等津贴。第 105 号：废除强迫劳动公约（1957 年）。禁止使用任何形式的强迫或强制劳动作为一种政治强制或政治教育手段，作为对发表政治或意识形态观点的惩罚，作为动员劳动力的手段，作为一种劳动纪律措施，作为参与罢工的惩罚或歧视的手段。第 111 号：（就业和职业）歧视公约（1958 年）。呼吁制定一项国家政策，消除在获得就业机会、培训和工作条件方面，任何基于种族、肤色、性别、宗教、政治见解、民族血统或社会出身等原因的歧视，促进机会和待遇平等。第 138 号：最低就业年龄公约（1973 年）。旨在消除童工劳动，规定准予就业的最低年龄不得低于完成义务教育的年龄。第 182 号：最恶劣形式童工劳动公约（1999 年）。呼吁立即采取有效措施确保禁止和消除最恶劣形式的童工劳动，它包括奴役制和类似的做法，强迫征募儿童参与武装冲突，使用儿童卖淫和从事色情服务，任何非法活动，以及可能危害儿童的健康、安全和道德的工作。

（3）《国际劳工标准》。国际劳工标准是以公约和建议书的形式由劳工大会通过。国际职业安全卫生标准是国际劳工标准中涉及职业安全卫生方面的标准。该标准又分为五类：①一般规定标准，用来指导成员国为了达到安全卫生的工作环境，保证工人的福利与尊严而制定的方针和措施，一般指政策指导性的标准。②特殊行业的预防标准是针对某些行业，如建筑业、矿业、农业、商业和办公室及码头等制定的预防标准。③特殊危害的预防标准是针对特殊物质（白铅、辐射、苯、石棉和化学品）或工作环境中的特殊危害而制定的预防标准。④劳动监察标准内容涉及劳动监察工作。⑤保护措施标准针对未成年人体格检查、生育保护、搬运最大负荷重量而制定的保护措施。其中该公约第 16 条规定：应要求雇主在合理可行的范围内保证其控制下的工作场所、机器、设备和工作程序安全并对健康没有危险；应要求雇主在合理可行的范围内保证其控制下的化学、物理和生物物质与制剂，在采取适当保护措施后，不会对健康发生危险；应要求雇主在必要时提供适当的保护服装和保护用品，以便在合理可行的范围内，预防事故危险或对健康的不利影响。

（4）全球报告倡议组织（Global Reporting Initiative，GRI）的《全球可持续发展报告指南》。全球报告倡议组织成立于 1997 年，是可持续发展报告领域最有影响力的机构，由美国非政府组织“对环境负责的经济体联盟”（Coalitionfor Environmentally Responsible Economies，CERES）和联合国环境规划署（United Nations Environment Programme，UNEP）共同发起，其目标是在全球推动建立可持续发展信息披露制度，制定并推广全球适用的可持续发展报告框架指南，以帮助企业更好地披露在经济、环境和社会三方面所取得的业绩，提高可持续发展报告的质量、严谨度和实用性。2002 年，GRI 正式成为一个独立的国际组织，以 UNEP 官方合作中心的身份成为了联合国成员。GRI 分别在 2000 年、2002 年和 2006 年发布了三版《可持续发展报告指南》。指南的作用在于：①建立被各种组织机构普遍认可的可持续发展业绩信息披露框架体系；②适用于不同规模、行业和地区的各类组织；③将不同组织在编写可持续发展报告中遇到的实际问题纳入了框架体系之中；④包含了适用于所有行业，以及专门针对特殊行业的可持续发展报告框架内容。

除上述之外，还有专门针对跨国企业要求履行社会责任的国际性公约及宣言。

（1）经合组织《跨国公司指引》。该指引是由经合组织 30 个成员国及另外 7 个非成员国政府签署的旨在规范跨国公司活动的政府间协议，其目标是确保跨国公司的业务符合政府各项政策，强化企业与其营业所在地的社会之间相互信任的基础，帮助改善外国投资环境，加强跨国公司对可持续发展做出贡献。加入国政府希望通过该指引鼓励跨国公司对经济发展、环境和社会进步做出积极贡献，并尽可能减少跨国公司各种业务可能遇到的困难。

该指引的内容十分广泛，几乎涉及跨国公司活动的各个方面，是目前各种有关跨国公司责任准则中最为详细的一个。指引对跨国公司的概念和活动原则、一般政策、信息披露、劳资关系、环境、打击行贿、消费者利益、科学技术、竞争、税收等进行了详细的规定。为了促进指引的实施，2000 年 6 月经合组织理事会对其进行了修订，增加了实施程序，要求各国设立国家联系点，对指引的实施进行咨询和报告。

（2）国际劳工组织《关于多国企业和社会政策的三方原则宣言》。国际劳工组织多年来一直致力于探寻与跨国公司活动有关的社会政策，特别是基于其独特的三方结构（政府、雇主、工会代表）以及在社会领域长期丰富的经验，国际劳工组织在制订指导政府、工人组织和雇主组织以及跨国公司自身的原则方面，发挥了积极的作用。1977 年，国际劳工局理事会通过了《国际劳工组织关于多国企业和社会政策的三方原则宣言》，并在 2000 年进行了修正。

该宣言的目的主要是鼓励跨国公司对经济和社会进步做出积极贡献，尽可能缩小和解决这些企业的各类活动引起的困难，指导各国政府、雇主组织、工人组织以及跨国公司采取可能促进社会进步的，包括以国际劳工组织章程和有关公约和建议书中规定的原则为基础的措施、行动和社会政策。宣言的内容主要涉及劳工保护，包括就业（促进就业、机会和待遇平等、就业保障）、培训、工作和生活条件（工资和福利、最低年龄、安全和卫生）、劳资关系（结社自由和组织权利、集体谈判、协商、对申诉的审议、劳资纠纷的解决）方面的原则。

（3）联合国《全球协定》。联合国《全球协定》是由联合国秘书长直接发起设立的。1999 年 1 月 31 日在达沃斯世界经济论坛会议上，联合国秘书长科菲·安南促请与会的工商界领袖们一起加入一项国际性倡议——《全球协定》，与联合国、劳工和市民社会一起支持普遍的环境和社会原则。2000 年 7 月 26 日，《全球协定》正式实施。目前已有数百个来自世界各地的公司、国际劳工和市民社会组织加入到《全球协定》。《全球协定》力图通过集体行动的力量，塑造负责任的企业公民，以实现一个更具可持续发展性和包容性的全球经济。

《全球协定》共包括人权、劳工、环境和反腐败领域的十项原则：①支持和尊重国际社会的人权保护；②确保企业本身不卷入对人权的侵犯；③支持结社自由和有效承认集体谈判的权利；④根除各种形式的强迫劳动；⑤有效废除童工；⑥根除雇佣和职业中的歧视；⑦支持采取预防原则应对环境挑战；⑧采取主动承担更大的环境责任；⑨鼓励环境改进技术的开发和传播；⑩禁止包括勒索和贿赂在内的各种形式的腐败。

（4）联合国人权委员会《跨国公司和其他工商企业在人权方面的责任准则》。2003 年 8 月 13 日，联合国促进和保护人权小组委员会通过决议，批准了《跨国公司和其他工商企业在人权方面的责任准则》。准则的通过被认为是在认定跨国公司对侵犯人权负有责任的道路上的一个里程碑。准则对跨国公司活动所涉及的国际法原则进行了一次全面的论述，所涉范围涵盖人权、人道主义法、国际劳工法、环境法、消费者权益保护法、反腐败法等。

准则列举了跨国公司和其他工商企业在人权方面所承担的责任和义务的国际法渊源，并明确指出尽管国家（或政府）负有尊重、增进、保护国际法和国内法承认的人权的首要责任，但跨国公司和其他工商企业在其各自的活动和影响范围内，也有义务尊重、增进、保护国际法和国内法承认的人权，包括土著人民和其他易受害群体的权利和利益。准则分别对平等机会和非歧视待遇权、人身安全权、工人的权利、尊重国家主权和人权、保护消费者的义务、保护环境的义务进行了详细的论述；并设专章规定了跨国公司践行其社会责任的实施机制，包括定期汇报和披露社会责任的执行情况，监督和核查，对受到企业活动不利影响的个人、团体和社区赔偿，通过合同的签订促使供应商、分销商尊重和保护人权等。

第三节　我国企业社会责任立法与主要国际公约及 SA8000 比较

一　有关对劳动者责任

（一）关于禁止非法使用童工问题

国际劳工组织关于禁止使用童工方面的公约，最重要的是《准予就业最低年龄公约》和《禁止和立即行动消除最恶劣形式的童工劳动公约》两个公约。《准予就业最低年龄公约》主要规定：①关于最低就业年龄，公约规定，各会员国在其领土内及在其领土注册的运输工具上就业或工作的最低就业年龄不应低于完成义务教育的年龄，即在任何情况下不得低于 15 岁。②关于公约适用的行业。公约规定，至少适用于采矿、制造、建筑、卫生服务、运输等以及主要为商业目的而生产的农业企业，但不包括为当地消费生产又不正式雇工的家庭企业和小型企业。③排除情况。公约不适用普通学校、职业技术学校或其他培训机构中的儿童和年轻人所做的工作。④可以从事允许不危害他们的健康发育，不妨碍其上学的轻工作。⑤主管当局应采取一切必要措施，包括适当惩罚，保证公约有关条款的有效实施。《禁止和立即行动消除最恶劣形式的童工劳动公约》规定：最恶劣形式的童工劳动是指，贩卖儿童，对儿童实行债务劳役和奴役劳动；强迫儿童从事卖淫、色情制品的生产和表演；利用儿童进行生产和贩卖毒品等非法活动以及迫使儿童在损害其健康、安全或道德的环境中工作。公约要求各国通过制定国家法律、法规和切实有效的行动计划，包括刑事惩罚措施，尽快消除各种最恶劣形式的童工劳动现象。

SA8000 明确规定："公司不可雇佣或支持雇用童工的行为，并将童工定义为'任何 15 岁以下的人'，如当地法律所规定最低工作年龄或义务教育年龄高于 15 岁，则以实际较高年龄为准，如果当地法律规定最低工作年龄为 14 岁，并符合国际劳工组织第 138 号公约有关发展中国家的例外规定，则以较低年龄为准。"

以下是我国现有法律与国际公约和 SA8000 的比较。①法律模式及效力层次：针对禁止童工法律主要为《劳动法》及《未成年人保护法》及国务院《禁止使用童工规定》，所以目前立法十分分散，缺乏系统。从效力层次上，《禁止使用童工规定》仅是国务院规定，效力层次低。②有关童工的年龄：我国《劳动法》和《未成年人保护法》将童工定义为"未满十六周岁的未成年人"。从童工和青少年工人年龄的界定看，我国法律规定比国际劳工组织公约和 SA8000 更严格。已与国际接轨。③有关禁止童工适用：我国相关法对童工禁止适用于用人单位与童工之间通过招用而形成的一种非法劳动关系，但在我国随经济发展新出现的童工现象并没有用人单位通过招用方式而形成非法劳动关系，但实质就属于非法使用童工情况，如一些家庭开办小手工作坊、经营小商店或从事农业生产劳动，将自己本应接受义务教育的未成年子女作为劳动力使用，出现了个体性的童商、童农等童工形式。随经济发展，大量农村剩余劳动力涌入城市，其中包括很多未成年人，他们中的一部分和父母一起，经商、务工，另有一些孩子独自漂流在都市，或在小饭馆打工，或在市民家中当保姆，或在工地上当小工、手工洗车、卖花、夜市卖唱等，这些我国缺乏相应法律规定。④有关禁止童工适用的排除：我国《劳动法》第 15-2 条规定，文艺、体育和特种文艺单位根据国家有关规定，履行审批手续，可以招用未满 16 周岁的未成年人。我国法律的这一例外规定，与 SA8000 的标准要求发生冲突，与国际保护儿童权益的发展潮流有一定的差距。很多文艺、体育和特种文艺单位利用童工从事以赢利为目的的活动，我国有必要对这一例外规定进行适当的调整，对儿童权益进行更为切实有效地保护，以适应 SA8000 的要求。⑤关于消除最恶劣形式的童工劳动：我国针对贩卖儿童，对儿童实行债务劳役和奴役劳动；强迫儿童从事卖淫、色情制品的生产和表演；利用儿童进行生产和贩卖毒品等非法活动以及迫使儿童在损害其健康、安全或道德的环境中工作等内容没有规定。其实在我国贩卖儿童、利用儿童进行生产和贩卖毒品等非法活动还是存在的。

（二）关于强迫劳动问题

SA8000 第 2-1 款规定："公司不可雇用或支持雇用强制性劳工的行为，也不可要求员工在受雇之时交纳（押金）或存放身份证于公司。"第 5-3 款规定："公司不能允许强迫性、虐待性或剥削性的性侵扰行为，包括姿势、语言和身体的接触。"我国《劳动合同法》第 38 条规定："用人单位以暴力、威胁或者非法限制人身自由的手段强迫劳动者劳动的，或者用人单位违章指挥、强令冒险作业危及劳动者人身安全的，劳动者可以立即解除劳动合同，不需事先告知用人单位。"《劳动合同法》第 85 条规定："以暴力、威胁或者非法限制人身自由的手段强迫劳动的、侮辱、体罚、殴打、非法搜查或者拘禁劳动者的，依法给予行政处罚；构成犯罪的，依法追究刑事责任；给劳动者造成损害的，应当承担赔偿责任。"

我国上述法律是针对采用暴力、威胁或者非法限制人身自由、侮辱、体罚、殴打、非法搜查和拘禁方式强迫劳动者的行为进行了禁止性规定。当然这种规定与国际劳工组织规定"企业以扣减工资或解雇等威胁方法迫使工人非自愿加班加点的做法也应视为强迫劳动"相比还相去甚远。其实在我国很多企业通常迫使工人非自愿加班加点，实际上这也是种强迫劳动，但我国目前却无适当法律依据。

另外在我国刑事政策中有两项制度涉及强迫劳动问题，一直为国外人权机构所诟病：一是劳改制度；二是劳教制度。所谓劳改制度，就是通过强迫犯罪分子进行劳动，从而对他们进行教育改造的一种手段。我国自改革开放以来，很多监狱机关都设立了自己的附属企业，通过这些企业利用罪犯进行无偿的或者廉价的劳动，然后把产品投放到市场上获利，甚至把产品出口到国外，这是国际劳工组织所坚决反对的强迫劳动，也是 WTO 明文禁止的贸易行为。所谓劳动教养，是对被劳动教养的人实行强制性教育改造的行政措施，是处理人民内部矛盾的一种方法。从法律效果看，劳动教养的执行是将被劳动教养人关押在特定的劳动教养场所进行强制劳动并接受教育，期限为 1～4 年，并且被劳动教养人员在劳教所的待遇与劳改犯在劳改农场的待遇并无太大的区别，而且国家立法机关常将这两类人员的管理放进同一个规范性文件中进行规定。这种不经过司法程序就长期剥夺公民的人身自由，严重违反了宪法赋予公民的基本权利。同时，不经过司法审判，就由行政机关强迫公民进行劳动也违反了国际劳工组织的禁止强迫劳动的公约。

（三）关于健康与安全问题

《SA8000：2001》第3-1款规定："公司应该考虑到产业中普遍认知的危险和任何特定的危险，而提供一个健康与安全的工作环境，并应采取适当的措施，在可能条件下最大限度地降低工作环境中的危害隐患，以避免在工作中或由于工作发生或与工作有关的事故对健康的危害。"我国《宪法》第42条第2条规定："国家通过各种途径，创造劳动就业条件，加强劳动保护，改善劳动条件，并在发展生产的基础上，提高劳动报酬和福利待遇。"在健康与安全方面，《劳动法》第52条规定："用人单位必须建立、健全劳动安全卫生制度、严格执行国家劳动安全卫生规程和标准，对劳动者进行劳动安全卫生教育，防止劳动过程中的事故，减少职业危害。"第54条规定："用人单位必须为劳动者提供符合国家规定的劳动安全卫生条件和必要的劳动防护用品，对从事有职业危害作业的劳动者应当定期进行健康检查。"新《劳动合同法》第85条规定："劳动条件恶劣、环境污染严重，给劳动者身心健康造成严重损害的、违章指挥或者强令冒险作业危及劳动者人身安全的；依法给予行政处罚；构成犯罪的，依法追究刑事责任。"我国与国际目标相一致，但在实务中经常产生劳动安全事故，目前最主要的还是劳动执法不力，劳动者劳动安全意识薄弱。

（四）关于劳动者的结社权利和集体谈判问题

自由结社权是指劳动者自由组织和参加工会的权利，是劳工权利中最基本、最核心的权利。我国《工会法》《劳动合同法》等法律规定表明我国在劳动者组织和集体谈判权利上原则符合国际劳工标准要求。但是，结社权是所有劳工标准中最具政治色彩的问题，由于政体不同，中国不会照搬西方多党制体制下的自由工会框架。因此，在这个问题上长期与国际劳工组织及发达国家存在根本分歧。例如，国务院《社团登记管理条例》关于所有社团组织的建立都需经主管单位批准和民政部门登记的规定被认为不符合国际劳工组织87号公约，以及联合国《经济、社会、文化权利公约》。《工会法》对全国总工会地位的认定，不仅长期以来被西方视为限制工会自由的"单一工会"做法加以诟病，目前企业社会责任组织同样以此为由对中国法律制度进行批评。

但是我们注意到，无论是国外企业社会责任组织还是跨国采购商，对中国所谓压制自由工会的批评始终还是局限在国际场合，而从未在国内直接向中国政府或企业提出。这表明其对这个问题的敏感性也有清醒的认识，而且并不认为我们会做出任何让步。因此就企业社会责任事务而言，我们面对的还是企业有没有建立工会，而非这些工会是不是自由工会的问题。

（五）关于就业与职业歧视问题

SA8000 第 5-1 款规定："在涉及聘用、报酬、培训机会、升迁、解职或退休等事项上，公司不得从事或支持基于种族、社会等级、国籍、宗教、身体残疾、性别、性取向、工会会员、政治归属或年龄之上的歧视。"第 5-2 款规定："公司不能干涉员工行使遵奉信仰和风俗的权利和满足涉及种族、社会阶层、国籍、宗教、残疾、性别、性取向、工会会员和政治从属需要的权利；公司不能允许强迫性、虐待性或剥削性的性侵扰行为，包括姿势、语言和身体的接触。"我国《劳动法》第 3 条规定与 SA8000 相比，关于就业歧视的内容没有包括 SA8000 所涉及的国籍、工会会员资格、政治关系、残疾、社会阶级和年龄。与 111 号公约相比，中国关于禁止就业与职业歧视的法律规定的不足之处在于对就业与职业歧视的界定过于狭窄，只包括民族、种族、性别和宗教信仰四种情况，还达不到公约列举的项目，而其他国家普遍都是大于公约规定的范围。

此外，SA8000 标准包含了反就业歧视的绝大部分举措，从市场的层面迫使企业或其他组织放弃就业歧视，能够改善和维护广大就业者的工作生活质量；我国的《劳动法》要求企业提供公平合理的工作机会。但是我国存在着严重的就业歧视，主要表现有：性别歧视、年龄歧视、相貌歧视（含身高歧视）、疾病歧视、经验歧视、学历歧视、经历歧视、地域歧视（籍贯歧视）、户籍歧视等。其中突出的问题是户籍歧视，尤其对进城务工民工的户籍歧视表现得最为突出，户籍歧视是我国当前最为严重的就业歧视现象。目前由于户籍等原因的限制，劳动力尚难以自由流动，严重阻碍了劳动力资源的市场化配置，很多人不能在其最能发挥才能的工作岗位上工作，造成人力资源的浪费，影响了社会劳动生产率的提高。

（六）关于工时、休息与报酬

SA8000 第 8-2 款规定："公司应该保证不会为了惩戒的目的而扣减工资，并且保证定期向员工清楚的列明工资、福利的构成；公司还应该保证工资、福利完全合乎所有适用的法律，而且薪酬给付的形式，无论是现金或支票，都必须合乎方便工人的原则。"第 8-3 款规定："公司不可采用纯劳务性质的合约安排或虚假的见习期（学徒工制度）办法来逃避劳动法和社会安全法规中明定的公司对员工应尽的义务。"我国的《劳动法》第 50 条规定："不得克扣或者无故拖欠劳动者的工资。"我国其他法律有关不得克扣劳动者工资的规定主要在 2004 年颁发《劳动保障监察条例》第 26 条的规定：逾期不支付劳动者的工资报酬的用人单位，将向劳动者加付赔偿金，赔偿额是应付额的 50%至 1 倍。即用人单位有下列行为之一的，由劳动保障行政部门分别责令限期支付劳动者的工资报酬、劳动者工资低于当地最低工资标准的差额或者解除劳动合同的经济补偿；逾期不支付的，责令用人单位按照应付金额 50%以上 1 倍以下的标准计算，向劳动者加付赔偿金。《劳动保障监察条例》还规定，用人单位违反劳动保障法律、法规或者规章延长劳动者工作时间的，由劳动保障行政部门给予警告，责令限期改正，并可以按照受侵害的劳动者每人 100 元以上 500 元以下的标准计算，处以罚款。可见我国有相关规定，但作为劳动基本法《劳动法》规定比较原则，《劳动保障监察条例》虽然规定较为详细，但一是效力层次低，另外主要针对用人单位违法进行处罚的规定，并没有从保护劳动者角度进行立法。在现实中由于涉及执法效率问题，用人单位的违法成本比守法成本低，所以克扣或者无故拖欠工资成为十分常见的现象。

二　对消费者的责任

对消费者责任主要为 1985 年 4 月 9 日联合国大会通过的《保护消费者准则》。《保护消费者准则》的核心是要求各国政府在消费者保护中发挥主要的作用。要求政府应尽的义务和责任是：制定保护消费者的政策和法律，并监督实施。筹措足够的资金，开展消费者教育、消费者咨询、消费者调查、商品检测、市场检查等工作。建立有利于消费者投诉的机构，如投诉中心、小额裁判庭等，处理消费者投诉，解决小额经济纠纷。协调各有关部门保护消费者的工作，并提供资金支援。监督工商企业开展消费者保护工作，并使之不断完善。此外，要积极发挥非政府组织在消费者保护工作中的作用，除了政府专职机构的努力之外，需要发挥非政府组织的作用。《保护消费者准则》，努力实现以下各点，进一步保护消费者的利益，促进经济和社会的发展。①加强对商品和服务质量的监督和管理，有效地保证消费者人身安全。②制定易于贯彻执行的政策，保护并增加消费者的经济利益。③建立有利于消费者的法制体系，使受到损害的消费者，能够方便地得到及时、合理的赔偿。④筹措必要的资金，鼓励和支持全社会的力量开展消费者教育，提供消费者信息。⑤倡导并援助成立群众性的消费者团体，尽快制定保护消费者的基本法。⑥加强国际间的合作，建立亚太地区消费者保护论坛，定期研究有关问题，相互交流经验。

我国企业对消费者责任除前述《消费者权益保护法》外，中国消费者协会于 2007 年 3 月 15 日推出《保护消费者利益良好企业社会责任导则》。该导则对诚实守信依法经营、信息披露真实充分、价格表示清晰明确、合同规范公平竞争、产品可靠使用安全、售后服务方便快捷、化解纠纷及时公正、尊重人格保护隐私、环保节约可持续发展、开展教育引导消费等进行了规定。但由于该导则为民间组织所制定，虽然对保护消费者权益作用毋庸置疑，但毕竟效力层次低，对企业约束力差。

三 对环境、资源保护与合理利用的责任

全球报告倡议组织的《全球可持续发展报告指南》通过披露在经济、环境和社会三方面所取得的业绩，提高可持续发展报告的质量、严谨度和实用性，从而达到企业履行社会责任目标。虽然我国的《环境保护法》、六部防治环境污染的专项法律和众多的法规、规章、标准对环境保护都有规定，但是与企业履行社会责任相关配套的《环境污染税法》《环境保护投资法》《环境信息公开法》等至今未制定，导致企业有义务履行，但不能具体履行。另外，我国现有的一些环境法律规定缺乏可操作性，如法律责任规定不明确，刑法的“破坏环境资源保护罪”即存在此类问题；对经济手段的重视程度不够等。在环境司法方面，司法人员对一些环境科学知识和环境法律制度不甚了解，从而影响了环境司法的公正性。同时，地方政府有时为了保护地方经济利益，还干涉环境司法过程。此外，环境司法裁判的执行效果也不容乐观，生效的环境法律裁判常常难以执行，“执行难”问题仍然是环境司法领域的一大痼疾。在环境守法和环境法律监督方面，公众的环境意识尽管有较大提高，但其对自身的合法环境权益仍然认识不足，同时还存在为了保护自身环境权益而从事过激行为的现象。此外，环境法律监督机制也有待完善，其中最主要的问题是公众缺乏适当的机会、手段、途径参与环境立法、司法和执法监督，从而影响了公众参与制度的实施。因此，我国环境法被形容为“软法”“豆腐法”。

四 企业承担社会保障的责任

从我国现有企业对社会保障立法与发达国家相比，立法模式过于分散、立法内容缺乏系统性、社会救助制度法律体系内部各个内容之间的矛盾和冲突十分严重。立法表现为效力层次低、权威性差。大多都是行政法规（规章）、地方性法规（规章），甚至更低层次的行政性文件。法律规范强制力弱，法律形式主义严重，实施效率差。我国现有立法对社会救助行政执法、司法、争议解决、法律监督程序等实施机制没有规定或有规定但不完善。另外，目前还有个很重要农民工参保的问题。制造业企业大量使用来自农村的生产工人，但这些工人参加社会保险的比例非常低，一个重要原因是中国社会保险政策法规对农民工参保问题规定不够明确，缺乏可操作性。

五 关于社会伦理和慈善责任规定

我国与国际比较，目前存在相关法律法规不完善的问题。我国没有针对性、

特定性的专门规范慈善（公益）组织的实体内容的法律与法规条款，即使是已经颁布的有关法律、法规政策，亦因缺乏具体的、可供操作的配套政策而难以落实。如 1999 年我国颁布的《公益事业捐赠法》（2008 年修正），仅是规范接受捐赠行为，而对促进民间机构发展无相应规定。另外对慈善事业的基金立法不完善，对资金的筹集、捐赠项目和资金的投向、社会捐赠资金管理都存在问题。

总之，我国企业社会责任立法与国际比较目前存在如下问题：第一，关于企业社会责任条款都散见于各部法律，没有形成一个系统的体系。第二，缺乏企业社会责任的具体内容设计。企业社会责任虽在上述法中有所规定，但是由于上述每部法立法目的和重点并非基于企业对社会责任的履行，所以不能全面体现企业社会责任的具体内容。我国法律对于企业社会责任的规定还存在很多空白，如基本原则、政府角色、社会伦理责任等内容在法律当中没有规定；又如对合伙企业、个人独资企业，相关合伙企业法、个人独资企业法中缺少对企业履行社会责任相关内容。第三，对于已经实施的现有法律，其忽视了政府在企业承担社会责任时所起的作用，导致法律中关于政府责任的规定很不完善。第四，即使现在已经在实施的法律条款，流于形式，法律执行力差。如企业对环境保护的立法就是如此。第五，我国现有法律缺乏多部门联动执法的机制，一旦涉及重要事件或重大事故，各部门要么抢着邀功，要不就互相推诿，且单个部门执法效率较低。第六，缺乏与国际劳工标准接轨的内容。有关国际公约或 SA8000 中所涉及对劳动者权益保护的“劳动纪律”（即不允许体罚、精神上和肉体上的强制行为或语言攻击）、“提供卫生和安全教育，提供清洁卫生设施”、“员工工资必须足以支付基本需求”、“雇主必须发给津贴、代扣保险等费用”、“选择供货商时要考核对方执法情况”等内容，我国几乎无立法支持。第七，道德意义上的企业社会责任期待法定化问题。企业社会责任是法律义务与道德义务的统一，对于企业社会责任的规定是采取强制性规范还是授权性规范有待法律化。

所以，我们应该针对我国的实情，制定一部完整、系统、具体的企业社会责任法律是必要而且是必须的。

第四节　我国企业社会责任立法完善建议

一　关于立法模式：是分散立法还是统一立法问题

通过考察国外发达国家及国际公约规定及经验，有关企业社会责任的法律规范都散见于各法律当中，目前还没有专门的一部企业社会责任法，只是有便于各界操作的 SA8000 管理标准体系及相应的一系列标准。我国有关企业社会责任的法律规范与这些发达国家一样也同样散见在各法律中，所以在立法时我国首先要解决的问题是有否必要制定一部专门的《企业履行社会责任促进法》，这也是目前学术界争论较多的。就笔者观点仍坚持统一立法，至于理由在前几章中企业社会责任立法必要性中已述。我国当前有关企业社会责任的法律条款不能有效实施，主要原因也在于立法的分散性和空白性，导致执行困难，因此通过制定一部专门法，不仅可将有关企业社会责任中的企业经营目标、企业社会责任的定义、原则以及企业社会责任的制度安排等内容全部得到合理安排，也解决了现实生活中无专门性法律的尴尬，也节省了资源，提高了效率；另外对执法部门来说，进行联动执法有法可依，不至于因互相扯皮而造成行政执法资源的浪费。最后，制定一部专门的法律对于今后法律的修改也会简单和方便很多。当然我国也应当在专门立法基础上借鉴 SA8000 体系经验制定我国相应的标准体系。

二 是否应当将股东利益列入此法的问题

对股东利益责任实为企业对股东的经济责任问题。在西方发达国家企业应承担经济责任与企业社会责任的论战中，他们更是把企业社会责任作为企业经济责任的对立面而加以反击；尽管企业社会责任的倡导者对企业社会责任极其青睐，但他们对企业经济责任的独立存在仍是认同的，他们无意于以企业社会责任去吸收或取代企业经济责任，更不希望以企业经济责任去包装或改换企业社会责任从而使其披上企业经济责任之外衣，而是试图在企业经济责任之外另行赋予企业以一类新的责任。同时，在西方发达国家，企业对股东利益责任核心法律还是公司法，因为公司本身是为股东利益而设立的营利性组织，股东利益通过严密的公司治理结构便能实现。因此发达国家将股东利益排除在社会责任之外，在一系列国际公约或标准中并没有对股东利益规定相关内容。我国公司法于 2005 年重新进行修订，特别在公司治理结构部分已经借鉴发达国家的很多经验，我国现有公司法被学术界誉为世界上最为先进的一部法律，现有公司法有足够能力达到保护股东利益的原则。所以我国没必要将其纳入专门法中。应让我国企业社会责任具有区别于经济责任的一种新责任。

三 关于立法原则问题

立法原则是指立法主体据以进行立法活动的重要准绳，是立法的内在精神品格之所在，是立法活动的准绳。由于企业社会责任履行涉及企业的经济利益、法律义务以及与企业其他利益相关者之间关系，我国在立法中对这些问题应有一个明确准绳，也即应当将企业社会责任利益相关原则、企业社会责任的环境维护原则、企业社会责任的监督与评价原则、企业社会责任社会公正与和谐原则、企业社会责任的国际化原则作为本法的基本原则。

（一）企业社会责任利益相关原则

1. 利益分合原则

企业利益不仅仅是股东利益，而且包含了供应链企业、消费者、员工、社区等相关者利益。股东利益唯一至上主义，忽视了利益相关者对企业利益的贡献，甚至有可能损害利益相关者利益。企业只有获得利润才能生存，但企业生存并非是企业的唯一目标。企业的目标还在于，与利益相关者共同创造财富并共同分享财富，增进利益相关者的利益，企业才能更好地生存下去。

2. 雇员权益原则

尊重和保护员工的人格尊严和人权；提供合理的薪水，改善和提高员工的生活水准；提供有助于保护员工健康、人身安全的工作条件；对因商业决策解雇员工所造成的失业，要与政府及相关机构共同做好善后工作；特别地要建立与员工共享企业利益增长的机制。

3. 消费者利益原则

消费者包括直接和间接购买产品及服务的群体，企业应尊重消费者尊严，提供最好的产品和服务。企业应提供最好的、符合消费者要求的产品和服务；公正的对待消费者，既要提供高水平的服务，又要在消费者不满意时提供补救措施；尽一切努力保证消费者的健康与安全；必须避免虚假广告。

4. 供应商、竞争商利益原则

对供应商和竞争商应该本着诚实公正的精神进行商业活动，这不仅会带来更多的商机，而且会创造良好的社会经济秩序，形成有利于企业经营的环境。

5. 社区利益原则

支持企业所在社区教育、文化、治安、改善自然物理环境的事业，应该为建设文明美好社区贡献经济资源和人力资源。

（二）企业社会责任的环境维护原则

（1）可持续原则：企业的开发、生产、经营活动必须在人与自然、人与社会、人与人共生共存的可持续发展的限度内，才是合理可接受的。

（2）高标准原则：在自然生态环境对目前经济开发活动承载力已达极限的状况下，企业不能仅仅守法，而且要制定超出法律标准的环境维护标准。

（3）改善环境原则：环境的污染和毁灭性破坏，大部分是由企业的开发、生产、经营造成的，企业必须为环境的改善进行投入。

（4）禁止性原则：企业必须意识到不能进行环境毁灭性、环境永远不能恢复的高度破坏性开发生产活动，尽管商业利益具有很大诱惑力。

（三）企业社会责任的监督与评价原则

1. 公众与消费者的监督与评价

企业对自身的生产经营活动、市场行为、产品与服务、管理与决策效果应尽量透明化，为公众与消费者提供观察、建议、评价、投诉的正常传递渠道，对大众与消费者向消费者组织、传播媒体、法律机构、行政机关的投诉，特别是社会责任突然危机事件的爆发，企业要做出及时、认真、坦诚、理性的回应，中国企业在这方面的不足往往造成社会公众对企业的过度负面评价。中国企业往往从顾客满意度和忠诚度出发看待问题，却忽视社会公众对企业价值观方面的期待。企业社会责任不能离开社会公众通行价值观期待而由企业自我标榜。

2. 新闻传播媒体监督与评价

新闻媒体的监督与评价对改善和提高企业全体社会责任的整体状况具有重要作用。正面和负面报道既是对向社会负责企业的舆论支持鼓励，也是对不负社会责任企业的警示和惩罚。企业应以自觉接受新闻社会舆论监督的开放态度，恰当理性地积极回应，高度负责地传播社会责任的郑重承诺，树立起良好的企业社会责任形象。改变中国企业重产品品牌宣传，忽视社会责任承诺，作秀多于实际行动的偏向。政府的监管、监督、检查、评审对企业切实履行社会责任有着重要作用，关键是企业处理好与政府的关系。企业越是始终如一的履行社会责任，政府就会缓解监管的力度，行政部门的监督、检查、评审就会有利于企业的生存和发展。

3. 行业协会和社会组织的监督与评价

单靠企业的自律自愿承担社会责任，势孤力单，难以形成整体社会力量，行业协会和社会组织的提倡、组织、推动具有相当的约束力，要能够通过企业有组织的参与，形成组织合力、影响力，共识力，提供企业社会责任事业持续扩展的组织基础。

（四）企业社会责任社会公正与和谐原则

（1）平等原则。现代法治社会中人人平等的宪法原则和普世的价值追求，承认由天赋差别、运气、努力等造成的事实上的不平等，而特别强调并努力、实现机会面前的人人平等。尽管不平等是不可避免的现实存在，但一个好社会绝不能放弃追求平等理想的努力。企业要为建设机会平等的社会践行力所能及的责任。

（2）公益事业原则。企业要捐助教育、文化、艺术、医疗健康等公益事业。

（3）公正原则。企业要对社会弱势群体伸出扶助之手，使他们实现改善生活状况和社会处境的希望。

（4）慈善原则。企业应该赞助或创立社会慈善事业，促进社会和谐。

（5）社会文明进步原则。对于一个处于不断变革、价值标准激烈竞争、物质主义泛滥的社会而言，企业创造着商业文明，同时，企业要特别关注和推进全社会文明进步。

（五）企业社会责任的国际化原则

中国企业社会责任的标准必须与国际通行规则接轨。有的企业加入全球契约组织，有些企业已通过 SA8000 等认证，很多企业发布了企业社会责任报告，但与国际真正接轨尚需做出更大努力。中国企业应通过努力尽快具备跨文化的理解、沟通、对话的能力，走出去投资、建厂、设店和进行贸易，没有上述能力，化解企业社会责任的障碍或危机常常遭遇困境。传播中华民族的优秀文化，促进不同文明之间的融合，加深不同制度文化理解，相互借鉴学习，在一个全球化的时代，中国企业有着使命性的社会责任。

四　关于企业社会责任立法中的政府责任

众所周知，企业承担社会责任并不是企业一方的事情，仅靠企业一方是无法完成的。在企业履行社会责任过程中政府扮演着引导、鼓励、支持、监督和约束企业承担社会责任的重要角色。因为只有政府采取这些相应措施，才能形成企业承担社会责任的重要外部激励和约束机制。一方面，政府对主动承担社会责任的企业应给予相应的鼓励与支持，如对那些恪守诚信、依法经营、照章纳税、节约资源、保护环境、关爱职工、热心社区建设、支持公益事业的企业予以表彰和奖励，并给予政策上的倾斜和优惠；另一方面，政府要充当维护社会公共利益的监护人、协调企业利益与社会利益的仲裁者的角色，并以间接调控或直接干预等手段，引导、监督、约束企业承担社会责任，纠正和惩处逃避社会责任的行为，并保证部分由法律和政策强制的社会责任的履行。政府在规制企业承担社会责任的同时，也必须对其自身行为予以规制，防止政府社会责任缺失。因为政府的追求往往也有某种特殊利益，而不是社会公共利益，为什么政府的决策并不总是符合公众愿望，为什么有些政绩工程竟以“社会责任”的名义摊派到企业身上，为什么出于公共利益考虑的政府规制却出现了低效率？根本原因是政府的某种特殊利益作用的结果。所以，政府在对企业承担社会责任的规制过程中，必须抛弃政府自身的特殊利益，以全社会的利益为前提。

当然在具体立法内容上：第一，明确政府履行企业责任中的基本原则。要求各级人民政府应当引导、促进、监督企业依法履行社会责任，并且鼓励、保护公民和社会对企业履行社会责任进行监督。政府有关部门应当加强企业履行社会责任的指导，组织制定或者授权社会组织制定企业履行社会责任的具体标准。政府有关部门在监督企业履行社会责任的过程中，应坚持合法、效率、全面以及双向监督的原则。

第二，明确政府的宣传引导。各级人民政府应当向企业积极宣传“营利最佳化目标”和“营利合理化目标”，强化企业对其所在地居民、劳动者、消费者、债权人及社会公共利益的社会责任意识。行业协会应当配合政府有关部门做好企业履行社会责任信息的宣传工作。

第三，建立信息公开制度。要求县级以上人民政府应当建立企业履行社会责任信息网络平台，及时提供与企业履行社会责任相关的法律、法规、标准、政策、措施等信息服务。政府有关部门应当采用公告、简报、新闻发布会等形式，定期向社会公布企业履行社会责任的情况，及时公开有关企业怠于履行社会责任及其处理结果的信息。任何单位和个人均有权查询相关记录。

第四，建立资金支持制度。县级以上人民政府应当设立企业履行社会责任的基金。

第五，建立表彰奖励制度。对在履行社会责任工作中做出显著成绩的企业，各级人民政府应当给予表彰和奖励。各级人民政府应当积极宣传受表彰、奖励的企业，以树立其在当地、全国乃至国际上的良好形象。受表彰和奖励的企业依法享受减征或者免征相关增值税。

第六，建立联合执法协调制度。为解决企业履行社会责任管理工作中的多头执法及其协调问题，加强执法协作，由各级劳动行政主管机关、环保行政主管机关、产品质量行政主管机关等有计划地组织开展联合执法行动。①各级人民政府牵头建立联合执法协调处，由联合执法协调处统一部署联合执法工作，明确联合执法的主要内容、启动机制、工作程序及保障措施。②联合执法启动分常规启动、专项启动、突发启动三种机制。启动后实行“联合执法、分家处理”的工作机制，对职责不清、涉及部门较多的由联合执法协调处协商解决。③根据企业履行社会责任管理阶段性工作重点，联合执法协调处应定期召开由各级行政主管部门负责人参加的联席会议，通报交流行政执法工作情况，研究分析执法中存在问题及解决对策。对重大事件或各级人民政府认为有必要时，可随时召开联席会议或开展联合执法。④各部门在日常监督管理中遇有需相关部门配合的事宜，由联合执法协调处与相关部门职能科（队）室联系，相关部门必须积极配合，确保人员到位，执法到位。

第七，建立目标管理制度。各级人民政府应当建立企业履行社会责任监管指标体系，对企业履行社会责任监管工作实行目标管理；定期召开工作会议，专题研究本地区企业履行社会责任的监管工作。市人民政府对所属有关部门和县级人民政府的企业履行社会责任监管工作进行综合考核；县级人民政府对所属有关部门和乡镇人民政府、街道办事处的企业履行社会责任监管工作进行综合考核。考核结果纳入其政绩考核内容。乡、镇人民政府和街道办事处根据本地区企业履行社会责任监管工作的需要，明确负责企业履行社会责任监管工作的机构或者人员，组织、协调、检查本地区企业履行社会责任监管工作，对怠于履行社会责任的行为，及时向有关部门报告。

第八，建立社会监督制度。任何单位或者个人对企业怠于履行社会责任的违法行为，均有权向政府有关部门报告或者举报。政府有关部门应当公开举报电话、通信地址或者电子邮件地址，受理有关企业怠于履行社会责任的举报并依法及时做出处理。

第九，鼓励民间组织发展制度。县级以上人民政府应当鼓励推动企业履行社会责任的非政府组织的建立，以督促企业自觉履行社会责任。

第十，建立政府自我约束机制。有关主管部门及其工作人员，有下列行为之一，情节严重的，对直接负责的主管人员和其他直接责任人员依法给予行政处分：①向企业指定提供环境影响评价、安全评价、产品质量认证、社会责任审计等服务的中介机构的；②违法向企业收取法律、法规规定的收费标准之外费用的；③强制或变相强制企业提供赞助、捐赠或者加入协会、接受有偿服务的；④强制或变相强制企业参加与履行企业社会责任有关的培训、评比、表彰、鉴定、考核等活动的；⑤其他损害企业合法权益的违法行为。因前款行为给企业造成经济损失的，应当依法予以赔偿。对情节严重，构成犯罪的，依法追究刑事责任。

五 关于企业对劳动者的责任

关于企业对劳动者的责任立法主要有以下六个方面。

1. 禁止企业使用童工问题

禁止企业使用童工，若发现有 16 周岁以下的员工，企业应使这些未成年人远离不安全和不健康的环境，并通过有效的途径使其重返校园。文艺、体育和特种文艺单位不得利用未成年人从事以赢利为目的的活动。企业有义务消除最恶劣形式的童工劳动。对拐骗童工，强迫童工劳动，使用童工从事高空、井下、放射性、高毒、易燃易爆以及国家规定的第四级体力劳动强度的劳动，或者造成童工死亡或者严重伤残的，依照刑法关于拐卖儿童罪、强迫劳动罪或者其他罪的规定，依法追究刑事责任。

2. 关于强迫劳动问题

禁止企业雇用或支持雇用强制性劳工的行为，禁止企业要求员工在受雇之时交纳（押金）或存放身份证、专业岗位工作证件于企业。企业不能允许强迫性、虐待性或剥削性的性侵扰行为，包括姿势、语言和身体的接触。禁止企业通过体罚、胁迫及侮辱方式迫使员工劳动，企业管理制度中应当明确禁止对员工使用体罚、精神或肉体胁迫以及言语侮辱手段，而无论这种手段出于何种目的。企业有强迫劳动行为，情节严重，构成犯罪的，依法追究相应的刑事责任。

3. 关于健康与安全问题

企业有保护劳动者人身安全的责任。企业应当为职工提供一个健康与安全的工作环境，并应采取适当的措施，在可能条件下最大限度地降低工作环境中的危害隐患，以避免安全事故和职业病的发生。

企业应该保证所有的员工都接受定期和有纪录的健康与安全训练，并为新进的和调职的员工重新进行培训。企业应当在生产工作场所为员工设置方便、安全、卫生的饮水及厕所卫生设施，并为员工提供安全卫生的宿舍条件。不提供宿舍条件的企业应给予不低于当地人均最低住房面积房租的补贴。对于高险工种岗位的员工，企业应当为其提供必需的安全保护条件。

4. 关于劳动者的结社权利和集体谈判问题

企业应当尊重所有员工自由成立和参加工会以及集体谈判的权利，并保证工会代表不受歧视。

5. 关于就业与职业歧视问题

企业不应因种族、宗教、身体、残疾、年龄、户籍、性别等原因对员工在聘用、薪金、培训机会、升迁、解雇或退休等方面有歧视行为；企业应当尊重员工的宗教信仰自由，并为员工提供必要的宗教自由便利。

6. 关于工时、休息与报酬

①周工作时间和休息时间：企业应当遵守法律及行政法规有关工作时间的规定，不可经常要求员工一个星期的工作时间超过 48 小时，应当保障员工在每个七天之内至少有一天的休息时间。②最低工资标准：企业提供给所有员工的工资均不得低于当地市级人民政府规定的最低工资。③工资和津贴的发放：不得拖欠职工的工资和津贴，应当每月至少定期发放一次职工的工资和津贴。④加班工资：对于员工在节假日及正常工作日超过八小时以上的加班，企业应当按《劳动法》规定的标准发放加班工资。

六 关于企业对消费者的责任

企业对消费者的社会责任包括三个层次。第一层次：企业必须履行的法律规定的责任和义务，包括诚实守信依法经营、信息披露真实充分、价格表示清晰明确、合同规范公平竞争、产品可靠使用安全、售后服务方便快捷、化解纠纷及时公正、尊重人格保护隐私等。

（1）诚实守信依法经营。要求经营者与消费者交易遵循自愿、平等、公平、诚实信用原则。经营者经营活动严格依照法律法规和标准，履行经营者法定义务，维护消费者合法权益。

（2）信息披露真实充分。经营者宣传内容客观真实，符合实际，不隐瞒缺陷。宣传内容符合科学事实，不夸大功能和效用，不作引人误解的虚假宣传。宣传内容充足、实用，有助于消费者做出理性选择。

（3）价格表示清晰明确。经营者对商品应合理定价，明码实价，价格真实完整。明折明扣，规范促销，不搞虚假促销。

（4）合同规范公平竞争。经营者不利用优势地位订立不平等条款。忠实履约，不随意中止变更约定。合同文字通俗易懂，避免产生混淆或歧义。格式明晰醒目，方便阅读和引起足够注意。平等交易，正当获利，不以垄断或优势地位损害消费者利益。实行公平有序竞争，不以不正当经营手段破坏市场秩序。

（5）产品可靠使用安全。质量符合标准，满足功能用途。确保消费安全，最大限度降低使用风险，逐步淘汰不利消费安全的材料、技术和工艺。建立有效机制，当产品出现问题时，迅速告知消费者，并及时召回。

（6）售后服务方便快捷。按期交付产品，保证配送安装调试到位。加强人员培训，提供高质量维修服务。完善沟通渠道，热情解答消费者咨询。

（7）化解纠纷及时公正。设立机构配备人员，热情接待听取诉求。制定公开简易快捷的投诉处理程序，方便消费者投诉。主动承担担保责任，公正解决消费争议，满足消费者合理要求。认真听取消费者意见，接受消费者合理建议。

（8）尊重人格保护隐私。对待消费者一视同仁，不因个人身份或特征厚此薄彼。合理采集消费者个人信息，建立严格信息管理制度，保护消费者隐私。

第二层次：企业应该履行的责任和义务主要是环保节约可持续发展。产品的生产和使用符合环境保护原则，不以奢华的功能或过度包装谋求企业利益，不以破坏社会和自然环境为代价。产品的生产和使用有利于节约资源，不以牺牲子孙后代的福利为代价。

第三层次：开展教育引导消费等。主动开展消费教育，帮助提高消费技能。倡导理性科学消费，培育成熟消费市场。

七　关于企业对环境、资源保护与合理利用的责任

企业对环境、资源保护与合理利用的责任也分三个层次。第一层次是企业必

须履行的法律规定的责任和义务。具体来讲主要是企业应积极做好污染减排工作。企业是污染减排的主体，污染减排是当前和今后一个时期企业履行环保社会责任的首要任务。国家“十一五”发展规划把二氧化硫、化学需氧量两项主要污染物消减10%作为约束性指标，这是改善环境质量、建设生态文明的重要举措，是中国政府对全国人民的庄严承诺。因此企业必须做到：①制定可持续发展规划。包括有利于环境保护、资源利用的废物回收利用计划、生产技术改造计划以及资金保障计划等。②控制有毒气体和其他有害物质的排放。③企业要制定排放标准，购买净化设施。④实施清洁能源措施和使用清洁生产设施。企业应当尽可能使用有利于环境保护的能源，逐步改善燃料结构，开发利用少污染、无污染的清洁能源。企业还应当使用对员工健康影响小、资源利用率高、污染物产生量少的工艺和设备，并在生产过程中对“三废”以及余热等进行综合利用或者循环使用。

第二层次为自觉接受公众监督。自觉接受公众监督是企业履行环保社会责任的有利鞭策。环境问题与公众的切身利益息息相关。环境保护事业需要公众的积极参与，保障公众的环保知情权、参与权，既是政府的责任，也是企业的义务。加强与公众的交流，接受公众监督，可以积极鼓励和帮助企业在环保方面不断改进和提高，树立良好的社会形象。

第三层次为建设环境文化，是企业履行环保社会责任的内在动力。实践证明，仅仅熟知环保法律法规，掌握环保科普知识，如果缺乏人与自然协调发展的环境道德观，就难以形成保护环境的内在动力。只有在企业职工中经常开展环境保护形势与政策宣传教育，培养他们的环境道德意识，才能形成自觉自愿保护环境的良好社会风尚。

八 关于企业承担社会保障的责任

社会保障在我国主要包括社会保险、社会救助、社会福利和社会优抚四个方面。

1. 企业在劳动保险方面的责任

①职工因工负伤，企业应该给予医疗期，负担职工的医疗费用及有关费用；②职工因工死亡，企业应该给予丧葬补助费、供养直系亲属抚恤费、救助费等；③职工达到退休年龄，企业应当准许退休，并给予退休待遇；④企业解雇职工应该给予规定的补偿；⑤企业应当向有关机构交纳职工的各项社会保险费用。

2. 企业在社会救助等方面的责任

企业应当为改善所在社区的基础设施条件、生活环境给予必要的人力和物力支持。企业在自身发展的同时，应当为所在社区提供更多就业机会，尤其应优先聘用下岗职工。企业应当积极参与社会公益事业，鼓励员工参加志愿者活动，并为他们提供便利条件。企业文化建设应当符合社会主义先进文化理念，并与社区文化建设相结合。企业应根据自己的条件和可能，积极关心和支持发展社区文化。

九 关于企业的伦理慈善责任

企业的伦理慈善责任是道德范畴上的责任，不履行只是受到道德上谴责，如果履行了，则会得到积极的道德评价，使企业的社会公信力得以提升。因此通过倡导性规定更有利于企业自觉履行伦理慈善责任。所以立法中应明确让企业树立“企业公民”的角色，鼓励企业勇担伦理慈善责任。确定鼓励企业履行伦理慈善责任的内容范围：一般限于公益事业和社会福利事业。公益和社会福利事业包含的内容非常丰富，如为公共交通、医疗保健、市政建设、文化教育事业提供人、财、物的支持；为社会弱势群体（如失业者、妇女儿童、残疾人）提供各种便利和帮助；对灾区进行的捐献和赞助等。确立企业伦理慈善责任是种倡导性责任，而非强制性法律责任。要防止把企业伦理慈善责任完全等同于“解囊相助”，以企业应担负社会责任为由，向企业变相摊派索取等。同时，要求国家对履行伦理慈善责任较好企业采取一系列鼓励、表彰、政策优惠等激励措施。

第十六章 企业社会责任立法与和谐社会的构建

第一节　企业社会责任立法与和谐社会建设的内在联系

从构建和谐社会的意义上说，企业是社会经济生活的主要承担者，也是解决当前社会矛盾中企业营利行为与劳动者和消费者权益保护、企业经营与环境保护等突出矛盾的重要方面。因此，推动企业社会责任建设有利于促进企业改善职工的基本生产和生活条件、加强安全生产管理、建立良好商业道德、加强环境保护，使企业的生产活动建立在可持续发展基础之上。这些作用不仅与我国国家政策和长远目标完全一致，而且能更好地促进劳动法、安全生产法、职业病防治法、环境保护法等一系列与社会责任有关的法律法规的贯彻实施，减少社会失业，提高人民生活水平，促进社会公平、有序、协调发展。所以研究企业社会责任立法对促进和谐社会的建设意义重大。

根据我国目前在企业社会责任方面的立法现状，我们可以从以下八个方面来做进一步分析。

（1）企业社会责任立法与已有立法并不重叠、冲突。尽管目前我国已经制定了大量关于劳动者权益保护、消费者权益保护、环境资源保护、社会捐助方面的法律法规，也出台了不少相关政策。但是，这些立法都是从各自不同的角度来保护非股东群体的利益，而并非从企业主动履行社会责任的角度激励企业股东和经营者与其他企业关系中的群体建立和谐共生、可持续发展的社会关系。企业股东和经营者对其他群体利益和自然环境资源的关注更多的是迫于政府和舆论压力，而非来自市场利益的正常博弈和激励。因此，现行立法对于企业来说往往缺乏必要的执行动机，其执法成本相对高昂，效率相对低下。因此，通过企业社会责任立法为企业主动履行社会责任提供必要的激励机制是现行立法的一个重要补充，也是在现行某一方面立法中无法处理好的问题。

（2）企业社会责任立法是市场公平竞争环境建立的重要保障。现实中，不同企业履行企业社会责任的状况不同，具体所体现出的企业成本也不同。如果缺乏必要的法律激励机制以奖励较多地履行了社会责任的企业，而对于逃避企业社会责任的企业缺乏惩罚，那么往往主动履行社会责任的企业就会在市场竞争中被逃避社会责任的企业所击败，甚至出现劣币驱逐良币的状况。

（3）企业社会责任立法是企业组织形态和组织结构社会化的必然趋势。随着社会生产的发展以及生产关系的社会化，更多的学者逐渐认识到企业是作为一种社会生产组织形式而存在，而不仅仅是作为股东营利工具而存在。企业在获取利润的同时，也同时向企业活动的各种参与者承担着相应的义务。西方国家各种类型的非政府组织的兴起从某种意义上弥补了企业和政府作为主要社会组织形式的缺陷，在不同领域和不同程度上校正着企业在社会经济活动中的偏颇与不足。而当前我国的非政府组织不够发达，非政府组织的力量需要逐步加强。因此，在当前社会结构中，通过企业社会责任立法加强劳动者、消费者以及环保组织等相关利益群体参与企业经营决策的保障无疑是改善企业这种社会经济组织形态和组织结构的有利途径，也充分体现了企业组织社会化的法律趋势和社会价值观进步。

（4）推动企业社会责任立法是对企业行为道德规范的有力法律保障，对于改善社会主义市场环境，鼓励企业诚信经营，维护社会和谐提供必要的法律制度依赖。企业经营行为的道德要求不仅需要舆论和信仰的力量，也需要法律这种行为规范能够提供必要的激励和约束。因此，在现行立法的基础上，制定企业社会责任立法，把社会主义和谐社会建设对企业行为的具体要求列入法律条文，加以宣示能够起到规范和导向作用。不仅是一种合法权利的宣示，同时也为企业行为树立了典范和指引。

（5）社会和谐，企业有责。任何一个企业对于推进社会的有序发展都有着不可推卸的责任。增加企业的责任感，树立企业的良好形象，既是历史发展的经验，也是未来世界发展的必然趋势。从 1999 年美国推出“道琼斯可持续发展指数”，到 2001 年英国的 Footsie for Good，再到 2003 年澳大利亚的 RepuTex，国际社会已经越来越重视企业的社会责任，并加以量化，与之相应的社会责任标准化问题也逐渐被国际社会所重视。可见，构建和谐社会离不开企业的努力与配合。作为社会的重要组成部分，企业理所当然应承担起它的社会责任，为和谐社会的构建发挥应有的作用。

（6）从构建和谐社会的意义上说，企业承担社会责任有利于促进我国企业改善职工的基本生产和生活条件、加强安全生产管理、关注社会慈善事业、建立良好商业道德意识、加强环境保护，使企业的生产活动建立在可持续发展基础之上。这些作用不仅与我国的国家政策和长远目标完全一致，而且能更好地促进我国劳动法、安全生产法、职业病防治法、环境保护法等一系列与社会责任有关的法律法规在企业内部得到切实贯彻实施，减少社会失业，提高人民生活水平，促进社会公平、有序、协调地发展。企业社会责任的提出，主要是为了解决资本与各利益群体的矛盾问题，使企业树立清晰、正确的商业伦理和经营理念，我国和谐社会显然不仅仅是经济的快速发展，更是全社会各利益群体之间的和谐共处。

（7）构建和谐社会，对沿海经济发达地区来讲，首先要创建良好的劳资关系和劳动环境，我们的社会改革也到了该支付这种和谐成本的时候了。否则，这一庞杂的劳动群体将成为困扰社会的最大的不稳定因素。企业来自社会，也必将还原于社会，这是一种新形势下的社企关系。企业的生生死死，发展壮大或被淘汰出局，都要由社会来承接它失败的代价，社会又是企业的生存环境，没有一个好的环境，企业也难以生存。因此，企业与社会是一种共存共荣的关系，企业作为社会的基本组织单位是和谐社会的基石。

（8）建议加快我国促进企业履行社会责任的立法步伐，尽早制定和颁布《中华人民共和国企业履行社会责任促进法》，实施我国全面促进企业履行社会责任的法律，是我国推进企业社会责任法制建设，落实科学发展观，构建和谐社会的重要举措。有法可依，执法必严，是推进企业履行社会责任的基本手段，加强我国企业社会责任立法，可以为推进我国和谐社会的建设提供有效的制度支持和有力的法治保障。

第二节　“和谐社会”主题下企业社会责任立法的现状与思路

近几年来我国对此问题的研究和立法也取得了较大进展，尤其是丰硕的立法成果对企业社会责任做了较为详尽的规定[①]，涉及领域也较为广泛，具体有：①《公司法》、《劳动法》等中作了对企业经营管理的规定和劳动保护的规定。②《消费者权益保护法》对消费者的责任的规定和经营者义务的规定，都是为了明确企业对消费者的责任。③《环境保护法》和《全民所有制工业企业法》要求企业落实环境保护措施，合理利用资源，树立全面的现代发展观，尽到环境保护的社会责任。④《公司法》中关于股份有限公司股份发行的公开、公平、公正的原则以及实行社会公开甚至公告其财务会计报告的经营公示。⑤《劳动法》《社会保险法》等社会保障法中规定了企业对于社会保障承担着重要责任。

但是，我们也要认识到我国的企业社会责任立法仍然存在着一些不足，我们必须意识到推动企业社会责任立法，不仅是适应国际企业社会责任运动发展的需要，也是建设“和谐社会”的内涵所在。因此，在了解现有企业社会责任立法现状的同时，我们应当明确推动企业履行社会责任既要激励机制也要监督机制的立法思路。

（1）我国关于企业社会责任的立法过于分散、凌乱。纵观我国现有关于企业社会责任的立法。主要分散在劳动法、企业法、产品质量法、消费者权益保护法、

---

① 张彦宁. 1990. 中国企业管理年鉴. 北京：企业管理出版社：778.

环境保护法及社会保障法等诸多法律、法规中、没有形成较为系统的体系。建议将之完善以形成较为系统的体系。例如，我们可以借鉴美国的模式，进行集中立法。美国企业社会责任制度的建构，主要集中于为企业社会责任活动提供法律依据上，并由此进一步触及到企业治理结构、企业管理者的地位和责任等方面的法律改革课题上。在美国，企业的法律体系包括三个部分：一是公司法律体系，如《公司法典》《商业公司法》等；二是保护利益相关者的法律体系，如《反歧视公约》《同工同酬公约》《最恶劣形式的童工公约》等；三是社会法律体系，如《经济、社会和文化权利公约》《公司权利和政治权利公约》等。因此，我国首先要从公司法的总则中突出强调企业必须承担的基本社会责任，使企业社会责任纳入法制化、规范化的管理体系中。同时，要把企业社会责任作为一个法律概念，将其原则性和一般性的规定纳入《企业法》和《公司法》之中，并形成以《企业履行社会责任促进法》为核心，以《劳动监察法》《雇员工资法》《安全生产保护法》《工会法》等相关部门法为补充的法律体系。其中，首当其冲的是强化企业的社会责任主体地位，合理设计和建构落实企业社会责任的各项具体制度；规范企业外部行为的相关法律制度，应以社会利益为本位，形成统一一致的价值追求，将企业的逐利行为纳入自愿守法的轨道；建立健全企业社会责任的监督机制，落实企业社会责任。

（2）注重企业社会责任立法与现行立法的协调一致。这包括企业社会责任立法与企业员工权益保障的关系、企业社会责任立法与消费者权益保护的关系、企业社会责任立法与资源保护的关系、企业社会责任立法与环境保护的关系、企业社会责任立法与社会公益捐助的关系等五个方面的内容。从根本上讲，企业作为一种社会生产的组织形式，股东或者经营者利益的实现，不仅取决于自身的主观意志，也取决于雇员、消费者、其他社会公众以及自然环境所形成的外部客观限制条件。因此，企业社会责任立法的根本思路就在于把企业自身利益最大化的追求建立在社会公众福利整体增进的基础上，而不是通过掠夺自然和他人获取自身的利益。

第三节　企业社会责任立法与“和谐社会”建设的对策

从我国的实际状况出发，结合上述对我国企业社会责任立法现状的分析，在激励和约束相结合、自律与监督相结合的思路下，我们建议制定和颁布《中华人民共和国企业履行社会责任促进法》。制定我国第一部促进企业履行社会责任的法律，是我国推进企业社会责任法制建设，落实科学发展观，构建和谐社会的重要举措。有法可依，执法必严，是推进企业履行社会责任的基本手段，加强我国企业社会责任立法，可以为推进我国和谐社会建设提供有力的法制保障。

具体来说，我们认为在企业社会责任立法中应当解决和处理好以下几个问题。

第一，关于企业社会责任法条设计问题[①]。由于企业社会责任是法律义务与道德义务的统一，对于企业社会责任的规定是采取强制性规范还是授权性规范一直存有争议。发达市场经济国家在公司法中的做法将会被多数人理解和接受。道德并非不能规定于法律之中，关键是怎样设计其法规形式，法律意义上的企业社会责任宜采取强制性规范的形式予以规定，而道德上的企业社会责任则应采取授权性规范的形式予以规定。

第二，积极倡导企业社会责任理念，提升企业家素质。各地各级政府应积极倡导企业社会责任理念[②]，从根本上转变观念，政府应负起训导职责，以政府理念转变带动社会理念的转变。管理学大师彼得·德鲁克说得好，“凡是能促进社会进步与繁荣的也都能增强企业实力，带给企业繁荣与利润”[③]。为此，为了人类生活得更美好，为了建设社会主义和谐社会，为了提高企业的国际核心竞争力，企业要勇于承担起社会责任，从而为建设我国“民主法治、公平正义、诚信友爱、充满活力、安定有序、人与自然和谐相处的社会主义和谐社会”做出应有的贡献。政府应当强化企业所有者，特别是中小企业所有者的劳工权益保障法律意识。树立“公民型”企业理念，建立“和谐可持续”的企业文化。当企业以一个“社会人”的身份存在于社会中时，它就不仅仅是法人，更应该是具备公民意识的社会公民，换言之，社会是企业生存和发展的现实环境，那么企业的发展就必须以社会的可接受性为前提，也就是我们通常所说的“我为人人，人人为我”，只有具备这样观念的企业公民，才能长远地可持续地存在于我们的“和谐社会”当中，实现经济目标和社会目标的和谐发展，达到企业、员工、社会的多赢。

第三，加大政府对内外资企业社会责任的监管力度，加强对企业社会责任的监督和评估。健全企业承担社会责任的监督和约束机制的关键环节在于政府。从政府方面看，应从维护社会利益和保证社会正常运转的需要出发，以社会公众利益代表和社会公众管理者的身份，通过国家立法的形式和行使政府权力的形式，建立规范明确的企业承担社会责任的有关法律、法规约束体系。同时，大力强化执法力度，督促企业依据我国目前已有的相关行业和企业劳动标准进行生产，对于使用童工、违反工资和工时规定、存在严重职业安全问题的企业处以重罚。同时，要加强对跨国公司的社会责任检查，对于违反我国劳动标准的跨国公司同样予以重罚。此外，作为企业社会责任的最有力监管者，政府在推动企业社会责任法制化的进程中也应该促进其与国际接

---

① 郭圆媛.2004.劳工标准与贸易.法学杂志，(2)：55.

② 杨杰如，孙国平. 2004.学习劳工标准，应对买家新要求——从 WTO 中“社会条款”问题谈起.皖西学院学报，(1)：90.

③ 转引自：陈少华. 2007. 公司社会责任的法律规制. 厦门大学硕士学位论文：28.

轨。目前最紧迫的就是建立一套适合我国国情和企业发展的评价指标体系，这不仅有利于我国企业社会责任意识的强化，而且有利于对抗国际上利用 SA8000 等企业社会责任标准形成的隐形贸易壁垒，提高我国企业的国际竞争力。需要指出的是，对于企业社会责任的监督，重点在于地方政府的重视，因此，对于地方政府的政绩评价当中应该考虑与企业社会责任的履行情况挂钩，而不仅仅是经济效益。

对此，我们可以建立企业社会责任评价标准和体系。将社会责任纳入企业评价的范畴，对企业的评价结果定期向社会公布。较高的评价对于企业是一种无形资产，会鼓励其更好地履行社会责任，较差的评价对于企业也是一种鞭策。如今中国对企业的评价标准还仅仅停留在经济标准上，远远不能适应经济全球化背景下提高企业竞争力的要求，有必要建立一套从经济、社会、环境三方面全方位评价企业的指标体系。

第四，加强社会、公众和媒体舆论的有效监督与约束。从社会监督看，应充分发挥舆论、工会、消协等社会群众团体组织的作用，加强全社会对企业承担社会责任的监督，形成多层次、多渠道的监督体系，以形成企业承担社会责任的良好社会氛围。公民个人的监督权是有效的法律工具，社会公众通过“用脚投票”对企业社会责任进行监督是重要的渠道。这个渠道行使得好的企业通过承担社会责任树立良好的公众形象，建立高度的社会公信感，从而吸引更多的消费群体以及外部投资者，为投资者实现价值增值。同时，充分发挥工会保障劳动者权益的作用。工会是员工权益最强有力的维护者，最大作用是制衡资本意志在劳动交换过程中的主导地位。工会要通过集体协商、集体合同和业主参与监督，不断完善企业内部的维权机制，通过社会化维权渠道、专业化维权队伍、法制化维权手段，构建和谐稳定的劳动关系，形成对企业履行社会责任的有效监督和制约。

此外，要形成一种社会道德舆论，对不负社会责任的企业进行谴责，对勇于履行社会责任的企业进行赞扬、鼓励。在这方面，舆论监督具有极强的监督和控制功能，新闻媒体舆论以舆论、宣传、教育影响和引导内外资企业和公众的价值观和行为方式，预防和制止社会越轨行为，实现对企业社会责任的有效监督。

第五，倡导和实施 SA8000 标准，建立健全企业社会责任体系。目前国际上推行的 SA8000 标准，在很大程度上有助于企业社会信用体系的建立和完善，促进企业树立良好的形象。SA8000 标准是全球性的大趋势，它是国际社会责任运动的必然结果，从发展趋势看，该标准极有可能转化为像 ISO 标准一样的国际性标准。我国企业应积极应对 SA8000 认证，使 SA8000 标准为我所用。

从长远来看，倡导和实施 SA8000 标准，对于我国对外贸易和国际化经营发展具有重大意义，对于我国外贸政策的调整和竞争优势的转型是有积极意义的。[①]长

① 仲大军. 2004.中国也需要“SA8000”.开放导报，(1)：67-68.

期以来，许多企业甚至地方政府认为，我国的比较优势就是建立在低成本的劳动力基础上的价格优势。从我国经济发展来看，企业利用廉价的劳动力确实获得了比较利益，但是仅仅靠低成本无法使企业获得长期的竞争优势。在全球消费者越来越关注企业社会责任时，遵守企业社会责任标准可以改善企业的守法意识，避免和减少国际贸易活动中引起的贸易摩擦和法律诉讼，可以赢得更多的消费者和市场份额。SA8000 有利于提升企业公司品牌价值和声誉，有助于中国企业国际竞争力的提高。为此，我国应采取积极的应对措施，切实遵循社会责任守则，推动企业责任文化建设，使社会责任不再只是一种道德的呼吁，而是一种和利益直接挂钩的有效机制。

第六，加强行业自律。政府职能缩小之后，行业协会作为企业利益的承担者，理所当然地也成为企业社会责任制度化的承担者，成为自律性的行业管理组织。行业协会伴随着市场经济体制的确立，目前还存在着很多问题。行业协会在行业自律性管理方面的职能的发挥必须以完善其服务职能为前提，行业协会只有积极开展服务工作，才能增强其在行业管理中的权威性，从而更有效地对企业行为进行他律，促进企业社会责任建设。

第七，应用模糊方法建立一个企业环境业绩的综合评价模型[①]。一方面为政府、公众投资提供参考；另一方面促进企业积极参与，提升企业形象，以利于企业长远发展。企业环境业绩评价应由独立的专业评价机构进行，同时必须有企业自身的积极参与，使评价者可获得足以反映公司环境业绩状况的信息。由于不同行业对环境的影响大不相同，必须针对不同行业制定不同的评价指标体系。同时要注意各指标体系的系统性、全面性、合理性、层次性。在实际操作中，为使评价结果更具体明确，据实际情况可将二级指标进一步分解至三级或多级指标，如想使评价结果更精确细致，也可将评语分等级区间进一步细化，构成新的评语集，然后进行评价。

总的来说，要增强社会公众的参与。企业履行社会责任需要一定的社会基础，这就是社会公众的责任意识。企业履行社会责任，从根本上说受益者是广大的社会公众。公众的积极参与，是包括企业在内的全社会责任意识提升的最重要的标志；公众的广泛监督，是企业履行社会责任的最有力的保证。目前，中国的消费者在自身权益屡受侵害的情况下，维权意识正在逐步形成，这是在市场经济条件下人们观念发生变化的重要体现。政府可以通过教育、宣传等方式，培育社会公众对自己、对他人和对社会的责任意识，使之学会利用消费者的权利，来为自己和广大劳动者争取合法的权益，学会借助于法律并利用社会舆论来有效约束和正确引导企业行为。

---

① 鞠芳辉，董云华，李凯.2002.基于模糊方法的企业环境业绩综合评价模型.科技进步与对策，（3）：26-27.

第十七章 企业社会责任典型案例

以下案例的选取既有中国企业也有外国企业（前十个是外国企业，后十个是中国企业），行业未限，依照三个层次的社会责任，符合其中某个或某几个，均可以入选案例库。另外，这几年很多地市制定了推行社会责任的指导性意见，同时很多企业开始公布自己的社会责任报告或指南，这也是案例库选取的一个参考标准。

一 宝马——支持教育事业

公司简介：宝马（Bagerische Motoren Werke AG，简称 BMW）是驰名世界的汽车企业，也被认为是高档汽车生产业的先导。宝马公司创建于 1916 年，总部设在德国慕尼黑。近百年来，它由最初的一家飞机引擎生产厂发展成为今天以高级轿车为主导，并生产享誉全球的飞机引擎、越野车和摩托车的企业集团，名列世界汽车公司前 20 名。为了继续在中国市场取得成功发展，2001 年 12 月，BMW 集团与华晨中国汽车控股有限公司一起提交了成立中外合资企业的项目建议书。2003 年，合资企业华晨 BMW 汽车有限公司正式开始运营。

2013 年，BMW 提出企业公民战略，持续引领中国汽车行业践行企业社会责任的方向。秉承对中国社会的长期承诺，BMW 已先后在资源创新、文化交流与社会融合、教育支持等领域开展了一系列具有行业领先性的企业社会贡献项目，为中国社会的可持续发展贡献了自己的一份力量。

2008 年 6 月 5 日，宝马中国和华晨宝马，携手中华慈善总会设立中华慈善总会宝马爱心基金。在经过几年的不断探索与实践之后，宝马爱心基金也逐渐形成了独具特色的企业公益基金新模式，截至 2012 年 12 月底，已累计收到 BMW 及整个宝马爱心大家庭的爱心捐款 9108 万人民币，为灾区和经济欠发达地区的人们送去了持久的帮助和关怀。宝马的企业社会责任项目主要涉及文化促进、教育支持、环境保护、企业文化、爱心车主五个方面。以下每个方面选取一些例子，尤其以选取教育支持作为重点，因为该方面做得最为突出。[1]

① BMW 中国公司. 2013. BMW 企业社会贡献. http：//www.bmw.com.cn/cn/zh/insights/csr/overview.html [2013-10-10].

1. 文化促进

“BMW 中国文化之旅”开创了企业参与非物质文化遗产保护的新模式，从2006年到2012年这六年来已探访了我国六大文化生态保护实验区及150多项非物质文化遗产，对58项亟待保护的“非遗”项目和研究课题进行了总计600万元的捐助；在2012年，宝马继续加强与中国非物质文化遗产中心的合作，带领车队成员深入挖掘传统智慧与现代生活的联系，并积极探索非物质文化遗产保护的可持续发展之路。

2. 教育支持

2006年12月，宝马与中华慈善总会合作，捐资50万元人民币在西安20所小学建立“宝马爱心图书室”，改善学生们的阅读条件。“宝马优秀大学生奖励基金”由中国宋庆龄基金会、宝马中国和华晨宝马于2006年1月联合设立，为期5年，旨在培养当代大学生胸怀国家的社会责任感，培养公正、自由、诚实、宽容、透明、团结一致以及可持续发展的责任观。

2007年9月，BMW 优秀教师奖励计划正式启动。首批奖励基金50万元，已有260名教师从中受益。

2008年5月16日，华晨宝马汽车有限公司与德国技术合作公司（GTZ）“公私合作伙伴关系”（PPP）职业教育合作项目总结会及赠书仪式在华晨宝马沈阳工厂举行，这标志着为期两年的“汽车机电一体化”领域合作项目圆满落幕。该项目是“辽宁省就业促进与培训项目”的一个重要组成部分，也是国家振兴东北老工业基地的重点项目之一。华晨宝马汽车有限公司高级副总裁兼人力资源总监李晶女士，和德国技术合作公司项目主任米夏埃拉·鲍尔博士一起向全国20余家汽车职业教育学校领导捐赠了5000本“汽车机械电子一体化”汽车技术培训系列教材。该教材为德国最新的汽车技术职业教育教材，具有非常强的实用性及教学指导意义，由华晨宝马汽车有限公司出资引进德国版权并已翻译出版第一册，这也是该次合作项目的重点成果之一。华晨宝马汽车有限公司于2006年4月正式与德国技术合作公司启动职业教育合作项目，旨在提高汽车行业技术人员和供应商的技能及专业水平，为中国汽车行业的长远发展打下坚实的基础。

2008年4月，2008宝马儿童交通安全训练营在北京正式启动，这是继2005年以来，宝马连续第四年举办此项以儿童交通安全教育为主题的活动。“宝马、儿童交通安全训练营”在2004年到2012年八年间走过中国63个城市，受益儿童数量突破35万人；“BMW 童悦之家”的数量增至52个，超过4万名儿童从中受益；通过教师奖助、学生资助、心灵陪伴等一系列“BMW 点亮希望项目”，BMW 为地震灾区及偏远地区的师生们提供了总计1140万元的物质支持，以及更为宝贵的精神力量。[①]

3. 环境保护

宝马将把许多高耗电应用转移到凡尔纳全球的数据中心，包括瘫痪模拟、气动计算和计算机辅助计算与工程（CAD/CAE）等应用。宝马旗下德国公司年耗电量达 6.31GW 的 10 个 HPC 集群将转移至冰岛零排放数据中心，这使宝马能每年减少 3570 公吨碳排放量，这相当于 146 万公升汽油燃烧产生的碳量。这一举措还将使宝马在运行 HPC 应用方面减少多达 82%的成本。在控制数据中心电力成本和碳排放量方面，采用 HPC 等耗电量高的公司不断面临着挑战。通过将应用转移至凡尔纳全球，宝马证明当前还有其他方案可供选择，这些方案可以解决全世界的电价波动和不可预知问题，而且能够有效地减少碳足迹。

4. 企业文化

杜登赫费尔说，“宝马是德国企业中最日本化的”。除了纪律和远见之外，近乎亚洲式的谦逊是在管理层中获得成功的先决条件。宝马企业的价值观是：忠诚、关爱、专业、团队、创新，这五个词已经很好地诠释了 BMW 文化建设与履行其社会责任的关系。

5. 爱心车主

作为 BMW 的重要组成部分，BMW 授权经销商和车主都积极加入到“行有道，爱无界”的实际行动当中，保护环境、关爱他人，从身边的小事做起，为社会贡献自己的力量。例如，2011 年 8 月 20～21 日，石家庄宝和成功举办了“悦助成长”爱心公益活动。同时，石家庄宝和的 10 个爱心车主家庭与 10 名河渠小朋友结成对子，组成新的爱心大家庭参与到活动中来。2011 年 9 月 7 日，重庆宝诚、重庆宝渝携 10 余位 BMW 爱心车主及家庭与 BMW 爱心大使及众多社会志愿者来到重庆市福利院，看望在这里读书和治疗的孤残儿童。

效益分析：当前，BMW 集团是全世界最成功和效益最好的汽车及摩托车生产商。2012 年是宝马集团有史以来最为成功的一年，集团销量、收入和收益均创下历史新高。这份耀眼的商业成功应当归功于宝马坚定的可持续发展战略规划。作为第一家将可持续发展战略贯彻到整个价值链的高档汽车制造商，宝马将全面的产品责任以及明确的节能承诺列为集团长期战略的重要内容，并连续被道琼斯可持续发展指数评为汽车行业的领导者。宝马优秀大学生奖励基金的设立，为落实“科教兴国”战略，造就中国新一代符合未来社会发展的高素质人才发挥了积极作用，同时也充分展现了宝马集团高度的社会责任感和企业公民意识，提高了

---

① BMW 中国公司. 2013. BMW 中国企业社会责任年度报告 2012. http：//www.bmw.com.cn/cn/zh/insights/csr/bmw_csr_download.html [2013-10-10].

宝马集团的社会美誉度，对效益的提高有很大促进。

二 跨国制药企业阿斯利康——承担医疗领域的社会责任

公司简介：阿斯特捷利康制药公司（Astra Zeneca PLC），是一家由瑞典阿斯特拉公司（Astra AB）和英国捷利康公司（Zeneca Group PLC）于 1999 年 4 月 6 日合并而成的大型英瑞合资制药企业。阿斯特捷利康公司研发、制造及销售用于治疗消化、心血管、肿瘤、中枢神经、呼吸系统疾病以及用于麻醉的药物。公司集团总部位于英国的伦敦，业务范围覆盖全球 100 多个国家和地区。阿斯利康在全球拥有 26 个生产基地。阿斯利康中国区总部位于上海。

阿斯利康（中国）入围“2007CCTV 最佳雇主调查”20 强，并荣获“最具领袖气质企业”及“最具环保意识雇主”特别大奖，是唯一同时获此两项殊荣的制药企业。这次获奖也掀开了这家神秘企业的面纱。而事实上，早在 2004 年，阿斯利康在中国的处方药销售就已跻身跨国制药企业第一名，并在消化、心血管、中枢神经、呼吸、肿瘤和抗感染领域处于国际领先地位。阿斯利康连续多年在处方药销售业绩稳居行业第一的同时，没有忘记履行企业的社会责任。[①]

1. 推进医改

对目前医改有关的热点问题举办了很多论坛，培训医院管理人员，告诉他们应该如何面对医患关系，怎么处理医患关系，收到了很好的效果。公司和剑桥大学合作，举办了很多期医管人员领导力培训班，已经培训了政府层面的 600 多人次，同时这个项目得到了中英两国政府的高度评价，因此被列入中英两国政府的合作项目。2007 年 1 月，英国首相布朗先生访华成果之一“中英卫生创新伙伴”行动计划阿斯利康也参与其中。这个行动计划由应急反应研讨会、医院管理质量服务，以及社区卫生人才培养和政策研究等 8 个项目组成，是要促进公共卫生应急、传染性疾病和非传染性疾病防治、医院管理和医疗服务质量评估，以及社区卫生体系四个重点领域的双边合作。阿斯利康对“中英卫生创新伙伴”行动计划的参与一直很积极，并与英方和中方共同举办了题为“2006 医院管理年中英交流论坛”的研讨会。在会上，双方的官员和中国的院长们就医院管理实践中存在的问题进行了深入的比较。由此最终形成了今天的阿斯利康“HELP”项目（医院行政管理人员领导力培训）。

2. 公益事业

公司在中国发展的十多年间，累计捐款达到 9000 多万元人民币，捐款建了两所希望小学；在上海、北京设立了宏峰奖，奖励那些对特殊教育（对残疾，尤

① 韩雪. 2008-3-16. 阿斯利康：领袖气质在于责任. 财经时报，5.

其是智障人士进行教育）的教师；2007 年，公司是上海特殊奥运会的主要赞助商之一；2008 年，公司还独家赞助国务院新闻办举行的《奥运城市之旅图片展》；赞助世界著名的费城交响乐团 2008 年 6 月份北京-上海-广州巡演，为和谐社会和北京奥运献上祝福之音。2009 年，阿斯利康在中国各大城市相继开展“开爱自闭症”志愿服务行动。在无锡，阿斯利康同样为当地的儿童自闭症康复机构建立了志愿服务关系，每周末阿斯利康的志愿者前往提供服务。公司还是赞助 2010 年上海世界博览会的三家英国公司之一。①

3. 专业创新

现在高血压、心血管病是全球排名第一位的“杀手”，仅中国的高血压病患者就有 1.6 亿人，恶性肿瘤是第二位杀手。免疫缺损的疾病风湿、艾滋病，还有感染、胃溃疡问题、精神心理的疾病、孤独症、抑郁症等等太多了。在这些方面阿斯利康为解决人类共同面临的疾病都做出了自己的贡献。在全球阿斯利康有 16 个研发基地，每个工作日投入的研发基金达到 1600 万美元。同时前后一共有 10 个诺贝尔奖获得者和阿斯利康紧密合作开发新药。另外，还投资 1 亿美元在上海地区成立了中国创新中心（Innovation Center of China，ICC），目前已经有一批科学人员开始工作，工作重点是研究中国目前在肿瘤方面的药物，药物研究出来是供全球使用的。阿斯利康对此还将追加投资，将中国创新中心、市场运营及销售和学术研究培训机构进行整合。

4. 环境保护

阿斯利康认为一个负责任的企业公民是一个呵护环境善待员工的企业。不仅要求自己实践所提出的安全（S）、健康（H）、环保（E），同时对合作伙伴、供应商也是用同样的标准审核，认为如果达不到这样的要求，这样的供应商就是不合格的。2007 年诺贝尔和平奖授予了美国前副总统戈尔和政府间气候变化专业委员会。作为政府间气候变化专业委员会的科学家之一，保罗·莱特（Paul Wright）博士也被表彰并分享和平奖。保罗·莱特博士长期以来与阿斯利康合作，此次获奖的课题是致力于发现更好的哮喘吸入剂（不会耗竭臭氧层），从而减少吸入剂对臭氧层的破坏。除此以外，生产基地不再使用对臭氧层有破坏作用的物质作为制冷剂或灭火剂，并采用现场管理、污水处理系统、高效过滤器系统、暖通空调热量回收以及各种废弃物分类存放、处理和回收利用等手段，严格遵守了国内的环保法并采用了高标准的内部环保规范，大大提高了废弃物的利用率，降低了对环境的影响。

5. 保障雇员权益

阿斯利康致力于营造人人机会均等的企业文化，核心价值观包括：正直和高

① 安心. 2014. 阿斯利康的“多维”CSR. 二十一世纪商业评论，（2）：60.

尚的道德标准。尊重个性，鼓励多样化。开放、诚实、彼此信任并相互支持。发挥每个人的领导才能。阿斯利康被评为“2007CCTV 最佳雇主调查”20 强，除了提供给员工足够好的环境和足够有竞争性的待遇之外，还提供一个既有竞争性又有挑战性，同时又很公平的工作环境。

效益分析：阿斯利康在 2007 年最新公布的世界 500 强企业中位居 252 位，同时阿斯利康也列入道琼斯可持续发展指数（全球），以及显示企业良好社会责任度的富时指数（FTSE Global Equity Index Series）。在中国，阿斯利康一直提出的口号是“立足中国、造福中国”，英文就是“In China，For China”。这几年的销售额都是以两位数的增长，在全中国的所有处方企业中一直是遥遥领先的。阿斯利康 2007 年度全球销售收入比 2006 年增长了 12%；其中中国市场包括香港市场在内，销售额就突破了 5 亿美元，比 2006 年增长 25%。

三 沃尔玛——利益相关者财富最大化的经营模式

公司简介：沃尔玛百货有限公司由美国零售业的传奇人物山姆·沃尔顿先生于 1962 年在阿肯色州成立。经过五十多年的发展，沃尔玛公司已经成为世界最大的私人雇主和连锁零售商，多次荣登《财富》杂志世界 500 强榜首及当选最具价值品牌。沃尔玛于 1996 年进入中国，在深圳开设了第一家沃尔玛购物广场和山姆会员商店。目前沃尔玛在中国经营多种业态和品牌，包括购物广场、山姆会员商店、社区店等。

在现代市场经济条件下，企业的目标并非唯一的追求股东财富最大化或企业利润最大化，而应该是利益相关者财富最大化。从某种程度上说，沃尔玛公司正是“利益相关者财富最大化”模式的最大受益者和成功的典范。下面笔者仅就沃尔玛在其经营战略和经营策略中追求股东利益、顾客利益、员工利益、供应商利益，以及社会利益等六个方面利益相关者的利益最大化，并最终达到利益相关者财富最大化，剖析沃尔玛的成功之道。①

1. 顾客利益

沃尔玛创始人山姆·沃尔顿一语破的——“我们并肩合作，这就是秘诀。我们为每一位顾客降低生活开支。我们要给世界一个机会，来看一看通过节约的方式改善所有人的生活是个什么样子。”沃尔玛有句名言：“不管我们付出的代价多大，如果我们赚了很多，就应当转送给顾客。”这种始终以低出别家商店的价格出售，给予了顾客最大的实惠，强调尊重顾客，提供一流服务，“天天低价”“顾客第一”与”微笑服务”成为沃尔玛制胜法宝。为了实现低价，沃尔玛想尽了招

① 谢晖. 2007. 从财务目标论沃尔玛成功之道. 商场现代化，(24)：70-71.

数，其中重要的一点就是大力节约开支，绕开中间商，直接从工厂进货。这种类似网络零售商零库存的做法使沃尔玛每年都可节省数百万元美元的仓储费用，从而使得企业能真正做到薄利多销，将这些费用都让利给了顾客，同时，沃尔玛提供了更高的品质保证。沃尔玛超市所售货物在价格上占有绝对优势，不仅如此，沃尔玛店内的通道、灯光设计都为了令顾客更加舒适；店门口的欢迎者较其他同行更主动热情；收银员一律站立工作以示对顾客的尊敬；从而使沃尔玛成为消费者的最佳选择。

针对中国这几年日益恶化的食品安全问题，2013 年 5 月，沃尔玛中国食品安全新举措之一的食品安全移动检测车在位于广州番禺的沃尔玛旗下品牌——山姆会员商店举行了正式的启动仪式。这个项目是公司为了将快速检测高效地、灵活地、专业地运用到同城所有的商场所做的一项管理创新。食品安全移动检测车平均每车每年投入近 200 万元，配备专业的检测设备和 4 名专业的第三方检测人员。该项目试运行了半年多、覆盖广深莞 33 间商场。下一步即将全面服务广东省 70 多间门店。公司同时宣布 2014～2016 年在中国将投入 1 亿元进一步强化食品安全管理，并在 5 大方面保障食品安全工作在全国范围内的高效实施。[①]

2. 员工利益

沃尔玛强调尊重公司的每一个人，多年来实行以人为本的管理策略，沃尔玛的员工不是被称为“雇员”，而是被称为“合作者”或“同事”。在美国管理界，沃尔玛被公认为最具管理特色的公司之一，并多次被评为最适宜工作的公司之一。公司对员工利益的关心并不只是停留在口头上或是几条标语式的企业文化理论，而是有一套详细而具体的实施方案。沃尔玛拥有 190 多万名员工，公司给予每一位职工体现人生价值的机会都是均等的，每一位员工都享有培训和提升机会，更重要的是沃尔玛在全公司推行利润分享、雇员购股计划、损耗奖励计划、例会制度、福利计划等，将公司和职工结成一个利益共同体，沃尔玛员工的献身精神和团队力量都堪称一流。人力资本所有者参与企业收益的分配，不仅实现了人力资本所有者的权益，而且实现了企业财富分配原则从货币拥有者向财富创造者的转化，这已成为世界经济发展的一种趋势。

3. 供应商利益

目前一些中小零售商，包括中国大多数超市都通过压低供货商的利润来降低成本，提高利润，如收取上架费、保证金等，而沃尔玛并不因自身规模大、实力强而以肆意损害供应商来增加自身利润，而是重视与供应商建立友好融洽的协作关系，保护供应商的利益。它通过优化供应链，降低物流成本，它花费 4 亿美元从休斯公司购买了商业卫星，实现全球联网建立起的零售链让供应商赞不绝口，

---

① 蒋大志. 2013. 沃尔玛中国未来三年投资 1 亿元加强食品安全. WTO 经济导刊，(5)：12.

沃尔玛拥有世界上最为庞大的民用数据库，沃尔玛的管理人员可以随时得知万里之外任何一家分店的运转情况，随时控制库存和进货。据调查，沃尔玛给予供应商的优惠远远超过同行，沃尔玛的库存流量速度是美国零售业平均速度的两倍，这使得供应商能及时为生产、销售提供有力的决策支持，加快资金周转速度，从而成本就会降低，提供给沃尔玛的价格也会降低，这使得沃尔玛的销售额和经营利润同时获得大幅度增长。沃尔玛公司还不断开发自己的品牌，这样不仅直接指导生产者调整产品结构，而且由于自有品牌的市场独占性，沃尔玛公司获得了较其他商品更高的利润，可见，与供应商的合作，实现了双赢。

4. 债权人利益

沃尔玛深知保持良好的信用，按时还本付息是确保债权人利益的最好方法，与债权人之间也建立起了良好的按时还款信用关系，因此银行等债权人也非常乐意贷款给它，这为沃尔玛的早期的发展及壮大提供了充裕的资金，从 1946 年第一次贷款 1800 美金购买冰激凌机开始，一直到 1970 年沃尔玛发行股票之前，贷款是沃尔玛最重要的资金来源，对财务目标的实现起到了重要的作用。

5. 股东利益

股东是企业的所有者，他们关心投资回报率和企业的发展。从满足股东要求和利益出发，沃尔玛加强与股东的交流，保证股东对公司的信心，从而得到了他们的支持，并且吸引了更多的投资者，事实上最令股东们满意的还是沃尔玛的经营业绩和投资回报。沃尔玛的股东平均年投资回报率成为全美国投资回报率最高的企业之一。在公布的 2006 年福布斯全球富豪榜排名中，在前 20 名中沃尔玛公司股东就占了 5 名。

6. 政府和社会利益

政府在制定经济政策、进行宏观调控并提供各种公共服务方面，对企业生产经营具有直接或间接的影响。对于沃尔玛这样的跨国公司，能否与所在国政府建立良好的关系，将影响到其进一步发展壮大和财务目标的实现。对此，沃尔玛通过一系列策略，建立了与当地政府之间的良好关系。多年以来，沃尔玛注重帮助政府发展教育事业，并捐助公益慈善事业，赢得了良好的社会效益。以沃尔玛在中国的企业为例，沃尔玛在中国的企业社会责任计划重点体现在保护环境、回馈社区、关爱儿童、支持教育和救助灾区等五方面。自 1983 年以来，已累计向各种慈善公益项目捐赠超过 5900 万元人民币的资金和物品，沃尔玛全国员工在社会公益事业方面也投入了约 18 万个工时数。2008 年年初的冻雪天气影响了中国南方的大部分地区，数百万计的返乡旅客被迫滞留于车站和路途中。沃尔玛及时捐赠了 100 万美元赈灾。根据自身业务的特点，沃尔玛还通过与顾客、供应商及相关机构的合作，吸引和带动企业及个人一起为履行社会责任尽一份力。2009 年，沃尔玛第五次入选《南方周末》杂志“世界 500 强企业在华贡献排行榜”；

荣登由中国企业报社和中国企业 CSR 研究中心联合颁发的“2009 跨国公司中国贡献榜”榜首，并获得“跨国公司中国贡献特别大奖”。

效益分析：沃尔玛公司在财务目标的定位上采用了利益相关者财富最大化模式，充分考虑了公司的竞争力和最终成功是利益相关者协同作用的结果，是来自不同资源提供者的贡献。沃尔玛公司正是考虑了顾客、员工、供应商、社会等利益相关者的利益，使它能创造奇迹，从“一个卖廉价衬衫和渔竿的摊贩”成为美国最有实力的公司。

四　日本电信公司——多管齐下承担社会责任

公司简介：日本电报电话公司（Nippon Telegraph & Telephone，NTT）创立于 1976 年，是日本最大电信服务提供商——日本电信电话株式会社的全资子公司。电信业一直被认为是关系国计民生的重要领域，随着电信运营商多年的成长，企业不仅关注收入、利润等直接经济效益指标，也开始关注企业为社会发展做出的其他贡献，企业社会责任成了电信业的一大关注点。例如，日本面临许多社会问题，包括人口下降、老龄化、护理和健康需求以及环境保护、能源节约、灾难发生率增加等，NTT 为了承担社会义务做了大量的工作，值得我国电信企业参考。

作为领先的信息通信企业，NTT 为了更好地承担社会义务，明确提出企业应承担社会义务与责任，并设有专门的机构，形成了其独特的社会责任体系。这对其他电信运营商如何承担社会责任的探索具有借鉴意义。①

1. 建立社会责任和目标

作为领先的信息通信企业，NTT 扮演着社会公民的角色，在其发展中承担社会责任一直贯穿始终，通过一系列社会责任活动，为社会的可持续发展做出贡献。

一方面，NTT 的社会义务责任很明确，通过提供安全、可靠和高质量的服务，为百姓、社区和全球提供电信服务，创建一个安全、安定、不断发展的社会。

另一方面，NTT 的社会责任目标有四个：一是建立一个多元化和方便的通信环境，使用先进的技术通过人与人之间、人与社区之间的通信，解决老龄化和人口下降所带来的各种问题；二是通过通信减少对环境的影响和建立环境友好的通信方式；三是确保信息安全，解决与通信相关的社会问题，提供安全、安定的用户环境，为未来通信文化的发展做出贡献；四是发挥通信作为重要基础设施支持社会和保护人类的作用，通过提供安装、可靠的电信业务，消除灾难的影响。

此外，为了更好地实现 NTT 社会责任，2005 年，NTT 建立了公司社会责任委员会，该委员会的建立，意味着公司社会责任活动管理结构的清晰化，负责和

① 陈凯. 2007-1-24. 日本通信管制政策探析. 通讯资讯报，5.

促进相关社会责任的实施。

2. 以更多应用缓解人口下降和人口老龄化问题

面对越来越严重的人口下降和老龄化问题，NTT 推出了一系列举措予以应对，主要有面向老人的远程监控服务、电子医疗服务、看护和医疗照顾业务和为残废人提供安全的生活环境以及电子工作支持和增加就业机会。

事实上，随着人口的减少和老龄化突出，越来越多的老年居民和残疾人需要日常生活照顾，为了满足这些人的需求，NTT 还利用信息通信技术（Institute of Computing Technology，ICT）开发了护理业务。一个是基于宽带的长期护理系统；另一个是通过文本和手语紧急信息业务。前者的系统通过图像通信，可对家和公共设施进行照看，后者是一种 2006 年才开始试验的系统，通过文本和手语发送紧急信息。如果这一系统广泛使用，在灾难发生时通知在火车、汽车和其他公共场所的所有人，包括残疾人。

而与此同时，NTT 在通过应用更好帮助人们解决生活中的一些难题外，在解决人口下降方面，NTT 还提供电子工作支持和增加就业机会。例如，从 2003 年 7 月开始，NTT 推出了数字图像虚拟工厂，这是一个虚拟社区，使雇员居住在不同地方，可通过建立和保持的数字图数据一起工作。这一业务适用不能方便工作的残疾人间的通信、孩子小不能在规定时间工作的人群，这一业务实际上扩大了就业机会。

3. 减少环境影响实施环保策略

NTT 在环境方面主要做了两件事，一是使用 ICT 减少对环境的影响；二是实施环境保护措施。

第一，使用 ICT 减少对环境的影响。2006 年，NTT 宣布了它的环境贡献远景规划，阐述了如何通过 ICT 业务实现环境保护的方法。不仅有减少环境对公司商业活动的影响，而且有实施的举措。基本理念是通过提供 ICT 业务，让用户和社会都能减少对环境的影响。

第二，对环境进行保护。在环境保护方面，NTT 通过体制、项目和财务三项措施实施保护。在体制建立方面，为了更好地保护环境，NTT 建立了促进环境保护的组织；在项目保证方面，NTT 启动了“21 世纪生态项目”。

第三，财务管理方面。2000 年，NTT 引入了环境账户，通过环境成本项目提高环保的效率，包括现有设备再利用后新通信设备的成本减少、能源节约的电力成本减少等。随着这些环境管理的实施，NTT 的环境保护成本也逐渐下降，主要是测度电磁波和电子装置的设施建设已完成。

4. 积极研发环境技术

对于 NTT 来说，研究先进的环保技术是一项重要工作。围绕环保的研发涉及能源节约、清洁能源、危险物质的防护和去毒。

第一，能源节约方面，NTT 开发了硅单电装置，这是全球第一个投入使用的电路单电传输器。应用这一技术可生产高性能的集成电路，比传统电路使用的电能要少得多，能源消费可减少 1 万倍，尺寸上比传统电路小 100 倍。

第二，清洁能源使用方面，备用动力系统是无所不在宽带通信时代必不可少的组成部分。为服务器和其他重要设备提供动力支持，主要是在灾难发生或预想不到的事情发生时使用。

在过去，备用动力系统采用的是酸电池，不仅重量大，所占空间也不小，含铅还有害人体健康。NTT 新开发的备用动力系统使用镍和金属混合电池，比传统电池更小、更轻，使用时间长，完全不含铅，还是清洁环境的一把手。

5. 为灾难防御提供网络支持

为了预防灾难的发生，NTT 建立了开放的通信系统。一方面不断改善通信网的可靠性和安全性；另一方面，在大规模灾难发生时，为用户提供各种安全通信手段。

第一，提供可靠和安全的网络支持。NTT 从过去不断发生的灾难中吸取经验，逐渐建立可靠和安全的通信网。例如，传输线是多路由，以防在灾难发生时出现损坏可以备用等。

第二，提供各种安全的通信手段。在灾难发生时，受影响地区的电话系统应能运用于用户与亲朋好友间的联络，这有助于紧急救援、正常运行和保持公众秩序。例如，NTT 除设有 110 和 119 紧急号码业务外，还提供灾难紧急信息号码服务 171，专门安装公用电话和相关设施供居民使用等。

效益分析：日本 NTT 电信公司通过履行企业社会责任，提高了企业美誉度，并且实现业务的多样化，从而促使通信量增长。从以人为主体的通信业务对象扩展至所有物体，将电信沟通无界限的业务推向国际市场。

五　奥地利卫生设备和供热企业——欧洲中小企业的企业社会责任实践

公司简介：奥地利卫生设备和供热企业成立于 1973 年，是一家总公司的四个分公司之一，目前员工数为 101 人，年营业额为 1380 万欧元，主要为客户提供从卫生设备的安装建议到设备的安装调试所相关的整套服务和供热设备。

从企业的数量、所占 GDP 总量和提供的就业机会来看，毫无疑问中小企业是欧盟的主要企业形式。人们一直认为“企业社会责任”是由那些大型公司所创立并为它们所用的。然而，如果欧洲及欧洲企业想真正充分受益于 CSR 的话，最为关键的是保证中小企业全面参与企业社会责任的履行。这是欧洲和欧洲企业所面临的一个有针对性的挑战，欧盟和其各国政府以及企业已经开始应对这种挑战，并且通过它们的实践为其他国家和地区的中小企业做出了榜样，它们的实践证明：中小企业有责任、有能力履行社会责任，并且可以从中受益。[①]

1. 客户与员工

这家企业于1983年设立了一种新型的建立在员工参与机制上的管理结构。这个机制主要围绕10个小型团队，在企业总的愿景框架下每个团队如同公司那样运作，具有高度的责任感和运营能力。这种机制使得每个团队的领导都能够专注地关注客户的需要，并且得到企业能力发展中心的支持，得到包括计划、培训、后勤和市场方面的支持。这种机制能够促使企业更加关注客户的兴趣和需求，从而使企业获得了极高的客户满意度。同时这家企业致力为员工提供一个充满能动性的环境，充分发挥员工的创造性、发展员工的能力并激发员工的潜能。这正如这家企业的格言所写的那样："员工的成功可以造就企业的成功。"从2002年起，这家企业与周围地区的8个手工艺企业合作，以优化为顾客提供的服务。同时还搭建起一个商业伙伴平台，以相互交流和学习有关能效创新方面的知识和信息。

2. 社区

每年，这家企业都会设立一个开放日，供当地学校的毕业生参观，以使他们对所学相关专业更加了解。这家企业还参与了数个社会组织，如残疾人研讨会、儿童网络、残疾人学校。并且企业与社会服务机构合作在厂内安装了残疾人卫生间。各种拥护青少年政策的体育组织也是企业支持的对象。

3. 环境

从1975年开始，这家企业就已经成为在促进环境友好供热技术方面的领跑者，以期减少家庭二氧化碳的排放。其提出的创意包括太阳能和其他可选择的技术、发展研究项目、奥地利的第一个太阳能房屋和安装热泵。该企业还参与了"环境行动"，包括设立"能源意识热能工程师"协会和能源合同的平台。鉴于在垃圾分类、雨水利用、太阳能技术和生态企业模型方面取得的成绩，这家企业获得了当地政府的多项奖励和表彰。

效益分析：对于企业本身，通过履行企业社会责任，在企业中建立了一支积极主动、高效的员工队伍。通过对管理结构的优化，建立了小型团队。而小型团队的机动性和快速反应时间又促成了的极高的客户满意度。随着业务的扩展，企业还吸收了一个破产竞争者的35个雇员。自然而然，营业额出现了增长。作为这家企业的利益相关方也从企业履行社会责任的过程中有所获益：员工通过报酬与业绩挂钩的机制获得了更多的薪水，提高了技能水平，获得了自我实现。客户

---

① 代奕波. 2008. 欧洲中小企业的企业社会责任实践. WTO经济导刊，(2)：30.

得到了高质量的完备服务，并且服务更加人性化和具有灵活性。商业伙伴间形成了开放和诚实的合作关系。对于环境，减少了供热设备和不可再生能源的使用对环境造成的不良影响，为其他公司树立了榜样。

六 东芝——重视环境保护及其他社会责任的实践

公司简介：东芝公司是由两家日本公司于 1939 年合并而成。第一家公司是田中久重于 1875 年在东京创立的工业制造所。第二家公司原名白热舍，由藤岗市助和三吉正一于 1890 年在东京创立，是日本第一家制作白热电灯泡台灯的公司。东芝公司是日本最大的半导体制造商，亦是第二大综合电机制造商，属于三井财阀。东芝集团 1972 年进入中国开展业务，1991 年在大连设立了中国第一家合资企业，经过数十年的发展，现在东芝在中国已设立了 62 家企业。

通过不断开发以电子和能源为中心的创新性技术，东芝努力创造产品和服务，改善人民的生活，使社会向健康和繁荣的方向发展。东芝不断地寻求新的方法，包括改进全球环境的方法来实现全世界的共同目标。东芝坚定不移地将“诚信”作为发展企业社会责任的关键词，并在公司内外宣传。①

1. 研发产品的环境保护理念

在世界范围内，东芝集团目前最为关注的社会课题是以能源安全和地球变暖为代表的地球环境问题。对于这些世界性课题，公司从绿色生产、绿色产品和绿色技术三个方面着手解决。

绿色生产，是通过改善生产工艺来使环境负荷降到最低。2011 年 2 月投产的日本柏崎市的二次电池工厂以及 7 月竣工的日本四日市工厂的半导体生产新楼，都采取了提高空调效率、降低生产设备和照明耗能的措施。同时，配合抗震救灾政策，在一个较长的时期内继续实施夏季高峰时段节能等措施，力争将二氧化碳排放量控制在 1990 年度的 60%以下。

在绿色产品领域，将继续努力创造符合“防止地球变暖、对资源的有效利用、对化学物质的管理”三方面要求的环保型产品。通过加快推广具有“峰值移位（peak shift）功能”的电视机、电脑，以及待机耗电为零的“绿色芯片”（Ecochip）以及 LED 电灯等，力争 2020 年实现二氧化碳年减排 3480 万吨。

在绿色技术方面，努力实现高效火力发电和二氧化碳捕集与封存技术的实用化，加快研发更加安全的新一代核反应堆，同时加强水力、太阳光、地热、风力发电等可再生能源的研发，为能源的稳定供给和实现低碳社会贡献力量。关于新

① 东芝中国公司. 2013 年发布. CSR 七大核心主题. http：//www.toshiba.com.cn/csr2013/7core/index.html[2013-10-10].

型环保都市中的智能社区，在包括从能源到上下水系统、交通、医疗、信息、安全等多个领域的综合性未来都市的建设中发挥带头作用。

东芝在开发产品时，首先对新产品将会给环境带来何种影响进行试验和评估。为了减少对环境的影响，公司付出了种种努力。如有效利用资源，努力防止地球变暖，加强对化学物质的管理，积极致力于开发具有环保性能和能够回收再利用或反复使用的产品；积极推进环保成本核算、环保审核和综合性环保教育，积极公开环保信息等。东芝的这些努力，使得公司在建设循环型消费社会的过程中，日益发挥着举足轻重的作用。

在东芝，小到一个微电子元件，大到巨型的发电设备，每一个产品都渗透着环保理念。公司认为，在为客户和投资者创造价值的同时，超前的环境保护意识必不可少，这也是在现代社会中赢得市场的重要一环。因此，在公司的管理中，环境管理始终处于优先地位。东芝集团内设有一个环境保护的专门机构，以便在公司的所有商业活动中推进环保思想。

东芝还制订了一项最新的环保计划，这项计划设置了广泛的目标。如减少工业废料（最终目的是把废料降低为零），生产更多具有环保意识的产品，全面普及绿色产品的采购。减少化学品的辐射，着重进行废物的循环再利用等。

东芝集团自 1998 年起每年发行刊载环境信息的年度报告书。《环境报告书 2010》获得第 14 届环境交流大奖等奖项。同时，环境经营网站和“Eco style”网页也实时发布信息。

2. 其他方面的社会责任实践

东芝在环境保护、科技教育、体育、文化振兴和国际交流等领域，积极地开展为社会做贡献的活动。此外，作为为社会做贡献的重要一环，东芝还鼓励和支持员工从事各种支援活动。

东芝一贯重视作为企业应对公司的利益相关者和社区社会所负的责任。为了创造能令顾客、股东、员工和社区居民等所有利益相关者都满意的价值，多年来，东芝一直致力于提高生活质量，促进社会发展，增加就业，鼓励员工实现个人价值。此外，东芝还非常重视对法律和环境法规的遵守。

为了进一步加强公司在社会责任方面的活动，东芝成立了一个旨在统括与企业社会责任有关的所有活动的社会责任本部。在该本部的统领下，企业正在集团乃至全球范围内，大力加强在遵纪守法、开展环保、提高顾客满意度、确保股东及员工满意、为社会作贡献等方面的活动。

东芝集团通过自身业务为地区社会的发展作贡献，同时在全球开展社会贡献活动。各生产基地在管理本地化、“人财”培养、扩大当地采购等方面下了很大力气。另外，还通过自身的工作，积极参与发展中国家和新兴经济体国家的社会基础设施建设。在 2008 年的中国四川大地震后，东芝向灾区捐款 130 万元。在中国的东芝集团公司从 2001 年开始帮助建设“东芝希望工程小学”。自 2005 年起，每年建设 2 所。2010 年 11 月，在受到四川大地震影响的甘肃省定西市建成一座希望小学，目前有 200 名学生在此学习。

效益分析：在中国，东芝集团秉承“企业公民”的准则，不仅专注企业自身的发展，更时刻注重对社会的责任和义务。长期以来，东芝集团以优秀企业公民为目标，在中国市场承担起多项社会责任，致力于推动守法经营、在中国事业基地全面推进环境检测体系、与供应商共同推进绿色采购活动，并开展公益活动等回馈社会之举。作为世界知名综合电气厂商，东芝集团在中国发展至今，产品已覆盖数字产品、电子元器件、发电系统、医疗设备等广泛的领域。

七 巴斯夫股份公司——保护环境支持可持续发展

公司简介：巴斯夫股份公司（Badische Anilin-und-Soda-Fabrik，简称 BASF SE，自 2008 年 1 月 14 日起更名为巴斯夫欧洲公司）是一家德国的化学公司，以收入衡量则是世界最大的化工康采恩企业，成立于 1865 年 4 月 6 日。巴斯夫与大中华市场的渊源可以追溯到 1885 年，从那时起巴斯夫就是中国的忠实合作伙伴；时至今日，巴斯夫已成为中国化工行业最大的外商投资企业之一。

巴斯夫公司多年前就开始重视企业社会责任的问题。2008 年 1 月，巴斯夫“1+3”企业社会责任项目被联合国全球契约组织作为最佳企业社会责任案例向其他全球契约组织成员和所有企业传播和分享。

“1+3”项目的模式：由中国可持续发展工商理事会（China Business Council for Sustainable Development，CBCSD）会员企业，带动其供应链的 3 家商业伙伴组成一支团队。在 CBCSD 的支持下，会员企业协助 3 个合作伙伴了解本企业状况，分析并明确 3 个合作伙伴在可持续发展领域的实际需要，提出具体目标和带动计划初步方案。然后，各会员企业根据伙伴企业的行业特点和需要制订行动计划，安排局部和整体行动计划时间表，并促进行动计划的实施。而这 3 个受益的公司再以此模式进一步带动各自供应链上的另外 3 家商业伙伴，加入实施企业社会责任“1+3”项目的行列。

“1+3”的精髓在于：“1”带上“3”，让这“3”变成“1”，再去带更多的“3”，最终等于无穷大。巴斯夫的角色就像是一只蜜蜂，不断地将行业中最重要的经验和技术传递给自己的供应商、物流商和客户，在不断地帮助和提高自己合作伙伴责任能力的前提下。自己也得以不断提高，也不断地从供应链中受益。像蜜蜂与植物和人类建立的和谐关系一样，建立起与供应商、物流商和客户等合作伙伴共生互利的关系。巴斯夫坚信更多的责任才能带来更强的竞争力。因为仅仅是大公司注重可持续发展无法达到中国的可持续发展，巴斯夫希望更多的大企业，特别是具有影响力的企业，逐步加入到这个行列中来，其履行社会责任的经验，像传播花粉一样，传播到供应链上的中小企业，而受益的合作伙伴“3”再承诺继续“1+3”的模式，以致无穷，把这种行为发展成为燎原之势，形成大企业带动中小企业共同发展的新范式。当更多的企业参与其中，并在已有经验的基础上进一步创新，将成为对整个商业界、对整个社会具有重大意义的行为，而这正是巴斯夫倡导的“蜜蜂的传播效应”的体现，让每一个企业都成为企业社会责任的传播者和受益者。①巴斯夫于2008年7月28日在上海举行了“1+3”企业社会责任项目自我评估研讨会。这次研讨会被看成是巴斯夫“1+3”企业社会责任项目的里程碑。所有参与企业都表示通过将企业社会责任理念付诸实践来进一步履行其社会责任。

2008年4月，巴斯夫与《WTO经济导刊》以及中远集团合作共同发布“金蜜蜂企业社会责任·中国榜”，借此推动中国企业社会责任事业的发展。共有205家企业参与了“2007金蜜蜂企业社会责任·中国榜”活动，60家企业脱颖而出，成为中国企业履行社会责任实践的先锋榜样。2009年12月2日，第二届企业社会责任报告国际研讨会上发布了“金蜜蜂2009优秀企业社会责任报告”榜，巴斯夫的第一份大中华区简报脱颖而出，荣获“在华跨国公司优秀社会责任报告”称号。

除了备受称赞的“1+3”企业社会责任项目，巴斯夫还做了其他方面的工作，具体如下。

第一，要确保企业的可持续发展，成为企业的“DNA”。为了长期的发展，制定了集团四个大的发展战略。帮助客户建立行业里的最佳团队，同时建设可持续发展，这是非常重要的。公司不断完善公司的治理，不仅明确了企业的价值观和原则，同时在价值观里明确告诉所有员工，以可持续的理念来发展企业。与此同时，更强调合规计划，包括在国内非常成功的，很早以前推出“合规热线”的计划，让社会所有的人和自己所有的员工可以打电话到公司内部的律师事务所，发现不合规的事情，公司管理层就可以及时进行研究解决。

第二，光有战略和理念是不够的，需要通过系统科学的管理，要推动企业社会责任，融入到日常管理中。巴斯夫的责任关怀理念涉及环境保护、产品监管、职业安全、工艺安全、运输安全、紧急响应六个方面的管理。

巴斯夫与上海市政府合作，采用巴斯夫的最新节能技术，对虹口区一项节能项目进行改造，这是德国汉堡市和上海市作为姐妹合作项目之一。通过这个技术能达到71%的节能效果。巴斯夫还与国家环保总局合作，建立发动机、燃烧油添

---

① 殷格非，于志宏. 2009. 企业社会责任在中国. 北京：企业管理出版社.

加剂实验室，为汽车尾气排放提出了技术支持。2006 年巴斯夫为北京公交系统提供还原催化技术，使这些公交车成为符合欧式汽车排放标准。

目前，巴斯夫在大中华区的主要业务范围包括聚合物分散体、苯乙烯、聚苯乙烯、聚氨酯、工程塑料、涂料、用于纺织和皮革业的终饰产品、中间体、维生素、农作物保护产品、电子化学产品、催化剂和化学建材等方面。污染大、浓度高、排放有害气体是很多化学品的通病，一旦处理不当，将会对人类生存和自然生态环境产生巨大的负面影响。正因如此，不同于其他行业，化工行业的运输事故不仅是一个安全问题，还会带来不可估量的环境污染隐患。作为一家化工企业，巴斯夫公司没有回避产品运输安全的重大问题，而是力图寻求科学合理的措施和解决途径。具体看来，包括室内运输和室外运输两个主要部分。室内运输选址南京的扬子石化一巴斯夫有限责任公司的气体和工业用水的流程设计是室内运输安全的很好例证。为尽量减少污染，并且提高能效，工厂内的所有化工装置，都通过“公用工程”和产品管线相连接，而不再依靠车辆来回装卸至工厂内。这种输送方式，减少了人力与气体的直接接触，也避免气体外泄。并且，当化工装置规模越大，节能效率就越高，可靠性就越强，如此设计为企业在环保和效益的双层面考量中找到了黄金分割点。如果说室内运输是一个个点，那室外运输就是一条条线，只有点线结合才能形成和谐安全的运输局面。在做足室内安全运输功夫的基础上，巴斯夫着力解决了室外运输的安全问题，具体来看主要采取的措施有两方面：一是建立大中华区运输与分销安全平台；二是建立健全的门检制度。

效益分析：整个巴斯夫在亚太区域的数据，意外出现的指标，现在大概是 0.5，就意味着 100 个人，大概 11 年才出现一个意外。对环境保护、对安全的指标，都做得非常好。巴斯夫在过去无论是在道琼斯可持续发展指数，还是在财富杂志的排名，都体现了优秀的成绩。巴斯夫目前成为中国化工领域最大的外国投资商之一，公司在大中华区员工人数超过 6000 名，拥有 25 个巴斯夫全资子公司和 10 个巴斯夫合资公司。2007 年，巴斯夫在大中华区的销售额约为 44 亿欧元。

八 汇丰集团——可持续发展的践行者

公司简介：汇丰集团（The Hongkong and Shanghai Banking Corporation Limited，英文简称为 HSBC，以下简称汇丰银行），是全球最大的银行及金融服务机构之一，于 1865 年在中国香港成立。如今，汇丰银行在欧洲、亚太区、美洲、中东及非洲等 77 个国家和地区设有约 9700 个办事处。该银行集团在世界各地以商业银行及金融服务作为核心业务。此两项业务以本土市场作为资金来源和经营地区，并运用技术提高效率，提供符合当地客户需要的各种国际产品及服务。

汇丰银行自从1865年开业以来，一直履行企业社会责任，并视为企业基本特质之一。汇丰银行所有的业务均以信任及声誉为基石，力求贯彻最高的行为标准。它也是竭尽社会和环保责任的机构，透过不同途径努力造福营业所在地的社群，为客户、股东、雇员等相关群体以至社会大众带来更美好的生活。

2006年，汇丰银行在其企业社会责任年度报告中进一步明确了企业社会责任的定义，即通过与客户、股东、同事、社会和其他利益相关者合作，负责地和理性地管理企业经营活动。此外，该行采用了联合国环境与发展世界委员会1987年对可持续发展的定义，即企业发展不能以牺牲子孙后代的生存能力为代价来满足自己的现实需要。

事实上，在中国，汇丰银行也十分关注企业社会责任问题，并积极开展了一系列企业社会责任项目，努力为当地社会做贡献。其社会责任项目主要包括下面三个方面。

1. 支持公益事业

该行在中国香港和中国内地资助许多公益计划，为协调这些项目，香港上海汇丰银行有限公司于1981年成立一个注册慈善基金，名为汇丰银行慈善基金，由汇丰银行注资成立和提供持续经费。汇丰银行慈善基金的主要资助范围包括教育、培训、社会福利和环保。在此范围内，基金亦会资助一些有助加强香港与内地社会联系的项目和计划。自成立以来，该基金已捐款逾6.31亿港元资助慈善事业。资助范围既广泛又常互有联系。除了大型项目外，基金也透过小区发展计划，资助一些在香港小区进行的小型公益计划。基金的工作也获得汇丰银行员工支持，他们每年付出数万小时，以个人或小组方式参与公益服务。

2. 投资大自然

投资大自然是汇丰银行集团直接资助的计划，与国际植物园保育协会、守望地球组织和世界自然基金会合作进行，耗资5000万美元。计划目标是协助保护2万种濒危植物，恢复世界其中五大河流系统的生态环境，训练科学家和派出汇丰员工在世界各地参与保育计划。例如，2007年12月，汇丰银行启动“汇丰与气候伙伴同行”的中国项目，2008～2012年在华投入超过1亿元人民币，用于应对气候变化带来的挑战。包括在保护森林、湿地、河流等方面采取措施，在长江和泛珠江三角洲开展节能城市模式研究，在上海建立地区研究中心，培训包括汇丰员工在内的400位人士成为专业的“气候先锋”等。再如，2007年11月，汇丰银行与世界自然基金会共同创建了长江中下游湿地保护网络，为管理部门、研究机构、民间组织和公众参与到湿地保护和气候变化行动中提供了交流平台。这由20个湿地保护中心组成的网络形式在中国还是第一家。

3. 支持员工志愿服务活动

2007年10月，在上海，近300名来自汇丰银行的员工在国庆假期加入特殊奥林匹克运动会（简称特奥会）志愿者行列。汇丰银行还与特奥会组委会、原上海教育委员会合作，共同出版了 8 万本运动会的宣传手册，并将手册发放到上海的 1600 所中小学，使学生们对特奥会有更深入的了解。

效益分析：汇丰银行集团荣获英国《银行家》“2005 年全球最佳银行”。这一荣誉称号的获得在很大程度上得益于该行在全球市场上积极承担各种社会责任，而其经营的成功又进一步推动了其对社会责任的更大投入。近年来，汇丰银行在完成了美国和墨西哥市场的早期收购，以及收购中国交通银行和平安保险的股份后，继续整合并扩大到遍及 77 个国家和地区的网络。2004 年汇丰银行实现利润 176 亿美元，增幅达 37%，2005 年汇丰银行利润继续上涨，中期利润上升 5%达到 106 亿美元。根据 2004 年度汇丰银行社会责任报告摘要，在利润和经营业绩不断跃上新台阶的同时，其对社会责任的实际贡献和投入也在节节攀升，可持续发展指数也在不断跃上新的台阶。①

九 宝洁——致力于美化生活

公司简介：始创于 1837 年的宝洁公司是世界最大的日用消费品公司之一。自 1988 年在华建立合资公司以来，投资总额超过 10 亿美元，拥有员工 6300 多人，在中国同类企业中名列第一。②宝洁公司通过其旗下的品牌为世界各地大约 46 亿的消费者服务。宝洁拥有一系列值得信赖的高质量领导品牌，包括帮宝适、吉列、汰渍、碧浪、Downy、潘婷、海飞丝、玉兰油、欧乐-B、佳洁士、Dawn、Fairy、和护舒宝等。宝洁公司在全球范围内的 75 个国家都设有分公司，公司的产品在超过 180 个国家销售。宝洁是一家上市公司。它以 PG 的标志在纽约证券交易所以及巴黎的纽约泛欧交易所上市。富时社会责任指数和道琼斯可持续发展指数从推出起，宝洁公司就入选其中。此外，宝洁公司还入选了《企业骑士》（*Corporate Knight*）杂志所评选出的全球最具可持续发展性百强企业以及《企业责任》（*Corporate Responsibility*）杂志的“最佳企业公民 100 强”。

宝洁公司的企业社会责任行动体现如下。

1. 基于可持续发展的环保理念

在 2010 年，宝洁宣布了公司的长期可持续发展愿景。它的所有工厂 100%使用可再生能源；所有产品和包装 100%采用可再生原料；实现废弃物零填埋；通过生产出既能满足消费者需要又能够让消费者节约资源的产品，给消费者带来惊喜。这个愿景正通过创新项目以及生产力提高计划落实。在产品方面，2012 年宝

---

① 朱文忠. 2009. 商业银行企业社会责任标准与机制研究. 北京：经济管理出版社.

② 宝洁中国公司. 2013. 企业责任. http：//www.pg.com.cn/Csr/[2013-10-10].

洁超额实现了“可持续创新产品”的累计销售额达500亿美元的目标，使其累计销售额达到520亿美元。在2007～2012年，宝洁在运营的环保方面也取得了强势的进步。总排放量大大地减少了，包括四个方面，即减少了68%的废物排放、14%的用水量、7%的能源消耗及5%的二氧化碳排放量。

作为日用消费品论坛的会员，宝洁与其他会员公司一道承诺将调集它们各自业务的资源来推动2020年零净森林消失目标的实现。

宝洁已经承诺：到2015年将只从负责任的、符合可持续发展的零售商那里购买棕榈油。2015年，纸质面巾、擦手巾以及吸水卫生产品所使用的木材纤维要100%得到第三方的认证。纸质面巾、擦手巾产品中所使用的40%的原始木纤维要得到森林管理委员会（Forest Stewardship Council，FSC）的认证。到2020年，纸质包装要100%地包含可回收的或者第三方认证的原材料。这三个目标进一步展示了其致力于实现到2020年要实现零净森林消失这一目标。

2. *公益活动*

无论在哪一个国家，宝洁均积极参与各类公益活动，与当地社区共同发展。早在1952年，公司建立了“宝洁基金会”，专司社会公益事业。近几年，宝洁公司和宝洁基金会每年捐款总额都超过5000万美元。2005年，仅“宝洁基金会”就向慈善组织提供了大约2500万美元。

1996年春节后，宝洁中国公司经过认真研究，最终选择了将参与“希望工程”作为未来开展社会公益活动的重点，并与中国青少年发展基金会展开了合作。就在这一年，陕西省山阳县商洛村成为宝洁捐建第一所希望小学的村落。2006年，宝洁开展了“十年关爱，有你同在——宝洁支持希望工程十周年回访纪念”活动，由此开始了新一轮支持希望工程的计划。据统计，10年来宝洁累计向希望工程捐款2800万元，在27个省份资助建设了100所宝洁希望小学，使796个自然村的数万名儿童获得了更好的读书机会，并成为捐助希望小学最多的在华跨国公司。

只要商业伙伴愿意向希望工程捐款，宝洁即提供相应数额的匹配资金，与之共建希望小学；只要消费者在宝洁捐资销售活动期间购买任一宝洁产品，宝洁即拿出部分利润代消费者向希望工程捐款。这一方式有效地提高了公益活动的社会参与面。2005年，中国青少年发展基金会将其确定为“宝洁最佳公益模式”。

2012年，宝洁超额完了帮助3亿名有困难儿童的目标（总共帮助了4亿名有困难儿童，比原定目标超出了1亿名）。得益于其合作伙伴的迅速增加以及宝洁净水产品在越来越多的国家得到快速推广，宝洁超额完成了提供40亿升干净饮用水的目标。

效益分析：根据宝洁公司2012年公布的可持续发展报告显示，宝洁公司在环保工作方面的运营结果给宝洁公司带来了将近10亿美元的资金节省，为其赢利的状况带来了巨大贡献。目前，在快消领域，宝洁公司拥有最多的 26 个“10 亿美元俱乐部”成员。“10 亿美元品牌”是指年销售额超过 10 亿美元的品牌。目前，宝洁在大中华区的年销售额位居宝洁全球区域市场第二位。这些业绩的取得，一方面来自宝洁出色的经营管理；另一方面与它对公益事业的积极参与密不可分。如今，一些专家提出了“责任竞争力”概念，认为企业只有切实履行社会责任，才能树立良好的形象，促进各项业务的不断发展。宝洁的经历，可资证明。

十 英特尔——为员工放飞梦想、加大对教育的投入

公司简介：英特尔公司是全球最大的半导体芯片制造商，它成立于 1968 年，有 40 多年产品创新和市场领导的历史。英特尔为全球日益发展的计算机工业提供建筑模块，包括微处理器、芯片组、板卡、系统及软件等。这些产品为标准计算机架构的组成部分。业界利用这些产品为最终用户设计制造出先进的计算机。①

以下从四个方面来看看其履行企业社会责任的情况。

1. 善待员工

“理想的工作环境”是英特尔核心价值观的重要分支，为此，英特尔公司致力于打造出以人为本且令人愉悦的工作空间。例如，公司的开放政策和程序鼓励员工和公司各级管理层沟通、解决任何与工作相关的问题；公司还尽量在组织架构上减少层级，以便员工可及时有效地与上级主管沟通。良好的企业环境和负责任的雇主态度使英特尔成为员工们“理想的工作场所”。无论在国内，还是在世界其他国家，英特尔都多次被权威调研机构评为“最佳雇主”。

英特尔通过公开招聘，选拔、聘用符合职位要求的合格员工，并把他们放到最合适的工作岗位以实现才尽其用。为鼓励员工向人力资源部门推荐合格的候选人，英特尔还特别设立了“员工推荐奖金”。

英特尔鼓励员工追随兴趣。员工可通过内部职位公开的、可搜索的数据库申请某一职位并提交简历，以调换工作岗位。此外，英特尔还设立了专门的资助费用，支持员工深造，或将员工外派至其他国家或地区进行轮岗锻炼。

2. 加大对教育的投入

英特尔对教育的投入是其履行企业社会责任的核心。

从 2000 年起，英特尔开始在全球推出未来教育计划，在中国则和教育部一起合作，对教师进行培训。该计划每年向全球 50 个多国家和地区投入超过 1 亿美元的资金，通过有效运用技术，提高教与学的质量，并扩展学生在数学、科学和工程领域的知识；此外，还通过开展高等教育项目，促进学术进步及发展。

① 焦晶. 2008. 英特尔把社会责任当业务去做. 中外管理，（1）：76.

到2007年为止在全球已经培训了400万名老师，其中中国的数字是100万名，占中国教师总量的10%。按一个老师影响100名学生计算，就可以影响到1亿学生。

值得强调的是，这并非简单的电脑技能培训，而重在教学方法的改善。电脑技能仅仅被当成辅助工具，以帮助学生上网搜索资料，以及将各个阶段的成果组成PPT展示——这被认为是与其他培训项目最大的区别。培训的目的是教老师怎样把最新的技术、科技结合到他们教学的方法中，改变应试教育的模式，培养学生怎样更好地思考，挖掘答案。在习惯了应试教育的中国，这样的培训效果十分突出。也因此，教育项目成为英特尔中国极为有特色的项目之一。

3. 评估社区需求与影响

与利益相关方富有建设性的合作关系为英特尔带来了具有实际意义的业务优势。当公司想扩展现有英特尔厂区或另选新址建设厂区时，当地社区都会对其表示欢迎和支持。公司事务部（Corporate Affairs）负责英特尔的社区项目，包括与主要利益相关方合作，与当地政府官员会面、参加社区活动和会议、回答社区居民的提问，以及与其他企业进行交流。

此外，英特尔行为准则（Intel Code of Conduct）还要求所有员工在做任何业务决定时，必须考虑到对环境和社区的短期和长期影响。包括在新地区开展业务、管理现有业务，以及由于业务计划调整或变更而需撤出某个社区。

4. 志愿服务

为持续帮助所在社区的教育，2005年12月英特尔基金会志愿者爱心教育工程正式在中国启动。2008年1月，英特尔志愿者爱心工程（Intel Involved Matching Grant Program）（原名英特尔志愿者爱心教育工程）的援助范围在学校的基础上进一步扩展到非政府组织。项目规定，英特尔员工志愿者为学校和非政府组织每服务一小时，该学校或非政府组织就将从英特尔基金会获得4美元的捐赠。2008年通过该项目，英特尔基金会向中国地区的22所学校捐助了10万美元，扩大员工志愿服务精神的影响力。

2009年，英特尔的员工们有更多的机会将他们在英特尔获得的技能应用到到志愿服务中，积极为学校、非营利组织和非政府组织提供包括法律、人力资源、财务及信息技术等方面的专业服务。在英特尔，技能型志愿服务正在蔚然成风，并不断地扩大了“英特尔参与社区”（Intel Involved）计划的影响力。

效益分析：2007年英特尔中国因为在履行企业责任方面的出色表现获得五项企业公民大奖。英特尔公司克瑞格·贝瑞特博士凭借高度的企业公民责任理念以及卓越的企业公民建设贡献成为首位“中国企业公民特殊贡献奖”得主。

教育项目来自英特尔公司贝瑞特的推动，一向被认为反映了贝瑞特这位曾经的教师对教育的热衷。但事实上，从商业的眼光看，现在全球差不多有10亿台电脑，那下一个 10 亿在哪里？答案是新兴市场，如中国、印度、越南等。想要壮大市场，很重要的一点就是要提高当地的教育程度，这正是英特尔正在做的。利用自己的强项推动教育的发展，改变大家的命运，同时期待未来的市场回报。正是因为找到了这个交汇点，才可能达到真正的双赢。或许正因为如此，英特尔在教育方面不惜重金。每年在全球教育方面投入高达 1 亿美元。

十一 均瑶集团有限公司——通过产业带动实现项目扶贫

公司简介：均瑶集团是一家成立于 1991 年的民营企业，目前已形成以航空服务业为基础、以乳制品制造为核心、以酒店业和房地产业为辅助的多元化经营集团。在航空业务领域，集团已开辟了 50 多条包机航线，每周包机航班 300 多个，现已形成航空包机、客货运代理、旅游服务等一条龙的综合业务。[①]

2006 年，均瑶集团携手 11 家具备良好社会责任感的中外知名企业共同发起中国企业社会责任同盟，并向社会呼吁，不要将企业社会责任单纯理解为捐款和公益事业，更要将企业做成可持续发展的实体，成为和谐社会的贡献者。2012 年，由《第一财经日报》主办的第五届第一财经•中国企业社会责任榜在沪揭晓，均瑶集团凭借“和谐关系绩效、员工关怀绩效、环境责任绩效、社会公益绩效、经济责任绩效”等五个纬度的综合考评，一举获得此次榜单的杰出企业奖。[②]

1. 提供就业，通过产业带动项目扶贫

均瑶集团董事长王均金表示，对于企业来说，社会责任首先体现在稳健经营、解决更多的就业上来。近年来，均瑶集团各个产业在开拓经营的同时内修管理，集团综合实力跃上新台阶。2011 年实现营业收入 132 亿元，缴纳税收 9.4 亿元，新增就业 752 人。到 2012 年，集团公司和所有下属子公司在全国各地已有 7750 多名员工。

均瑶集团于 2000 年建立了“奶牛养殖及乳品加工项目”，即在三峡工程所在地区湖北省宜昌县实施三峡库区移民安置与扶贫农业产业化项目。湖北省宜昌县是位于中国中西部地区的一个山区县，经济发展相对落后，但有丰富的水利资源和良好气候。当地农业人口 48.81 万人，占到全县总人口的 75%，农民收入主要来源于农业，农业收入占到了 92.4%。规模小，附加值低，农业产业化水平低，无法形成规模经营已严重制约了农民的增收，2000 年宜昌县一般农民人均纯收入为人民币 2717 元/年，另外一半农民人均纯收入还不到人民币 1000 元/年。相当一部分农民还处在贫困线以下。同时，随着三峡工程的兴建，大量的移民面临着

① 中国企业联合会. 2004. 共享和谐——解读 SA8000 社会责任体系. 北京：企业管理出版社.

② 徐建军. 2013-1-18. 均瑶：“具象化”推进可持续社会责任. 中华工商时报，5.

重建家园的巨大压力，基于以上现状，为充分利用当地丰富的自然资源，带动三峡库区农民脱贫致富，均瑶集团提出了“项目扶贫、产业带动”的基本思路。

整个项目是由均瑶集团下属的子公司——均瑶集团乳业股份有限公司按照“公司+基地+农户”的模式组织实施的，并按照集奶牛养殖、新产品研发、乳制品加工和市场销售于一体的农业产业化格局进行规划建设，切实为农民带来实惠，实现项目的预期效果。

在项目具体实施中，均瑶集团始终坚持了六大原则：一是将项目开发与库区农民的脱贫致富有机结合；二是将项目实施同库区移民的安置有机结合；三是将项目的实施同解决库区失业人口的就业有机结合；四是通过产业链的前后延伸，有效调整库区的农村经济结构；五是坚持开发绿色食品，以满足中国居民的健康需求；六是在原料生产和产品加工的过程中，遵循可持续清洁生产标准，注重技术的改进和废弃物的无害化处理。

在项目建设过程中，均瑶集团主要突出以下三个方面的行动，以保证项目成功实施：①做好技术指导和服务；②提供政策支持；③加大环保投入，积极提倡无害化生产。

2. 投身教育，致力公益

2005年，均瑶集团响应上海市委、市政府提出的全面实施教育综合改革，率先基本实现教育现代化的战略决策，出资投入教育事业，参与了上海市世界外国语小学和中学两所学校的教育改制。王均金将打造“百年名校”的理念融入教育事业，引导学校融合中西方教育理念，希望通过这两所学校的探索实践，积极为教育改革做有益的尝试。

均瑶集团对教育的投资，也不仅仅局限于两所学校，还在上海市徐汇区、四川省都江堰分别设立了“均瑶育人奖”奖教基金。通过奖教基金培训、鼓励优秀教师，持续为国家教育事业的发展贡献力量。另外，大学生志愿服务西部计划基金、中美杰出青年培训计划等一个个鼓励卓越教师和青年才俊的奖项也在均瑶集团的捐助下设立。

均瑶集团发展产业的同时，一直积极承担着扶危解困的责任，先后投入数亿元用于各种公益活动和慈善事业。如2008年“5•12”汶川大地震，均瑶集团携捐款捐物累计达650万元。2009年“8•8”台湾风灾：捐款100万元。2010年“4 • 14”青海玉树地震：捐助2万箱价值126万元的牛奶，捐款100万元。2011年，向上海市光彩事业促进会捐款2000万元，主要用于支持新疆喀什等地的教育事业和中美杰出青年培训计划。2012年，向中国光彩事业促进会捐款100万元，用于支持宁夏、延边等地区的公益事业发展……

效益分析：均瑶集团通过产业带动实现扶贫的项目已经取得阶段性成果。在一期工程中，乳品加工已形成六万吨的能力，从经济角度考察，公司不仅获得稳定的、价格较低的奶源，而且获得较低的加工成本，同东部发达地区相比，每吨牛奶的加工成本平均低 18%。而奶户和农户也从中获得不少收益，根据鲜奶生产过程中的活劳动和物化消耗进行估算分析，项目所涉及的库区农民将可以人均增收 4000 元。除此之外，项目直接的社会效益是解决了近 20 000 农户的脱贫问题，解决了近 50 000 名农户和移民的生活出路问题，还直接安置 2000 多人就业，确保了三峡工程的顺利实施。而均瑶集团在完成企业社会责任的同时，收获的是市场美誉度与畅销品牌的建成，综合市场占有率位居行业前五位，营销网络遍及全国各地。

十二 宁波方太厨具有限公司——结合社会责任创建特有企业文化

公司简介：方太集团创建于 1996 年，18 年来，方太始终专注于高端厨电领域，坚持“专业、高端、负责”的战略性定位，向着成为一家受人尊敬的世界一流企业的愿景迈进。公司不断致力于为追求高品质生活的人们，提供领先设计和卓越品质的高端嵌入式厨电、集成厨房产品，提供高品质的厨房及家用产品，倡导健康环保和有品位的生活方式，让千万家庭享受更加幸福的居家生活，业已成为中国高端厨电专家与领导者。

作为中国高端厨电的领导企业，作为中国质量检验协会团体会员单位，宁波方太厨具有限公司是民营企业中“率先发布报告、长期坚持实践”企业社会责任的典范。2006 年，方太曾率先在业界推出了第一个社会责任报告，涵盖员工权益、产品责任、员工责任、环境责任、纳税等十一个方面。随着中国民营企业逐步走向强大和国际化，越来越多的企业在发展自身的同时，担负起社会责任，以此推动社会发展和进步。而企业社会责任已经从“社会责任就是做慈善”的初级认识里走出来，成为配合企业发展的全面、系统、长期的战略。在北京举行的“2012 中国企业社会责任年会”上，方太凭借对社会责任的一贯坚持，荣获“2012 中国社会责任优秀企业”奖，位居该榜国内厨电行业第一名。①

1. 以儒家思想推动企业文化建设

公司的使命、愿景和核心价值观居于企业文化的核心部分，也是企业文化的灵魂所在。方太提出了“让家的感觉更好”的使命，通过不断地开发健康、舒适、环保、节能、安全、方便的厨房等家用产品，不断为人类提供更新更好的厨房和家居文化与生活方式，让千万家庭享受更加幸福的生活，让“顾客”家的感觉更好。它起源于方太的一句广告语，在随后的发展过程中，公司逐步导入了卓越绩效模式和平衡计分卡等管理方法，认为企业不仅要制造卓越的有形产品，更要为

① 丁文刚. 2012. 宁波方太厨具有限公司企业文化建设研究. 西南科技大学硕士学位论文.

消费者创造更好的厨房环境和生活方式，让家的感觉更好。

基于这样的思考，总裁茅忠群和公司高层经过多轮讨论，最终方太提出了“成为受人尊敬的世界一流企业”的宏伟愿景，立志成为高端品牌的典范、卓越管理的典范、优秀雇主的典范和承担责任的典范（简称“四个典范”）。方太公司的核心价值观是“人品、企品、产品，三品合一”，方太认为并坚信：作为一家追求卓越的企业，不仅仅要为顾客提供世界一流的产品和服务，还要积极承担社会责任，做一个优秀的企业公民。同时，也要让自己成为德才兼备的有用之才，与企业共同成长，这三者相辅相成，缺一不可。在“三品”中，“人品”放在首位，而“人品”又包括传统美德（仁义礼智信）、职业道德、职业精神和职业能力等四个方面。2008 年总裁茅忠群认为“仁、义、礼、智、信”的儒家精髓与方太核心价值观不谋而合，将其融入方太的人品范畴，赋予了方太核心价值观更深的内涵。①

2. 将企业文化落入实践

方太 2008 年开始倡导“慈悲做人，智慧做事”，开展对员工传统美德“仁义礼智信”教育，实施学习《三字经》《弟子规》《论语》等活动，强化日常行为规范、商业准则实施情况的检查。2009 年成立儒家管理模式推进小组，由总裁（组长）、工会主席、人力资源总监、企管总监、文化中心主任等 13 人组成，每月定期举行会议和交流，就推进中的问题及举措进行回顾，同时制订下一阶段的工作计划。在开展儒家文化教育的过程中，尽可能地去发现和唤起员工良善的本性，减少强迫或强制的因素，激发员工的主动学习和参与的意识，达到“润物细无声”的效果。方太认识到，文化的形成不是一朝一夕可以实现的，而是需要认真做好“教育强化、制度固化、领导垂范、奖惩有力、坚持到底”等五项工作，因此深入实践的坚持抓好“企业文化落地五要素”，以促进企业文化更好的落地，在这样的熏陶下，2009 年的员工违纪行为比 2008 年下降了 35.0%。与此同时，员工的素质也越来越好。

近年来，方太通过“青竹简国学计划”，走进高校弘扬传统文化，启发原创心灵；通过“用户持续关怀计划”走进社区，走近用户，更邀来张怡筠等一起共建“幸福加油站”。还有“让客户感动”的服务举措，以人为本的员工提升计划，积极建设健康厨房，履行低碳环保责任，慰问养老院，看望留守儿童，八一拥军，无偿献血，村企结对，交通安全等。“方太的企业社会责任工作丰富多彩，却又始终不离和谐发展的主线。”

2009 年，作为浙江省六家企业之一，方太参与了“中德贸易可持续发展与企业行为规范”项目，与德国技术合作公司合作开展 CSR 项目，制定了“遵守法纪、

---

① 郑湘洲. 2012. 以儒家思想推动方太的企业文化建设. http://wenku.Baidu.com/link?url=_puQUSGQiBGNZG-m3hjJbKYysZHZTekmw PVJFetyR5XdPN-z7cZXXc2mqztFFZnpsdR0frKLtNgm1UpYCYMS0IfrBq0v4tE_PaAXpk0fSlRe [2015-1-8].

弘扬道义、诚信经营、和谐发展”的 CSR 方针，完善了包括固废管理在内的 CSR 体系，同时形成了方太的三个方面（法律、发展和道义）十二项内容的社会责任观。

2011 年，结合公司整体运营情况以及内外环境的变化，方太对社会责任观的三个方面和十二项内容进行了修订。在方太新社会责任观中，明确了组织产品创新的要求，强调与所有相关方的和谐发展与共赢，强化全体员工的培养与健康成长，以追求企业的可持续发展。

效益分析：方太坚持与品牌推广相结合的社会责任推广体系，将方太品牌推广与社会责任推广体系相结合，传播企业儒家管理思想，在企业内部也逐渐形成了“人品、企品、产品，三品合一”的核心价值观。“方太”商标被国家工商总局商标局评为驰名商标。在第三方进行的“中国消费者理想品牌大调查”中，方太连续获得 2008 年、2010 年“中国消费者第一理想品牌”称号，蝉联 2009 年、2010 年、2011 年三届“中国公司人品牌调查”厨电占有率第一名，品牌知名度、忠诚度、预购率等多项指标均稳居行业第一，在高端市场的占有率达到 30%以上。通过履行企业社会责任战略的开展，方太目前已经逐步形成以高端嵌入式厨房电器为核心，以集成厨房和海外事业为两翼的业务格局；公司以每年 20%～30%的增长速度持续、健康、稳定地发展。

十三　平顶山煤业集团——企业社会责任的践行者

公司简介：平顶山煤业集团是新中国自行勘探开发的第一个特大型煤炭基地。1954 年 4 月，平顶山煤矿筹备处成立，1957 年平顶山矿务局成立，2002 年 12 月改制为多元投资主体的有限责任公司，2008 年 12 月与神马集团重组，成立中国平煤神马能源化工集团有限责任公司（简称平顶山煤业集团）。建矿 50 多年来，累计生产原煤超过 7 亿吨，为国家煤炭工业和区域经济发展做出了重大贡献。近年来，平煤集团按照科学发展观的要求，在企业取得良好经济效益、迅速做强做大的同时，切实履行社会责任，努力服务和回报社会，取得了良好的社会效益，为和谐社会建设做出了积极贡献。

以下是平顶山煤业集团企业社会责任的建设实践。

1. 可持续发展观念的树立

煤炭企业属于资源型企业，由于长期受传统发展观的影响，存在着产业产品结构不合理、资源浪费、环境污染等问题，在一定程度上影响了企业可持续发展，也影响到社会责任的履行。近年来，平煤集团以科学发展观为指导，树立“大资源”观念，既重视矿产资源、厂地、设备等有形资源的利用，又注重企业文化、客户网络、品牌信誉等无形资源的挖掘、科学配置和有效利用各种资源，实施“以煤为本、相关多元化”发展战略，大力发展循环经济，实现了企业的健康持续发展。在煤炭主业发展上，加快建设安全高效矿井，积极参与国家大型煤炭基地建设，面向省内外、国内外不断扩大资源占有量，成功整合省内6家地方国有煤矿，获得陕西彬长矿区10亿吨煤田探矿权。与内蒙古鄂尔多斯市达成合作共识，整合储量18亿吨的煤田。与中国航空工业技术总公司联手，在津巴布韦合作开发煤焦电产业。在相关产业发展上，积极延伸煤电、煤焦、煤化工3条产业链，提升产品附加值，形成多元支柱产业群。先后收购了平顶山、开封、许昌等6家化工企业，重组了河南蓝天化工公司和许昌能信热电厂，为产业结构的升级奠定了基础。在搞好实业经营的同时，以资源引资金、以存量带增量，通过战略合作、项目合作、发行企业债券等方式实施资本运作，为企业快速发展提供充足资金保证，企业社会贡献率逐年提高。

2. 注重安全生产

就煤炭企业而言，安全生产对于履行社会责任，构建和谐社会更具有针对性、直接性和现实性。平煤集团高度重视安全工作，始终把安全工作摆在重中之重的位置，全力以赴打造本质安全型企业，促进安全保障能力与经济发展相和谐。坚持理念创新，树立“安全是第一责任”“安全不能说明一切但能否定一切”“按需投入”等安全理念，不断提高了对安全工作的认识。坚持夯实基础，2008～2012年累计投入安全资金40亿元，极大地改善了安全生产基本条件，使矿井防灾抗灾能力进一步增强。加强技术攻关，优化生产系统，有力提升了安全保障能力。坚持突出重点，抓住煤矿和煤化工两个重点行业，狠抓瓦斯综合治理，加大隐患排查整改力度，提高了对重特大事故的防控能力。坚持综合治理，严格落实安全生产责任制，建立全员安全责任体系，实施安全“六条线”管理，开展党员安全岗活动，形成了齐抓共管良好局面。坚持文化固本，加强安全教育培训，注重行为养成，强化安全执行力建设，塑造本质安全人，打造本质安全岗，建设本质安全型企业，努力实现本质安全。

3. 搞好节能减排

企业履行社会责任，就必须切实搞好节能减排，为建设资源节约型、环境友好型社会做出积极贡献。

煤炭行业是国家确定的9个重点高耗能行业之一和污染排放严重的行业之一。我国煤炭工业长期以来形成的粗放式、高消耗、高污染的发展模式已越来越成为制约煤炭工业发展质量的重要因素。2005年以来，平煤集团紧紧抓住被列入全国首批循环经济试点企业的机遇，依托区域资源优势，走新兴工业化和循环经济发展的新路，节能减排成效显著。一是打造3条产业链。即以煤矸石、煤泥利用为源头，形成煤—电—建材产业链；以煤炭焦化为起点，形成煤炭—炼焦—焦油加工—炭素产业链，以煤炭气化为起点，形成煤炭—气化—精细化工产业链。二是建设循环经济产业园。如在汝州朝川矿，形成了采煤—洗煤—炼焦—煤化产品—煤气发电—石墨电极—发电自用的闭合产业经济链条，基本上做到了原煤吃干榨净。三是加强技术创新，精采细采，最大限度地节约矿产资源。积极推广使用新技术、新工艺、新材料，选用安全高效节能设备，实现煤的清洁高效开发。四是加大废弃物项目建设，变废为宝。把污染环境的煤矸石、煤泥和劣质煤作为低热值燃料，积极发展热电联产项目和新型建材业，先后开发建设了煤矸石水泥、粉煤灰水泥、粉煤灰混凝土砌块、煤矸石烧结空心砖等一批综合利用项目，每年可消化煤矸石、煤泥等低热值燃料 200 多万吨。瓦斯抽放与利用相结合，建成 4 座瓦斯发电站。五是以节能减排为重点，大力改善矿区生态环境。集团完成各类环境治理和环保设施改造，使矿区生态和环境质量明显提高。在矿井水处理和资源化利用方面一直走在全行业前列。每年还投入 500 多万元用于塌陷地复垦和生态恢复治理，使大部分塌陷地和生态破坏区得到了有效的恢复。

4. 高度关注民生

大型煤炭企业大多数是老国有企业，存在人员多、收入偏低、就业压力大等问题。煤炭企业要履行社会责任，必须在注重管理效率、经营效益的同时，高度关注职工生活，维护职工合法权益，积极参与公益事业。

平煤集团有职工 16 万人，加上职工家属 40 万人。在近年来的发展中，平煤坚持以人为本，着力创建和谐的劳动关系。提高效率不是过去简单的减人裁员，把所谓的包袱推向社会，而是把人力资源作为第一资源，做到人尽其才，实现劳动管理向人力资源管理转变。积极实施就业与再就业工程，为社会稳定打基础。平煤集团在推进资本的重组与扩张中，始终坚持无条件地接收被整合企业的职工。几年来，共安置下岗职工近两万人。特别是集团在内部富余人员安置任务较重的情况下，还接收与妥善安置了退伍军人和残疾人，为一方的社会稳定发挥了积极的推动作用。牢固树立“企业发展、职工富裕”理念，积极贯彻上级关于增加职工收入的各项政策，在岗职工年均收入大幅度提高，井下津补贴、班中餐等各项津补贴明显提高。养老、医疗、失业、工伤保险体系及住房公积金制度不断完善。建立民情快速反应工作机制和多层次的帮扶体系，制定了不让一名困难职工生活过不下去、不让一名困难职工子女上不起学、不让一名患大病职工看不起病的目标，发放慰问救济金、困难救助金和助学金。加快矿区棚户区改造，建设了一大批住宅小区。在保证正式职工安居乐业的同时，集团还坚决落实“五个一样”的维权措施（组织上一样健全、政治上一样平等、事业上一样发展、待遇上一样公平、生活上一样关心），着力维护农民工的合法权益，让农民工感受“家”的温暖。大力支持周边地区新农村建设，形成了新矿区、新农村、新气象的和谐局面。每年组织干部职工进行捐款捐物，对困难、受灾地区进行积极帮扶援助。

效益分析：通过认真落实科学发展观，切实履行社会责任，平煤集团树立了良好的企业形象，进一步增强了企业竞争力，取得了经济效益和社会效益的双提高。平煤的发展表明，在建设和谐社会的今天，企业如果只是一味追求利润，既不能满足政府和公众对企业的期望，也不能适应新的企业管理趋势，更难以促进企业的持续快速发展。企业只有在履行经济责任、政治责任的同时，主动承担起保护生态环境、节约资源能源、扶助弱势群体、推动社会进步等方面的责任，才能获得社会的认可，才能真正实现又好又快发展。

十四 兴业银行——可持续金融模式履行社会责任

公司简介：兴业银行，成立于1988年8月，是经国务院、中国人民银行批准成立的首批股份制商业银行之一，总行设在福建省福州市，2007年2月5日正式在上海证券交易所挂牌上市（股票代码：601166），注册资本50亿元。根据美国《福布斯》2010年发布的全球上市公司2000强排名，兴业银行综合排名第245位，在113家上榜的中国内地企业中排名第14位。

2007年6月7日，英国《金融时报》和国际金融公司联合颁发全球2006年度“可持续金融奖”，表彰领先并创新于将社会环境目标和银行治理、业务模式相融合的优秀银行。兴业银行最终获得年度“可持续金融交易银奖”，这是中国银行业首次获此荣誉。兴业银行近几年致力于完善公司治理，自觉将自身发展战略与环境社会协调发展相结合，以创新金融产品和提供优质服务履行银行的社会责任。①

1. 自身推行绿色项目

兴业银行是国内银行业中开始绿色发展比较早的银行，在该行一揽子的绿色出行计划中，绿色信贷、培养绿色团队、低碳信用卡等，从企业到个人均有覆盖。

2006年，兴业银行跟国际金融公司合作，开展基于二氧化碳减排的能效项目。随着与国际机构的深入交流与合作，兴业银行越来越意识到企业社会责任、环境和社会管理的重要性，于是2008年，兴业银行宣布采纳“赤道原则”，成为中国首家“赤道银行”。②“赤道原则”是一种自愿性行业准则，在项目融资过程中采取了更加严格的环境和社会安全评价标准。

2009年，兴业银行专门成立了可持续金融中心，2012年升级为可持续金融部。总结近年来绿色发展的经验，兴业银行形成了信贷与非信贷结合的绿色金融融资模式。其中信贷融资主要是利用银行自己的信贷资源为用户提供绿色金融服务，注重传统的金融产品在节能减排的应用。非信贷融资主要是借助社会上的资本，如租赁、信托、发债等帮助客户提供节能减排所需的资金，主要满足客户资

---

① 唐斌，赵洁. 2008. 银行的社会责任和可持续金融模式. 银行家，（1）：66-68.

② 彦胥. 2013-4-15. 兴业银行：激发客户节能减排的内生动力. 证券时报，4.

金需求规模、成本等个性化问题。目前为止，对于中小型企业以及大型企业都已形成相对比较完整的融资方案。除了融资服务，兴业银行还分别针对国际碳交易、国内碳交易试点、排污权交易试点等开发了专项产品和服务。到 2013 年为止，兴业银行共有 38 家分行、500 多个经营机构开办了绿色金融服务。

2. 激发客户的节能减排内生动力

兴业银行除了注重专业的绿色金融团队培养，为客户营销服务提供专业化技术支持，团队也研发了一些节能减排专属绿色金融产品，如合同能源管理专项融资等，激发客户的节能减排内生动力。除此外，兴业银行还通过发行低碳信用卡，让具有节能减排意识的普通百姓通过购买减排量，或者通过消费形成的积分来兑换减排量，拓宽了普通大众践行节能减排的渠道。

2005 年 8 月，兴业获悉国际金融公司（International Finance Corporation，IFC）正在开发适合我国国情的能效融资项目并寻找中国商业银行作为合作伙伴时，即主动与其展开积极接触，共同探讨如何有效开拓中国能源效率融资市场。双方在 2006 年 5 月 17 日签署了中国能源效率融资项目（China utility-Based Energy Efficiency Finance Program，CHUEE）合作协议（即《损失分担协议》，简称“能效融资”），兴业成为国内首家推出“能效贷款”产品的商业银行。

能效融资项目是指为包括能源效率、温室气体减排、可再生能源运用以及与环境保护相关的符合节能条件的项目提供信贷融资，以支持节能减排技改项目。能效融资合作协议将兴业与 IFC 的市场化融资优势、公用事业服务优势和风险管理优势等融为一体，针对中国在节能技术运用和循环经济发展方面的融资需求，创造性地引入贷款本金损失分担机制。根据该协议，一旦贷款发生不良，IFC 将根据约定比例分担贷款本金损失，从而支持最高可达 4.6 亿元人民币的贷款组合。兴业以 IFC 认定的节能、环保型企业和项目为基础，按照自身的信贷审批流程，向符合条件的节能、环保型企业和项目发放贷款，IPC 对贷款项目提供相关的技术援助和业绩激励。这是 IFC 首次通过市场化的运作模式在中国推行能效融资项目，也是兴业开发和推广绿色信贷产品的一次崭新尝试，为中国金融业的对外合作提供了一个样板。截至 2007 年 10 月，兴业共发放能效贷款 25 笔，总金额 4.09 亿元，所支持的项目可实现每年节约标准煤 54.07 万吨，年减排二氧化碳 184.25 万吨；根据能效项目持续时间五年估算，共可节约标准煤 270.35 万吨，减排二氧化碳 921.25 万吨。

项目合作采取的损失分担机制，可以有效降低中小企业融资门槛，使众多经营效益好、发展潜力大、生产经营优势明显，但缺乏抵押担保资源的中小企业客户获得节能技改资金支持。通过这种独特的、市场化的运作模式，兴业成功进入中国新兴节能融资市场，为发掘新的市场机会，开发培育新的核心客户开辟了广阔空间；而合作方 IFC 提供的援助资金和技术的效用也可成倍放大，更加有效地推动中国节能和环保事业的发展。与此同时，借助兴业的网络和服务，IFC 也增进了对中国企业的了解，并延伸了服务领域。

除了运作模式上的创新，能效融资还突破了一般企业贷款注重担保条件、期限较短等固有模式，侧重于制定与借款企业节能项目现金流相匹配的资金安排方式，对企业的可持续发展提供新型金融服务支持。能效融资差异化特点突出：一是以项目自身的收益权利作为贷款考量的重心，弱化对抵押品和担保人等第二还款来源的要求；二是在传统经济可行性为主的评价基础上引入对技术、设备的专业评价机制；三是对中小企业给予长达四年的长期贷款，也可采用分期还款的形式，突破了中小企业贷款难、中长期贷款更难的困境；四是经济效益和社会效益并重。在评估项目为银行带来的经济效益同时，也注重项目实施产生的能源节约和环境效益。

在实际运作过程中，兴业银行在项目的选择上实行环境效益和经济效益并重的评估尺度，借鉴世界银行在中国的增效减排项目贷款的经验，将能效贷款重点投向技术较为成熟、节能效果相对明显、复制潜力大的领域和项目。准确的市场定位、独特的产品设计以及良好的政策环境，使得能效贷款具有非常广泛的适用性。在生产环节上，能效贷款适用于能源生产、输送、使用和用后排放的各个环节；在行业分布上，目前该产品已经涉足包括建材、化工、电力在内的多个行业；而且随着业务活动的持续开展，市场领域不断扩张，示范效应将进一步显现。

效益分析：在能效融资项目中，兴业银行和 IFC 以“提供金融产品与服务，实现节能减排和环境保护的诉求，并在其中寻找新的商机和利润增长点，从而获得可持续发展”。它的实践意义在于，鼓励企业在其生产经营活动中践行社会责任，从而使这种探索更具商业性、可复制性和可持续性。怎样理解银行社会责任的特点？银行作为特殊的公众企业，既依赖于股东资本投入，也得益于客户、员工和其他利益相关者以不同资源为银行所付出的努力，银行的行业特性要求其发挥和承担更多社会责任，即主动把对经济、社会和环境和谐统一的追求自觉纳入自身的发展目标，真诚推动与各利益相关者的互动。银行不仅为社会和公众提供金融工具和金融服务，为客户和社区传递和增加价值，更由于其在配置与调控资源上的独特作用，成为现代经济的核心和枢纽，从而对其社会责任提出更高的要求。银行履行社会责任就是以一种对社会负责的态度开展业务，它展示了银行对风险控制、环境保护和责任营销的应有理解，使银行获得令人信服的双赢或多赢商业机会，从而创造出一种可持续的经营方式。

为了寻求各金融机构在环境保护方面的共识，2002 年 10 月，由 IFC 和荷兰银行发起，汇丰、花旗和德意志等九家国际知名银行参与在伦敦近郊的格林尼治召开会议，讨论项目融资中的环境和社会问题。会后，经过各与会者的多轮次磋商，形成一份有关环境与社会风险的项目融资指南，即赤道原则。它要求金融机构对于项目融资中的环境和社会问题尽到审慎性审核与调查义务，只有在项目发起人能够证明该项目在执行中会对社会和环境负责前提下，金融机构才能对项目提供融资。赤道原则第一次确立了国际项目融资的环境与社会的最低行业标准，并将其成功应用于国际融资实践中，在国际金融发展史上具有里程碑意义。

应该说，能效融资合作是兴业与 IPC 以各自专长投身环境保护和社会公益的有益探索。首先，该项目体现了可持续金融理念对产品开发、风险管理和市场营销的指导。成功的可持续金融是运用多样化的金融工具来促进环境保护，维护生态多样性，其产品能够转移环境风险、减少污染，保持活动主体一定的赢利激励，确保经营主体的可持续发展。其次，它是金融机构自觉履行社会责任的实践。对于银行而言，放款收息是本职，然而金融机构若能发挥管理风险和资金融通的特长，将节能与环保同银行的专业服务有机结合，将产生巨大的信贷杠杆作用和示范效益，拓展银行的新业务领域和利润增长点，实现商业利益与环保公益的良好结合，从而使其更具商业性、持续性和可复制性。最后，从责任营销角度看，这一项目的客户定位是面向中小企业，产品定位是通过损失分担提供优惠贷款，服务定位是整合银行、公共事业单位和能源供应商的营销渠道，并为此推动银行自身信贷流程的改造与完善。

十五 中石油——努力践行企业社会责任

公司简介：中国石油天然气股份有限公司（简称中石油）是中国油气行业占主导地位的最大的油气生产和销售商，是中国销售收入最大的公司之一，也是世界最大的石油公司之一。中石油是根据《公司法》和《国务院关于股份有限公司境外募集股份及上市的特别规定》，由中国石油天然气集团公司独家发起设立的股份有限公司，成立于 1999 年 11 月 5 日。

近年来，中石油履行企业社会责任，尽了很大努力，做了很多工作。中石油 2003 年召开工作会议时，提出“三个回报”，即“回报股东、回报员工、回报社会”；2005 年以来，则进一步强化责任意识，明确提出认真履行政治责任、经济责任和社会责任，实现“三个责任”的有机统一。[①]

随着国民经济快速发展，油气需求持续增长，中石油与社会利益相关群体的关系越来越密切。特别是 2003 年重庆开县井喷事故和 2005 年吉林松花江水环境污染事故发生后，中石油日益成为公众及媒体关注的焦点。安全和环保工作对中石油的重要性，从《企业社会责任报告》中长达 18 页的篇幅可见一斑。

作为高危行业之一，石油石化企业在生产过程中发生火灾、爆炸、群死群伤

① 王煌今. 2007. 石油企业践行社会责任的思考. 中国石油企业，(9)：30-31.

事故的几率非常高。面对事故，中石油并不讳言。在 2006 年的《企业社会责任报告》开篇“总经理致辞”中，总经理坦陈：“2006 年公司在安全环保重大隐患治理中取得阶段性成果，应急处理能力得到提高，安全环保指标有所改善。但仍有 6 起一次死亡 3 人以上的重大安全生产事故和重庆开县天然气井漏事故发生，安全环保形势依然严峻。”

中石油谨记重大安全环境事故所带来的惨痛教训，2006 年投入治理资金 175 亿元，治理重特大安全环保隐患 2781 项，实施水环境污染三级防控项目 123 项，关停存在隐患的化工装置 41 套，不仅未发生重大及以上环境污染和生态破坏事故，而且工业废水排放达标率和工业废气排放达标率均好于国家对重点企业的监管要求。西气东输管道工程、新疆石西油田开发建设工程被评为首批“国家环境友好工程”；辽河油田公司欢喜岭采油厂获得“国家环境友好企业”称号。

中石油将创造能源与环境和谐、促进经济与社会全面发展、构建和谐社会视为企业发展的终极目标。从戈壁沙漠到大洋彼岸，从赤道边缘到红海之滨，都留下了其扶贫帮困、赈灾救危、捐学资教、建设和谐社区、支持当地社会经济发展的足迹。

据统计，“十五”期间，中石油通过捐赠、赞助、扶贫救灾等形式共参与 200 多项公益事业，捐助资金超过 20 亿元。2005 年 11 月 20 日，民政部授予中石油“中华慈善奖”。在海外合作区，中石油也关注着当地的公益事业。“十五”期间，仅在哈萨克斯坦和苏丹两国的公益事业投入就高达 6000 多万美元。[①]

效益分析：石油企业根据业务发展需要和实际能力，有重点地选择责任行动项目。例如，加大 HSE[②]投入，提高健康安全环保水平，在油田矿区及长输管线周边开展支援社会主义新农村建设行动，定点支援，扶贫助学，扩大影响，树立了中石油良好的社会形象。

十六 阿里巴巴集团——互联网企业的社会责任

公司简介：阿里巴巴集团创立于 1999 年，是一家提供电子商务在线交易平台的公司，业务包括 B2B 贸易、网上零售、购物搜索引擎、第三方支付和云计算服务。集团的子公司及关联公司有阿里巴巴 B2B、淘宝网、天猫、一淘网、阿里云计算、中国雅虎及支付宝。

2014 年 9 月 19 日，阿里巴巴正式在纽约证券交易所挂牌交易，股票代码为 BABA，价格确定为每股 68 美元，其股票当天开盘价为 92.7 美元，较发行价大

---

① 李雨思. 2007-3-22. 中石油首发企业社会责任报告. 普通公众很难知晓的付出.工人日报，5.

② HSE 是健康（health）、安全（safety）和环境（environment）三位一体的管理体系简称。

涨 36.32%。由于阿里巴巴集团的承销商行使了超额配售选择权，将筹资规模扩大了 15%，阿里巴巴在交易中总共筹集到了 250 亿美元资金，创下了有史以来规模最大的一桩 IPO 交易。

2013 年 4 月 20 日，考量企业可持续竞争力的年度评选“2013 中国绿公司百强榜”在昆明揭晓，阿里巴巴在 50 家民营企业中，位居中国最“绿”、最健康公司榜单之首。“中国绿公司百强榜”是国内第一个跨行业评价企业可持续竞争力的公司排名。中国绿公司年会发布的“绿公司”，指的是通过打造良性生态，包括环境生态、商业生态和社会生态等方面赢得可持续竞争力的优秀公司。

1. 共创电子商务生态系统

阿里巴巴认为，企业的社会责任必须内生于商业模式，并与企业发展战略融为一体。脱离商业模式、发展战略与核心价值体系等企业立身之本，去架构社会责任的做法，将很难获得持续推进的内在动力，更难行之久远。

阿里巴巴集团将把生态化作为企业核心战略，协同最广泛的产业和社会力量，共同构建和完善电子商务的基础设施，共同培育一个开放、协同、繁荣的电子商务生态系统。

事实上，在这方面阿里巴巴已经做出很多举措：支付宝联手银行推出“卡通”业务，使用户网上购物付款不再需要登录网上银行；支付宝联手中国邮政推出“网汇 e”，通过邮政汇款也可网上购物；和中国邮政合作推出定制经济性物流 e 邮宝，价格较 EMS 标准服务有较大幅度下降；和工商银行、建设银行合作，推出网络联保和网络信用贷款等服务，帮助中小企业融资。

中国互联网行业在经历了启蒙和起步阶段之后，当前正在进入一个大规模应用的发展阶段。在这一阶段，以阿里巴巴 B2B 公司成为一家公众企业为契机，集团更密切地关注利益相关者的需求，更加规范化、制度化和系统化发展。

2. 重点承担两大社会责任

在和社会各种其他经济力量展开合作的同时，阿里巴巴集团着重做了两件事情：一是打造社会诚信体系，二是致力于创造就业机会。①

2002 年 3 月，阿里巴巴全面推出“诚信通”服务，迈出了构建网络诚信体系的第一步。2003 年 10 月，在电子商务受困于网上信用之时，阿里巴巴推出支付宝，创造性地解决了诚信支付问题，2007 年，在全国范围内，阿里巴巴首创网络诚信贷款，推动银行业创新。2012 年 5 月，阿里巴巴集团发出一份公开信，首次披露了旗下淘宝体系中首批因不正当行为而被永久关店并进入司法程序的网商名单。阿里集团呼吁网商共同监督和打击不正当利益收受的行为，共同捍卫淘宝的诚信体系，目前的动作只是开始，淘宝将会继续严厉打击。在具体反腐机制方

① 徐晓巍. 2007-12-6. 阿里巴巴集团发布互联网企业首份社会责任报告. 中国证券报，6.

面，阿里的价值观体系与制度化管理也正在融合协力。在原先的“政委”体系之外，阿里还成立了廉政部，以强化在反腐领域的制度性力量。从企业反腐制度建设和组织搭建看，阿里集团算是走在了前头。目前民营企业还很少有专门的廉政部门进行反腐，不少企业甚至还没有审计、监督部门。

马云特别关注电子商务对就业问题的积极影响。他曾提到，希望电子商务能够帮助更多的人有就业机会。据测算，以月收入超过 2000 元计，截至 2007 年第一季度，国内已有超过 10 万个人用户在淘宝网上直接解决就业问题，加上网络销售对物流、快递公司等产业的带动效应，淘宝网创造的就业岗位将会更多。

慈善义举方面，阿里巴巴也是不遗余力。在公司内部，阿里集团发起了名为“乐橙项目”的员工志愿者项目，2009 年其重要内容之一就是支援汶川，普及电子商务知识。支付宝号召支付宝用户为汶川捐款，并且和国内外多家慈善机构合作，免费帮助其成功实现在线捐赠，为慈善机构带来了便捷、安全的捐款通道。支付宝还创设了爱心平台，以此倡导“人人都来做慈善”。在公益环保方面，阿里巴巴也成绩斐然。在第三次网货交易会上，淘宝携手中国绿化基金会、联合国环境规划署共启“2010 淘宝·全民种树减碳总动员”绿色公益活动，倡议全体与会人员与第三届网货交易会“环保购树”公益活动，消除二氧化碳，援助西部贫困人口，保护地球环境。

效益分析：随着阿里巴巴 B2B 上市，电子商务对中国互联网和经济的促进作用已被整个社会认识到。中国电子商务已经走到了一个亟须构建产业链和生态链的发展阶段。阿里巴巴集团在这一点上已经取得了很好的效果。至 2012 年 9 月底止的财政年度，以美国会计准则计算，阿里巴巴营业额按年增长 74%至 318.39 亿元（港元），赢利急升 80%至 37.75 亿元。

十七 中远——绿色物流承担环境保护社会责任

公司简介：作为国内最大的第三方物流企业，中远物流有限公司不仅致力于做最强的物流服务商，在技术、管理、服务等方面持续创新、领先一筹，而且在承担社会责任方面一样当仁不让，率先垂范，始终践行着绿色物流。中远集团是联合国全球契约的成员单位之一，中远物流按照中远集团的联合国契约单位的要求，已经把环保列入了企业发展过程当中不可或缺的重要部分。[①]

所谓绿色物流主要指两方面的内容，一是商品的过程要绿色化；二是废弃物的物流过程要绿色化。绿色物流对于国内企业来说还是一个相对陌生的概念，而在国外，近年来绿色物流已经开始受到重视，如逆向物流，作为绿色物流的

① 王莉，严娜. 2007-6-15. 中远：担社会责任行绿色物流. 现代物流报，4.

一个重要内容，已随着人们环保意识的增强形成一个新的市场。世界各国都在尽力把绿色物流的推广作为物流业发展的重点，积极开展绿色环保物流的专项技术研究，如在物流系统和物流活动的规划与决策中尽量采用对环境污染小的方案，如采用排污量小的货车车型、近距离配送、夜间运货，以减少交通阻塞、节省燃料和降低排放等，新材料的广泛应用和开发，进行回收物流的理论和实践研讨，以及积极出台相应的绿色物流政策和法规，努力为物流的绿色化和可持续发展奠定基础。

中远物流非常关注自身在公路运输等物流运作过程中对于环境的影响，尽最大的可能对环境做出一种“友好行为”，中远主要从两个方面着手来抓：一是对所拥有的运输车辆，研究其在物流运营过程中如何增强环保意识，爱护大自然；二是危险品运输中，既确保危险品运输的自身安全，又要制定运输过程环境保护的应急措施。例如，在青藏铁路工程建设物流项目中，中远物流的运输车辆所经过的地区都是我国目前生态环境保护的重点地区。为此，中远物流对运输车辆都进行了投资改造。改造的标准和目的，是使其车辆在运营过程当中能够做到不破坏、不影响当地和当时的环境。当然，这些投入可能会整体上增加物流业务操作成本。但是作为一个必须担负社会责任的大型物流企业，中远物流在这方面的投入是完全应该和值得的。

对于每年都有的大量化工危险品及一些放射性危险品的运输业务，中远物流也进行了大量的投入，包括为适应这些危险品运输要求，花巨资重新添置一些进口车辆，来确保运输的安全。只有运输安全，才可能使这些化工和放射性危险品不威胁到人类，以及各种动物及植物。中远物流每年在这方面的投入很大，最近正筹划不断地更新物流设备，包括从国外进口一些设备，来满足环境对车辆所提出的要求，以确保运输安全，保护环境。

为了对环境负责，中远物流制定了很多的应急预案。几乎在每一次的放射性物品运输过程当中，都对这些紧急预案进行现实的演练。中远物流从事放射性危险品的运输操作手册，完全是按照航空运输的有关技术保障来制定的，并要结合当日的车况检查进行运作。

中远物流还从安全、环保方面加强了对员工的培训，每年在安全培训和安全评估上都有很多投入。目前，为了整体物流业务的发展，中远物流在环境保护等方面正设计一些规章制度，以便更好地对公司的车辆安全运营和环境保护加以监督和控制。

效益分析：我国绿色物流概念引入比较晚，发展比较慢。我国物流企业迫切需要更新思想，务实规划，把绿色物流作为企业发展的重要一环。而物流企业关注绿色物流，并在发展过程中注重对环境的保护，最终也将有助于企业自身竞争力的提高，可以使企业进一步扩大市场，融入国际竞争。

绿色物流从环境的角度对物流体系进行改进，形成了环境共生型的物流管理系统。这种物流管理系统建立在维护地球环境和可持续发展的基础上，改变原来经济发展与物流、消费生活与物流的单向作用关系，在抑制传统直线型的物流对环境造成危害的同时，采取与环境和谐相处的全新理念，去设计和建立一个循环的物流系统，使之达到传统物流末端的废旧物质能回流到正常的物流过程中来。现代绿色物流强调了全局和长远的利益，强调了全方位对环境的关注，体现了企业的绿色形象，是一种全新的物流形态，也是未来物流发展的趋势。中远正是意识到这一点，从自身做起，为整个行业带了个好头。

十八 国家电网——走在履行社会责任的前列

公司简介：国家电网公司成立于 2002 年 12 月，是经国务院同意进行国家授权投资的机构和国家控股公司的试点单位。公司是中国乃至世界第一大公用事业企业，服务范围覆盖 26 个省份，服务人口超过 10 亿，是第一个发布企业社会责任报告的央企，也是第一个发布“企业履行社会指南”的中国企业，还是第一个成为 ISO26000 社会责任国际标准观察员的中国企业。2012 年，公司名列《财富》世界企业 500 强第 7 位[①]。

在履行社会责任方面，国家电网一直扮演着领跑者的角色。国家电网公司认为，企业对社会各界承担的共同责任包括科学发展、安全供电、卓越管理、科技创新、沟通交流五个方面，同时对用户承担优质服务责任，对员工承担员工发展责任，对伙伴承担合作共赢责任，对环境承担环保节约责任；作为社会的法人成员，承担企业公民责任；作为建设社会主义新农村的重要力量，承担服务三农责任。外界评论认为，主动履行社会责任，彰显了一个高度负责的国有大型企业发展战略理念与实践的逐步成熟，展示了遵循高尚商业道德，弘扬良好社会风尚的企业价值追求。

1. 发布指南，树立企业实践社会责任的观念

2006 年 3 月 10 日，国家电网发布了我国中央企业第一份社会责任报告，提出了努力实现公司和社会可持续发展协调统一的社会责任观，向社会做出了全面履行社会责任的郑重承诺。温家宝同志亲自批示：“这件事做得好，企业要对社会负责，并自觉接受社会监督。”此后，中石油、中石化、中国远洋等 11 家央企纷纷发布企业社会责任报告，形成推进企业社会责任的热潮。

2007 年 12 月 28 日，国家电网公司发布《国家电网公司履行社会责任指南》，推动社会责任理念与公司运营实践的全面融合，再一次体现了国家电网大力弘扬

① 国家电网公司. 2013. 企业社会责任. http://www.sgcc.com.cn/csr/index.shtml [2013-10-10].

的“努力超越、追求卓越”的企业精神，充分发挥了中央企业履行社会责任的表率作用。此后每年，国家电网都会发布履行社会责任的年度报告，并做出下一个年度的承诺。

2. 社会责任管理融入和服务“三集五大”体系建设

2012 年 1 月，国家电网公司“两会”发布了 2012 年公司 1 号文件《关于全面推进“三集五大”体系建设的意见》。推进人财物集约化管理和“大规划、大建设、大运行、大检修、大营销”体系建设，是“两个转变”的核心内容。当前，国家电网进入发展新阶段，对提高大电网驾驭能力，加强专业化、精益化管理提出了更高要求。

在《国家电网公司 2012 社会责任报告》中，系统报告了全面社会责任管理试点单位的具体实践，体现了国家电网正在实现企业社会责任理论与公司使命、战略、运营和文化的融合。

3. 电力扶贫

国家电网在全国各地广泛开展电力扶贫。例如，在湖北，由公司统一组织秭归县、长阳土家族自治县、巴东县、神农架林区对口帮扶工作。1995～2012 年，累计实施扶贫项目 240 项，为 14 748 户无电户解决了通电问题，新建教学楼 38 座，兴建、扩建医院 5 个，修建、改造公路 32 条，发展农副业基地 66 560 亩[①]。在江西，对口帮扶吉安泰和县水槎乡西阳畲族村。“十一五”期间，公司先后帮助完善道路基础设施近 10 公里，新建一所 800 平方米的民族小学，铺设高压线 3.8 公里、电缆 4.2 公里、低压线 3.6 公里，改水改厕 28 座，帮助油茶低改 800 亩，毛竹低改 3000 亩。在黑龙江，鹤岗供电区启动“光明工程”。成立光明工程领导小组，通过全局员工捐款，设立光明工程专门账户，切实解决贫困家庭的用电问题。

4. 慈善捐款

2003 年至今，国家电网用于社会公益事业的投入超过 10 亿元，其历年来对贫困地区希望小学的建设、残疾人福利事业、援藏事业等的捐助也非常活跃。2006 年 10 月，国家电网“爱心助残基金”“爱心助老基金”“爱心希望工程基金”分别在京启动：10 月 25 日，国家电网公司向中国残疾人福利基金会捐赠 6000 万元人民币，2006～2008 年每年捐赠 2000 万元人民币，资助基金会开展服务于残疾人的公益项目；10 月 26 日，国家电网公司向民政部捐资，从 2006 年起到 2008 年捐资 6000 万元人民币，为全国 30 000 名居住在社会福利机构的无劳动能力、无生活来源、无赡养人的老人，提供医疗、康复、护理、救助、照料等方面的服务和帮助；10 月 30 日，在希望工程实施十七周年之际，国家电网公司向中

① 1 亩≈666.7 平方米。

国青少年发展基金会捐赠人民币1.2亿元，2007～2009年在全国农村贫困地区援建希望小学300所。这是1989～2006年以来国有企业向希望工程的最大一笔捐赠。2008年国家电网为南方雪灾捐款总数达到1.1亿元，位居榜首。产生了良好反响。2011～2012年，仅通过“国家电网公益基金会”实施的大学生入学捐助资金就达到470万元。

效益分析：由于积极推进企业社会责任和公司管理的改革，2012年，国家电网公司经济效益快速增长，经营业绩再创新高。据国家电网公司公布的统计数据，2012年，国家电网公司营业收入18 855亿元，增长12.9%，利润650.7亿元，增加110.8亿元，同比增长20.52%，增幅位居中央企业前列，经济增加值为103.3亿元，资产负债率为57.6%，经营绩效创历史最高水平。其业绩与其积极推进企业社会责任是密不可分的。

十九 红豆——纺织领域的领头羊

公司简介：红豆集团是江苏省首家乡镇企业集团，是江苏省重点企业集团，也是国务院120家深化改革试点企业之一。改革开放三十多年来，民营企业数量已经接近全国企业总数的80%，提供了全国近80%的城镇就业岗位。江苏红豆集团作为中国知名民营企业，其一直是纺织领域的领头羊。

红豆集团履行社会责任主要表现在：初步建立了比较完整的社会责任管理体系；在初始评估中发现的问题得到了很大程度的改进；企业管理层社会责任意识强烈，并且积极主动地探索企业社会责任解决方案；企业在社会责任方面的改善工作得到了绝大多数员工的认同和支持。

1. 中国纺织行业第一家全面执行企业社会责任的企业

作为我国节能降耗的难点行业和对外贸易摩擦的高发行业，纺织行业的发展一直受资源、劳动力和出口等多个条件约束。“落实社会责任是中国纺织工业产业升级的重要推动力。”中国纺织工业协会会长杜钰洲表示。为此，从2005年5月开始，中国纺织工业协会正式发布中国纺织企业社会责任管理体系（CSC9000T），该社会责任管理体系是基于中国相关法律法规、有关国际公约及国际惯例，符合中国国情的社会责任行为的准则。

早在2007年4月17日，红豆集团就通过CSC9000T认证，成为中国纺织行业第一家全面执行企业社会责任的企业。红豆集团能够通过CSC9000T认证绝非一朝一夕之功，一直以来，无论是对员工、对环境，还是对社会等利益相关方，企业始终坚守作为一个“社会公民”所肩负的责任，并公开披露企业的社会责任信息，这种负责任的态度和实际行动，不仅赢得国内外各利益相关方的信任与支持，更为重要的是，提高了企业的软实力与竞争力，为实现企业可持续发展打下了坚实基础。

红豆集团积极履行社会责任的积极效应和带动效应正在逐步显示。目前，中国纺织工业协会选择了 10 家比较有代表性的中国纺织企业，着手建立 CSC9000T 体系。而展开的 10＋100＋1000 项目（在 100 个企业建立 CSC9000T，同时在 1000 家或者是更多的中小企业中进行类似的培训），则以红豆集团为发端，掀起纺织企业履行社会责任的高潮。[①]

2. 以人为本，重视爱护一线员工

红豆集团总裁周海江对此有个生动的比喻：财散人聚，财聚人散。如果所有的财富都是老板独占独享，谁还肯跟你干？对高层人才，红豆给股份、给产权，使其成为与企业融为一体的股东。2007 年，集团所有中层飞赴新加坡，参加为期一年的工商管理硕士培训班。对 2004～2006 年连续三年获得“技术创新精英”称号的优秀人才，集团给予 10 万元干股的奖励。对普通员工，则不断提高待遇和收入，2007 年集团两次提升了全员工资，每次提升幅度均在 10%左右。给一线员工过生日，春节送接员工回家与返厂，成为企业的“保留节目”。在民工荒的这几年，红豆一线员工不但没有流失，反而增加了。

3. 可持续发展理念

2007 年 5 月，红豆集团成为柬埔寨西哈努克港经济特区控股股东，投资设立 11.08 平方公里的工业园，成为商务部首批批准的境外园区之一。园区一期开发近 2 平方公里，2008 年 3 月底建成近 5 万平方米标准厂房。这是红豆突破资源环境约束，“走出去”求得更大发展的新动作。

红豆人认为，企业要实现可持续发展，必须以最小的资源消耗创造最多的产品和最大的效益。为了节省土地资源，红豆改变工厂星罗棋布的形态，建立红豆科技工业园，把所属 100 多家工厂集中起来，大大提高了土地等资源的集约使用效率，并在园区内投资 5000 多万元兴建了日处理污水 1 万吨的污水处理厂，由此还帮助当地一些小型企业解决了废水处理难题。

4. 支持公益事业

2008 年年初在锡山区“心手相连情暖万家”慈善捐赠活动中，红豆集团一举捐赠 2500 万元，至此，红豆集团对外捐款、捐物已达 7500 多万元。

红豆人认为，创造财富是企业的责任，体现的是企业家的能力；用好财富也是企业的责任，体现的是企业家的品质。2007 年 4 月，在集团 40 周年庆典晚会上，红豆一举向港下中学、江苏省怀仁中学、无锡市文化遗产保护基金会和青海玉树藏族自治州共捐赠 500 万元钱物。同年 6 月底，红豆向江苏省法律援助基金会捐助 50 万元。2013 年 4 月 20 日，四川雅安地区发生地震，两天后，红豆集团

---

① 姜启军，顾庆良. 2007. 企业社会责任和企业战略选择. 上海：上海人民出版社.

向雅安地震灾区捐款物614.2万元。

效益分析：2008年1月14日，中央电视台国际网站发布新闻：经中华全国工商业联合会、中国企业联合会、全国总工会和权威媒体等认真评选，江苏省红豆集团有限公司从500多家参与调查的企业中脱颖而出，入围2007CCTV年度雇主调查20强企业。这些年，红豆集团每年经济总量以30%以上的速度递增，用工增长15%以上，上交税金增长20%以上。红豆不仅为当地提供了大量的就业岗位，也为来自全国各地的外地打工者提供了1万多个就业岗位。在红豆2.2万名员工中，有半数以上是外来员工，为了增加员工收入，集团不仅对一线员工实行包吃包住，还不断增加员工工资，2008年，一线员工月工资平均达到3000元，最高的达到6000多元。

二十 海信——节能减排

公司简介：海信集团是特大型电子信息产业集团公司，成立于1969年，是以海信集团公司为投资母体组建的国内大型专业电子信息产业集团。从最初成立于1969年的青岛无线电二厂，到青岛电视机厂、海信电器公司，先后涉足家电、通信、信息、商业、房地产、智能商用设备等领域，最终发展成为国内著名的大型高新技术企业集团。海信拥有海信电器（股票代码：600060）和科龙电器（股票代码：000921）两家分别在沪、深、港三地上市的公司，是国内唯一一家同时持有海信（Hisense）、科龙（Kelon）和容声（Ronshen）三个中国驰名商标的企业集团。

公司的企业社会责任践行体现在如下方面。

1. 促进环境可持续发展——节能减排

在实践企业社会责任方面，海信集团最大的特色体现在节能减排上。

海信是中国最早从事电视机节能技术研发的企业，海信有着长达10余年对绿色节能技术的深度创新和超前产品布局。早在21世纪初，海信就展开了绿色节能技术创新，在产品“绿色设计”“绿色制造”以及企业“全员绿色行动”等方面走在全行业的前列，形成了完善的管理体系，把绿色制造、节能降耗的理念贯彻到产品开发、生产、销售的全过程。

从2005年开始海信就在平板电视的电源设计、整机设计等方面应用了自主研发的节能新技术，通过系统节能技术的创新，大幅降低电视的待机和整机运行功耗。2007年海信全面参与平板电视能效标准的制定。2008年3月中旬，海信率先对外发布了《海信平板电视安装6H服务标准》，以高标准、高洁净、高舒适、高品位、高效率和高安全的六项高标准服务，很好地解决了困扰消费者的平板安装服务问题；2012年海信第一家推出“三三五免”平板电视售后服务标准，将屏的保修期延长到三年。这样，消费者就可以真正享受到与平板电视这种高档产品对等的高品质的服务。

海信高标准平板电视服务系列举措的推出，正是“企业公民”意识的很好体现。海信集团董事长周厚健在两会期间正式提出“加快立法，强制家电节能”的议案，并指出产品环保节能主要依靠技术创新。从节能产品的开发，到平板售后服务标准的升级，海信主动承担其更多的社会责任，切实地保护消费者的利益。

2010年海信发布了旨在引领产业绿色发展方向的《海信绿色发展纲要》。海信通过对LED背光源技术、背光分区智控技术、光感变频技术、动态亮度控制技术、节能模块设计技术、高效模组技术、电源转换技术等方面取得的技术突破，有效降低了平板电视的待机和整机运行功耗。

2012年以来，为了配合电视产品节能惠民政策的尽快落地，海信积极响应国家号召，加大了对节能平板电视的推广力度。主动调整产品结构，推动节能电视普及，将驱动整个行业的能效升级。海信实现了产品的全线节能升级，将技术实力转化为市场领先力并回馈广大消费者，让消费者在购买海信全系列产品时，都能享受到节能补贴的优惠。海信此举在推动节能电视快速普及的同时，也将积极推动智能电视引领的产业升级。不仅可以让消费者获得节能补贴，还让消费者使用时获得更节能省电的实惠。①

2. 促进社会可持续发展——创造完美、服务社会

在海信的企业精神中，“做人”被放在第一位，成为海信文化的核心诉求。具体表现为不断赋予员工有挑战性的工作目标和广阔的发展空间。坚持文化兴企、文化立企，从员工向往追求健康文明、高雅、和谐、进步的精神生活需求出发，海信一贯注重员工的文化生活和身心健康。海信高度重视员工的身心健康，形成了独具特色的海信健康文化。

公司高度重视并积极履行社会责任，切实做到经济效益与社会效益的协调统一。公司建立严格的产品质量控制和检验制度并严格执行，站在公司生存的高度，站在用户体验的角度，重新定义公司的产品与服务标准，在开发、销售、服务过程中，强化“用户至上”的经营理念，不断增强公司的核心竞争力。在关爱员工的同时，同样关注广大用户。

在公益事业方面，早在1998年，海信就开始资助捐建希望小学；据统计，1998年以来的10余年间，海信用于支持教育发展的专项资金已超过4000万元。从2009年起的5年里，海信出资1亿元设立海信“银屏惠老”基金，与山东省慈善总会和济南、淄博等12个地市慈善机构一起，帮助山东省低保特困老年人，

---

① 青岛海信电器股份有限公司. 2013. 海信2012年度企业社会责任报告. http://app.finance.ifeng. com/data/stock/ggzw/600060/14268823 [2013-10-10].

让他们能够看上电视，改善特困老年人的精神文化生活。

2011 年 12 月 3 日，在由《每日经济新闻》主办的“2011 中国上市公司口碑榜”评选中，海信电器再次从沪深 2000 多家上市公司中脱颖而出，被评为“最具社会责任上市公司”，成为中国家电上市公司中唯一获此殊荣的企业。

效益分析：海信从产品研发、生产、销售到服务全过程都从消费者的利益出发，以高度的社会责任心，以人性化、专业化的技术和服务增加了产品的价值，推动了中国平板市场的竞争走向健康和规范。一直以来，以技术创新实践企业的社会责任，获得了很高的企业美誉度，也为企业带来了客观的收益。目前，海信的产品覆盖电视、空调、冰箱、洗衣机、移动终端、智能交通、光通信及网络多媒体系统等领域。集团目前拥有“数字多媒体技术国家重点实验室”和海信电器、海信科龙两家上市公司。在国家统计局中国大企业集团竞争力 500 强排名中，海信已经连续几年排名第一。

主要参考文献

艾村乌 S，菲欧 W. 2011. 全球企业社会责任实践. 杨世伟译. 北京：经济管理出版社.

苍靖. 2008. 企业环境管理策略与其经营业绩的关系分析. 工业技术经济，(1)：40-42.

常亚平，阎俊. 2005. 企业道德守则. 北京：中国经济出版社.

陈德湖，蒋馥. 2008 环境治理中的道德风险与激励机制. 上海交通大学学报，(3)：466-469.

陈浩. 2009. 环境管制与企业竞争力的演化经济学解释）对传统观点和修正学派的批判. 生态经济，(2)：38-41.

陈浩. 2011. 企业环境绩效与经济绩效关系的理论模型及实证文献述评. 经济纵横，(4)：43-47.

陈宏辉，贾生华. 2003. 企业社会责任观的演进与发展：基于综合性社会契约的理解. 中国工业经济，(12)：12-14.

陈宏辉. 2008. 企业利益相关者的理论与实证研究. 浙江大学博士学位论文.

陈炜，王茂祥. 2008. 我国企业社会责任管理体系的构建. 管理现代化，(2)：33-34.

陈璇，淳伟德. 2010. 企业环境绩效综合评价基于环境财务与环境管理. 社会科学研究，(6)：38-42.

陈英. 2009. 企业社会责任理论与实践. 北京：经济管理出版社.

董承赞. 2010. 天津临港工业区发展战略研究. 天津大学硕士学位论文：2-3.

范红. 2010. 企业的社会责任：理论与实践. 北京：清华大学出版社.

冯梅，陈志楣，王再文. 2009. 中国国有企业社会责任论——基于和谐社会的思考. 北京：经济科学出版社.

光耀华. 2009. 企业社会责任管理体系建立与实施. 北京：中国标准出版社.

哈特 L. 1997. 资本之惑：企业可持续发展的战略抉择. 战颖，白晶译. 北京：中国人民大学出版社.

侯庆旋. 2011. 日本环境经营市场及其发展原因剖析. 东北亚论坛，(4)：24-27.

侯水平. 2011. 企业社会责任内在逻辑的重新审视与思考. 经济体制改革，(6)：5-10.

贾生华，郑海东. 2007. 企业社会责任：从单一视角到协同视角. 浙江大学学报（人文社会科学版），37（3）：79-87.

姜启军，顾庆良. 2008. 企业社会责任和企业战略选择. 上海：上海人民出版社.

蒋伏心，李家俊. 2004. 企业的利益相关者理论综述与启示. 经济学动态，(12)：31-34.

蒋建湘. 2010. 企业社会责任的法律化. 中国法学，(10)：123-132.

金碚. 2009. 论企业竞争力的性质. 中国工业经济，(10)：5-10.

金立印. 2006. 企业社会责任运动测评指标体系实证研究——消费者视角. 中国工业经济，(6)：40-43.

黎友焕. 2007. 企业社会责任在中国. 广州：华南理工大学出版社.

黎友焕. 2010. 企业社会责任. 广州：华南理工大学出版社.

李立清. 2006. 企业社会责任评价理论与实证研究：以湖南省为例. 南方经济，（1）：26-29.
李伟阳，肖红军. 2009. 利益相关方 责任内容 功能 组织层级 作用属性 企业社会责任指标体系构建的五维模型. WTO 经济导刊，（3）：28-30.
李伟阳，肖红军. 2011. 企业社会责任的逻辑. 中国工业经济，（10）：87-97.
李伟阳，肖红军. 2012. 走出“丛林”：企业社会责任的新探索. 北京：经济管理出版社.
李正. 2008. 企业社会责任信息披露研究. 北京：经济科学出版社.
刘帮成，余宇新. 2001. 企业国际竞争力的新要素：环境管理. 科技进步与对策. 2001，（5）：78-80.
刘涛，乌仔烈岚，王探. 2004. 浅议企业环境管理策略. 山东省经济管理干部学院学报，（5）：59-60.
刘伟. 2012. 环境经济学. 北京：中国发展出版社.
刘晓伟. 2006. 我国企业环境管理中存在问题的分析及对策. 管理纵横，（3）：36-38.
刘兆峰. 2008. 企业社会责任与企业形象塑造. 北京：中国财政经济科学出版社.
卢代富. 2002. 企业社会责任的经济学与法学分析. 北京：法律出版社.
卢代富. 2002. 企业社会责任的经济学与法学分析. 北京：法律出版社.
卢梭 J J. 2003. 社会契约论. 何兆武译. 北京：商务印书馆.
鲁虹，李颖. 2006. 企业技术创新环境测度指标体系的研究. 现代情报，（3）：26-28.
吕俊，焦淑艳. 2011. 环境披露、环境绩效和财务绩效关系的实证研究. 山西财经大学学报，（1）：109-116.
彭海珍，任荣明. 2003. 环境政策工具与企业竞争优势. 中国工业经济，（7）：75-82.
彭海珍，任荣明. 2004. 国外关于环境管制与竞争力理论研究综述. 经济纵横，（3）：61-63.
秦颖，武春友，瞿鲁宁. 2004. 企业环境绩效与经济绩效关系的理论研究与模型构建. 系统工程理论与实践，（8）：111-117.
秦颖，武春友，孔令玉. 2004. 企业环境战略理论产生与发展脉络研究. 中国软科学，（11）：105-151.
秦颖，武春友，徐光. 2004. 企业行为与环境绩效之间关系的相关性分析与实证研究. 科学技术管理，（2）：129～132.
秦颖. 2009. 企业环境管理的驱动力研究. 大连理工大学硕士学位论文：10-12.
任荣明，朱晓明. 2009. 企业社会责任多视角透视. 北京：北京大学出版社.
隋静. 2011. 人本管理、环境管理和财务管理关系探析. 科技和产业，（4）：49-53.
唐更华. 2008. 企业社会责任发生机理研究. 长沙：湖南人民出版社.
唐久芳，李鹏飞. 2008. 环境信息披露的实证研究——来自中国证券市场化工行业的经验数据. 中国人口资源与环境，（5）：112-117.
王超. 2008. 企业环境责任压力、环境管理反应策略与绩效关系研究——以武汉市食品加工企业为例. 华中农业大学硕士学位论文：33-36.
王林萍. 2009. 企业社会责任体系的构建及实践——基于农药企业的分析. 北京：科学出版社.
王玲，2008. 经济法语境下的企业社会责任研究. 北京：中国检察出版社.
王敏，李伟阳，王晓光. 2009. 建立企业社会责任指标体系. 中国电力企业管理，（1）：35-38.
王思贤. 2009. 基于环境管理的公司治理与经济绩效的相关性研究. 吉林大学硕士学位论文：17-18.
王欣，徐岩. 2010. 论北京地区上市公司环境绩效对经济绩效的影响. 现代商贸工业，（23）：

26-28.
韦伯 M. 1998. 论经济与社会中的法律. 张乃根译. 北京：中国大百科全书出版社.
吴洁敏. 2008. 临港工业区规划环境影响评价指标体系构建. 广西大学硕士学位论文：20-21.
薛金波. 2006. 我国企业社会责任的法律规制现状及立法完善. 世纪桥，（12）：25-28.
闫凯. 2009. 企业环境责任与企业可持续发展研究. 厦门：厦门大学硕士学位论文：14-15.
杨东宁，周长辉. 2004. 企业环境绩效与经济绩效的动态关系模型. 中国工业经济，（4）：43-45.
殷格非，崔生祥，郑若娟. 2008. 企业社会责任管理基础教程. 北京：中国人民大学出版社.
殷格非，李伟阳. 2008. 如何编制企业社会责任报告. 北京：企业管理出版社.
于光平，杨艺. 2007. 企业社会责任：国外理论演进及最新文献述评. 石家庄经济学院学报，（1）：32-36.
张斌. 2007. 利益相关者理论下企业绩效评价指标体系的构建. 中国工业经济，（2）：27-28 .
张建同，朱立龙. 2007. 企业的社会责任与企业绩效的相关性研究. 华东经济管理，（7）：21-22.
郑海东. 2007. 企业社会责任行为表现：测量维度、影响因素及对企业绩效的影响. 浙江大学硕士学位论文.
Aly S. 2005. A note on the impact of environmental performance on financial performance performance. Structural Change and economic Dynamics，3：413-421.
Brammer S，Brook C，Pavelin S. 2005. Corporate social performance and stock returns：UK evidence from disaggregate measures . Financial Management，35（3）：97-116.
Cordeiro J，Sarkis J. 1997. Environmental pro-activism and firm performance：evidence from security analyst earnings forecasts. Business Strategy and the Environment，6：104-114.
Crossan M，Nicolini M. 2000. Organizational learning：debates past，present and future. Journal of Management Studies，（23）：783-796.
Eisenhardt K M，Tabriz B N. 1995. Accelerating adaptive process：product innovation in the global computer industry. Administrative Science Quarterly，（46）：84-110.
Feltham G A，Xie J. 1994. Performance measure congruity and diversity in multi-task principal relations. Accounting Review，69（3）：429-453.
Giupponi C. 2007. Decision Support Systems for implementing the European Water Framework Directive：the MULINO approach. Environmental Modelling&Software，22（2）：248-258 .
Gray H. 1993. Accounting of environment . Paul Shaman Publishing Ltd，（6）：232-246.
Gray R，Kouhy R，et al. 1995. Corporate social and environmental reporting：a review of the literature and a lon-gitudinal study of UK disclosure. Accountability，Auditing and Accou-ntability Journal，8（2）：47-48.
Hart S，Ahuja G. 1996. Does it pay to be green?An empirical examination of the relationship between em-ission reduction and firm performance. Business Strategy and the Environment，5：30-37.
Henri R. 2006. Organizational culture and performance measurement systems. Accounting，Organizations and S-ociety，31（1）：77-103.
Jaggi B. 1992. An examination of the impact of pollution performance on economic and market performanc-e：pulp and paper firms. Journal of Business Financial and Accounting，19（5）：697-713.
Klassen R，Whybark D. 1999. The impact of environmental technologies on manufacturing

performance. Aca-demy of Management Journal，42（6）：599-615

Omer M. 2007. Focus on low carbon technologies：the positive solution. Renewable and Sustainable Energy Reviews，45：123-130.

Pavlou E. 2004. Understanding'the Black Box'of Dynamic Capabilities，Working Paper，Anderson Graduate School of Management . University of California，Management Journal，(4)：179-191.

Porter M，Vanderlinde C. 1995. Toward a new conception of the environment-competitiveness relationship. Journal of Economic Perspectives，9（4）：97-118.

Teece D J，Pisano G. 1994. The dynamic capabilities of firm：an introduction. Industrial and Corporate Change，（5）：537-555.

Vogel D J. 2005. Is There a market for virtue?The business case for corporate social responsibility. Califor-nia Management Review，47（4）：19-45.

Wally N，Whitehead B. 1994. It is not easy being green. Harvard Business Review，72（3）：171-180.

Wilenius M. 2005. Towards the age of cor porate responsibili-ty?Emerging challenges for the business world . Futures，（37）：133-150 .

Zoll M，Winter S G. 2002. Deliberate learning and the evolution on of dynamic capabilities. Organization o-n Science，13（3）：339-358.

附录一

企业环境责任履行调查问卷

此次调研的目的是认识了解目前宁波临港制造业企业环境责任履行情况，完全是出于学术研究的目的。现对宁波镇海、市区沿甬江区域和北仑区域部分企业进行抽样调研，希望能够得到被调研企业的帮助，谢谢。本次调研采取匿名的形式，如涉及公司的重要信息，将对其进行严格保密。如果需要了解本研究的成果，请在问卷最后填写联系方式。谢谢支持！（在您认为合适的括号里打√。）

一 企业环境责任履行的压力以及动力

1. 企业利益相关者压力，即企业目前或预期面临的来自政府法规、消费者、投资者、社区、公众、员工和供应商、合作伙伴等的利益相关者压力。

（1）在 2006～2013 年，企业因违反环境法律法规或没有按照法律法则要求完成规定的目标而受到过处罚吗？

处罚过（ ） 没有处罚过（ ）

（2）在 2006～2013 年，企业因为环境问题被有关部门监督检查过吗？

监督检查过（ ） 没有（ ）

（3）企业在 2006～2013 年收到过来自周围社区有关气味、噪声、烟雾、灰尘、污水或美观等方面的抱怨或投诉吗？

收到过（ ） 没有（ ）

（4）在 2006～2013 年，贵企业有没有由第三方如政府或咨询公司进行外部环境审核？

有，______次（ ） 没有（ ）

（5）在 2006～2013 年，企业有没有因环境问题被有关部门列为“挂牌或重点督办企业”？

有（ ） 没有（ ）

（6）在 2006～2013 年，企业在环保方面得到政府有关部门的奖励、补贴或其他优惠吗？

有，______次（ ） 没有（ ）

（7）企业生产的产品直接销售给最终消费者的是：

最终产品（ ） 中间产品（ ）

（8）企业所在行业的竞争者中大约有多大比例采纳环境管理系统（environmental management system，EMS）？

0～20%（ ）　21%～40%（ ）41%～60%（ ）

61%～80%（ ）81%～100%（ ）　不知道（ ）

2. 企业具体属性：企业环境责任履行情况与企业自身具体情况有关。

（1）企业年销售额大约为______万元

（2）公司净资产为______万元，总资产为______万元

（3）企业的年生产总值为______万元。

二 企业环境责任履行

请根据贵企业的环境责任履行情况对下面 10 种环境管理行为进行填写或选择。

（1）企业每年在环保研发方面的投入金额为______。

（2）企业在研发方面拥有的专业人才人数为______。

（3）企业是否有专门的环境管理组织？　是（ ）否（ ）

（4）环保组织对企业生产多长时间进行一次环保检查？______

（5）企业每年对员工进行“绿色生产”培训上花费的费用额度为______。

（6）企业每年对员工参加“绿色生产”的次数为______。

（7）企业员工平均每月参加“绿色生产”培训的时间为______。

（8）企业每年在用于“绿色生产设备”上的建设、更新的资金为______。

（9）企业每年用于采用、使用新能源上的金额为______。

（10）企业每年购买“绿色材料”的金额为______。

（11）企业已获得地方绿色组织或政府的环境管理奖励次数为______。

（12）企业已获得国家绿色组织或政府的环境管理奖励次数为______。

（13）环境声誉好的企业比差的企业更能留住人才？

完全不同意（ ）非常不同意（ ）不同意（ ）中立（ ）同意（ ）非常同意（ ）完全同意（ ）

（14）金融机构将来会评估企业的环境业绩？

完全不同意（ ）非常不同意（ ）不同意（ ）中立（ ）同意（ ）非常同意（ ）完全同意（ ）

（15）所在的行业顾客愿意为绿色产品支付溢价？

完全不同意（ ）非常不同意（ ）不同意（ ）中立（ ）同意（ ）非常同意（ ）完全同意（ ）

三 企业的基本信息

（1）企业从事的主要行业：

石化（ ）金属制造业（ ）机械设备制造企业（ ）钢铁制造业（ ）

造纸（　）汽配（　）企业电子设备制造业（　）

（2）企业的性质：

国有企业（　）股份制企业（　）民营企业（　）合资企业（　）其他（　）

（3）企业成立时间：______。

（4）企业有多少全职职工？______。

（5）您所在的部门______。职责______。

（6）您对本次调研有什么意见或是建议？

____

附录二

《中华人民共和国企业履行社会责任促进法》（立法建议稿）的设计[①]

一 我国企业社会责任专项立法的必要性分析

我国之所以应开展企业社会责任的专项立法，是基于以下理由和原因。

（一）企业社会责任专项立法是规范我国民营企业经营行为的必然要求

我国民营企业发展迅猛，是我国经济建设的重要主体。但是民营企业由于长期受企业追求经济利润目标影响，企业对履行社会责任的观念较为淡泊。虽然也有些大型民营企业经常参与社会公益事业、企业内部员工福利保障也比较完善，但大部分民营企业履行社会责任情况并非良好，如靠近杭州湾海涂附近地区，超标严重的污染企业比比皆是，企业拖欠职工工资情况司空见惯。这些都要求政府通过采取有效措施加以解决。另外，从欧美国家立法来看，企业社会责任立法往往是企业在自由竞争发展到一定拐点后的需要，企业社会责任立法不仅是对人权的基本保障和实现社会公平的再分配，同时也是对企业发展经济规律的客观认识。我国民营企业发展目前已到了发达国家所说的“拐点”处，因此，从这个角度来说，我国制定专项立法也是应时所需。

（二）企业社会责任专项立法是现有企业社会责任立法体系完整性的必然要求

目前我国有关企业社会责任立法内容主要散见在《劳动法》《公司法》《产品质量法》《消费者权益保护法》《环境保护法》及社会保障法等法律法规中，相关内容里法律虽有涉及，但不足以形成完整的企业社会责任法律体系。同时，上述法律法规对社会责任的原则性规定可操作性不强，特别是有关企业不履行社会责任应承担何种法律责任更缺少具体规定。关于企业合理利用资源以及环境保护的立法等还存在许多立法空白点。因此，通过专项立法可以给企业提供一部全面的法律规定，企业不至于因难于知晓相关法律法规而无所适从。同时也是对我国现

① 2010 年度国家软科学重大招标项目“企业社会责任指标体系研究”（项目负责人：易凌，项目批准号：2010GXS1D095）的阶段性成果。

有企业社会责任法律法规体系的梳理和完善。

（三）企业社会责任专项立法是我国有重点地推进企业社会责任履行的必然要求

企业社会责任包括法定性责任和道义性责任两方面内容。一方面，道德意义上的企业社会责任期待法定化；另一方面，从我国实际出发，当前应当以推进企业履行法定责任为重点，通过企业社会责任立法及其责任标准的推行，促使企业严格遵守劳动保障、劳动安全卫生、消费者权益保护和环境保护等方面的法律法规。同时，引导和鼓励企业和企业家关爱社会、回馈社会，积极履行道义责任。因此，专项立法有助于突出重点，分步实施、逐步推广，着力解决当前存在的突出问题。

（四）企业社会责任专项立法是提高监督机关行政执法能力，协调和解决企业社会责任执法难的必然要求

由于企业社会责任行政执法涉及劳动、环保、产品质量等等多个行政主管部门，多头执法及其协调是当前企业履行社会责任监督管理工作中应当解决的问题，也是对行政机关执法为民能力的考验。因此，通过专项立法建立联合执法协作制度（目前有的地方有这样的制度，但还未上升到法律层面），建立联合执法协作处和联席会议，由各级行政主管部门有计划地组织开展联合执法行动，可以有效解决上述问题，提高综合执法效率，从而有效解决多头执法或执法冲突而产生的执法效益不高问题。另外，企业社会责任专项立法也为行政机关协调和解决其他法律的执法难问题提供了宝贵的经验。

（五）企业社会责任专项立法是当前构建和谐社会的必然要求

从构建和谐社会意义上说，加强企业社会责任的专项立法，督促企业承担社会责任，有利于促进我国企业改善职工的基本生产和生活条件、加强安全生产管理、关注社会慈善事业、建立企业良好的商业道德意识、加强环境保护，使企业的生产活动建立在可持续发展基础之上。企业社会责任立法不仅与我国的国家政策和长远目标完全一致，而且能更好地促进我国诸如劳动法、安全生产法、职业病防治法、环境保护法等一系列与企业社会责任有关的法律法规在企业内部得到切实贯彻实施，减少社会失业，提高人民生活水平，促进社会公平、有序、协调地发展。企业社会责任的履行，有利于解决和协调企业资本与各利益群体之间的矛盾冲突，使企业树立清晰、正确的商业伦理和经营理念。理想的和谐社会不仅仅是经济的快速发展，更是全社会各利益群体之间的和谐共处。

（六）企业社会责任专项立法是我国提升国际竞争力的必然要求

企业社会责任立法及其责任标准的推行，从近期来看，有利于提升我国外向型企业的发展水平和国际竞争力，从而起到扩大内需和稳定社会预期的作用；从长远来看，有利于我国产业结构的调整和升级，提高我国出口产品的技术含量和附加值。

从国内发展来看，加强企业社会责任立法是贯彻党“以人为本、构建和谐社会”执政理念的具体行动。这不仅是政府的责任，也是企业的责任。它也是落实宪法、切实保护劳动者合法权益的需要。

（七）企业社会责任专门立法有较高的社会认可度

我们针对上海、江苏、杭州、宁波、金华、温州、义乌、江西、四川等省市的企业作了长达半年的问卷调查，在问到“您觉得需不需要制定一部《企业履行社会责任促进法（或条例）》？”的问题时，有 90%的被调查对象认为有必要制定。说明企业社会责任专门立法有较好的群众基础和较高的社会认可度。

（八）企业社会责任专项立法是加快我国企业履行社会责任的立法步伐的必然要求

尽早制定和颁布《中华人民共和国企业履行社会责任促进法》，实施我国全面促进企业履行社会责任的法律，是推进我国企业社会责任法制建设，落实科学发展观，构建我国“和谐社会”的重要举措。有法可依，执法必严，是推进企业履行社会责任的基本手段，加强我国企业社会责任专项立法，可以为推进我国“和谐社会”建设提供有效的制度支持和有力的法治保障。

总之，企业社会责任是一个多边道德风险与法律问题。当前我国不少企业的社会责任意识淡薄，不仅与这些企业经营者道德和法律素质不高有关，更重要的是相应的企业社会责任法律机制不健全。建构社会主义和谐社会，从法律的角度看，就是要将科学发展观和构建和谐社会的要求转化为法律上的具体规定，创设以公平、正义为价值基础的利益均衡法律制度。我们认为，通过建构一个以企业社会责任法（或条例）为核心，经济法为主干，其他社会法相配合的，综合的、全面的、有实效的企业社会责任法律法规体系，定能逐步改观我国企业社会责任现状，推进我国的市场经济体制的不断完善，为建设社会主义和谐社会做出应有的贡献！

二 《中华人民共和国企业履行社会责任促进法》（立法建议稿）

（一）总则

第一条 （立法宗旨）为了规范企业行为，促进企业履行社会责任，根据国家有关法律、法规规定，结合我国实际，制定本法。

第二条 （法律原则）企业履行社会责任应当遵守经济效益与社会效益相结合，企业发展与社会可持续发展相统一，人与社会环境和谐共处的原则。

第三条 （适用范围）在我国领域内从事生产经营活动的企业均适用本法。国家有关法律、法规对涉及企业社会责任另有规定的，适用其规定。

第四条 （生产经营原则）企业生产经营，实行效率优先、兼顾公平、综合管理的原则。

第五条 企业或行业协会应当在本协会的职责范围内督促会员企业履行企业社会责任，政府鼓励企业或行业协会采取共同行动促进企业履行社会责任状况的改善。生产经营单位是企业履行社会责任的责任主体，应当加强企业社会责任的管理、监督工作，完善企业履行社会义务责任制，确保企业履行社会责任。

第六条 （政府职责）各级人民政府负责本行政区域内的企业履行社会责任工作的监督、管理、服务和指导。

县级以上人民政府应当加强企业履行社会责任的指导，将企业社会责任纳入国民经济和社会发展规划，组织建立和完善企业履行社会责任激励、监督管理体系；建立、健全企业履行社会责任目标责任制和行政责任追究制度，督促、支持有关部门依法履行企业社会责任监督管理职责，及时协调、解决企业社会责任工作中的重大问题。

各级劳动行政主管部门、环境保护行政主管部门、工商行政主管部门、质量监督等行政主管部门，依照有关法律、法规规定在管辖的区域内对企业履行社会责任实施监督管理。

（二）企业社会责任内容

第七条 （禁止使用童工）企业不得招收和使用 16 周岁以下的未成年人，符合国家有关规定的除外。

第八条 （最低工资标准）企业提供给所有员工的工资均不得低于当地市级人民政府规定的最低工资标准。

第九条 （工资和津贴的发放）企业不得无故拖欠或克扣员工工资，应当每月定期足额以货币形式发放工资。

第十条 （加班工资）员工在节假日及正常工作日八小时以外的加班，企业应当按照《中华人民共和国劳动法》等法律、法规规定的标准发放加班工资。

第十一条 （签订劳动合同）企业应当和全日制劳动者签订书面劳动合同，建立职工名册备查。

第十二条 （劳动保险）企业应当依法为员工缴纳养老保险、医疗保险以及其他基本劳动保险费用。

第十三条 （员工的健康与安全）企业应当为职工提供健康与安全的工作环境，并采取适当的措施，最大限度地降低工作环境中的危害隐患，以避免安全事故和职业病的发生。

企业应当保证所有员工接受定期和有纪录的健康与安全训练，并及时培训新进和调职员工。

第十四条 （工作场所的卫生条件和宿舍条件）企业应当在工作场所为员工设置方便、安全、卫生的饮水及厕所卫生设施，并为员工提供安全卫生的宿舍。不提供宿舍的企业应当给予不低于当地人均最低住房面积房租的补贴。对于高险工种岗位的员工，企业应当为其提供必需的安全防护条件。

第十五条 （周工作时间和休息时间）企业应当遵守法律及行政法规有关工作时间的规定，不得要求员工一个星期的工作时间超过 48 小时，应当保障员工每七天之内至少一天的休息时间。

第十六条 （参加和组织工会权、集体谈判权）企业应当尊重员工自由参加和组织工会以及集体谈判的权利，保障工会代表依法行使其权利。

第十七条 （尊重员工辞职自由）企业应当尊重员工辞职的自由并在劳动合同中明确注明，不得要求员工交纳押金，也不得扣留员工的身份证、专业岗位证书等证件。

第十八条 （禁止非法辞退员工）企业不得非法辞退员工，也不得以无故变更劳动合同所约定的工作条件、工作待遇，提高工作要求、增加工作量等变相手段逼迫员工自行辞职。

第十九条 （禁止体罚、胁迫及侮辱）严禁企业对员工进行体罚、精神或者肉体胁迫以及侮辱。

第二十条 （禁止歧视行为、尊重宗教信仰自由）严禁企业因种族、宗教、身体、残疾、年龄、户籍、性别等原因对员工在聘用、薪金、培训机会、升迁、解雇或退休等方面有歧视行为。

企业应当尊重员工的宗教信仰自由，并为员工提供必要的宗教自由便利。

第二十一条 （尊重风俗习惯）企业应当尊重员工的风俗习惯并为其提供便利。

第二十二条 （禁止性侵扰）严禁对员工进行性侵扰。严禁企业在生产经营活动中制定和采用侵害员工人身权、隐私权的管理措施。

第二十三条 （禁止利用劳务合同或学徒工制度规避法律）严禁企业采用纯劳务性质的合同或虚假的见习期（学徒工制度）等，来逃避劳动法律、法规规定的义务。

第二十四条 （可持续发展规划）大中型企业应当制定并实施可持续发展规划，该规划应当包括有利于环境保护、资源利用的废物回收利用计划、生产技术改造计划以及资金保障计划等。

第二十五条 （环保计划和制度的建立）可能造成环境污染的，企业应当把环境保护工作纳入企业发展计划，并建立本企业的环境保护责任制度。

第二十六条 （净化设施、排放标准）企业应当使用合格有效的污染物处理设备和设施。

企业排放的污染物经过净化处理后应当达到国家、地方规定的标准，不得以偷排、稀释、渗井或者以不正当掩埋等方式排放污染物。

第二十七条 （绿化责任）企业应当绿化厂房、办公区和生活区，以创造舒适的工作和生活环境。

第二十八条 （清洁生产规章制度）工业企业应当根据国家清洁生产法律法规制定适合本单位的清洁生产规章制度。

第二十九条 （清洁能源措施）企业应当使用有利于环境保护的能源，逐步改善燃料结构，开发利用清洁能源。

第三十条 （清洁生产设施和综合利用）企业应当使用对员工健康影响小、资源利用率高、污染物产生量少的工艺和设备，并在生产过程中对“三废”以及余热等进行综合利用或者循环使用。

第三十一条 （环保理念与企业文化的结合）企业文化和经营理念中应当包含“保护自然、爱护环境”的思想。

第三十二条 （对消费者的责任）企业应当尊重消费者权利，维护消费者利益，履行对消费者在产品或服务质量方面的承诺，保证提供优质产品和满意的服务，不得欺诈消费者和谋取暴利。

第三十三条 （提供真实信息）企业向消费者提供的信息应当真实有效，而无论对其商品或者服务的宣传、产品说明，还是对消费者就其商品或者服务所提出有关问题的答复。

第三十四条 （安全责任）企业应当保证向消费者提供符合人身和财产安全要求的商品或者服务。

企业若发现其提供的商品或者服务存在严重缺陷，即使正确使用商品或者接受服务仍然可能对人身、财产安全造成危害的，应当立即通过有效途径告知消费者，并采取防止危害发生的措施。

第三十五条 （格式条款的限制）企业制定的格式条款应当充分考虑消费者的各种权利，禁止做出对消费者不公平、不合理的规定。

第三十六条 （销售企业的产品质量责任）企业不得销售失效、变质和国家明令淘汰并禁止销售的产品。销售企业应当建立并执行进货检查验收制度，验明产品合格证明和其他标识。

第三十七条 （对社区的责任）企业应当根据自己的条件和可能为改善所在社区的基础设施条件、生活环境给予必要的人力和物力支持。企业应当优先聘用所在社区的下岗职工。

第三十八条 （企业文化建设及其与社区文化建设的关系）企业文化应当符合社会主义先进文化理念，并与社区文化相结合。企业应当根据自己的条件和可能，积极关心和支持社区文化的发展。

第三十九条 （纳税义务）企业应当依法纳税，并接受政府的依法管理和监督。

第四十条 （精神文明和社会公益责任）企业应当以诚信经营的作风在社会主义市场文化和精神文明建设中起到表率作用。企业应当积极参与社会公益事业，鼓励员工参加志愿者活动，并为他们参加活动提供便利条件。

第四十一条 （公平竞争）企业应当自觉遵守有关公平竞争的法律法规，尊重竞争对手的正当权益，自觉维护良好的市场竞争秩序。

第四十二条 （上市公司对投资者的责任）筹资企业应当保护投资者利益。为了保证投资者获得较为稳定的投资回报，资本市场上的筹资企业应当稳健经营，并按法律规定定期或不定期地向投资者披露企业的财务和经营信息。

（三）政府的责任

第四十三条 （基本原则）各级人民政府应当引导、促进、监督企业依法履行社会责任，并且鼓励、保护公民和社会对企业履行社会责任进行监督。

政府有关部门应当加强企业履行社会责任的指导，组织制定或者授权社会组织制定企业履行社会责任的具体标准。

政府有关部门在监督企业履行社会责任的过程中，应坚持合法、效率、全面以及双向监督的原则。

第四十四条 （宣传引导制度）各级人民政府应当向企业积极宣传“营利最佳化目标”和“营利合理化目标”，强化企业对其所在地居民、劳动者、消费者、债权人及社会公共利益的社会责任意识。

行业协会应当配合政府有关部门做好企业履行社会责任信息的宣传工作。

第四十五条 （信息公开制度）县级以上人民政府应当建立企业履行社会责

任信息网络平台，及时提供与企业履行社会责任相关的法律、法规、标准、政策、措施等信息服务。

政府有关部门应当采用公告、简报、新闻发布会等形式，定期向社会公布企业履行社会责任的情况，及时公开有关企业怠于履行社会责任及其处理结果的信息。任何单位和个人均有权查询相关记录。

第四十六条 （资金支持制度）县级以上人民政府应当设立企业履行社会责任的基金。

第四十七条 （表彰奖励制度）对在履行社会责任工作中做出显著成绩的企业和企业家，各级人民政府应当给予表彰和奖励，以树立其在当地、全国乃至国际上的良好形象。

受表彰和奖励的企业依法享受减征或者免征相关税收，或者由政府设立专门的奖励基金予以奖励。同时，政府鼓励金融机构在审核贷款、债券发行等环节支持受表彰和奖励的企业。

第四十八条 （监督管辖）企业履行社会责任监督管理实行属地原则，由企业所在地的政府及其有关部门实施。

第四十九条 （联合执法协调制度）为解决企业履行社会责任管理工作中的多头执法及其协调问题，加强执法协作，由各级劳动行政主管机关、环保行政主管机关、产品质量行政主管机关等有计划地组织开展联合执法行动。

（1）各级人民政府牵头建立联合执法协调处，由联合执法协调处统一部署联合执法工作，明确联合执法的主要内容、启动机制、工作程序及保障措施。

（2）联合执法启动分常规启动、专项启动、突发启动三种机制。启动后实行“联合执法、分家处理”的工作机制，对职责不清、涉及部门较多的由联合执法协调处协商解决。

（3）根据企业履行社会责任管理阶段性工作重点，联合执法协调处应定期召开由各级行政主管部门负责人参加的联席会议，通报交流行政执法工作情况，研究分析执法中存在问题及解决对策。对重大事件或各级人民政府认为有必要时，可随时召开联席会议或开展联合执法。

（4）各部门在日常监督管理中遇有需相关部门配合的事宜，由联合执法协调处与相关部门职能科（队）室联系，相关部门必须积极配合，确保人员到位，执法到位。

第五十条 （目标管理制度）各级人民政府应当建立企业履行社会责任监管指标体系，对企业履行社会责任监管工作实行目标管理；定期召开工作会议，专题研究本地区企业履行社会责任的监管工作。

省人民政府对所属有关部门和县级人民政府的企业履行社会责任监管工作进行综合考核；县级人民政府对所属有关部门和乡镇人民政府、街道办事处的企业履行社会责任监管工作进行综合考核。考核结果纳入其政绩考核内容。

乡、镇人民政府和街道办事处根据本地区企业履行社会责任监管工作的需要，明确负责企业履行社会责任监管工作的机构或者人员，组织、协调、检查本地区企业履行社会责任监管工作，对怠于履行社会责任的行为，及时向有关部门报告。

第五十一条 （社会监督制度）任何单位或者个人对企业怠于履行社会责任的违法行为，均有权向政府有关部门报告或者举报。

政府有关部门应当公开举报电话、通信地址或者电子邮件地址，受理有关企业怠于履行社会责任的举报并依法及时做出处理。

政府有关执法部门应当建立企业履行社会责任方面的信息披露制度，将在履行社会责任方面优秀和影响恶劣的企业向社会公布，推动社会舆论对于企业履行社会责任的监督。

县级以上人民政府应当鼓励推动企业履行社会责任的非政府组织的建立，以督促企业自觉履行社会责任。

第五十二条 （国际合作制度）各级人民政府应当进一步加强企业社会责任事宜的国际交流与合作。

（四）法律责任

第五十三条 （违反本法禁止性规定的法律责任适用）违反本法规定的行为，其他法律、法规已有处罚规定的，从其规定；构成犯罪的，依法追究刑事责任。

第五十四条 提供虚假履行企业社会责任有关资料，骗取税收等国家优惠政策的，由相关行政主管部门责令改正；拒不改正的，依照有关法律、法规处理。

第五十五条 （中介机构及其执业人员的法律责任）从事企业社会责任认证、审计等的中介机构及其执业人员出具虚假报告，或者与当事人串通牟取不正当利益的，由相关主管部门给予警告。给当事人造成经济损失的，责令其依法承担民事责任。

第五十六条 （政府及有关部门责任人员的法律责任）有关主管部门及其工作人员，有下列行为之一，情节严重的，对直接负责的主管人员和其他直接责任人员依法给予行政处分：

（1）向企业指定提供环境影响评价、安全评价、产品质量认证、社会责任审计等服务的中介机构的；

（2）违法向企业收取法律、法规规定的收费标准之外费用的；

（3）强制或变相强制企业提供赞助、捐赠或者加入协会、接受有偿服务的；

（4）强制或变相强制企业参加与履行企业社会责任有关的培训、评比、表彰、鉴定、考核等活动的。

（5）其他损害企业合法权益的违法行为。

因前款行为给企业造成经济损失的，应当依法予以赔偿。

（五）附则

第五十七条 本法相关用语的含义如下：

（1）企业，是指以营利为目的的公司、合伙企业、个人独资企业、中外合作企业、中外合资企业和外商独资企业。

（2）企业社会责任，是指企业在创造利润、对股东利益负责的同时，还要承担对员工、对消费者、对社会和环境等的社会责任。

（3）伦理责任，是指法律法规没有规定的道德层面的行为与活动。这些行为与活动是社会大众期待企业能做到的伦理事项。

（4）慈善责任，是指企业出于自愿的行为与活动。如教育事业、帮助社区改善公共环境、志愿为社区工作、对外捐助等。

第五十八条 本法自 年 月 日起施行。

附录三

《宁波市企业信用监管和社会责任评价办法》的发布稿、说明和解读

一 《宁波市企业信用监管和社会责任评价办法》发布稿

2011 年 12 月 2 日宁波市人民政府第 114 次常务会议审议通过，2011 年 12 月 21 日宁波市人民政府第 192 号令发布，自 2012 年 3 月 1 日起施行。

（一）总则

第一条　为了提高企业信用水平，改善政府服务，规范企业社会责任评价，促进企业与社会、环境全面协调和可持续发展，根据有关法律、法规规定，制定本办法。

第二条　本市行政区域内企业信用信息记录、共享、监管、运用和企业社会责任评价管理，适用本办法。

第三条　企业信用监管和社会责任评价应当遵循客观、规范、公平、公开、公正的原则，依法维护国家利益、社会利益和企业合法权益。

社会责任评价实行政府主导、企业自主、社会参与、评价机构独立评价的工作机制。

第四条　市和县（市）区人民政府负责统筹、协调推进全市企业信用体系与企业社会责任制度建设。

第五条　市工商行政管理部门受市人民政府委托，承担全市企业信用信息数据库管理工作，负责全市企业信用信息记录、共享、运用的综合管理，协助做好企业社会责任评价工作。县（市）工商行政管理部门负责本行政区域企业信用信息记录、共享、运用的综合管理工作。

市和县（市）区人民政府设立或者确定的企业社会责任评价机构负责本行政区域内的企业社会责任评价工作。

各级行政管理部门以及依法授权承担公共事务管理职能的组织应当依照各自职责对企业信用和履行社会责任情况实施监督、管理与服务。

工商业联合会、行业协会和其他行业组织协助推进企业信用和社会责任建设。

（二）信息记录与共享

第六条　工商、发展和改革、财政、税务、经济和信息化、对外经济贸易、

科学技术、人力资源与社会保障、安全生产、食品药品、卫生、环境保护、贸易、公安、交通运输、质量技术监督、住房与建设、规划、国土资源、城市管理、文化广电新闻出版、农业、海洋与渔业、水利、旅游、口岸、民政等行政管理部门以及依法授权承担公共事务管理职能的组织（以下统称企业信用信息提供单位），对在依法履行职责过程中获取的企业信用信息，应当进行客观、准确、全面的记录，并按照《宁波市政府信息资源共享管理办法》的有关要求对企业信用信息资源实行共享。

人民银行、国家税务、海关、出入境检验检疫、海事等国家垂直管理机构和人民法院等司法机关，可以按照约定与市工商行政管理部门进行有关企业信用信息资源的共享与管理合作。

第七条 企业信用信息记录范围包括：

（1）本市依法登记注册的企业信用信息；

（2）在本市开展经营活动的非本市企业信用信息。

本市依法登记注册的企业在本市设有分支机构的，分支机构的信用信息应当与其企业信用信息合并记录。

第八条 市工商行政管理部门应当会同市信息化行政管理部门制定《宁波市行政机关共享企业信用信息目录体系》，作为全市行政机关共享企业信用信息和业务协同的基础。列入《宁波市行政机关共享企业信用信息目录体系》的企业信用信息，必须实行共享。

企业信用信息提供单位应当对所拥有的企业信用信息资源进行分类整理，确定可以共享的内容及共享条件，按照《宁波市行政机关共享企业信用信息目录体系》规定的内容向工商行政管理部门提供本单位记录的企业信用信息，并确保信息真实、可靠、完整、适时。

第九条 工商行政管理部门负责整合企业信用信息提供单位提供的信息，纳入企业信用信息数据库。

工商行政管理部门整合的企业信用信息应当与企业信用信息提供单位提供的信息内容一致，不得篡改、虚构或者有选择性地整合信息。

第十条 工商行政管理部门和企业信用信息提供单位应当建立企业信用信息安全管理制度，保障企业信用信息的安全。

第十一条 除了涉及国家秘密、商业秘密、个人隐私和按照国家有关规定不得公开的企业信用信息以外，工商行政管理部门和企业信用信息提供单位应当通过互联网等公共媒体，向社会公开企业的基本信用信息。

公民、法人和其他组织可以通过市人民政府企业信用监管网站免费查询企业的基本信用信息。

（三）企业信用监管

第十二条　企业信用信息提供单位应当建立本单位、本系统的企业信用管理体系，确定分类等级标识。

企业信用等级除法律、法规另有规定外，分为 A、B、C、D 四类进行分类等级标识：A 类表示信用风险很小；B 类表示信用风险较小；C 类表示信用风险较大；D 类表示信用风险很大。

企业信用信息提供单位应当根据管理实际需要，细化规定 A、B、C、D 四类企业信用状况的具体内容，并逐步实现动态监管、及时更新有关企业信用信息。

第十三条　各级行政管理部门以及依法授权承担公共事务管理职能的组织履行法定监督管理、检查职责时，应当结合企业信用状况实施分类管理，确定合理的监督检查频率。除法律法规和国家部门另有规定的以外，应当根据企业的信用等级和行业特征设置 A、B、C、D 四类进行监管，提高监管效果。

（1）A 类管理。实施低频率管理。适用于等级标识为 A 类的企业。对该类企业应当减少或者免除日常监督检查，可以实行跨年度监督检查；

（2）B 类管理。实施较低频率管理。适用于等级标识为 B 类的企业。对该类企业应当每年进行监督检查，监督存在问题的整改情况；

（3）C 类管理。实施较高频率管理。适用于等级标识为 C 类的企业。对该类企业应当每年进行不少于两次的监督检查，重点监督违法失信行为的整改情况和了解依法需要关注的问题；

（4）D 类管理。实施高频率管理。适用于等级标识为 D 类或者列入国家规定的重点监控行业的企业。对该类企业应当加强日常监督检查或者增加抽查频率进行重点监管，及时监督违法失信行为的整改情况和了解依法需要关注的问题。

第十四条　市工商行政管理部门根据各个企业信用信息提供单位确认的信用状况，合成确定企业的综合信用等级标识。

企业综合信用等级标识分为 A、B、C、D 四类。企业综合信用等级标识确定的具体办法由市工商行政管理部门另行制定、公布。

企业综合信用等级在企业信用信息提供单位之间进行实时共享，并在市人民政府企业信用监管网站及其他公共媒体上予以公示，接受公众的咨询、评议和监督。

第十五条　企业可以通过数字证书在互联网上登陆市人民政府企业信用监管网站获取自身所有的信用信息，并可以通过数字证书产生的随机号授权他人查询本企业的信用信息。

第十六条　企业认为市人民政府企业信用监管网站或者有关管理部门采集、保存、对外提供的企业信用信息存在错误、遗漏的，有权向有关管理部门提出异议，要求更正。

有关管理部门收到异议后，应当在收到异议之日起 20 个工作日内进行核查和处理，并将处理结果答复企业。

（四）社会责任评价与促进

第十七条 市和县（市）区企业社会责任评价机构应当利用本市企业信用信息数据库的有关信用信息数据，结合企业类型、规模、所在的行业发展特点等因素，展开企业社会责任评价工作。

第十八条 企业社会责任评价机构根据企业信用状况对企业履行社会责任情况分别进行依申请评价和主动评价。

对企业综合信用等级标识为 A 类、B 类、C 类的企业，依据企业的申请由企业社会责任评价机构对其履行社会责任情况做出评价，公布评价结果。

对企业综合信用等级标识为 D 类的企业，企业社会责任评价机构可以纳入主动评价的范围，适时进行评价并向社会公布评价结果。

第十九条 企业申请社会责任评价的，应当向企业社会责任评价机构提交有关材料，并对其申请材料内容的真实性负责。

第二十条 评价企业履行社会责任状况，主要是对企业发展、劳动关系、环境关系、社会关系、组织关系、企业文化以及企业职工满意度和社会公认度等方面的内容进行全面评价。

第二十一条 企业社会责任评价的具体标准按照本市《企业社会责任评价准则》的规定执行。

《企业社会责任评价准则》由市企业社会责任评价机构、市工商行政管理部门、市经济和信息化管理部门会同有关行业协会和专家起草，并应当广泛征求企业和企业利益相关者的意见。

《企业社会责任评价准则》起草完成后，按照地方标准管理有关规定报市标准化行政主管部门批准，并向社会公布。

第二十二条 企业社会责任评价机构对依申请评价的，分别评出不达标、达标和优秀三个评价等级。

企业社会责任评价机构主动评价的，分别评出不达标或者社会责任严重缺失二个评价等级。

依申请评价的，企业社会责任评价等级每次的有效期为 2 年。每次评价等级有效期届满前 6 个月内，符合条件的企业可以提出重新评价申请。

第二十三条 企业社会责任评价机构对依申请评价的，应当按照下列程序进行：

（1）受理申请；

（2）核实企业信用状况，按管理职责分工提交有关管理部门进行审核；

（3）组织进行职工、客户满意度和社会公认度测评，按照《企业社会责任评价准则》提出初步评价意见；

（4）审核初步评估意见并拟定评价等级；

（5）向社会公示拟定的评价等级，征求意见；

（6）确定评价等级，向企业送达评价结果。

第二十四条　对依申请评价的，企业有下列情形之一的，企业社会责任评价机构应当做出不予受理的决定：

（1）发生一般以上生产安全死亡事故的；

（2）因违反劳动与社会保障法律法规而引发职工群体性事件的；

（3）发生重大恶性刑事案件的；

（4）因违反有关行政管理法律法规而受到重大行政处罚的。

前款重大恶性刑事案件、重大行政处罚的标准，按照省、市有关规定执行。

第二十五条　企业社会责任评价机构应当自受理企业社会责任评价申请之日起 7 日内做出准予受理的决定。不予受理的，应当说明理由，并告知企业可以在 20 日内向企业社会责任评价机构申请复核。

第二十六条　企业社会责任评价机构主动评价的，应当按照下列程序进行：

（1）在企业综合信用等级标识为 D 类的企业中选择确定拟主动评价的企业；

（2）核实企业信用状况，按管理职责分工提交有关管理部门进行审核；

（3）按照《企业社会责任评价准则》提出初步评价意见；

（4）按照有关规定审核初步评价意见并确定评价等级；

（5）向社会公示拟定的评价等级，征求意见；

（6）向社会公布评价结果。

第二十七条　企业社会责任评价机构可以组建评价专家组承担企业社会责任评价工作。评价专家组成员由企业社会责任评价机构从企业社会责任评价专家库中随机选择确定。

第二十八条　企业认为评价结果不合理或者不符合实际情况的，可以在 15 日内向企业社会责任评价机构申请复核评价结果。

企业社会责任评价机构应当重新组建评价专家组进行复核评价。

评价专家组应当充分听取企业的陈述，按照评价标准做出最终复核评价决定。

第二十九条　获得达标、优秀评价等级的企业，有下列情形之一的，经企业社会责任评价机构确认，应当降低其评价等级；情节严重的，撤销评价等级：

（1）评价中提供虚假情况和资料，或者与评价机构工作人员串通作弊，致使评价情况失实的；

（2）涂改、伪造、出租、出借评价等级证书的；

（3）受到较大数额罚款、没收非法所得，限期停业整顿、吊销行政许可等行政处罚的；

（4）其他违反法律法规规定情形的。

被降低评价等级的企业在 2 年内不得提出评价申请，被取消评价等级的企业在 3 年内不得提出评价申请。

企业社会责任评价机构应当以书面形式将降低或者取消评价等级的决定告知企业并向社会公告。

第三十条　企业社会责任评价机构应当制定企业社会责任评价的有关工作制度和管理规定，公正、独立、客观地开展评价活动，采取合理、有效措施保证评价质量，并接受有关管理部门的监督、检查。

第三十一条　企业可以按照《企业社会责任评价准则》的要求，结合本企业实际，制定推进企业社会责任的规划、年度计划。

鼓励企业通过互联网、报纸等公共媒体公开发布履行社会责任年度报告。

第三十二条　鼓励企业行业协会建立行业性企业社会责任评价制度、参与企业社会责任评价标准起草，开展企业社会责任知识普及、培训、咨询等活动。

企业社会责任评价机构可以委托行业协会对企业履行社会责任的情况进行评议。

第三十三条　企业利益相关者和消费者可以对企业履行社会责任情况进行监督，举报企业在履行社会责任中的不良行为。

企业社会责任评价机构应当对企业履行社会责任状况的举报案件及时提出处理意见，并告知举报人。

（五）成果运用

第三十四条　市、县（市）工商行政管理部门应当定期对本行政区域内企业信用监管总体状况进行汇总、分析、评估，提出有关工作建议，向本级人民政府报告。

企业社会责任评价机构应当定期对企业履行社会责任总体状况进行分析，提出有关工作建议，向本级人民政府报告，并逐步建立企业社会责任评价年度报告公开发布制度。

第三十五条　企业社会责任评价机构应当定期向社会公布获得优秀、达标、不达标评价等级的企业名录和社会责任严重缺失企业名录。

对获得不达标评价等级的企业、社会责任严重缺失企业，有关行政管理部门可以对其法定代表人或者负责人进行约谈。

第三十六条　市和县（市）区人民政府设立最具社会责任企业奖，对获奖企业给予奖励。

最具社会责任企业奖在社会责任评价等级为优秀的企业中通过公开评选方式产生。

第三十七条　对综合信用等级标识为 A 类或者社会责任评价等级为优秀的企业，有关管理部门应当实施下列激励措施：

（1）在法定权限范围内减免税收；

（2）优先享受科学技术、社会保障、节约能源、环境保护等方面的政府资金补贴；

（3）在产业发展、建设用地使用权供应等公共资源配置方面给予适当扶持；

（4）在政府采购和政府投资项目招标中作为重要的评审因素；

（5）优先推荐、安排其企业法定代表人或者主要负责人参加各类先进评比、享受有关政治待遇；

（6）法律、法规、规章和规范性文件规定的其他激励措施。

第三十八条　对综合信用等级标识为 D 类或者社会责任评价不达标的企业、社会责任严重缺失企业，有关管理部门应当在法定权限范围内采取下列制裁措施：

（1）依法从重实施行政处罚；

（2）取消评定相关荣誉的资格；

（3）不得减免税收或者政府非税收入，不得享受各类政府资金补贴或者参与政府采购和政府投资项目投标；

（4）在产业发展、建设用地使用权供应等公共资源配置方面进行限制；

（5）向社会发出消费、用工、投资等方面的风险警示；

（6）法律、法规、规章规定的其他制裁措施。

第三十九条　对综合信用等级标识为 D 类或者社会责任严重缺失企业，金融机构可以降低其授信等级、保险机构可以不予办理除法定强制保险外的商业保险业务，并可以将其法定代表人或者主要负责人列入不良信用名单。

第四十条　有关部门组织的涉及企业的各类考核、评价，应当充分运用企业信用监管和社会责任评价结果，不得进行重复评价，不得增加企业不合理的负担。

企业综合信用等级标识为 A 类或者企业社会责任评价等级为优秀的，其评价结果应当作为评选本市创建和谐企业先进单位的主要依据。

第四十一条　国内外征信机构需要了解、评估本市企业的信用和履行社会责任状况的，可以要求市工商行政管理部门和市企业社会责任评价机构提供有关企业的信用和履行社会责任状况的证明。

对符合有关条件的国内外征信机构，市工商行政管理部门和市企业社会责任评价机构应当免费提供本市有关企业信用和履行社会责任状况的证明。

市企业社会责任评价机构提供的评价结果可以作为国内外征信机构评估本市有关企业社会责任的依据。

（六）法律责任

第四十二条 企业信用信息提供单位未按本办法规定向工商行政管理部门和企业社会责任评价机构提供企业信用信息的，由工商行政管理部门和企业社会责任评价机构书面通知其限期提供；逾期不提供的，由本级人民政府给予通报批评或者对责任人给予行政处分。

第四十三条 企业信用信息提供单位、工商行政管理部门或者企业社会责任评价机构及其工作人员有下列行为之一的，由本级人民政府责令其限期改正，并对责任人给予行政处分；造成损害的，依法承担民事责任；构成犯罪的，依法追究刑事责任：

（1）披露或者泄露涉及国家秘密、商业秘密和个人隐私的企业信用信息的；

（2）伪造、更改和提供虚假企业信用信息的；

（3）使用企业信用信息进行营利活动的；

（4）对企业综合信用等级标识为 A 类或者企业社会责任评价等级为优秀的企业，未按规定采取激励措施的；

（5）对综合信用等级标识为 D 类或者社会责任评价不达标的企业、社会责任严重缺失企业，未按规定采取制裁措施的；

（6）其他滥用职权、玩忽职守、徇私舞弊的。

（七）附则

第四十四条 企业信用监管与社会责任评价工作经费列入各级政府预算，不得向企业收取任何费用。

第四十五条 本办法所称下列用语的含义如下：

（1）企业信用监管，是指各级行政管理部门以及依法授权承担行政管理职能的组织以信息技术为支撑，通过信用信息记录、信用监管评价、信用信息公示等方式，以激励、限制、惩戒等手段对企业经营行为实施监督管理。

（2）企业信用信息，是指各级行政管理部门以及依法授权承担公共管理职能的组织在履行职能过程中形成的用于识别企业身份，反映企业经营状况、履行法定义务等信用状况以及反映与企业经营决策相关的企业法定代表人、主要负责人的有关数据和资料，包括基础信息、良好信息和提示信息。

（3）市人民政府企业信用监管网站，是指宁波市人民政府设在互联网上网址为 www.nbcredit.net 的网站。

（4）企业社会责任，是指企业在追求自身发展的同时，对国家和社会全面发展、自然环境和资源保护，以及对股东、债权人、职工、客户、消费者、供应商、社区等利益相关者所应承担的各项责任。

（5）和谐企业，是指劳动关系和谐稳定、生产与环境协调发展、可持续竞争力强、履行社会责任达到规定标准的企业。

第四十六条　本市创建和谐企业先进单位的评选标准参照《企业社会责任评价准则》执行。

第四十七条　工商行政管理部门、企业社会责任评价机构可以参照本办法的规定对个体工商户和有关执业人员进行信用信息管理和社会责任评价。

第四十八条　本办法自 2012 年 3 月 1 日起施行。

二 关于《宁波市企业信用监管和社会责任评价办法（草案）》的说明

开展企业信用监管和社会责任评价工作既是创新政府管理模式、改善政府服务的需要，也是推动企业自觉履行社会责任，促进企业与社会、环境全面协调和可持续发展的需要。近几年来，宁波市在企业信用管理与创建和谐企业工作方面有了比较好的基础，特别是《市委、市政府关于全面开展和谐企业创建工作的实施意见》（甬党办〔2008〕36 号）发布以来，宁波市全面开展和谐企业创建工作，为开展社会责任评价工作积累了经验，同时，也对完善相关的制度建设提出了要求。市委、市政府《关于开展社会管理创新综合试点的实施意见》（甬党〔2010〕15 号）和《探索新经济组织管理服务机制试点工作实施方案》（甬社管〔2010〕5 号）明确要求推进企业社会责任制度化建设，建立以法律责任为核心的企业社会责任评价体系。因此，规范企业信用监管和社会责任评价相关制度十分必要。

《宁波市企业信用监管和社会责任评价办法》是 2011 年市政府规章制定项目，也是宁波市社会管理创新的重点项目。《宁波市企业信用监管和社会责任评价办法（草案）》由市政府法制办会同市总工会、市工商局起草。草案广泛征求了各县（市）区人民政府、市各有关部门和部分企业的意见，并在宁波市人民政府网、政府法制信息网上向社会公开征求意见。根据各方面的意见和建议，经过了多次修改、完善。9 月下旬，我们与市工商局、市总工会、市经济和信息化委员会进行了进一步沟通协调，达成了共识，形成了目前的送审稿。征求意见过程中，各地、各部门和有关企业普遍认为出台该办法十分必要并认同其中的主要内容。现就草案的主要内容说明如下。

（一）关于主管部门及职责分工

企业信用监管是社会责任评价的基础，社会责任评价是企业信用记录与监管的综合反映，两项工作均需借助全市企业信用信息数据库展开。考虑到目前有关部门职责分工，草案第五条第一款明确市工商局受市政府委托承担企业信用信息记录、共享、运用的综合管理工作。2002 年，根据市政府要求，市工商局成立了企业信用信息中心，依托全市企业登记信息数据库负责企业信用信息的记录、共享和监管等工作，目前已经实现了市级 18 个部门之间的信息共享，整合了本市 50 多万个经济主体的各类基础信息和信用信息，信息总量达 3600 多万条。草案第五条第二款规定企业社会责任评价工作由政府设立或者确定的机构负责。2007 年，市委、市政府决定由市总工会牵头负责全市和谐企业创建工作。2011 年 8 月，市机构编制委员会办公室批复同意市总工会设立宁波市企业社会责任评价中心，受政府委托负责全市企业社会责任评价工作，同时承担全市和谐企业创建有关工作。

（二）关于信息的记录和共享

为了更好地体现企业信用信息记录的完整性和权威性，草案第六条规定，市工商管理局、市发展和改革委员会等部门和有关组织对在依法履行职责过程中获取的企业信用信息进行记录并按照《宁波市政府信息资源共享管理办法》实行共享；人民银行等垂直管理机构和人民法院等司法机关，可以按照约定与市工商局进行企业信用信息的共享与管理合作。草案第七条明确了企业信用信息的记录范围。

为便于宁波市企业信用信息记录、共享和统一数据库的建设，草案第八条规定，由市工商局负责编制《宁波市行政机关共享企业信用信息目录体系》，各信息提供部门应当将各自所拥有的信息资源按照目录体系提供给市工商局；第九条规定，信用信息通过全市企业信用信息数据库进行交换。目前，《宁波市行政机关共享企业信用信息目录体系》正在抓紧制定。

（三）关于企业信用监管

为加强信用监管，使社会公众和市场主体更直观、便捷地了解企业的信用状况，草案第十二条、第十三条规定，企业信用信息提供单位应当按照国家企业信用等级表示方法（国家标准 GB/T22116-2008）进行分类管理，确定合理的监督检查频率和对应的监管措施，加强监督检查的针对性和实际效果。草案

第十四条规定，市工商局应当根据各个企业信用信息提供单位确认的信用状况，合成确定企业的综合信用等级标识，并在企业信用信息提供单位之间进行实时共享，同时，明确企业可以通过网络获取或者授权他人获取自身所有的信用信息。

（四）关于社会责任评价与促进

草案明确了社会责任评价工作的主要原则：一是草案第三条明确了社会责任评价实行政府主导、企业自主、社会参与、评价机构独立评价的工作机制。为尊重企业自主权，第十九条第一款明确了企业可以自主决定是否申请社会责任评价。二是把社会责任评价工作作为政府的一项服务工作，不向企业收费（草案第四十四条）。三是把社会责任评价与企业信用等级挂钩。草案第十八条规定按照企业的综合信用等级分类，分别进行依申请评价和主动评价。四是通过标准化的《企业社会责任评价准则》和规范的程序进行评价。考虑到企业社会责任评价标准的重要性，草案第二十一条明确《企业社会责任评价准则》由市企业社会责任评价机构、市工商管理局及市经济和信息化委员会组织有关专家起草，并按照地方标准的制定程序报市标准化行政主管部门批准并公布实施。在社会责任评价程序设置方面，草案第二十条、第二十二条至第三十二条分别设定了企业社会责任评价内容、评价主体、评价程序、评价结果以及复核和撤销程序，并规定了促进企业履行社会责任的相关措施。

（五）关于成果运用

明确了监管情况评价与报告制度。草案第三十四条、第三十五条要求对企业信用监管情况和企业社会责任评价进行分析，向本级政府报告，并明确了评价结果应当及时向社会公告。规定了相应的激励政策与制裁措施。草案按照市政府规章的权限，在第三十七条规定了六项激励措施、在第三十八条规定了六项制裁措施。另外，草案第四十条、第四十一条分别规定评价结果可以作为政府考评企业的依据和国内外征信机构等社会中介组织评估宁波市有关企业社会责任的依据。

（六）关于法律责任

草案第四十二条规定，企业信用信息提供单位未按本办法规定向市工商行政管理局和企业社会责任评价机构提供企业信用信息的，应当承担相应的行政责任。草案第四十三条对披露或者泄露涉及国家秘密、商业秘密和个人隐私的企业信用信息的，伪造、更改和提供虚假企业信用信息的，未实施激励措施或者限制措施等滥用职权、玩忽职守、徇私舞弊的行为设置了法律责任。

（七）关于企业社会责任评价与创建和谐企业工作衔接问题

为体现企业社会责任评价在创建和谐企业工作中的基础作用，并保持宁波市和谐企业创建工作的延续性，草案第四十条第二款明确了企业综合信用等级标识为 A 类或者企业社会责任评价等级为优秀的企业应当作为评选和谐企业的前提和依据，不作重复评价。同时，在第四十六条明确了宁波市和谐企业的评选标准参照《企业社会责任评价准则》执行。

三 关于《宁波市企业社会责任评价办法（专家建议稿）》的起草说明①

（一）总体设计思路和起草过程

1. 总体设计思路

企业履行社会责任问题既是体现企业价值观的核心问题，也是体现企业如何与经济社会和谐共生、协调发展的重大问题。推动企业履行社会责任是一项跨部门、跨领域的系统工程，涉及政府、非政府组织、企业和社会各界等多方主体。企业社会责任制度在国外发展的历史表明，法律是推动企业社会责任制度有效实施的重要抓手，企业社会责任的实行必须有多方法律机制的配合、协调和保障。从我国情况看，有关企业社会责任的制度建设工作刚刚起步，在法律规范层面，无论是国家立法还是地方立法层面，目前均没有专门规范企业社会责任的法律、法规和规章。尽管上海、山东、浙江等地先后展开了企业社会责任评价工作，但缺乏相关的地方立法予以保障。2007 年以来，宁波市在企业社会责任制度建设方面积极探索，着力于企业社会责任管理制度和其他相关制度的创新，通过企业信用监管、创建和谐企业等活动积累了大量经验。2008 年 7 月，出台了《宁波市和谐企业（社会责任）评价指标体系》，以企业发展、劳动关系、环境关系、社会关系、企业文化这五大类一级指标和 37 项二级指标作为评价市级和谐企业的基本依据，对参加创建宁波市市级和谐企业活动的企业进行了履行社会责任方面的评价。至 2011 年 6 月，宁波市已有 52 000 多家企业参加了和谐企业创建活动，其中，3990 家企业被评为创建和谐企业先进单位。《宁波市和谐企业（社会责任）评价指标体系》在评价过程中得到了广泛运用，接受了实践的检验。另外，宁波市扎实推进企业信用建设工程，宁波市的企业信用信息数据库建设和企业信用监

① 2010 年度国家软科学重大招标项目“企业社会责任指标体系研究”（项目负责人：易凌，项目编号：2010GXSID095）的阶段性成果。

管工作走在全国前列，这也为推动企业社会责任制度建设打下了非常好的基础。这些工作的积累为宁波市启动企业社会责任相关的地方立法工作打下了坚实的制度基础和实践基础。

《宁波市企业社会责任评价办法（专家建议稿）》（以下简称《建议稿》）正是在全面总结、提炼宁波市多年企业社会责任评价工作和企业信用监管工作的基础上形成的。《建议稿》在内容上以企业社会责任评价体系为抓手，着力于提升企业社会责任意识，规范企业社会责任评价行为，既为企业构建社会责任管理体系，加强社会责任管理，提供了行动指南，也为政府部门、评价机构、行业协会评价企业社会责任、推动企业履行社会责任提供了制度框架。《建议稿》谋求通过系统合理的制度安排和相应的实施机制，建立起有中国特色的、具有宁波特点的、可持续改进的企业社会责任管理体系，推动宁波的企业切实履行好社会责任，发挥法治保障和促进科学发展、服务大局的重要作用。

2. 起草过程

2010 年 10 月，宁波市政府法制办公室组织有关专家成立起草小组，着手研究《宁波市企业社会责任评价办法》的起草工作。2011 年 1 月，起草小组在认真总结研究宁波市和谐企业创建、企业社会责任评价与企业信用监管等工作经验的基础上，根据有关法律法规的规定，对企业社会责任评价立法内容的关键性条款所应具备的引领性、支撑性、针对性和有效性等问题进行了反复研究，拟定了《宁波市企业社会责任评价办法（初稿）》。《宁波市企业社会责任评价办法（初稿）》征求了宁波市各县区政府、市各有关部门和部分行业协会、企业的意见。各地、各有关部门、行业协会、有关企业普遍认为开展企业社会责任评价工作既是创新政府管理模式和改善政府服务的需要，也是推动企业自觉履行社会责任，促进企业与社会、环境全面协调和可持续发展的需要，出台《宁波市企业社会责任评价办法》非常必要，同时，也对《宁波市企业社会责任评价办法（初稿）》提出了不少意见和建议。对评价办法初稿规定的一些重大问题上，有关部门和企业有一定的分歧意见，主要集中在评价机构的法律性质如何明确、评价机构是市场运作还是政府主导、评价的基础信息如何确定、评价结果如何运用等问题上。针对各方提出的意见和建议，起草小组进行了认真修改，对重大问题进行了多次研究、论证。2011 年 3 月，起草小组经过多次修改，拟定了《宁波市企业社会责任评价办法（专家建议稿）》，再次征求了宁波市各县区政府、市各有关部门和部分行业协会、企业的意见，并到慈溪、北仑等地召开多个座谈会，广泛听取有关政府部门、行业协会、企业代表的意见和建议。2011 年 5 月，起草小组完成了《宁波市企业社会责任评价办法（专家建议稿）》的修改工作，并提交给宁波市政府法制办公室。考虑到《宁波市企业社会责任评价办法》在全国范围内是首个企业社会责任的地方立法项目，本着先易后难、逐步推进的原则，起草小组建议：先以宁波市政府规章形式发布实施，通过几年实践后，经过修改完善，再提交宁波市人民代表大会常务委员会审议，上升为宁波市的地方性法规。

（二）《建议稿》的指导思想、基本原则和立法目标

1. 指导思想

企业社会责任所要求的，主要是企业的决策和行动要对社会和环境负责，在遵守法律的前提下，以更高的道德标准要求企业自身，从而促进企业、社会和环境的可持续发展。为此，《建议稿》以科学发展观、和谐社会理论为指导，贯彻党中央共建共享和谐社会的精神，遵循依法治国和以德治国相结合的基本方略，立足于企业社会责任评价基础的全面性、科学性和客观性，充分发挥企业社会责任评价工作的作用，加强社会责任领域的共识和沟通，坚持统筹兼顾，协调发展，按照宁波经济社会发展的总体要求，通过政府引导、企业自主、社会参与、舆论监督、法律保障等途径，引导企业积极履行社会责任，加强社会责任体系建设，促进社会主义和谐社会建设，为宁波实现全面建成小康社会的宏伟目标做出更大贡献。

2. 基本原则

（1）坚持促进企业发展与履行社会责任相结合。在促进企业发展、转变发展方式的同时，同样重视企业履行社会责任。把企业发展与履行社会责任有机结合起来，督促企业在追求经济效益的同时，对利益相关者和环境负责，促进企业与社会、环境全面协调和可持续发展。将社会责任理念贯穿落实到企业的价值观、战略规划和治理机制中，落实到行为准则和能力要求中。

（2）体现企业社会责任评价基础的全面、客观和公正。《建议稿》全面总结了宁波市企业信用监管工作的经验，以宁波市企业信用信息数据库建设为基础，把涉及企业的所有政府部门的监督检查管理信息整合起来进行共享，使信用监管的结果能够全面体现、反映企业信用状况和履行法定义务的情况，全面、客观反映企业履行社会责任的基本情况。

（3）把企业社会责任评价工作与提高政府监管能力、改善政府服务结合起来。一方面，《建议稿》明确规定了信用监管结果是企业社会责任评价的基础，社会责任评价是信用监管的综合反映和成果应用；另一方面，《建议稿》把企业社会责任评价工作定位为政府的一项服务工作，所需工作经费纳入政府预算，不向企业收取任何费用。

（4）确立以政府主导、企业自主、社会参与、评价机构独立评价的工作机制，发挥各方主体的作用，推进企业社会责任评价工作。在初级阶段，发挥政府主导作用，由政府设立专门的评价机构（政府全额拨款的事业单位），同时积极培育第三方评价机构，以后逐步过渡到由第三方评价机构承担评价任务。

（5）立足宁波企业发展的实际状况，突出重点，分步推进，切实取得企业社会责任评价工作的成效。《建议稿》明确了要把社会责任理念与企业的价值观、战略规划和治理机制进行融合，鼓励企业创新发展理念、转变发展方式、激发创造活力、提升企业形象，这有利于宁波构建现代产业体系，加快推进经济结构转型、产业升级，进一步优化投资和贸易环境，降低社会交易成本。

3. 立法目标

《宁波市企业社会责任评价办法》的主要立法目标是：第一，通过企业社会责任评价工作推动企业自觉履行社会责任，督促企业在追求经济效益的同时，对利益相关者和环境负责，促进企业与社会、环境全面协调和可持续发展。第二，在经济全球化日益深入的新形势下，引导企业适应经济全球化进程，建立中国特色的、可持续改进的企业社会责任管理体系，树立良好的企业形象，扩大企业的国际影响和综合竞争力，有利于宁波企业参与国际经济交流与合作。第三，通过企业社会责任评价来改善政府服务、提高政府的监管能力，促进政府与企业良性互动，推进和谐社会建设。第四，率先在全国出台政府规章，为企业社会责任专项立法提供地方立法样本，为全国立法积累经验，推动企业社会责任立法工作深入发展。

（三）关于《建议稿》主要内容的说明

《建议稿》共七章四十五条，主要规范了企业社会责任评价体制、评价机构、评价基础、评价程序、企业社会责任促进与监督、评价结果运用、法律责任等方面的问题，其主要内容说明如下。

1. 关于企业社会责任评价体制

《建议稿》第三条明确了“政府主导、企业自主、社会参与、评价机构独立评价的工作机制”，第四条明确了“市和县（市）区人民政府负责统筹、协调推进本行政区域的企业社会责任制度建设”。这样规定的目的在于发挥各方主体各自的作用，合力共同推进企业社会责任评价工作。对评价行为是采用市场化模式还是政府主导模式，在征求意见过程中存在一定的争议。其中一种意见认为：评价机构应当借鉴国际经验，采用市场化模式，鼓励竞争，从上海等地的经验看，采用市场化模式，具有一定的优点。就政府作用而言，政府的主要角色应该是依法进行监督管理而不应直接承担评价工作。起草小组经多次研究，认为目前还不宜采用市场化模式，还是应该发挥政府的主导作用。理由如下：第一，从市场环境看，企业社会责任评价制度目前尚处在初级阶段，无论是在全国还是在宁波，与企业社会责任评价有关的活动整体上还缺乏充分竞争的市场环境。第二，从社会中介机构本身的发展状况看，市场化的评价机构本身的信用程度不高，而且获取评价信息的成本比较高。如果交由社会中介机构承担评价任务，可能会带来不少问题。一方面，社会中介机构的力量比较弱，其评价结果的公信力有待检验；另一方面，社会中介机构评价的费用比较高，容易增加企业成本与负担，影响企业参与评价的积极性。第三，从宁波市经验看，由政府主导的和谐企业创建工作，运作顺利，效果良好，深受企业欢迎。2008 年，宁波市委办公厅、市政府办公厅发布《关于全面开展和谐企业创建工作的实施意见》，建立了由政府主导的和谐企业创建工作机制，其中包含了企业社会责任评价的内容。几年的实践证明，政府主导模式实施效果良好。因此，《建议稿》确立了政府主导模式，认为建立企业社会责任评价制度的主要目的是为了推进企业更好地履行社会责任，是一种带有一定公益性的政府服务，从近期看，由政府设立专门的评价机构免费为企业进行评价、提供相关服务，这样的制度安排比较合理。另外，起草小组也认为：从市场经济发展的要求看，由政府设立专门的评价机构来承担企业社会责任评价工作，不应该作为一项长期的制度安排，而应该积极推动第三方评价制度的建立。随着市场经济体制和环境的不断完善，以后应该逐步过渡到由第三方评价机构承担企业社会责任评价任务。因此，在《建议稿》第二十九条第三款、第四款规定了“企业社会责任评价机构可以委托行业协会和符合条件的中介机构对企业履行社会责任的情况进行评议或者进行初步评价”，“逐步推行由经过招标确定的中介机构承担本市企业社会责任评价工作”。

2. 关于企业社会责任评价机构问题

《建议稿》第五条第一款规定了“市和县（市）区人民政府设立或者确定的企业社会责任评价机构负责本行政区域内的企业社会责任评价工作”。这样规定主要是从宁波市和谐企业创建工作经验提炼而成，也是企业社会责任评价政府主导模式的具体要求。从宁波市和谐企业创建工作经验看，早在 2007 年，宁波市委、市政府就成立了创建劳动关系和谐企业领导小组，并决定由市总工会牵头市级相关职能部门负责全市和谐企业创建工作，为宁波市开展企业社会责任评价打下了坚实基础。为了进一步做好企业社会责任评价工作，宁波市政府于 2011 年 8 月专门设立了一个事业单位，定名为宁波市企业社会责任评价中心，属政府全额拨款的事业单位，由市总工会负责管理，受政府委托负责企业社会责任评价工作，同时承担和谐企业创建有关工作。考虑到企业社会责任评价工作既涉及企业生产、经营活动的各个方面，又涉及行政监管的许多方面，特别是与企业信用信息数据管理的十分密切，因此，《建议稿》第五条第二款、第三款规定了“市工商行政管理局受市人民政府委托，承担全市企业信用信息数据库管理工作，协助做好企业社会责任评价工作。各级行政管理部门以及依法授权承担公共事务管理职能的组织应当依照各自职责对企业履行社会责任情况实施监督、管理与服务”。在企业信用管理机构方面，2002 年，宁波市工商局就成立了企业信用信息中心，依托全市企业登记信息数据库负责企业信用信息的记录、共享和监管等工作。至2011年3月，宁波市工商局企业信用信息中心已经征集了全市18个政府部门掌握的涉及全市各类企业的3900多万条信用信息。

3. 关于企业社会责任评价的基础信息

《建议稿》第六条规定“市和县（市）区企业社会责任评价机构应当把本市企业信用信息数据库的有关企业信用信息数据作为企业社会责任评价的基础，结合企业类型、所在行业发展特点、劳动关系、社会关系等因素，展开企业社会责任评价工作”。《建议稿》把有关企业信用信息数据作为企业社会责任评价的基础，主要是因为各级行政管理部门以及依法授权承担公共管理职能的组织在履行职能过程中所掌握的企业信用信息能够比较客观、全面反映企业履行法定义务和生产经营等方面的状况，是了解企业履行社会责任情况的基础信息。当然，由于受制于现行的行政管理体制架构，政府有关部门对企业信用信息进行充分共享的机制还没形成，有关企业的信用信息分散掌握在各个有权监管企业的政府部门中，因此，必须对企业的信用信息资源进行整合与共享。在企业信用信息资源整合与共享方面，《建议稿》第八条规定了“工商、发展改革、财政、税务、经济与信息化、对外经济贸易、人力资源与社会保障、安全生产、食品药品、卫生、环境保护、贸易、公安、交通、质量技术监督、住房与建设、规划、国土资源、城市管理、文化、农业、海洋与渔业、科技等行政管理部门以及依法授权承担公共事务管理职能的组织（统称企业信用信息提供单位），对在依法履行职责过程中获取的企业信用信息，应当进行客观、准确、全面的记录，并应当按照《宁波市政府信息资源共享管理办法》的有关要求对企业信用信息资源实行共享”。第九条规定了“市工商行政管理局应当会同市信息化行政管理部门制定《宁波市行政机关共享企业信用信息目录体系》，作为全市行政机关共享企业信用信息和业务协同的基础。列入《宁波市行政机关共享企业信用信息目录体系》的企业信用信息，必须进行共享。企业信用信息提供单位应当对所拥有的企业信用信息资源进行分类整理，确定可以共享的内容及共享条件，形成可以共享的信息资源目录，按照《宁波市行政机关共享企业信用信息目录体系》规定的内容向市工商行政管理局提供本单位记录的企业信用信息，确保信息真实、可靠、完整、适时”。为使社会公众直观、便捷地了解企业的信用状况，《建议稿》第十条规定，企业信用信息提供单位根据本系统的信用监管体系和行业特征确定企业的信用状况的等级并按照企业信用等级表示方法（国家标准GB/T22116-2008）进行分类管理；第十一条规定，由市工商局合成各企业信用信息提供单位提供的信用等级，确定企业综合信用等级。企业综合信用等级标识分为A、B、C、D四类进行等级标识。为了使社会责任评价与评价规范进行衔接，《建议稿》在第十三条第一款规定了“企业社会责任评价机构根据企业信用状况对企业履行社会责任情况分别进行依申请评价和主动评价”。

4. 关于社会责任评价的启动

首先，《建议稿》明确了尊重企业自主权，对企业是否申请参加社会责任评价一般情况下由企业自主决定。《建议稿》在第十四条第一款规定了“企业可以自主决定是否申请社会责任评价。”其次，为了增强对企业社会责任缺失的约束力，《建议稿》对社会责任评价的启动进行了分类处理。根据企业的综合信用等级分类，分别进行依申请评价和主动评价。对企业综合信用等级为A类、B类、C类的企业，根据企业的申请由企业社会责任评价机构对其履行社会责任做出评价；对企业综合信用等级标识为D类的企业，企业社会责任评价机构可以适时主动评价。从政府部门监管角度看，对企业综合信用等级标识为D类的企业，有关政府监管部门应该重点予以监管，而通过企业社会责任评价机构主动评价程序，可以主动发现一些社会责任缺失企业，及时向社会进行公示、公开有关信息，并向社会进行警示。总体上看，主动评价能够发挥两个方面的积极作用：一方面，经主动评价，对评价结果进行公示，同时结合有关的制裁措施可以对相关企业起到震慑和约束作用；另一方面，可以让全社会，特别是有关利益相关者了解社会责任缺失企业的真实情况，避免利益受损，有利于维护社会稳定。

5. 关于企业社会责任评价标准

在企业社会责任评价标准方面，《建议稿》明确了企业社会责任的五类评价指标，即企业发展、劳动关系、环境关系、社会关系和企业文化，涵盖了法律责任、道德义务、环境与生态保护、员工权益保障、社会融合与企业良性发展等方面的内容。考虑到企业社会责任评价标准的重要性，《建议稿》第十六条第一款规定了“企业社会责任评价的具体标准按照本市《企业社会责任评价准则》的规定执行”。第十六条第二款明确《企业社会责任评价准则》由市企业社会责任评价机构、市工商管理局及市经济和信息化委员会组织有关专家起草，并按照地方标准的制定程序报市标准化行政主管部门批准并公布实施。2012年2月，市企业社会责任评价中心会同有关单位起草完成了宁波市地方标准《企业社会责任评价准则》，具体包括了企业治理、企业信用、自主创新、劳动合同执行、资源节约、污染物排放、诚信经营、产品质量和安全、对消费者的责任、企业精神、文化组织等38个方面的要求。

6. 关于评价程序

《建议稿》分别规定了依申请评价程序和主动评价程序。企业社会责任评价机构对依申请评价的，分别评出不达标、达标和优秀三个评价等级。企业社会责任评价机构主动评价的，分别评出不达标或者社会责任严重缺失二个评价等级。

企业社会责任评价机构应当自受理企业社会责任评价申请之日起7日内做出准予受理的决定。《建议稿》对依申请评价的，设置了受理申请的门槛，对企业有四种情形之一的，不予受理：上年度发生一般以上生产安全死亡事故、上年度因违反劳动保障法律法规而引发群体性事件的、上年度发生重大恶性刑事案件的、上年度因违反有关行政管理法律法规受到重大行政处罚的。也就是说，这四种情形属于“一票否决”事项。在依申请评价程序方面，由企业社会责任评价机构组建评价专家组根据《企业社会责任评价准则》公平、公正进行企业社会责任评价，其主要程序是：①受理申请；②核实企业信用状况，按管理职责分工提交有关管理部门进行审核；③组织进行职工、客户满意度和社会公认度测评，按照《企业社会责任评价准则》提出初步评价意见；④审核初步评估意见并拟定评价等级；⑤向社会公示拟定的评价等级，征求意见；⑥确定评价等级，向企业送达评价结果。在企业社会责任评价机构主动评价方面，其程序包括：①在企业综合信用等级标识为 D 类的企业中选择确定拟主动评价的企业；②核实企业信用状况，按管理职责分工提交有关管理部门进行审核；③按照《企业社会责任评价准则》提出初步评价意见；④按照有关规定审核初步评价意见并确定评价等级；⑤向社会公示拟定的评价等级，征求意见；⑥向社会公布评价结果。另外，《建议稿》还规定了复核、降低评价等级和撤销评价等级的程序。

7. 关于企业社会责任的促进

《建议稿》在促进企业履行社会责任方面，分别从政府、行业管理部门、行业协会、企业社会责任评价机构、企业自身等五个方面规定了相应的促进、鼓励措施。一是明确了各级行政机关应当为企业履行社会责任创造良好的环境。在第二十七条规定了“各级行政机关应当依法行政，提高行政效率，及时查处侵害企业和企业经营者权益的行为，为企业履行社会责任创造良好的环境”。二是有关行业管理部门应当建立、完善推进企业履行社会责任的各项制度，鼓励、引导企业树立符合社会责任要求的企业文化和企业价值观，推动建立企业社会责任管理体系。三是行业协会应当发挥自律作用，制定行规和公约规范企业行为。鼓励企业行业协会建立行业性企业社会责任评价制度、参与企业社会责任评价标准起草，开展企业社会责任知识普及、培训、咨询等活动。四是引导企业把履行社会责任作为发展的内在动力，建立以履行社会责任为基础的企业治理机制。五是企业社会责任评价机构应当指导企业做好履行社会责任的信息披露工作，鼓励企业通过互联网、报刊等公共媒体公开发布履行社会责任年度报告。

8. 关于评价工作的监督机制

《建议稿》规定了对评价工作的内部监督、行业监督、社会监督等监督机制。在内部监督方面，《建议稿》第二十五条规定了“企业社会责任评价机构应当制定企业社会责任评价的有关工作制度和管理规定，公正、独立、客观地开展评价活动，采取合理、有效措施保证评价质量，并接受有关部门的监督、检查”。在第三十四条规定了“企业社会责任评价机构应当定期对企业履行社会责任总体状况进行分析，提出有关工作建议，向本级人民政府报告，并逐步建立企业社会责任评价年度报告公开发布制度”。为保证企业综合信用等级的客观性，《建议稿》第十一条第三款规定了“企业综合信用等级在企业信用信息提供单位之间进行实时共享，并在市人民政府企业信用监管网站及其他公共媒体上予以公示，接受公众的咨询、评议和监督”。在外部监督方面，《建议稿》第三十二条规定了“企业利益相关方和消费者可以对企业履行社会责任情况进行监督，举报企业在履行社会责任中的不良行为。企业社会责任评价机构应当对企业履行社会责任状况的举报做出处理意见，并告知举报人和有关企业”。

9. 关于评价的成果运用

《建议稿》通过建立相关的制度和措施，对企业社会责任评价结果进行了全面的运用。一是确立了受评价企业名录的公示制度。《建议稿》第三十三条第一款规定了“企业社会责任评价机构应当定期向社会公布获得达标、优秀评价等级的企业名录和社会责任严重缺失企业名录”。二是对社会责任严重缺失企业建立了风险提示和约谈制度。《建议稿》第三十三条第二款规定了“对社会责任严重缺失企业，有关行政管理部门应当向社会发出消费、用工、投资等方面的风险提示，并可对其法定代表人或者负责人进行约谈”。三是政府设立最具社会责任企业奖，对获奖企业给予奖励。四是对企业社会责任评价等级为优秀的企业和企业社会责任不达标企业、严重缺失企业，分别规定了激励措施和制裁措施。为促使企业更好地履行社会责任，《建议稿》第三十六条规定了“企业社会责任评价等级为优秀的企业，有关管理部门应当实施下列激励措施：①在法定权限范围内减免税收；②优先享受外贸、科技、社会保险、节能减排等方面的政府资金补贴；③在政府采购和政府投资项目招标中给予适当加分；④在产业扶持、创业创新等方面给予适当政策倾斜；⑤其他法律、法规、规章和规范性文件规定的激励措施”。《建议稿》第三十七条规定了“对社会责任评价不达标企业、社会责任严重缺失企业，有关管理部门应当在法定权限范围内实施处罚或者采取制裁措施：①在法定权限范围内从重实施行政处罚；②取消评定相关荣誉的资格；③不得参与政府采购和政府投资项目投标；④不得享受政府的财政性资金补贴；⑤依法吊销行政许可；⑥法律、法规、规章规定的其他制裁措施”。五是规定了社会责任严重缺失企业金融业务约束措施。《建议稿》第三十八条规定了“对企业社会责任严重缺失企业，金融机构可以其降低授信等级、保险机构可以不予办理除法定强制保险外的商业保险业务，并将其法定代表人或者主要负责人列入不良信用名单”。六是建立了各有关部门充分运用企业社会责任评价结果的制度。《建议稿》第三十九条规定“有关行政管理部门组织的涉及企业的各类考核、评价，应当充分运用企业社会责任评价结果，不得进行重复评价，不得增加企业不合理的负担”。七是建立了企业社会责任评价机构与国内外征信机构业务联系和合作制度。《建议稿》第四十条规定了“国内外征信机构需要了解、评估本市企业履行社会责任状况的，可以要求市企业社会责任评价机构提供有关企业履行社会责任状况的证明。对符合有关条件的国内外征信机构，市企业社会责任评价机构应当免费提供本市有关企业履行社会责任状况的证明。市企业社会责任评价机构提供的评价结果可以作为国内外征信机构评估本市有关企业社会责任的依据”。总而言之，宁波企业社会责任评价机构的评价结果可以作为政府考评企业的依据，也可以作为国内外征信机构等社会中介组织评估宁波有关企业社会责任的依据。

10. 关于法律责任

限于政府规章的立法权限，《建议稿》主要在以下两个方面设置了法律责任：一是对企业信用信息提供单位不提供信息的法律责任，也就是有关行政管理部门以及依法授权承担公共事务管理职能的组织，对这些单位未按规定向市工商行政管理局和企业社会责任评价机构提供企业信用信息的，由市工商行政管理局和企业社会责任评价机构书面通知其限期提供；逾期不提供的，由本级人民政府给予通报批评或者对责任人给予行政处分。二是对企业信用信息提供单位、工商行政管理部门、企业社会责任评价机构及其工作人员的有关违法行为设置了相应的法律责任。这些行为包括：披露或者泄露涉及国家秘密、商业秘密和个人隐私的企业信用信息的；伪造、更改和提供虚假企业信用信息和社会责任评价信息的；使用企业信用信息进行营利活动的；对企业社会责任评价等级为优秀的企业未按规定采取激励措施的；对社会责任评价不达标的企业、社会责任严重缺失企业未按规定实施处罚或者采取制裁措施的；以及其他滥用职权、玩忽职守、徇私舞弊行为。发生这些行为的，由本级人民政府责令其限期改正，并对责任人给予行政处分；造成损害的，依法承担民事责任；构成犯罪的，依法追究刑事责任。

（注：2011 年 5 月，起草小组完成了《宁波市企业社会责任评价办法（专家建议稿）》的修改工作，提交给宁波市政府法制办公室。考虑到企业社会责任评价与企业信用监管的密切关系，宁波市政府法制办公室在《宁波市企业社会责任评价办法（专家建议稿）》的基础上，增加了有关企业信用监管的内容，并把这个规章草案的名称修改为《宁波市企业信用监管和社会责任评价办法（草案）》。2011 年 8 月 17 日至 9 月 1 日，宁波市政府法制办公室通过宁波政府法制信息网站向社会公开征求《宁波市企业信用监管和社会责任评价办法（草案）》的修改意见。2011 年 12 月 2 日，宁波市人民政府第 114 次常务会议审议通过了《宁波市企业信用监管和社会责任评价办法》（简称《办法》）。这个《办法》于 2011 年 12 月 21 日经宁波市人民政府第 192 号令发布，自 2012 年 3 月 1 日起施行。这是全国第一个关于企业社会责任评价的地方立法案例，为国家企业社会责任立法提供了地方立法样本。）

四 《宁波市企业信用监管和社会责任评价办法》解读

(一) 为什么要制定《宁波市企业信用监管和社会责任评价办法》?

《宁波市企业信用监管和社会责任评价办法》(政府令第 192 号,以下简称《办法》)将于 2012 年 3 月 1 日起施行。《办法》的出台主要有三个方面的意义:第一,有助于改善信用环境,维护正常的社会经济秩序,推动企业自觉履行社会责任,督促企业在追求经济效益的同时,对利益相关者和环境负责,促进企业与社会、环境全面协调和可持续发展。第二,在经济全球化日益深入的新形势下,为使企业适应经济全球化进程,督促企业履行社会责任,树立良好的企业形象,扩大企业的国际影响,有利于宁波企业参与国际经济交流合作。第三,开展企业信用监管和社会责任评价工作既是创新政府管理模式、改善政府服务的需要,有助于鼓励企业创新发展理念、转变发展方式、激发创造活力、提升品牌形象,推动企业发展质量和发展水平的重大提升,实现企业的创新发展,有利于宁波构建现代产业体系加快推进产业升级。

(二)《办法》的指导思想和基本原则

指导思想:以科学发展观为指导,坚持以人为本,坚持可持续发展,统筹兼顾,协调发展,紧紧围绕市委"六个加快"战略部署,按照宁波经济社会发展的总体要求,充分发挥企业在信用建设和履行社会责任方面表率作用,促进社会主义和谐社会建设,为宁波实现全面建成小康社会的宏伟目标做出更大贡献。

基本原则:坚持促进企业发展与其提升信用水平、履行社会责任相结合。在促进企业发展、转变发展方式、提升产品质量、实现又好又快发展的同时,同样重视企业信用建设和社会责任。坚持立足企业实际与履行社会责任相适应。充分考虑到宁波特色,在立足宁波企业发展实际的基础上,突出重点,分步推进,切实取得企业履行社会责任的成效。以遵循客观、规范、公平、公开、公正的原则,以及政府主导、企业自主、社会参与、评价机构独立评价的工作机制来推进企业信用监管和社会责任评价工作。

(三) 企业信用监管与社会责任评价工作管理体制如何?

《办法》规定由市工商局和市总工会代表市政府分别负责企业信用监管和社会责任评价工作。2002 年,根据市政府要求,市工商局成立了企业信用信息中心,依托全市企业登记信息数据库负责企业信用信息的记录、共享和监管等工作。为此,《办法》明确市工商局受市政府委托承担企业信用信息记录、共享、运用的综合管理工作。在社会责任评价方面，2011 年 8 月，市机构编制委员会办公室批复同意市总工会设立宁波市企业社会责任评价中心，受政府委托负责全市企业社会责任评价工作。

（四）企业信用信息记录主体和记录范围有哪些?

为了更好地体现企业信用信息记录的完整性和权威性，《办法》从促进企业信用信息共享和整合信用监管资源的角度出发，设定了工商、发展和改革、财政、税务、经济和信息化等 27 个企业信用信息提供单位以及依法授权承担公共事务管理职能的组织作为企业信用信息的记录主体。另外，规定了人民银行、国家税务、海关、出入境检验检疫、海事等国家垂直管理机构和人民法院等司法机关，可以按照约定与市工商局进行有关企业信用信息资源的共享与管理合作。《办法》确定的企业信用记录范围为：一是宁波市依法登记注册的企业信用信息；二是在宁波市开展经营活动的非本市企业信用信息。

（五）企业信用信息是如何共享的?

为便于宁波市企业信用信息记录、共享和统一数据库的建设，《办法》规定，由市工商局负责编制《宁波市行政机关共享企业信用信息目录体系》。各企业信用信息提供单位应当将各自所拥有的信息资源按照目录体系提供给市工商局，由市工商局整合企业信用信息提供单位提供的信息，纳入统一的企业信用信息数据库进行交换和共享。同时，《办法》规定了信息公开机制。除了涉及国家秘密、商业秘密、个人隐私和按照国家有关规定不得公开的企业信用信息以外，工商行政管理部门和企业信用信息提供单位应当通过互联网等公共媒体，向社会公开企业的基本信用信息。公民、法人和其他组织可以通过市人民政府企业信用监管网站免费查询企业的基本信用信息。

（六）企业信用分类监管如何操作?

为加强信用监管，使社会公众和市场主体更直观、便捷地了解企业的信用状况，使有关管理部门确定合理的监督检查频率和对应的监管措施，加强监督检查的针对性和实际效果，《办法》规定，企业信用信息提供单位应当按照国家有关规定进行分类管理。企业信用等级除法律、法规另有规定外，分为 A、B、C、D 四类进行分类等级标识：A 类表示信用风险很小；B 类表示信用风险较小；C 类表示信用风险较大；D 类表示信用风险很大。除法律法规和国家部门另有规定的以外，分为 A、B、C、D 四类进行监管：A 类管理实施低频率管理。适用于等级标识为 A 类。对该类企业应当减少或者免除日常监督检查，可以实行跨年度监督检查。B类管理实施较低频率管理。适用于等级标识为B类的企业。对该类企业应当每年进行监督检查，监督存在问题的整改情况。C类管理实施较高频率管理。适用于等级标识为 C 类的企业。对该类企业应当每年进行不少于两次的监督检查，重点监督违法失信行为的整改情况和了解依法需要关注的问题。D类管理实施高频率管理。适用于等级标识为 D 类或者列入国家规定的重点监控行业的企业。对该类企业应当加强日常监督检查或者增加抽查频率进行重点监管，及时监督违法失信行为的整改情况和了解依法需要关注的问题。

（七）如何实现企业信用监管和社会责任评价工作的有机联系？

市工商局根据各个企业信用信息提供单位确认的信用状况，根据相关合理的标准合成确定企业的综合信用等级标识。企业综合信用等级标识分为A、B、C、D四类。为了把社会责任评价与企业信用等级工作有机结合起来，发挥企业信用监管的基础性作用，《办法》规定，企业社会责任评价机构根据企业信用等级状况对企业履行社会责任情况分别进行依申请评价和主动评价。一是对企业综合信用等级标识为A类、B类、C类的企业，依据企业的申请由企业社会责任评价机构对其履行社会责任情况做出评价，公布评价结果；二是对企业综合信用等级标识为D类的企业，企业社会责任评价机构可以纳入主动评价的范围，适时进行评价并向社会公布评价结果。

（八）企业社会责任评价指标有哪些？

《办法》明确了主要的五类评价指标，即企业发展、劳动关系、环境关系、社会关系和企业文化，涵盖了法律责任、道德义务、环境与生态保护、员工权益保障、社会融合与企业良性发展等方面的内容，以改善社会责任管理、保障员工利益、激励员工发展为目的。其具体内容主要包括企业治理、企业信用、自主创新、经营结果、劳动合同执行、集体合同、职工工资、保险和福利、劳动工时和休息休假、资源节约、清洁生产、环保投入、污染物排放、诚信经营、依法纳税、产品质量和安全、对消费者的责任、售后服务、企业精神和文化、文化组织等方面。

（九）企业社会责任评价程序及评价结果是如何规定的？

《办法》分别规定了依申请评价程序和主动评价程序：一是企业社会责任评价机构对依申请评价的，应当按照下列程序进行：①受理申请；②核实企业信用状况，按管理职责分工提交有关管理部门进行审核；③组织进行职工、客户满意度和社会公认度测评，按照《企业社会责任评价准则》提出初步评价意见；

④审核初步评估意见并拟定评价等级；⑤向社会公示拟定的评价等级，征求意见；⑥确定评价等级，向企业送达评价结果。二是企业社会责任评价机构主动评价的，应当按照下列程序进行：①在企业综合信用等级标识为D类的企业中选择确定拟主动评价的企业；②核实企业信用状况，按管理职责分工提交有关管理部门进行审核；③按照《企业社会责任评价准则》提出初步评价意见；④按照有关规定审核初步评价意见并确定评价等级；⑤向社会公示拟定的评价等级，征求意见；⑥向社会公布评价结果。

企业社会责任评价机构应当自受理企业社会责任评价申请之日起7日内做出准予受理的决定。不予受理的，应当说明理由，并告知企业可以在20日内向企业社会责任评价机构申请复核。依申请受理的或者主动评价的，企业社会责任评价机构组建评价专家组根据《企业社会责任评价准则》公平、公正进行企业社会责任评价。企业社会责任评价机构对依申请评价的，分别评出不达标、达标和优秀三个评价等级。企业社会责任评价机构主动评价的，分别评出不达标或者社会责任严重缺失二个评价等级。

（十）对企业社会责任评价如何运用？具体有哪些激励措施和制裁措施？

《办法》规定，对综合信用等级标识为A类或者社会责任评价等级为优秀的企业，有关管理部门应当实施下列激励措施：①在法定权限范围内减免税收；②优先享受科学技术、社会保障、节约能源、环境保护等方面的政府资金补贴；③在产业发展、建设用地使用权供应等公共资源配置方面给予适当扶持；④在政府采购和政府投资项目招标中作为重要的评审因素；⑤优先推荐、安排其企业法定代表人或者主要负责人参加各类先进评比、享受有关政治待遇；⑥法律、法规、规章和规范性文件规定的其他激励措施。

《办法》规定，对综合信用等级标识为D类或者社会责任评价不达标的企业、社会责任严重缺失企业，有关管理部门应当在法定权限范围内采取下列制裁措施：①依法从重实施行政处罚；②取消评选相关荣誉的资格；③不得减免税收和政府非税收入，不得享受各类政府资金补贴或者参与政府采购和政府投资项目投标；④在产业发展、建设用地使用权供应等公共资源配置方面进行限制；⑤向社会发出消费、用工、投资等方面的风险警示；⑥法律、法规、规章规定的其他制裁措施。

另外，对综合信用等级标识为D类或者社会责任严重缺失企业，金融机构可以降低其授信等级、保险机构可以不予办理除法定强制保险外的商业保险业务，并可以将其法定代表人或者主要负责人列入不良信用名单。有关部门组织的涉及企业的各类考核、评价，应当充分运用企业信用监管和社会责任评价结果。

（十一）企业社会责任评价和创建和谐企业如何衔接？

为体现企业社会责任评价在创建和谐企业工作中的基础作用，并保持宁波市和谐企业创建工作的延续性，《办法》明确了企业综合信用等级标识为 A 类或者企业社会责任评价等级为优秀的，其评价结果应当作为评选宁波市创建和谐企业先进单位的主要依据。同时，《办法》还明确了宁波市和谐企业的评选标准参照《企业社会责任评价准则》执行。

附录四

宁波企业社会责任评价准则[①]

为了引导和鼓励企业自觉履行社会责任，推动区域内经济社会环境协调发展，促进社会和谐，增强宁波企业的国际影响力和竞争力，根据国家有关法律法规和《宁波市企业信用监管和社会责任评价办法》，制定本标准。本标准旨在使宁波经济社会能更好地融入国际产业链和供应链，规范市场秩序，更好地参与经济全球化竞争。标准的执行有利于增强企业核心竞争力，促进企业健康持续发展，切实保障所有职工的合法利益，激励职工主人翁精神，为改善与优化区域经济社会环境做出贡献。

本标准基于国际相关标准、惯例，遵循 ISO26000《社会责任指南》七项核心原则：承担义务、透明度、道德行为、尊重利益相关方、尊重法律、尊重国际行为标准、尊重人权，规定了企业社会责任的基本要求，这些要求可与其他管理要求相结合，引导企业提升社会责任管理水平，帮助企业实现社会责任目标。

一 范围

本标准规定了企业履行社会责任的基本要求及企业社会责任评价体系。鼓励企业行业协会拓展行业性企业社会责任评价体系，鼓励企业结合类型、规模、发展特点等因素，推进企业社会责任管理。

本标准适用于宁波行政区域内的各类企业，为其履行社会责任提供了评价准则，可用于企业进行自我评价，也可用于利益相关方或第三方对企业社会责任进行评价。

二 术语和定义

下列术语和定义适用于本文件。

企业　指依法设立的、以营利为目的，从事生产经营或社会服务活动的独立核算的经济组织。

---

① 2010 年度国家软科学重大招标项目“企业社会责任指标体系研究”（项目负责人：易凌，项目批准号：2010GXS1D095）的阶段性成果。本评价准则（标准）主要起草人：劳建兰、杨真照、薛伟理、聂子龙、胡新锁、王巍、金智祥、史立平。本评价准则（标准）审定专家：杨明祥、毛利奇、易凌、宋洁蔚、孙浙河、金醒群、陈志清。

企业社会责任　是指企业在追求自身发展的同时，对国家和社会全面发展、自然环境和资源保护，以及对股东、债权人、职工、客户、消费者、供应商、社区等利益相关者所应承担的各项责任。

利益相关者　利益相关方 是指任何可能受到企业行为影响及可以影响企业行为的利益群体或个人。

未成年工　是指年满 16 周岁、未满 18 周岁的劳动者。国家对未成年工实行特殊劳动保护，不得安排未成年工从事法律规定的禁忌劳动。

三 法律要求

应严格遵守国家、浙江省、宁波市的相关法律、法规、规章，鼓励企业承担高于法定要求的义务。如适用的法律、法规、规章、企业内部制度与本标准所规定的事项相同时，应执行其中最严格的规定。

四 社会责任要求

（一）企业发展

1. 企业治理

应建立现代企业管理制度，促进自身良性健康发展，保护利益相关者利益。建立适应市场经济要求的管理体制和经营机制，承担资产的保值增值责任，为股东创造更多的利润。忠实履行合同，不恶意拖欠供应商货款和银行贷款。遵守财务制度，确保财务报表真实完整，按规定摊销费用和处理资产损失。通过合理配置资源，强化企业管理，保证企业利润增长，增加社会财富，提供更多的就业岗位。主动进行相关认证，引进现代化管理方法。

2. 企业信用

应加强企业内部信用管理，健全信用管理体系，保证自身的信用信息真实、完整，保持良好的综合信用等级。

3. 自主创新

应加大企业科技研究开发经费投入，注重技术改造，实施新产品、品牌、知识产权等发展战略，提高自主创新能力，实现企业发展由主要依靠增加资源消耗，向主要依靠科技进步和劳动者素质提高的转变。

4. 经营结果

应保证自身的经营安全和财务健康。主要财务指标（如年利税增长率、年营业收入增长率、全员劳动生产提高率等）趋势良好。

（二）劳动关系

1. 劳动合同执行

（1）应遵循平等自愿、协商一致、诚实信用的原则，与职工订立书面劳动合同。

（2）劳动合同订立时，企业应如实告知职工工作内容、工作条件、工作地点、职业危害、安全生产状况、劳动报酬、社会保险、福利待遇，以及职工希望了解的其他与订立和履行劳动合同直接相关的情况。

（3）应把劳动合同文本交职工留存，并全面履行劳动合同规定的义务。

（4）订立、履行、变更、解除和终止劳动合同，应符合相关法律、法规、规章的规定。

2. 集体合同

（1）应尊重职工集体协商权，建立平等协商制度，依法就劳动报酬、工作时间、休息休假、劳动安全卫生、保险福利等事项，与工会或职工代表进行平等协商，签订集体合同。

（2）应严格按照集体合同的约定，依法全面履行义务。集体协商中一方代表对集体合同履行情况提出异议的，另一方代表应予积极响应。

3. 职工工资

（1）应依法建立工资集体协商制度，每年至少一次与工会或职工代表，依法就劳动报酬、工资支付、劳动定额、计件单价等事项进行集体协商、签订工资集体协议。

（2）应按国家规定和劳动合同约定，按时足额支付职工工资，并依法向职工提供工资支付凭证。

（3）应建立工资正常增长机制，依法合理增长职工工资，建立劳动、资本、技术等生产要素按贡献率参与分配制度。

4. 保险和福利

1）社会保险

应遵守国家规定，按时、足额为全部职工缴纳社会保险，并根据企业具体情况为职工提供补充保险。

2）企业福利

可根据生产经营和发展需要，建立职工困难帮扶和福利制度，不断健全职工宿舍、食堂、浴室等生活设施，依法落实各项职工生活福利待遇，积极开展职工疗休养和困难帮扶活动。

5. 劳动工时和休息休假

1）劳动工时

应严格执行国家分类工时制度。因生产经营需要无法实行标准工时工作制度的，应事先广泛征求职工意见，与工会或职工代表平等协商确定，依法报经审批后，可实施综合计算工时、不定时工时工作制度。如出于生产经营需要，在符合相关法律规定且保证职工身心健康的前提下，经过与工会和职工平等协商同意，可以延长工作时间，但应按劳动法及本市的有关规定支付报酬。

2）职工休假

职工的婚丧假、产假、带薪休假等权利应按照国家法律、法规、规章及本市有关规定执行，并在劳动合同或企业规章制度中予以明确。

6. 女职工和未成年工特殊权益保障

（1）应保证男女职工同工同酬且拥有同样的发展机会。

（2）依照国家有关规定允许招收未成年工的，在工种、劳动时间、劳动强度和保护措施等方面应严格执行国家有关规定，不得安排其从事国家禁止的劳动或危险性大的作业，依法实行健康体检。

（3）不得安排女职工在经期、孕期和哺乳期从事禁忌从事的劳动。对于孕期、产期、哺乳期内的女职工，应执行相关权益保障性规定。

（4）依照国家有关规定，与工会或职工代表依法就女职工工作岗位、劳动时间、劳动强度、保护措施等事项进行平等协商，签订女职工特殊权益专项集体合同，保障相关权益的有效落实。

7. 工会组织

（1）应依法建立工会组织，支持职工参加工会，依法足额拨付工会经费，支持工会依法开展各项活动，与工会共同建立和完善劳动关系协调机制，定期和工会沟通，积极回应工会及其他代表反映的意见和建议。

（2）工会应依法尊重企业生产经营自主权，协助企业教育引导职工依法遵守企业规章制度，积极向企业传递职工的需求，采取民主协商等方式，依法维护职工的各项权益。

8. 工作环境安全与保障

（1）应依法建立和完善劳动安全卫生、劳动纪律、职工培训、休息休假及劳动定额管理等方面的规章制度，并严格执行。

（2）应在生产经营活动中为职工提供安全、健康的工作环境。按照规定进行职业危害申报，工作环境应符合国家职业卫生标准。

（3）应组织开展事故隐患排查治理工作，识别、防范和消除可能危害职工健康与安全的隐患，避免各种事故及损害健康事件的发生。

（4）应安排高级管理者代表负责实施有关健康和安全的规定，开展安全生产标准化工作，建立安全绩效持续改进的安全生产长效机制。

（5）应在职工工作环境中制定必需的急救措施，并定期检查。

（6）依照规定定期对职工进行职业健康体检和安全培训，并对新聘用和调动职位的职工重新进行培训。

9. 职工尊严

（1）在招用、薪酬、培训、晋升、社会保障、解聘或退休等方面，不得因为职工的民族、种族、宗教信仰、残疾、年龄、性别、身体状况等而采取歧视性措施。

（2）应尊重职工在工作环境中的人格尊严。

（3）不应干涉职工在不侵犯企业及其他职工合法权益的合理范围内的风俗习惯和信仰。

10. 劳动关系预警调解

（1）应建立内部劳动关系预警协调、调解机制，制度完善、组织健全、措施得力。

（2）应及时预防和化解内部可能引发或已发生的各类劳动争议事件。

11. 职工队伍稳定

应依法建立职工名册，保持职工的队伍稳定。

（三）环境关系

1. 资源节约

1）资源节约使用

在经营活动中减少不可再生资源的消耗，提高其利用率，积极开发和使用替代资源；应通过确定关键指标来监测、控制和降低单位产值的资源消耗及水耗、能耗，将节能、节水和资源综合利用纳入对经营活动的考核范围。

2）废物利用

重视废物的回收、利用及再生利用，将循环经济的理念贯穿企业发展过程中。

2. 清洁生产

不断采取改进设计、使用清洁的能源和原料、采用先进的工艺技术与设备、改善管理、综合利用等措施，从源头削减污染，提高资源利用效率，减少或者避免生产、服务和产品使用过程中污染物的产生和排放，以减轻或者消除对人类健康和环境的危害。

3. 环保投入

投入足够的人力、物力、财力，建立环境保护的管理体系和污染物处理设施。

4. 污染物排放

满足污染物达标排放、总量控制要求，逐渐降低污染物排放总量，为社会提供良好的环境。

5. 环评及“三同时”制度

在进行对环境有影响的建设和开发活动时，必须对该活动可能给周围环境带来的影响进行科学的预测和评估，制定防治或减少环境损害的措施，编写环境影响报告书或填写环境影响报告表，报经环境保护部门审批后再进行设计和建设。对于新建、改建、扩建项目（含小型建设项目）和技术改造项目，以及其他一切可能对环境造成污染和破坏的工程建设项目和自然开发项目，环保设施应与主体工程同时设计、同时施工、同时验收。

6. 生态保护

积极参与区域性和全球性的生态保护行动。

7. 环境绩效管理

针对重要的环境参数，建立相应的管理、评价系统，并将评价结果与各利益相关方进行沟通。对环境参数进行持续改进，以获得良好的环境绩效。

8. 环境管理体系

建立和完善与企业相适应的环境管理体系，纳入绩效考核，并持续改进。

9. 环境监测和预防

建立和维护日常环境监测系统，以识别、监测和评估潜在的环境事故或紧急情况，采取措施预防和减少可能伴随的环境影响及污染事故的发生，针对各种可能发生的环境污染事故制订并演练应急预案。

10. 节约集约用地

各项建设应尽量节省用地，不占或少占耕地，每宗建设用地必须提高投入产出的强度，提高土地利用的集约化程度。

11. 企业对社会的环境贡献

主动承担环境建设和修复补偿责任，主动参加环境公益事业和宣传教育，并与所在社区建立良好、和谐的合作关系。

（四）社会关系

1. 诚信经营

在市场经济活动中应忠实履行各种契约的承诺，体现自身的信用并塑造良好的形象，自觉接受政府有关部门的信用监管。

2. 依法纳税

应依法、诚信、按时、足额缴纳国家规定的各项税款，建立完善的财务制度并严格遵守。

3. 产品质量和安全

确保产品符合相关的质量标准和安全标准，主动进行产品质量和安全知识的宣传，对可能危及人身、财产安全的产品和服务，应向消费者做出真实说明和明确警示，保障产品消费安全。

4. 产品质量持续改进

确保相关投入，对现有产品进行持续改进和创新，确保产品质量不断提高。

5. 对消费者的责任

确保产品和服务安全，真实科学地传递产品和服务信息，充分保障消费者各项消费权益，保障消费安全，自觉接受消费者和消费者权益保护组织的监督。

6. 售后服务

建立便利、有效的渠道向消费者提供及时的售后服务，建立健全完善的售后服务网络，承担商品的修理、更换、退货等责任和义务，依法及时维护消费者利益。

7. 消费者权益保障

全面保障消费者的安全权、知情权、选择权、公平交易权、求偿权、获得知识权、受尊重权、监督权等各项法定权益。

8. 消费者投诉和意见回应

（1）制定相应的工作规范，及时有效地处理消费者投诉。

（2）主动配合消费者权益保护组织开展调查、调解、处理消费者投诉，不无理拒绝或故意拖延。

（3）主动以各种方式听取消费者意见，并及时给予回应或者改进。

9. 产品、服务追踪

应积极对产品、服务实行追踪，定期发布产品、服务质量报告和市场反应报告，及时对产品、服务进行检测，对产品使用状况和服务状况进行信息公布，建立缺陷产品召回制度，建立产品追溯体系。

10. 道德和慈善

积极参与社会公益和慈善事业，发生重大自然灾害和突发事件的情况下，提供财力、物力和人力等方面的支持和援助。

11. 参与社区活动

安排相应的人力、物力和财力，积极参与社区活动，支持社区发展。

12. 企业志愿者发展

鼓励职工成为志愿者，并为志愿者活动提供支持。

13. 弱势群体关怀

积极关心和帮助其他社会弱势群体的生存和发展。积极吸纳残障等特殊人群，妥善为其安排适当的工作岗位。

14. 重视法治建设

应全面落实法制宣传教育培训和治安安全法律、法规、规章等制度，积极开展“法律进企业”和“综治进企业”等活动，加强宣传教育阵地建设，法制宣传教育培训和人防、物防、技防措施落实到位。

15. 信息公开

及时公开有关信息，提高履行社会责任的透明度，鼓励企业发布社会责任报告。

（五）企业文化

1. 企业精神与文化

应该明确自己的使命与愿景，确立基本价值准则，围绕企业使命、愿景与核心价值观去完善和建立自己的特色的企业文化，为促进企业良性健康持续发展服务。要充分利用各种媒体和渠道传播自己的使命、愿景和核心价值观，让其成为凝聚职工的思想意识与观念。

2. 文化组织

应设立专门的机构、部门或设置专人负责企业文化宣传与传播事项，与外部媒体进行沟通，与其他各种社会团体与组织一起组织各种活动等。

3. 职工教育与培训

为职工的职业发展创造必要的条件，并建立系统的培训计划。对新职工进行必要的职业培训，确保其拥有必需的信息和技能。

4. 职工民主参与

应依法建立企业民主管理制度，拓宽职工民主参与的渠道，定期向职工通报企业的重大经营活动和决策，鼓励职工提出意见和建议。

5. 文化生活

1）文化设施

投入人员和资金，建立健全文化、体育等相关设施，满足职工的文化生活需要。

2）职工文化生活

设置机构负责职工的文化活动，定期组织职工进行体育比赛等文体活动。应充分理解和尊重职工文化背景的差异性、多样性，营建不同文化特性的个人和群体之间的和睦关系，发展既具有民族传统特色又适应时代要求的企业文化。

3）工作与生活的平衡

倡导工作与生活的平衡，帮助职工更好地处理工作与生活的关系，在努力提升职工工作质量的同时，提升职工的生活质量。

A 规范性附录

表 A-1 宁波市企业社会责任评价指标体系

类别	项目	内容和要求	分值	得分
一、企业发展（100分）	1. 科学完善的现代企业管理制度	各类管理制度健全，制定程序到位、内容合法，职工遵纪守法的得20分；建立现代企业管理制度，但内容和落实及职工遵纪守法情况尚好的得16分；制度不健全、程序未到位、职工遵纪守法尚可的得10分；涉及职工切身利益的制度内容不合法，程序未到位的得0分	20	
	2. 自主创新 优化结构	按有无开展技术创新，积极实施自主品牌、技术标准和知识产权战略的评价得分，最高得10分	10	
	3. 年利税增长率	以14%为目标，按目标比较法评价得分，最高得10分	10	
	4. 年营业收入增长率	以18%为目标，按目标比较法评价得分，最高得10分	10	
	5. 全员劳动生产提高率	以7%为目标，按目标比较法评价得分，最高得10分	10	
	6. 建设用地单位面积纳税产出提高率	以10%为目标，按目标比较法评价得分，最高得10分	10	
	7. 企业信用	企业综合信用等级A级的得50分，B级的得40分，C级的得25分，D级的得0分	50	
二、劳动关系（500分）	8. 劳动合同签订率	按规定100%签订劳动合同，根据目标实现程度按比例得分，最高得30分	30	
	9. 依法实施集体合同制度	依法建立集体合同制度，程序到位、内容合法、履行全面的得20分；内容合法、履行全面，但程序不够到位的得16分；内容合法、履行不全面的得10分；内容不合法或未建立集体合同制度的得0分	20	
	10. 依法实施工资集体协商制度，按时足额支付职工工资	依法实施工资集体协商制度，履行全面，并能按时足额发放职工工（含加班）的得40分；能按时足额发放职工工资，但工资集体协议履行欠全面的得32分；能按时足额发放职工工资，但工资集体协商制度不够健全的得20分；未能按时足额发放职工工资的得0分	40	
	11. 职工共享企业效益	①年职工人均工资水平（10分），以上年度宁波市在岗职工社会平均工资为目标，按目标比较法评价得分，最高得10分； ②劳动要素参与企业利润分配（10分），以企业年税后利润总额的10%为目标，按目标比较法评价得分，最高得10分	20	
	12. 职工社会保险参保率	职工养老、医疗、工伤、失业、生育保险综合计算参保率目标为100%，根据目标实现程度按比例得分，最高得90分	90	
	13. 实施职工困难帮扶互助和职工生活福利制度	建立职工困难帮扶互助和福利制度，职工宿舍、食堂、浴室等设施健全，落实职工生活福利待遇的得20分；开展职工困难帮扶互助，落实职工生活福利待遇，但设施不够健全的得16分；未建立制度，但职工困难帮扶互助和生活福利待遇有所落实的得10分；未落实职工困难帮扶互助和生活福利待遇的得0分	20	

续表

类别	项目	内容和要求	分值	得分
二、劳动关系（500分）	14. 国家劳动工时和休息休假制度执行情况	严格执行分类工时制度和国家病、产、婚、丧、法定节假日及带薪年休假等休息休假制度的得40分；能落实国家休息休假制度，无违法超时加班现象，但不定时、综合计算工时工作制未按规定报批的得32分；无违法超时加班现象，但国家休息休假制度执行不到位的得20分；有违法超时加班现象的得0分	40	
	15. 建立劳动关系预警机制，依法及时化解劳动争议	制度完善，组织健全，措施得力，依法化解劳动争议及时的得20分；组织较健全，措施基本落实，依法化解劳动争议较及时的得16分；制度、组织不健全，依法化解劳动争议效果不明显的得10分；无制度和组织，化解劳动争议效果不好的得0分	20	
	16. 实施保护女职工和未成年工合法权益制度	签订女职工权益专项集体合同，履行全面，并能有效保护女职工特殊权益和未成年工合法权益的得20分；能保护女职工特殊权益和未成年工合法权益，但女职工权益专项集体合同履行欠全面的得16分；能保护女职工特殊权益和未成年工合法权益，但女职工权益专项集体合同制度不够健全的得10分；未依法保护女职工和未成年工合法权益而发生侵权行为的得0分	20	
	17. 工会组织作用	依法建立工会，足额拨付经费，协调劳动关系、维护职中工权益作用明显的得20分；依法建立工会，足额拨付经费，能协调劳动关系和维护职工权益的得16分；工会组织尚健全，有一定经费，能在协调劳动关系方面起一定作用的得10分；没有依法建立工会的得0分	20	
	18. 全面落实安全生产法律法规等制度，达到安全生产标准化、规范化	全面落实安全生产主体责任，达到市级（含）以上安全生产标准化、规范化，在安全生产分级分类管理中被确认为A类，积极开展“安康杯”竞赛，全年无生产安全责任事故的得50分；基本落实安全生产主体责任，达到县级安全生产规范化，在安全生产分级分类管理中被确认为B类，全年无生产安全责任事故的得40分；基本能落实有关安全生产主体责任，在安全生产分级分类管理中被确认为C类，未发生重伤以上生产安全责任事故的得25分；未落实安全生产主体责任，在安全生产分级分类管理中被确认为D类，发生重伤以上和工伤事故多的得0分	50	
	19. 劳动防护和职工健康	（1）劳动防护（20分）：重视职工健康，劳动防护措施落实，进行作业场所职业病危害浓度或强度检测且符合国家职业卫生标准的得20分；劳动防护措施基本落实，进行作业场所职业病危害浓度或强度检测且合格率80%以上，劳动防护用品派发较及时的得16分；进行作业场所职业病危害浓度或强度检测且合格率在50%～80%，劳动防护措施落实不到位的得10分；未进行作业场所职业病危害浓度或强度检测或合格率低于50%，劳动防护措施未落实的得0分 （2）职工卫生（20分）：定期开展职业健康体检，并建立职业卫生台账和档案的得20分；能不定期进行职工健康体检，又有部分职工健康档案的得16分；已开展定期职工健康体检，未建立职业卫生台账和档案的得10分；未实施职业健康体检制度的得0分 （3）职工心理健康（10分）：实施职工心理援助计划，设立心理咨询师，配备心理卫生辅导员，设有心理咨询热线电话，采取多种形式开展心理健康宣传活动，有效开展心理危机干预援助的得10分；能实施职工心理援助计划，配备心理咨询师或心理卫生辅导员，设有心理咨询热线电话，开展心理健康宣传活动和心理危机干预援助的得8分；能基本开展职工心理健康宣传和职工心理健康援助活动的得5分；未有效开展职工心理健康宣传和职工心理健康援助活动的得0分	50	

续表

类别	项目	内容和要求	分值	得分
二、劳动关系（500分）	20. 职工队伍稳定	职工就业稳定，以95%为目标，按目标比较法评价得分，最高得10分	10	
	21. 职工满意度测评	职工对企业满意度测评结果在85分（含）以上的得20分；70～85分的得16分；55～70分的得10分；55分以下得0分	20	
三、环境关系（140分）	22. 节能减排	①万元增加值综合能耗降低率以5%为目标，按目标比较法评价得分，最高得20分；②主要污染物（二氧化硫、COD、氮氧化物、氨氮）、废水、废气、噪声排放均符合环保部门达标要求的得20分，任何一项不达标的均得0分；③建立健全节能减排制度，有相应技改投入，实施有效的措施，积极参与CO2减排国际公约等区域性和全球性生态保护计划，节能减排成效显著的得20分；有健全的制度、相应技改投入，实施积极的措施，成效明显的得16分；有制度和技改投入，实施具体的措施，成效一般的得10分；未有技改投入和具体措施的得0分	60	
	23. 工业固体废物规范处置	工业固体废物以及危险固体废物符合环保规范处置要求的得10分，不符合环保规范处置要求的得0分	10	
	24. 生态环境保护	（1）技改、建设项目通过环境影响评价审批和环保设施“三同时”验收的得20分；环评、“三同时”验收未通过的均得0分 （2）建立完善持续改进环境参数的管理体系，日常环境监管严格，制订事故应急预案并演练，积极采取有效的预防措施，取得良好的环境绩效的得20分；有与企业相适应的环境管理体系，实施日常环境监管，制订事故应急预案并演练，采取有效的预防措施，取得明显的环境绩效的得16分；建立环境管理体系，实施具体的环境监管和预防措施，环境绩效不明显的得10分；未建立环境管理体系，未采取环境参数改进措施的得0分	40	
	25. 节约集约用地	注重土地集约利用，盘活存量土地，提高单位面积投资强度、建筑容积率和土地产出率的得10分，不符合节约用地规定的得0分	10	
	26. 依法推广应用清洁生产技术，厂区环境美化	编制且通过清洁生产审核报告评审，按要求采用清洁生产技术，厂区环境整洁优美的得20分；已编制清洁生产审核报告未办理评审，但能按要求采用清洁生产技术，厂区环境整洁优美的得16分；采用清洁生产技术，但未编制清洁生产审核报告，厂区环境整洁的得10分；未采用清洁生产技术，厂区环境一般的得0分	20	
四、社会关系（160分）	27. 诚信经营、健康发展	（1）重视诚信经营，严格履行经济合同，同行业之间公平有序竞争的得15分；认真履行经济合同，无制售假冒伪劣产品及欺诈等不良竞争行为的得12分；能履行经济合同，有一定工商信誉的得7分；有制售假冒伪劣产品，经济合同履行不诚信、侵犯注册商标等知识产权等不良行为的得0分 （2）符合国家产业导向，提供优质的产品或服务，向消费者传递产品服务信息真实到位的得15分；符合国家产业导向，提供合格的产品或服务，向消费者传递产品服务信息真实的得12分；产品或服务合格，能保障消费者安全等合法权益的得7分；产品或服务不合格，侵害消费者合法权益的得0分	30	
	28. 合法经营、照章纳税	依法设立、经营，内部管理规范有序，严格遵守财务制度，及时足额纳税的得10分，未严格遵守财务制度或未能及时足额纳税的得0分	10	
	29. 产品质量抽查合格情况	近三年产品质量监督抽查合格的得10分，不合格的得0分	10	

续表

类别	项目	内容和要求	分值	得分
四、社会关系（160分）	30. 维护消费者利益	（1）制定相应的工作规范，及时有效地处理消费者投诉的得 10 分，未能及时有效处理消费者投诉的得 0 分 （2）主动以各种方式听取消费者意见，并及时给予回应或者改进的得 5 分，未采取有效方式听取消费者意见的得 0 分 （3）应积极对产品、服务实行追踪，定期发布产品、服务质量报告和市场反应报告的得 5 分，未能对产品、服务实行跟踪的得 0 分 （4）及时对产品、服务进行检测，对产品使用状况和服务状况进行信息公布，建立缺陷产品召回制度的得 5 分，未对产品、服务进行检测的得 0 分	25	
	31. 道德和慈善	①关心公益慈善事业，积极参与村企结对帮扶和慈善捐助，设立慈善冠名基金等活动，热心回馈社会成效显著的得 20 分；关心公益慈善事业，参与村企结对帮扶和慈善捐，有一定成效的得 16 分；有回馈社会行为的得 10 分；不关心公益慈善事业和村企结对的得 0 分；②关心支持教育、文化、卫生、养老等公共福利事业，鼓励并支持职工参与志愿服务社会，成效显著的得 20 分；关心支持教育、文化、卫生、养老等公共福利事业，鼓励并支持职工参与志愿服务社会，成效明显的得 16 分；能支持公共福利事业，允许职工参加志愿服务社会的得 10 分；不关心公共福利事业，不支持职工参加志愿服务社会的得 0 分	40	
	32. 弱势群体关怀	（1）积极吸纳残疾人就业，以职工总数的 1.5%为目标，按目标比较法评价得分，最高得 15 分 （2）关心和帮助其他社会弱势群体的生存和发展的得 5 分，未采取有效措施帮助社会弱势群体的得 0 分	20	
	33. 信息公开	按有无在公开媒体发布企业社会责任报告评价得分，最高得 10 分	10	
	34. 企业重视法治建设，全面落实单位内部治安安全法律、法规、规章等制度	（1）重视法治建设，全面落实法制宣传教育培训和治安防控措施的得 5 分，未开展宣传教育或治安防控措施不到位的得 0 分 （2）积极开展“法律进企业”和“综治进企业”活动，200 人以上的规模企业建立企业综治工作室的得 5 分，未有效开展“法律进企业”和“综治进企业”活动的得 0 分 （3）加强宣传教育阵地建设，加强矛盾纠纷排查调处，企业安全稳定，评为“诚信守法企业”的得 5 分，未积极有效排查调处各类矛盾纠纷的得 0 分	15	
五、企业文化（100分）	35. 企业精神、企业文化组织、设施、活动状况	大力实施企业文化“五个一”工程，有鲜明的企业精神，企业文化组织健全，设施完善，活动丰富，文化氛围浓厚的得 30 分；企业文化组织健全，设施较完善，活动较正常，“五个一”工程实施 3 项以上的得 24 分；组织设施不健全，活动开展较正常，“五一”工程实施 1～2 项的得 15 分；未开展活动的得 0 分	30	
	36. 职工职业技能培训教育	企业职工培训制度健全，依法提取和使用职工教育经费，用于一线职工不少于 60%，创建学习型组织、争做知识型职工活动富有成效的得 20 分；企业职工培训制度基本建立，依法提取经费，活动有一定成效的得 16 分；依法提取经费，企业职工培训制度较健全，活动效果欠明显的得 10 分；未依法提取经费、未开展职工培训的得 0 分	20	
	37. 职工作用发挥	积极开展社会主义劳动竞赛，精心组织以岗位练兵、技术革新、技术比武、合理化建议、班组安全建设等为主要内容的职工创业创新活动，成效显著受到市级以上表彰的得 30 分；受到县级表彰的得 24 分；未受表彰，但有一定成效的得 15 分；未开展活动的得 0 分	30	

续表

类别	项目	内容和要求	分值	得分
五、企业文化（100分）	38. 企业民主管理制度建设	建立职工（代表）大会制度、厂务公开、公司制企业建立职工董事和职工监事等民主管理制度，措施有力，落实全面的得 30 分；制度健全、具体落实不够全面的得 24 分；制度不健全的得 15 分；未建立民主管理制度的得 0 分	30	
	39. 党组织作用	党组织健全，作用发挥明显的得 20 分；党组织健全，作用发挥有一定成效的得 16 分，有党组织，但发挥作用不明显的得 10 分；没有建立党组织的得 0 分	20	

B 资料性附录

表 B-1　职工对企业满意度测评表

项目	具体内容	满意	较满意	基本满意	不满意
尊重和信任	1. 企业对职工的尊重方面你感到				
	2. 你对企业的民主管理制度感到				
	3. 你对企业领导对待职工意见建议采取的态度感到				
	4. 你对目前企业劳动关系状况感到				
生产和生活	1. 你对企业合法经营、诚实守信情况感到				
	2. 你对企业发展方式及经济效益和社会效益相兼顾的做法感到				
	3. 你对企业劳动时间、报酬及发放办法和福利待遇感到				
	4. 企业在创办食堂、宿舍、解决职工生活困难方面你觉得				
保护与保障	1. 企业对安全生产、职工劳动保护的重视情况你感到				
	2. 在企业的劳动生产环境、设备设施、安全状况方面你感到				
	3. 在企业对特殊工种人员和女职工特殊利益保护方面你感到				
	4. 你对企业的职工养老保险及其生活保障情况感到				
关心和培养	1. 在企业的用人制度、岗位分配方面你感到				
	2. 在企业关心、培养职工方面你感到				
	3. 你对企业的职工培训、教育工作感到				
	4. 在企业对职工今后的发展所作的投入方面你感到				
环境和文化	1. 你对企业的人际和文化环境感到				
	2. 你对企业的文化氛围、企业精神感到				
	3. 你对职工文化设施建设、活动开展情况感到				
	4. 你在企业中工作，总体上感到				

注：以上等次满意按 100 分，较满意按 90 分，基本满意按 70 分，不满意按 0 分折算。然后根据测评算出该企业实际所得的平均测评分

后 记

《企业社会责任及其立法研究》一书从酝酿、撰稿到今天付梓出版，历时八年有余。在此期间，遇到了许多困难，如繁忙的教学科研工作、人员的变化、跨学科知识的补充等，凡此种种，不一而足，所幸的是我们还是坚持下来了。《企业社会责任及其立法研究》的正式出版，对我们而言，不仅仅是实践与研究成果的体现，更多的是一种可贵的体验和收获。

本书是2010年国家软科学重大招标项目“企业社会责任指标体系研究”、2011年国家软科学计划出版项目“企业社会责任及其立法研究”和2008年国家软科学项目“一个社会发展的前瞻性问题：企业社会责任立法与和谐社会的构建研究”等课题的主要研究成果。积淀是学术思想萌生的基础，团队是学术成果实现的关键。回顾国家软科学系列课题的研究历程，让所有课题组成员感悟最深的就是积淀和团队的深刻诠释。

能够顺利完成国家软科学系列课题，依靠的是一个强有力的团队，这也是本课题的最大收获之一。一个研究团队的形成在于一个持续贯穿的研究过程，以及在这个研究过程中的明确分工、系统思考、有效协调和思想碰撞。在课题进行过程中，研究成员来自法学、经济学、管理学、会计学等不同的领域及实务部门，知识的交叉有利于观点的突破与创新。因此，本书也可以说是一项跨学科研究成果的结晶。

《企业社会责任及其立法研究》的立意不是想做一本教科书，也不是一本论文集，因此，本书的各章之间既保持一定的逻辑联系，又相对独立。既立足于浙江宁波地方立法实践，又着眼于全国，目的在于对地方立法有关的重大问题进行理论探讨和实践总结，把理论与实践有机统一起来，部分研究成果还获得了转化应用，希望能把本书做成既有丰富的实践经验总结，又有一定理论高度的学术著作。

本课题的研究和本书的撰写得到了有关各方的大力支持。蜚声中外的计算数学家、中国科学院院士、国家攀登计划项目首席科学家石钟慈院士和复旦大学法学院院长、博士生导师、“长江学者”特聘教授、中国法理学研究会副会长孙笑侠教授在百忙之中欣然为本书作序，我们在表达衷心感谢之余，把两位专家在序中的溢美之词视为对我们的鼓励和鞭策。在课题研究和本书撰写过程中，国家科技部办公厅调研室刘琦岩副主任和科技部发展战略研究院王奋宇副院长对我们承担的国家软科学重大招标项目内容的完善及研究提出了极有价值的建议。宁波市科技局软科学研究专家全继业对完善本课题的研究工作提出了诸多宝贵的意见并给予了许多具体指导。本书还得到了国家软科学计划出版项目和宁波市哲学社会科学学术著作出版基金的资助，其最终研究成果被纳入“中国软科学研究丛书”，由科学出版社出版。宁波大学法学院郑曙光教授对我们承担的国家软科学重大招标项目“企业社会责任指标体系研究”的完善提出了宝贵的意见，在此一并表示深深的谢意。

由于水平和资料所限，本书难免有疏漏之处，还请读者批评指正。

易　凌

2014年9月26日